Etude Poulain Le Roy, Port Maillot
Vente Lodrieux, 4 février 2000
n° 135

LE PATISSIER ROYAL

PARISIEN.

I.

SUJET DU FRONTISPICE.

Le faucon qui fait le couronnement, est le symbole des deux sortes d'alimens dont l'homme fait usage. Le faucon, chez les anciens, a été pris pour l'emblême du goût, parce qu'on croit que cet oiseau est très-délicat, et qu'il aime mieux souffrir la faim que de manger aucune viande corrompue. (*Extrait de l'Iconologie, par MM. Gravelot et Cochin.*)

Le reste des allégories représente l'agriculture, le jardinage, la vendange, la chasse et la pêche, dont les différentes productions sont l'âme et la vie de nos travaux.

J'ai placé dans des couronnes formées de palmes, les noms des plus fameux pâtissiers qui se sont rendus célèbres sous les règnes de Louis XV et de Louis XVI.

C'est un hommage bien sincère que je rends à ces grands maîtres. Il est bien doux pour moi de signaler et de rappeler des noms si chers à la gloire de mon état, qui m'ont donné de l'émulation et m'ont servis de modèles, et qui doivent inspirer les mêmes sentimens à tous les jeunes gens jaloux de se distinguer dans cette belle partie.

M. Tiroloy fut le plus adroit pâtissier de son temps : il était chef de pâtisserie à la bouche du duc d'Orléans.

M. Constantin, fameux chef-pâtissier, était attaché à la bouche du prince de Soubise, la première maison de France réputée pour la finesse de la bonne chère qu'on y faisait, sur-tout dans les petits soupers.

M. Feuillet fut chef-pâtissier de la bouche du prince de Condé. Il fut toujours réputé excellent pâtissier de fonds ; et après vingt années d'inaction et de séparation de son illustre maître, il vient de reprendre ses glorieux travaux, en rentrant chez son bon prince. Malgré son grand âge, il pratique encore ces bonnes recettes qui le firent renommer il y a un demi-siècle.

M. Le Coq, parfait pâtissier, fut attaché à la maison de Louis XVI.

M. Dupleissy, pâtissier célèbre, devint le chef de cuisine de M. de Vergennes, ministre des affaires étrangères.

M. Avice, pâtissier ancien et moderne donna l'impulsion aux changemens qui se sont opérés dans la pâtisserie du dix-neuvième siècle.

J'ai toujours regretté que le fameux Tiroloy n'ait pas produit quelque composition sur son état ; car il était si adroit et de si bon goût, que tout ce qui sortait de ses mains portait l'empreinte de son rare talent. Comme dessinateur et parfait pâtissier, il nous eût laissé probablement un ouvrage digne de sa brillante renommée ; alors j'eusse profité de ses lumières pour enrichir notre pâtisserie moderne. Son ouvrage eût été plus important encore, en nous faisant jouir du double avantage d'avoir un Traité ancien et un Traité moderne, ce qui eût été réellement nécessaire à tous les hommes de bouche jaloux de connaître les détails de cette grande partie, qui fait incontestablement l'ornement de notre cuisine universelle.

PRÉFACE.

Cet ouvrage est consacré aux hommes de bouche. Le chef de cuisine des grandes maisons et le cuisinier du financier, y trouveront également de quoi contenter tous les goûts. Les recettes sont dictées avec soin et économie : la pratique, l'expérience, le goût, m'ont toujours servi de guides ; et, sous ce rapport, ce nouveau recueil aussi utile qu'agréable, est inséparable de la haute cuisine. Les traiteurs, maîtres-pâtissiers, sur-tout, en feront leur profit, les chefs de cuisine y trouveront des idées neuves et instructives ; leurs apprentis en feront des progrès plus rapides, aimeront davantage tous ces détails minutieux et corrects qui, seuls, caractérisent la grande cuisine, en font tout l'ornement, et lui donnent cette mine appétissante qui séduit au premier coup-d'œil, point essentiellement nécessaire pour flatter la sensualité des vrais gourmands.

L'apprenti pâtissier deviendra plus laborieux, plus adroit, plus entreprenant ; il pourra au moins se former une haute idée des beautés de son état qui, sans contredit, est la partie la plus longue, la plus brillante, et la plus difficile à bien faire de toutes celles qui composent notre grande cuisine nationale, et, sans trop prétendre, je puis, comme M. Jourdan-Lecointre, rendre mon hommage au beau sexe.

Oui, femmes aimables et charmantes, je puis, à mon tour, vous donner quelques idées neuves en gourmandise; et mes recettes n'auront rien qui ne soit digne de votre goût fin et délicat.

Donnez donc quelques momens à un art qui, chez les peuples sensuels de l'Asie, de la Grèce et de l'Italie, a toujours fait les délices de la société. Cet art doit, à l'avenir, vous procurer un exercice doux et salutaire, qui conservera votre santé et vos charmes, et vous procurera en même temps des plaisirs inéffables par la réunion d'amis qui en conserveront d'éternels souvenirs.

Que désormais nos aimables productions soient préparées par la main des Grâces, et les gourmands seront plus gourmands encore, en savourant des mets exquis et parfaits qui seront sans prix, étant l'ouvrage d'un sexe qui fait le charme de la vie!

Voici donc, femmes industrieuses et intéressantes, les recettes que vous pourrez aisément exécuter vous-mêmes.

En entremets de douceur, des gelées de fruits et de liqueurs; des crêmes française, plombières et glacées; des blancs-mangés, des fromages bavarois et à la Chantilly; des poudings de fruits et à la moelle; des pommes méringuées, glacées, au beurre, au gros sucre et aux pistaches; des beignets à la dauphine, à la française, aux fruits et à la crême; des pannequets et des croquettes de crême, de marrons et de riz.

En entremets de pâtisserie, des génoises, des madelaines, des gâteaux d'amandes de Pythiviers, de riz et de vermicelle; des petits pains à la Mecque et à la paysanne, des flans, des gâteaux fourés, et des pâtés de fruits à l'anglaise; des brioches, des babas,

PRÉFACE.

des solilemnes et des kouques, des biscuits de fécule et à la crême, des soufflés, et même des fondus, enfin la timbale de macaroni à l'italienne.

En entrées froides (pour les déjeûners à la fourchette), des salades et magnonnaises de volaille, des chauds-froids de gibiers et de poulets, des galantines de poularde et de perdreaux rouges ; des darnes de saumon au beurre de Montpellier; des magnonnaises et salades de filets de soles, de turbots, de truites, de brochets et de perches, et tant d'autres entrées et entremets plus ou moins difficiles à bien faire.

Voilà une esquisse des mets qui seront toujours recherchés par les gens du monde ; et, bientôt, j'espère, que dans toutes les cours de l'Europe, on citera nos dames parisiennes, comme des modèles à jamais inimitables dans le grand art des délices de la table.

Dans toutes les parties de cet ouvrage, j'ai joint l'exemple au précepte; et, je crois fortement que c'est la meilleure manière de démontrer. Sous ce rapport, mes dessins rendront de grands services à l'intelligence de ce travail, en donnant une parfaite idée des articles que j'y démontre, et ce sera, je pense, le complément des procédés que je me propose de décrire successivement.

Par exemple, lorsque je décris les pièces montées, mes dessins en ont la forme, et, j'ose le dire, l'élégance désirable. Cela doit faire un bon effet dans la mémoire de celui qui voudra les exécuter. Leurs détails lui en seront plus faciles et plus corrects. Il en est de même, lorsque je décris les grosses pièces de fonds, ainsi que les entrées chaudes et froides, les entremets de pâtisserie et de douceur, les socles et la décoration en général, et enfin tant d'autres objets, dont mes dessins sont la représentation fidèle. Je crois avoir suppléé amplement, à ce que ma plume aurait pu manquer de précision, dans les détails de cet ouvrage.

Ce travail, il est vrai, en fut plus pénible et plus long; mais j'en reçois déjà la douce récompense dans cette pensée consolante, qu'il accélérera les développemens et les progrès de mon état, en communiquant à mes confrères, le fruit de quinze années de travaux pénibles, et ce sera, je pense, avoir payé ma dette à la société en bon praticien.

Ce travail est sans doute susceptible de perfectionnement; mais je laisse au temps le soin d'y mettre la dernière main.

Le point essentiel en toutes choses, est d'ébaucher la matière; et, comme en composant cet ouvrage, j'ai imaginé un grand nombre d'articles qui, bien sûrement, ont besoin d'observations que je n'ai pu faire, n'ayant pas été à même de les rectifier selon ma manière d'opérer, néanmoins les idées substentantielles de ces articles seront de quelque utilité, et même le germe d'autres innovations.

DISCOURS PRÉLIMINAIRE.

Lorsque je conçus l'idée de cet ouvrage, je fis des recherches sur mon état ; je repassai ce que la Bibliothèque royale renferme d'ouvrages qui traitent de cette matière ; mais toutes mes recherches furent infructueuses et sans résultats. Cependant j'eus la folie de me procurer chez nos libraires tout ce qui avait paru depuis la renaissance de l'art, afin de le lire à mon loisir. Mais, bon Dieu, quels livres ! la plupart manquant d'esprit et de goût, pauvres de recettes et de détails, enfin détestables !

Mais comment se peut-il que nos auteurs modernes (soi-disant hommes de bouche, je n'en crois rien) ne cessent de dire et de répéter tour-à-tour ces mots : *faire savant*, *parfait*, *fini* ; ils ont de plus l'impudeur d'oser prononcer les mots de *grandiose* et d'*artistes distingués* !

En vérité ce langage m'étonne, et leurs productions m'étonnent davantage encore ! Mais vous, Messieurs, qui vous donnez pour *parfaits*, pour *faire savans*, pour *grandioses* et pour *artistes distingués*, pourquoi donc, dans vos chétifs ouvrages qui dégradent notre grande cuisine nationale, pourquoi, dis-je, vous montrez-vous si minces en talens et si pauvres d'invention ?

Quoi ! vous ne savez écrire que pour mutiler les beautés de votre état que vous osez placer au rang des arts !

Pour en faire un art, ce n'est pas de cette manière qu'il fallait vous y prendre ; il fallait tout simplement décrire les grandes beautés qui caractérisent notre bonne cuisine reconnue universelle, et non pas la ravaler au dernier dégré des métiers les plus obscurs.

Vous avez aussi la folie de dire au public qu'en suivant vos préceptes, au bout de quelques jours on deviendra fameux dans l'art que vous démontrez si mal !

Eh bien ! Messieurs, en dépit de tous vos titres illusoires de poëtes, d'hommes de lettres, d'artistes et de chefs de cuisine, je veux venger mon état de toutes vos injures. Je veux vous dire et vous prouver que vous ne savez tout au plus faire la cuisine que pour les fortunes médiocres, comme vous le dites fort bien vous-même. Il n'est point ici d'équivoque, Messieurs; car la médiocrité est incompatible avec le vrai talent; et si réellement votre capacité vous avait permis de mieux faire, pourquoi ne l'avez-vous pas fait? Cette vérité est dure, mais elle est incontestable.

Il fallait, dans votre enthousiasme poétique et gastronomique, donner naissance à quelques nouveautés. Pourquoi pas? vous n'êtes pas novateurs; on s'en aperçoit.

Oui, Messieurs, je vous le dis hardiment, vous n'avez jamais connu les beautés de votre art. Partout vous êtes mesquins et petits; souvent même vous allez jusqu'au pédantisme en osant dire hautement « qu'on ne sait pas faire de bon bouillon dans « nos grandes cuisines » : cela n'est pas excusable de votre part. Plus bisarres encore et plus ridicules, vous dites : « Sans « bœuf, point de cuisine, point de jus; sans épices, point de « cuisine; sans beurre, point de cuisine. » Mais pourquoi ne dites-vous pas aussi : Sans les productions de la bonne nature, point de cuisine ?

Et voilà l'esprit des hommes de bouche qui se donnent pour des lettrés !

Les savans qui ont créé, qui ont écrit sur les arts libéraux pour en accélérer les progrès, n'ont jamais dit, je pense : Sans pinceaux, sans couleurs point de peinture; sans marbre, sans pierres et sans ciment point d'architecture, point de sculpture; sans presses et sans papier point de livres, et insensiblement plus de sciences, plus d'arts, plus de métiers.

S'il en était ainsi, grâce au génie de ces Messieurs, nous rétrograderions, et nous serions bientôt dans les premiers âges du monde où les trésors de la féconde nature étaient encore ensevelis dans le néant.

Un de ces Messieurs nous assure que ceux qui jusqu'ici ont écrit sur l'art alimentaire, étaient dans l'ivresse lorsqu'ils les ont composés; un autre nous cite un cuisinier-traiteur comme le père et le restaurateur de la cuisine moderne. Quelle folie !

Eh Messieurs ! que de peine vous vous êtes donné pour ne faire rien qui vaille; et, pour finir toute discussion, *votre cuisine* est à la grande cuisine ce que votre pâtisserie est à la mienne. Voilà seulement la différence : cela peut aisément vous justifier sans doute. Lisez, et jugez-en d'après ce petit essai sur le vrai pâtissier de nos maisons modernes, tel que je le fus à l'Elysée - Bourbon, sous les ordres du fameux Laguipière. Jugez, vous dis-je, ce que serait notre bonne cuisine si elle était ainsi démontrée par nos artistes; vous êtes trop justes assurément pour vous dissimuler que de tels livres pourraient donner aux amateurs de la bonne chère une juste idée des beautés de notre art, et sur-tout une bonne idée des difficultés qu'il faut vaincre pour arriver à bien faire la haute cuisine. Mais plus importans encore nos jeunes praticiens, qui sont pleins de zèle et d'émulation, pourraient étudier; et après quelques années de pratique et d'expérience, deviendraient fameux dans leur état, au lieu qu'il faut quinze à vingt ans de travaux bien pénibles pour devenir grand administrateur et grand cuisinier.

En définitif, Messieurs, il me paraît qu'il vous a plu d'écrire pour apprendre la cuisine au public (dites donc humblement l'ombre de la cuisine). Pour moi, il est plus agréable, plus important d'écrire pour l'honneur de mon état, pour en accélérer les progrès, et l'avancement des hommes qui veulent s'y distinguer : le public en sera également satisfait.

Maintenant je vous entends, vous êtes tout colère contre ma manière de m'énoncer. Eh Messieurs ! je n'ai rien dit de trop; et si ces vérités sont dures, vous ne devez n'en accuser que vous-mêmes : c'est votre propre ouvrage. Mais l'honneur de mon art m'a fait un devoir de dire la vérité toute entière; et je le répète encore, j'ai voulu venger mon état si souvent outragé par vous.

Mon style ne vous plaît pas, j'en étais sûr. Il manque de correction (cela est vrai, j'en gémis en silence); mais c'est celui d'un homme laborieux, d'un artisan, (vous vous fussiez nommé artistes !) qui s'occupe depuis longues années de perfectionner son état; et si je n'eusse pas cru sincèrement rendre un service important à mes confrères en déroulant sous leurs yeux des richesses qu'ils ne connaissent pas, certes je n'eusse pas été assez fou pour entreprendre le pénible travail qui n'eût jamais paru sans la *persévérance et le sentiment* que m'inspire l'amélioration de mon art. Je n'ai d'autre envie, en effet, que l'avancement des hommes qui commencent cette carrière, que j'ai parcouru, j'ose le dire, avec honneur et succès; et si d'un côté j'ai l'affligeante pensée que je n'écris pas ma langue correctement, au moins ai-je l'assurance que mes travaux rendront d'importans services à mon état, seul genre de gloire que j'ambitionne : cette idée suffit à mon bonheur.

Mes dessins, dites-vous, manquent de forme et d'aplomb : cela est très-possible (puisque je n'ai jamais appris à dessiner); mais je les ai composés pour être propres à l'enjolivement de mon état. Voilà ma seule prétention. J'ai exécuté tous ces petits modèles en pâtisserie, et je vous assure que ces dessins sont fort drôles. Dans les grandes maisons de la capitale, mes pièces montées ont toujours été vues avec plaisir....... Vous m'entendez par cela?

Eh bien ! Messieurs, je vais changer de langage, et vous donner une idée que vous n'avez jamais conçue; ou, du moins, si vous l'avez eue, vous n'avez pas su vous en servir, ou peut-être votre modestie vous l'a fait garder secrète, afin que l'on vous prît pour ce que vous n'êtes réellement pas. Voici mon idée; elle concerne les causes qui ont empêché et empêchent encore aujourd'hui que nous ayons véritablement un bon livre de cuisine.

Pour ce grand œuvre, il serait donc à souhaiter que les cuisiniers les plus distingués de la capitale voulussent s'entendre et former une société (1) pour composer ce bel ouvrage. La

---

(1) Pourquoi pas; nous avons bien des sociétés qui s'occupent de choses beaucoup moins importantes; et lorsque je me rappelle qu'un jour j'entendais deux célèbres cuisiniers qui dissertaient sur la réduction de l'essence des viandes et de leur assaisonnement; l'un prétendait que, par son travail (en employant peu d'assaisonnement et sur-tout peu d'épices), il conserverait la quintescence du suc nutritif des viandes, et que, par ce moyen, il entretiendrait aussi la pureté du sang, véritable baume conser-

cuisine française alors, qui est sans contredit la plus savante et la plus estimée de toute l'Europe, recevrait par leurs savans procédés, par leurs hautes combinaisons, toutes les beautés qui la caractérisent et la distinguent pour jamais des autres nations.

Cette assemblée devrait se composer des Lacour, des Chaud, des Bardé (écuyers de la maison du Roi); des Laguipière, des Boucher, des Lasne, des Méot, des Servet, des Richaud, des Vénard, des Boutin, des Robillard, des Savard, des Louis, des Loyez, des Drouhet, des Riquette, des Dunan, des Legagneur, des David, des Robin, des Gailliot, des Robert, des Véry, des Massinots et d'autres noms fameux qui honorent l'état (1).

La société se réunirait tous les quinze jours : l'assemblée serait présidée successivement par MM. Bardé, Laguipière, Lasne et Boucher. A la fin de chaque mois l'assemblée générale se formerait, où tous les membres seraient tenus d'être présens, sinon ils seraient soumis à une amende........; cette somme serait versée dans la caisse pour payer les frais du lieu où la société tiendrait ses séances. On choisirait dans les sociétaires un homme éminemment impartial, susceptible d'un tact fin et délicat, d'un gout exquis, ayant le sentiment du vrai beau; cet homme serait décoré du titre de rédacteur et censeur suprême; il serait spécialement chargé de l'examen des grands travaux; et, dans les grandes assemblées, il ferait les observations qu'il aurait jugé nécessaires sur telle ou telle production de la société, afin que ce grand œuvre ne fît qu'un seul et même corps, et par cet heureux résultat, que ce travail fût le type du beau de la cuisine ancienne et moderne, et attestât à la postérité la plus reculée que les cuisiniers français

---

vateur de la vie; il ajoutait que s'il était possible de faire l'expérience que deux gourmands de même tempérament, de même âge et de même fortune, tenant de même une bonne maison, et qu'il fût le cuisinier de l'un d'eux, il était sûr que son gourmand vivrait au moins dix années de plus que l'autre : voilà assurément ce qui est de la plus haute importance et digne de faire un bon commentaire.

(1) On pourrait réunir à cette société un de nos premiers chefs d'office: il développerait sa partie. De même un bon sommelier, qui donnerait une analyse sur la qualité et la conservation des vins; ce qui ferait le complément du grand art culinaire.

DISCOURS PRÉLIMINAIRE.

du dix-neuvième siècle sont les plus fameux et les plus célèbres du monde civilisé.

Enfin, pour terminer cette importante séance d'une manière honorable pour l'art restaurateur, un magnifique souper serait donné à la société, aux frais de ses membres ; mais pour que ce repas fût plus glorieux encore à l'état, on y savourerait les nouvelles découvertes des artistes de la société, qui seraient eux-mêmes chargés de l'exécution ; et pour que rien de médiocre ne parût sur la table, le menu serait ordonné par un des quatre présidens, et confectionné par un des membres de la société, dont chacun l'exécuterait à son tour.

Pour le plan de l'ouvrage, on pourrait, je pense, le diviser par parties, et chaque partie par chapitres.

Chaque partie serait, en particulier, présidée tour à tour par les quatre chefs suprêmes, afin que chacun d'eux pût déployer les talens et les lumières qu'il a acquis par une longue pratique. Chaque partie alors serait donc enrichie des précieuses découvertes que ces Messieurs ont faites séparément ; elle serait ainsi marquée du cachet de leur génie.

La première partie comprendrait généralement les achats et fournitures, accompagnés d'observations sur leur fraîcheur, qualité et saison.

La deuxième, les détails et la tenue du garde-manger, et des observations sur cette importante partie.

La troisième, les grandes et petites sauces, leurs détails et réductions, les fumets, les essences, les glaces, et les réductions en général suivies d'observations.

La quatrième, les mêmes détails que dans la précédente partie, mais en maigre, afin que la cuisine du carême retrouvât son ancienne saveur : cette partie serait aussi suivie d'observations.

La cinquième, la série des potages, des bouillons et consommés en général, avec des observations.

La sixième, les entrées et hors-d'œuvre en gras en général, et les observations.

La septième, généralement toutes les entrées et hors-d'œuvre en maigre, et observations.

La huitième, les cuissons et les fritures en général, et observations.

La neuvième, les rôtis et grillades en général, avec observations.

La dixième, les grosses pièces de flans et de relevé, suivies d'observations.

La onzième, la série des entremets-potagers en général, avec observations.

La douzième, les entremets de sucre en général, et les observations.

La treizième, les grosses pièces et entrées froides en général, avec observations.

La quatorzième, les détails de l'administration des travaux et de la tenue d'une grande cuisine, puis une série de menus, suivis d'observations sur la manière de servir les grandes tables et buffets.

La quinzième, les importans détails de la dissection des viandes à table, puis des observations sur les connaissances, les travaux et la gestion des contrôleurs, maîtres d'hôtels et écuyers tranchans.

La seizième et dernière partie, un mélange d'observations historiques sur la décadence de la cuisine ancienne, et sur la renaissance et les progrès rapides que la cuisine moderne a faits, avec des notes historiques sur les artistes qui ont le plus honoré notre grande cuisine nationale.

Assurément ce bel ouvrage étant ainsi dicté par ces grands maîtres, formerait au moins trois gros volumes du format de celui que je donne au public ; chaque volume serait susceptible d'être orné au moins de cinquante planches gravées au trait seulement. Ce grand œuvre serait à coup sûr digne d'enrichir l'Encyclopédie, et ferait un très-grand honneur à la mère-patrie des vrais Amphitryons.

Mais, par malheur, ce beau projet n'est pas près d'être réalisé. En voici en partie les causes (1).

---

(1) Il est très-possible cependant de l'exécuter : ces Messieurs n'ont qu'à le vouloir, et bientôt nous aurons trois bons livres de plus dans la bibliographie française.

DISCOURS PRÉLIMINAIRE.

Je conçois qu'il serait fort difficile qu'un grand cuisinier en place pût réellement s'occuper d'un tel ouvrage ; car l'administration d'une grande maison demande exclusivement tous les soins, toute l'attention de l'homme capable d'une telle gestion ; et par ce résultat, cet homme, après maintes contrariétés journalières, accablé des fatigues de son travail, en rentrant chez lui, ne demande que le repos, et non pas de s'occuper de recettes et de la rédaction d'un livre de cuisine.

D'un autre côté, nos grands artistes en cuisine sont, comme les grands hommes de tout art et métier, dès l'instant qu'ils arrivent à cette supériorité qui les distingue de la classe ordinaire de leur état, ils ne veulent plus recevoir d'avis ni de conseils, se forment une méthode toute particulière, et finissent par se désunir.

Il est vrai qu'ils ont tous, individuellement, les rares talens et cette gestion nécessaires pour opérer de grands extraordinaires, sans avoir ni avant ni après eux des hommes de première classe ; cependant il nous est impossible de nous dissimuler que nous avons certaine partie où nous sommes moins parfaits que dans d'autres, où notre goût, notre émulation nous fait briller ; alors nous rendons cette partie au parfait fini.

Nous avons dans Paris une vingtaine au plus d'hommes capables de la gestion de cette haute et louable entreprise ; mais lequel de ces Messieurs sera assez heureux pour oser l'entreprendre avec cette énergie qui caractérise le vrai génie dans ces vastes conceptions qui sont si utiles à la société ?

Ce grand ouvrage serait d'autant plus précieux pour les commençans laborieux, que nous n'avons absolument rien en ce genre qui soit digne d'être cité.

Cette production serait d'ailleurs plus glorieuse encore pour la nation française, qui s'enorgueillit à juste titre d'avoir les plus fins cuisiniers du globe : nos talens l'attestent sans doute dans toutes les cours de l'Europe, où nous avons des cuisiniers compatriotes qui se distinguent d'une manière éclatante. Mais que doivent dire les étrangers s'ils ont entre les mains quelques-uns de ces livres ridicules qui, sous le titre de *Cuisinier Français*, dégradent la gloire de l'état que nous possédons au suprême degré. Ces étrangers doivent avoir la même idée que nous, lorsque nous jetons les yeux sur le *Cuisinier Anglais universel* (universel, est-il possible!), ou *le nec plus ultrà de la gourmandise*.

Je voudrais que cette grande vérité piquât l'amour propre des artistes français et anglais, et que, par cet heureux résultat d'émulation, nous eussions bientôt deux ouvrages nationaux qui pussent être mis en parallèle; notre supériorité ne peut être douteuse.

Observations détachées.

Les hommes à petits moyens, habitués aux petites choses, voient tout en petit, et ne peuvent se persuader que les yeux sont les premiers juges de notre état; que la sensualité de nos grands gourmands a peine à vaincre les préventions défavorables nées du premier coup d'œil. Cette grande vérité n'est que trop fondée. Flatter la vue et l'odorat, ce n'est pas trop facile; voilà positivement pourquoi il faut avoir, pour être bon cuisinier, le palais fin et délicat, le goût parfait et exquis, la tête forte et productive, être adroit et laborieux. Voilà ce qui caractérise nos grands maîtres qui ont l'à-plomb de leurs opérations; car notre état exige un ensemble, un à-plomb à toute épreuve. C'est pour cela qu'il n'est point d'état qui puisse être mis en parallèle avec le nôtre. Le moment du service est au-delà de toute expression de peine et de fatigue. Nous sommes à l'heure et à la minute, et nous ne pouvons différer le moment du service. L'honneur commande (témoin l'illustre Watel). Il faut obéir lors même que les forces physiques manquent; mais, c'est le charbon qui nous tue. Que l'on se figure être dans une grande cuisine (comme celle des Relations extérieures lors des grands dîners), et y voir une vingtaine de cuisiniers dans leurs occupations pressantes, allant, venant, agissant, et tout aussi pressés les uns que les autres; eh bien! tout cela agit avec célérité dans ce gouffre de chaleur. Regardez une voie de charbon embrâsée sur la paillasse (1) pour la cuisson des entrées, puis encore une

---

(1) Cette paillasse est un âtre qui suit ordinairement l'alignement des

voie sur les fourneaux, pour les potages, les sautés, les ragoûts, les fritures et le bain marie ; ajoutez à cela un quart de voie de bois embrâsé devant lequel tournent quatre broches, dont l'une tournant une pièce d'aloyau du poids de quarante-cinq à soixante livres, l'autre un quartier de veau du poids de trente-six à quarante-cinq livres, les deux autres pour la volaille et le gibier. C'est dans ce gouffre de chaleur qu'il faut que l'homme qui commande ait la tête forte et présente, et la gestion d'un grand administrateur. Il voit tout, il agit par-tout à-la-fois ; il demande successivement les grosses pièces et les entrées, qu'il place aussitôt en ligne de service. Eh bien ! le croira-t-on, dans ce brasier, tout le monde agit avec promptitude, un souffle n'est pas entendu ; le chef seul a le droit de se faire entendre, et à sa voix tout obéit.

Enfin, pour mettre le comble à nos souffrances, pendant à peu près une demi-heure, les portes, les croisées sont fermées, afin que l'air ne refroidisse pas le service : à peine peut-on respirer, on est dans la transpiration la plus complète.

C'est ainsi que nous passons les plus beaux jours de notre existence.

Tel est le sort des hommes de bouche (que l'on considère très-souvent comme des hommes ineptes et faciles à remplacer). Le moment du service une fois passé, chacun reprend sa gaieté naturelle, et toute la brigade est enchantée d'avoir coopéré au service d'un festin qui honore l'état ; tel est l'esprit du métier.

Observations sur le goût du jour.

Bien sûrement notre décoration moderne est simple et correcte : notre goût est plus fin, sans contredit, que celui de nos anciens, qui pourtant pratiquaient le vrai fonds de la haute cuisine ; mais leurs entrées étaient extrêmes par leur grosseur et manquaient d'élégance.

Enfin nos entrées sont plus mignonnes et infiniment plus agréa-

---

fourneaux ; elle est élevée de dix-huit à ving-quatre pouces du sol ; elle est solidement construite en briques ; elle a plus ou moins de longueur : cet âtre sert à la cuisson de toutes les viandes bouillies.

bles à la vue. Nous stimulons les désirs de la gourmandise, nous aiguisons l'appétit. Certes, c'est à l'approche d'une table bien servie que le vrai gourmand est invité à bien dîner. Son œil scrutateur, satisfait de la bonne mine de notre service, se berce de la plus douce espérance; c'est alors qu'il se prépare secrètement à contenter tous ses goûts; tous les mets qu'il goûte sont exquis; délices extrêmes de la gastronomie !

Tous les hommes de bouche n'aiment pas le décor, et je sais bien pourquoi. Les hommes maladroits pensent ainsi. Car, dès l'instant que nous sommes peu propres à une chose, nous la décrions, et voilà justement par quel motif nous entendons dire à ceux qui n'ont pas de goût : Le décor n'a pas le sens commun ; souvent le mieux est l'ennemi du bien.

Sans doute les hommes vulgaires font détester le plus bel ornement de notre art ; pourquoi ? parce qu'ils ne peuvent rien produire qui puisse être agréable à la vue, et en même temps flatter notre sensualité. Leur mauvais goût ne leur inspire que des idées pauvres et rétrécies ; et, dans la triste composition de leurs décors, ils n'emploient que des choses qui réellement ne sont pas mangeables ; ou, s'ils se servent de quelque chose qui puisse plaire au palais, elle a si mauvaise mine qu'elle ne tente point.

J'ai vu de ces cuisiniers se servir, pour décorer, de betteraves rouges et jaunes, puis de blancs d'œufs de toute sorte de couleurs, de pelures de pommes d'api et de calville rouge, de pelures d'obergines, de citrons et d'oranges ; et de ce bizarre galimatias ils masquaient des mets qui n'avaient aucun rapport avec ces mauvais ingrédiens. Voilà l'ennemi du bien ; voilà, véritablement le décor que les gourmands détestent, et que le bon goût du jour rejette et désavoue.

Ce n'est pas ce genre ridicule et bizarre que je veux signaler, propager et soutenir, mais bien le goût par excellence, le goût des plus célèbres cuisiniers du continent, leur genre mâle et élégant, enfin ce que la haute cuisine moderne a produit de plus exquis et de meilleure mine, le parfait fini, le bon ton enfin ; et je dirai toujours que c'est dans les grands travaux extraordinaires que se développent les grandes idées.

C'est là que l'homme industrieux fait briller son talent; et le grand talent imprime le fini à tout ce qu'il touche. Pour lui, tout est grand, tout se ressent de ces grandes manières qui décèlent l'homme de goût et de génie.

Et lorsque vous verrez (si jamais vous avez ce bon plaisir) un grand cuisinier entreprendre un grand bal, ou un grand dîner d'apparat, vous remarquerez dans son service les ornemens que je décris; car la pâtisserie est l'ornement de la haute cuisine; et tous les détails que ce travail contient peuvent facilement vous donner une bonne idée de toutes ces belles choses; car il faut réellement être protégé pour voir l'exécution de nos grands travaux; et je plains bien sincèrement les jeunes praticiens qui n'ont pas vu, et qui ne sont pas à même de voir les grands extraordinaires. Sans cela, on ne peut avoir une idée des beautés de l'état; puis, une année d'extraordinaires vaut mieux, sans contredit, que trois années passées sous le même chef.

Enfin, ce sont ces grandes opérations qu'il faut suivre pour devenir fameux.

C'est là la grande école où tout se fini dans la perfection; c'est là que l'on puise, dans la bonne source, les vrais principes de l'art, les grands moyens d'administration, le bon ton, enfin le goût par excellence.

Je fus assez heureux pour être admis, pendant dix ans, dans ces glorieux travaux; et, pour y arriver, je n'employai jamais la flatterie. Je fus toujours jaloux de bien remplir mon devoir. C'est ce qui m'a valu la bienveillance de ces Messieurs.

M. Lasne (1) fut pour moi un zélé protecteur. C'est sous ses auspices que j'appris le froid, dont traite la sixième partie de mon ouvrage. Il me donna l'amour de mon état, en me parlant souvent du fameux Tiroloy (2). Il était, me disait-il, aussi bon pour le chaud, qu'il était adroit et correct pour exécuter un modèle d'architecture; et son pastillage était fini avec une extrême propreté : tout cela me rendait fort soigneux sur mes travaux de pâtisserie.

---

(1) Chef de la maison de Monsieur.
(2) Fameux chef-pâtissier de la bouche d'Orléans, le plus adroit de son temps.

DISCOURS PRÉLIMINAIRE.

M. Rechaud (1) doubla mon activité, en me parlant souvent du grand Feuillet (2). Depuis le premier janvier, me disait-il, jusqu'au dernier décembre de chaque année, sa pâtisserie avait toujours la même couleur et la même qualité. J'étais attentif, et mettais à profit ces grandes leçons du bon vieux temps.

M. Boucheseiche (3), en me confiant la belle partie de la pâtisserie des grands dîners, dite *des galeries*, a déployé mes moyens et à donné l'essor à mes idées. C'est là que je remplaçai le fameux Avice; et cela me donna l'à-plomb de mon état, quoique j'eusse déjà fait de grands extraordinaires.

Mais c'est à l'Elysée-Bourbon, et sous les bons auspices du grand Laguipière (4), que je reçus, en quelque sorte, les dernières instructions sur mon état : car c'est l'homme véritablement universel. Il connaît toutes les parties, et fait tout d'un parfait fini. Il m'a montré une infinité de bonnes choses que je n'ai vu faire que par lui.

Et lorsqu'auprès de ces Messieurs (sans cependant être importun) je trouvais le moment favorable, je leur demandais comment nos grands pâtissiers anciens travaillaient telle ou telle chose. Par ce moyen, j'ai recueilli un grand nombre d'idées qui m'ont servi dans mes opérations.

Qu'on ne croie pas que ce soit l'esprit de parti qui me porte à donner ces louanges à ces Messieurs. Ma reconnaissance leur doit cet hommage bien sincère; mais mon impartialité est entière. Tous les cuisiniers de la capitale ont été et seront encore les témoins oculaires que, depuis la renaissance de l'art, ce sont ces Messieurs qui ont constamment commandé les plus grands et les plus beaux travaux qui honorent notre grande cuisine moderne.

Observations sur les maisons pâtissières.

Dans les derniers temps de mon établissement, un jour un

---

(1) Cuisinier parfait, fameux saucier de la maison de Condé.
(2) Fameux chef-pâtissier de la maison de Condé.
(3) Cuisinier célèbre, contrôleur de la maison du prince Talleyrand.
(4) Le cuisinier le plus extraordinaire de nos jours.

gourmand, qui me faisait une commande pour un thé, me demandait pourquoi le nombre des bons pâtissiers de Paris se trouvait si petit. Monsieur, lui dis-je, je vais vous satisfaire en vous en donnant une idée, et tâcher, s'il m'est possible, de résoudre ce grand problème qui, assurément est de la plus haute importance, tant pour l'honneur du métier que pour l'intérêt des maîtres pâtissiers eux-mêmes et des amateurs qui aiment à savourer les bonnes choses.

Nous avons dans Paris deux cent cinquante-huit établissemens pâtissiers ; et cependant, comme vous dites fort bien, un très-petit nombre sont réputés bons. Par conséquent, ceux-là peuvent prétendre à l'estime des gourmands et à un sort brillant ; mais cela n'est pas satisfaisant pour la gloire de l'état. Il est donc à désirer que toutes nos maisons de commerce se ressentent réellement qu'elles habitent la capitale, plutôt que de ressembler aux petits pâtissiers de province.

Mais il faut, pour opérer cet heureux changement, anéantir la routine (si funeste au développement des arts et métiers), réformer les abus et les procédés systématiques, et la chose n'est pas très-facile ; car nous avons un grand nombre de ces messieurs qui ne font absolument que du feuilletage, des pâtés, des brioches, des biscuits, des tourtes et quelques entremets.

Mais parlez-leur des grandes beautés qui caractérisent leur état, de sultanes par exemple, de poupelins, de croque-en-bouche, de gâteaux de mille feuilles, de gros nougats, de babas, de couglauffes, de gâteaux de Compiègne, de solilemnes, de pâte d'amandes, de soufflés, de pièces montées et d'entremets de sucre de la pâtisserie moderne, ce langage leur paraîtra étranger. Ils n'y comprendront rien, non rien, et de là vient l'obscurité de leurs boutiques ; mais plus malheureux encore sont les apprentis qui sortent de ces maisons : habitués à ce chétif travail, ils ne peuvent réellement en savoir davantage ; ils grandissent, veulent s'établir à leur tour ; et, par leur manque de lumières et de talens, perpétuent pour jamais les mauvaises boutiques et les mauvaises réputations. C'est ainsi que le mauvais goût et la médiocrité se perpetuent.

DISCOURS PRÉLIMINAIRE.

Je conçois fort bien que cela n'est pas de leur faute, puisque leur maître d'apprentissage ignoraient comme eux toutes les beautés de l'état : car, dans l'ancien régime, nos pâtissiers établis ne fournissaient que quelques financiers et la classe bourgeoise, parce que chaque maison de notre ancienne noblesse avait un aide-pâtissier; (on était alors grand amateur de pâtisserie chaude : heureux temps qui va renaître!) voilà pourquoi les secrets de l'art n'appartenaient qu'aux pâtissiers de maisons.

Mais lorsque la chute des maisons de notre ancienne noblesse arriva, un grand nombre de ces bons pâtissiers comme les Avices, les Nivet, les Leclerc, les Laforge, les Larché, les Bailly se sont établis, et ont donné du ton et de l'élégance à leurs établissemens, et en même temps de l'émulation aux anciennes boutiques, sans cependant leur donner leur talent. La pâtisserie de ce temps était fort bonne sans doute; mais il s'en fallait bien qu'elle fût aussi riche et aussi variée que celle du jour : car les progrès de notre pâtisserie moderne sont honorables pour nous.

Si notre tourmente révolutionnaire a été funeste au progrès de notre art pendant une dixaine d'années, les années suivantes lui furent plus propices sous le rapport des divers gouvernemens, qui malheureusement ont pesé sur nous. Ils donnaient des fêtes splendides, qui réveillaient l'émulation et l'amour-propre de nos anciens artistes; ceux-ci sentirent le pressant besoin de faire revivre la bonne chère, quoiqu'en butte aux mauvais traitemens qu'ils éprouvèrent dans leur service. Mais oublions ces temps de tyrannie, et livrons-nous à la douce espérance ! Bénissons à jamais le juste ciel de nous avoir rendu nos maîtres légitimes : l'heureux retour de l'auguste famille royale va réorganiser nos maisons, en leur servant de modèle. Les hommes de bouche ne seront plus confondus dans la foule des serviteurs d'une grande maison : nous jouirons désormais des prérogatives attachées à nos talens; nous serons justement considérés par nos maîtres, qui n'eussent jamais dû cesser de l'être, comme nous le fûmes jadis sous le règne de notre bon Roi Louis XVI; et de ce bien infini pour nous, il résultera un bien plus grand encore pour l'art culinaire, qui va bientôt marcher vers son antique splendeur et son plus haut période. Déjà notre sort s'améliore, et nous sentons combien il est doux de travailler pour nos princes, résultat immense qui nous est donné par l'illustre famille des Bourbons. Puisse le Dieu tout-puissant la conserver éternellement aux Français ! Réjouissez-vous donc, élèves de cuisine, vos progrès sont certains et brillans, puisque vous serez formés sous les auspices d'une cour bienfaisante et juste ; vous n'aurez plus à souffrir ces humiliations qui découragent l'homme, et qui furent notre triste partage sous l'ancien gouvernement.

Introduction sur ma manière d'opérer.

Comme en toutes choses il faut mettre de l'ordre, j'ai cru qu'il était de mon devoir, pour rendre cet ouvrage plus facile à nos commençans, et même pour détacher davantage les détails de notre état, de diviser ce travail par parties, et chaque partie par chapitres. Chaque partie se compose des articles qui se rattachent essentiellement les uns aux autres, comme par exemple, les détrempes font une partie, et chaque détrempe en particulier contient un chapitre. Ainsi, par ce résultat de combinaisons, je crois être plus correct dans mes opérations.

A chaque premier article des chapitres, je suis entré dans les détails que j'ai cru nécessaires à l'opération. Ensuite, j'ai passé rapidement sur les mêmes détails des articles suivans, et n'ai plus donné qu'une notion des détails essentiellement nécessaires à chaque article, ce qui rendra peut-être ces notes un peu obscures pour les personnes peu habituées à nos opérations ; mais, lorsqu'on sera embarrassé, on voudra bien se reporter au premier article détaillé. J'ai été contraint de prendre ce parti rigoureux sans doute, mais autrement j'eusse été plus insipide qu'instructif.

J'ai cru rendre mes recettes plus aisées en rapportant au commencement ou à la fin seulement des articles principaux, les poids et mesures des différens corps qui composent chaque appareil ou détrempe. Par ce procédé, l'homme qui sera pressé n'aura que trois ou quatre lignes à lire ; et bientôt il aura recueilli les détails nécessaires à son opération, toutefois cependant qu'il serait déjà familiarisé avec ce genre de travail ; mais pour le rendre ce traité plus facile encore, les jeunes gens devraient, ce me semble, passer souvent en revue ces sortes de détails qui sont véritablement le matériel de notre état.

DIVISION DE CET OUVRAGE.

TOME PREMIER.

La première partie comprend les détrempes en général, comme feuilletages, pâtes à dresser, brisées et de plomb; brioches, babas, couglauffles, gâteaux de Compiègne, à la parisienne, à la française, à la royale; solilemnes, kouques, biscottes de Bruxelles, pâte d'office et autres détrempes.

La deuxième, les entrées chaudes, comme pâtés chauds, casseroles au riz, timbales, petites croustades de nouille et de truffes; croustades de pain et chartreuses.

La troisième, les entremets de pâte à choux, génoises, madelaines, gâteaux d'amandes, de riz, de nouille, et généralement les entremets de feuilletages détachés et non détachés.

La quatrième, les grosses pièces de fonds, comme pâtés froids, biscuits de fécule, poupelins, gâteaux de mille feuilles, croque-en-bouche à la Reine et autres; gros nougats, croquantes de pâte d'amandes, grosses méringues, flans à la portugaise, à la suisse et à la milanaise; soufflés et fondus; la brillante sultane.

La cinquième, les grosses pièces et les entremets montés, tels que chaumières, moulins, rochers, pavillons et rotondes; palmiers, gerbes de blé et de roseau; cassolettes, coupes, corbeilles et gradins d'abaisse de pâte d'amandes, trophées de marine et de guerre; casques antiques et modernes; la lyre et la harpe galante, et un grand nombre d'entremets montés de divers genres.

TOME DEUXIÈME.

La sixième, les entrées froides, comme aspics, salades et mayonnaises de volaille ou de poissons, chauds-froids de volaille et de gibier; galantines de volaille et d'anguilles, pains de foies gras et de gibier; darnes de saumon au beurre de Montpellier; socles de sain-doux et de beurre, et de la décoration relative à la cuisine.

La septième, les entremets de douceur, comme gelées de fruits et de liqueurs; les macédoines de fruits transparens, gelées fouettées, blancs-mangés, fromages bavarois, crêmes glacées à la française, au bain marie, à la Plombière et à la Chantilly; pommes en suédoise, méringuées au beurre et au riz; beignets à la dauphine, à la française, et autres de fruits et de confitures; poudings et tourtes à l'anglaise.

La huitième, les petits fours, comme biscuits à la vanille, au chocolat, à l'orange, au cédrat, à la bigarade et au citron; macarons soufflés aux avelines, aux amandes douces et amères; maspins seringués et moelleux, maspins glacés au marasquin; à la vanille, à la rose, aux pistaches et au gros sucre; dents de loups aux anis, petite méringue moelleuse et à l'italienne; petites bouchées de dames et de monsieur, à la rose; petits soufflés aux avelines et à la vanille; croquignoles à la Reine et à la française, et la manière de procéder pour la confection des confitures en général.

La neuvième, les pièces montées dans le genre pittoresque, comme rotondes, pavillons, temples, chaumières rustiques, fontaines, cascades et rochers; un Traité du pastillage, et la manière de le dorer et de le bronzer; des procédés à employer pour couler et dorer la cire, et pour couler les planches de soufre.

La dixième et dernière partie comprend un Traité de plus de cinquante menus, suivi d'un vocabulaire de l'orthographe des termes qui traitent de ces mêmes menus, propre à aider les jeunes praticiens dans leurs travaux, d'une revue sur les grands bals de 1810 et de 1811, et quelques observations et remarques diverses.

ERRATA.

Pag. lig.
- 4, 35, se tenir beau, *lisez* s'obtenir beau.
- 19, 1, ensuite, *lisez* entière.
- 28, 18, je repassais, *lisez* je reposais.
- 30, 26, elle fera un effet, *lisez* elle fera un bon effet.
- 37, 3, cuillerée, *lisez* cuillère.
- 41, 21, six d'anières, *lisez* d'amères.
- 42, 34, et vous beurrez, *lisez* et beurrez de même.
- 43, 22, beau, *lisez* bon.
- 45, 5, lequel, *lisez* sur lequel.
- 56, 20, fixé, *lisez* fixe.
- 61, 31, placé sur, *lisez* placé dessus.
- 62, 14, à la glace, *lisez* à glace.
- 77, 5, dans le feu, *lisez* dans lequel.
- 85, 37, d'un béchamel, *lisez* d'une béchamel.
- 90, 3, baissez, *lisez* abaissez.
- 96, 1, saucée, *lisez* semez.
- 110, 24, la pâte, *lisez* la patte.
- 129, 16, jaunâtre, *lisez* ombrée.
- 140, 12, volaille, *lisez* velouté.
- 150, 6, ces choux ne ne soint dorés, *lisez* ces choux ne se dorent pas.
- 210, 25, épicé, *lisez* épepinez.
- 269, 22, pouces, *lisez* lignes.
- 300, 2, le *lisez* la.
- Id. 9, vous masquez, *lisez* vous en masquez.
- 306, 14, passez, *lisez* posez.
- 364, 33, acte, *lisez* tact.
- 390, 5, blanc, *lisez* blond.
- 409, 16, blanc, *lisez* bleu.
- 412, 21, qui, *lisez* que.
- 435, 35, broches, *lisez* brioches.
- 445, 1, démontée, *lisez* démoulée.
- Id. 12, démontés, *lisez* démoulés.
- 457, 2, biscuit, *lisez* buisson.

À
M. BOUCHER,
CONTRÔLEUR DE LA MAISON
DU PRINCE
DE TALLEYRAND-PÉRIGORD.

Monsieur,

C'est en coopérant depuis douze années, sous vos auspices, aux dîners splendides donnés par Son Excellence aux Ambassadeurs, que je fis des progrès rapides dans mon art.

Dans cette vaste carrière, Monsieur, vous déployez avec éclat le talent des grands contrôleurs d'autrefois, tels que MM. Lacour, Mécelier, Mécier, Sabatier, Dalègre, Sauvant et autres cuisiniers célèbres. Comme eux, vous savez tour-à-tour encourager l'émulation et récompenser l'industrie ; c'est vous qui, à la renaissance de l'art culinaire, avez donné l'impulsion aux grands changemens qui honorent notre cuisine moderne.

En vous dédiant cet ouvrage, Monsieur, j'acquitte la dette de la reconnaissance.

Veuillez agréer l'hommage de mon Traité sur la

Pâtisserie ancienne et moderne. Cet ouvrage, j'ose le dire, est absolument neuf; il jetera un nouvel éclat sur notre cuisine nationale, si justement estimée des étrangers. Elle fut toujours appréciée par la noblesse française, qui daigna l'encourager par la délicatesse de son goût, vrai appréciateur des mets suaves et parfaits. Cette cause sur-tout a fait, de notre cuisine moderne, le type du vrai beau de l'art culinaire, enfin le genre du jour, tout à-la-fois mâle et élégant; elle éclipse pour jamais ce que les peuples sensuels de l'antiquité ont pu imaginer pour aiguillonner la gourmandise. Ainsi donc la cuisine française du dix-neuvième siècle doit être l'exemple des siècles à venir; et si ces superbes Romains s'enorgueillissent d'avoir eu des Lucullus, des Apicius et des Fabius, nous n'oublierons jamais le magnifique souper de Vaux ni la collation de Chantilly. Nous devons être plus fiers encore d'avoir de bons Français qui, au milieu de nos troubles politiques, ont fait refleurir un art qui, sans leurs généreux efforts, serait tombé dans l'oubli. Enfin cette science fut sauvée, et nous possédons ce grand art qui, depuis le règne du BON HENRY, fait de la France la mère-patrie des Amphytrions, délicieux séjour de la vraie gastronomie.

Recevez, Monsieur, l'assurance des sentimens distingués

De votre très-humble et très-obéissant serviteur,

CARÊME.

Paris, le 1er février 1815.

LE PATISSIER ROYAL PARISIEN.

PREMIÈRE PARTIE.
DES DÉTREMPES EN GÉNÉRAL,

Suivies d'observations sur les causes de leurs bons et de leurs mauvais effets.

CHAPITRE PREMIER.

OBSERVATIONS SUR LES DÉTREMPES.

On peut considérer le résultat des détrempes bien faites comme l'âme de nos opérations, car si réellement une détrempe se trouve être manquée dans sa préparation, à coup-sûr elle ne peut faire qu'un bien mauvais effet à la cuisson; et si le hasard veut qu'elle soit d'une couleur un peu passable, elle n'en sera pas moins choquante à la vue du connaisseur; puis ces sortes de pâtisserie sont toujours compactes et d'un goût désagréable, et sur-tout fort indigestes; c'est précisément par cette raison que la bonne pâtisserie est fort difficile à bien faire, en ce qu'elle doit réunir une parfaite manipulation, et au tour et au four : aussi le nombre des bons pâtissiers de maison est-il très-petit.

Il est plus aisé de cuire la pâtisserie que de la faire: le four ne réclame que des soins, de l'assiduité, de la pratique, il est vrai; mais pour sa composition, c'est bien autre chose. Cette opération ne souffre point de médiocrité; elle réclame beaucoup de mémoire, de goût, de pratique et d'adresse; car c'est réellement de l'assaisonnement et de l'amalgamme des différens corps qui la compose qu'elle reçoit une bonne ou mauvaise qualité. Cette vérité est incontestable; et je puis assurer qu'un jeune homme laborieux, adroit et entreprenant, qui fera bien le tour dans nos grandes boutiques modernes, sera bientôt pâtissier de maison, lors même qu'il n'aura jamais été fournier; car sa pâtisserie étant bien faite, elle ne demande qu'un four chaud et des soins; mais il n'en est pas de même du jeune homme qui se sera inconsidérément attaché plutôt au four qu'au tour, alors celui-là étant bon fournier et mauvais détrempeur, ne peut jamais être qu'un mauvais pâtissier de maison, en ce que le même homme doit faire et cuire sa pâtisserie.

Le four n'est qu'une seule et même chose; les détrempes sont variées à l'infini.

Je ne parlerai pas de la tenue dans notre travail; tout le monde sait que ce qui concerne les états de bouche exige une extrême propreté et beaucoup d'ordre; l'ordre est le plus bel apanage d'un cuisinier.

Tous nos auteurs cuisiniers qui ont parlé si pauvrement sur la pâtisserie, ont toujours donné le nom de *table* à notre *tour à pâte*, et pourtant c'est plutôt, ce me semble, un tour qu'une table, puisque c'est sur cette table que nous donnons la forme et la tournure aux objets qui concernent notre état, et que cet état exige. Mais un travail plus pressant réclame mon attention.

CHAPITRE II.

DÉTREMPE DU FEUILLETAGE.

Cette détrempe a quelque chose de simple et de facile dans son appareil; mais si on la considère sous le rapport de son effet au four, elle a je ne sais quoi de singulier et d'extraordinaire; car l'accroissement subit et volumineux qu'elle prend à la cuisson, est tel qu'on a peine à concevoir (qu'un vol-au-vent d'entrée par exemple), qu'une abaisse de feuilletage, de huit pouces de largeur sur huit lignes d'épaisseur, puisse, par l'action de la chaleur, s'élever jusqu'à six pouces de hauteur; cet effet caractérise cette détrempe d'une manière toute particulière ; car les détrempes, même à la levure dont la fermentation sera la plus parfaite, ne donne point les mêmes résultats à beaucoup près, puisque la pâte à brioches, la plus légère à la cuisson, ne prend pas trois fois son volume primitif, tandis que le feuilletage, sans l'addition de la levure, fait une fois plus d'effet qu'aucune autre détrempe.

Je vais essayer de décrire la cause de cet intéressant effet, et ce sera, je pense, avoir payé mon tribut d'hommage à l'homme industrieux, qui, le premier, a imaginé la composition de cette détrempe importante qui honore tant la pâtisserie moderne, et qui en fait l'ornement par la grande variété de ses formes mignones et élégantes.

Détail de la détrempe.

Douze onces de farine, douze onces de beurre, deux gros de sel, deux jaunes d'œufs.

Manière d'opérer. Après avoir mis un litron (douze onces) de fleur de farine tamisée sur le tour, vous placez le bout des doigts au milieu, puis vous l'élargissez en forme de couronne, de quatre pouces de diamètre intérieurement; les praticiens nomment cette opération *faire la fontaine*, en ce que la farine étant ainsi disposée, elle contient dans son cintre l'eau nécessaire à la détrempe, comme on va le voir. Mettez au milieu de cette fontaine deux gros de sel fin, deux jaunes d'œufs, gros comme une noix de beurre, et presque un verre d'eau, remuez ce mélange avec le bout des doigts (de la main droite seulement, mais tenez vos doigts écartés), et peu à peu vous y mêlez la farine, en ajoutant un peu d'eau, s'il est nécessaire, pour que la pâte se trouve détrempée, qu'elle ait de la consistance et soit un peu ferme; puis vous la mouvez en appuyant la main sur le tour, de manière qu'après l'avoir travaillée ainsi quelques minutes, la pâte soit douce au toucher, et lisse comme un satin.

On doit avoir l'attention, en mêlant la farine au liquide, de ne point donner passage à ce dernier, qui n'étant plus contenu, s'échappe avec vitesse; car c'est alors que le détrempeur a bien mauvaise grace; on doit donc rassembler cette détrempe très-légèrement, afin qu'elle ne soit point mêlée de parties dures ou molles, car cela rend cette détrempe coriace, et par conséquent très-difficile à travailler, et ce qui fait en partie manquer l'opération.

Mais lorsque cette pâte se trouve être ainsi manquée (ce qui est facile à voir), en l'alongeant un peu, elle se retire aussitôt sur elle-même; cela vient de ce qu'on l'a rassemblée avec force par parties, comme je viens de le dire: mais si, au contraire, on mêle cette détrempe avec soin et légèreté, puis qu'on y mette le temps nécessaire pour pouvoir l'assembler d'un seul et même corps, alors la pâte ne peut manquer d'être d'une détrempe parfaite; mais si la pâte se trouve être coriace, voici ce qu'il reste à faire: après l'avoir élargie, vous placez dessus, çà et là, cinq à six petits morceaux de beurre gros comme une noix-muscade, et après l'avoir bien travaillée, comme la précédente, cette détrempe doit nécessairement reprendre ce corps souple et lisse, si nécessaire à l'opération; alors, par ce procédé, la pâte se trouve être parfaite.

Il importe de remarquer que cette détrempe ne soit ni trop ferme, ni trop molle; elle doit tenir le juste milieu. Cependant elle réussit mieux un peu molette qu'un peu trop ferme. On exécutera les mêmes procédés pour l'hiver et l'été, quoique cependant beaucoup de personnes prétendent qu'on doive faire l'hiver cette détrempe plus ferme qu'en été, à cause de la différence de ces deux saisons. Pour la fermeté du beurre, ce raisonnement a quelque chose de vrai; car réellement autant l'hiver est propice à notre travail, autant l'été rend nos opérations pénibles et minutieuses à suivre, et cela rend quelquefois la réussite imparfaite, sur-tout le feuilletage qui, pendant cette saison, ne peut guère se tenir beau, sans avoir été exposé et frappé par la fraîcheur de la glace, qui alors donne au beurre autant de fermeté que dans le mois de janvier. Voici sur quoi j'appuie mon raisonnement; quand je dis

DES DETREMPES.

que la détrempe d'été ne doit pas être plus molle qu'en hiver : si la détrempe est molle, qu'elle soit beurrée et placée ensuite sur la glace, comme cela se pratique en été, à coup-sûr le beurre, qui est un corps gras, se trouve promptement frappé par le froid de la glace, au lieu que la pâte qui n'est autre qu'un corps humide, ne peut véritablement se trouver glacée aussi vîte ; or donc, si le beurre est gelé, et que la pâte soit molle, il en résultera alors qu'en tourant le feuilletage, ce beurre n'étant pas contenu par une pâte par elle-même assez ferme pour s'unir à lui, alors ce beurre se casse par petites parties, et déjà, après avoir donné les deux premiers tours, on le voit par pelottes semblables à de gros pois ; puis étant touré, il faut le remettre sur la glace, celle-ci agit plus fortement sur toutes ces petites parties de beurre, qui finissent par devenir autant de glaçons, alors il résulte que le feuilletage est manqué entièrement ; car à la cuisson, ces parties de beurre se fondent et se séparent de la pâte qui ne peut s'unir à lui.

Ceci n'est point une vaine exposition ; la pratique le démontre clairement.

La même chose arrive en hiver, lorsqu'on ne manie pas assez son beurre, et que la pâte se trouve molette. Dans cette saison si favorable à notre état, nous devons avoir le soin de travailler le beurre assez pour l'amollir au point convenable à la détrempe, alors celle-ci n'a pas besoin d'être ferme comme on le pense.

Mais l'été est bien moins agréable ; car depuis mai jusqu'à septembre, notre travail exige des soins minutieux et assidus : je vais décrire ces détails.

Lorsque la détrempe est faite selon les procédés indiqués ci-dessus, vous ôtez trois quarterons de beurre que vous aurez mis (vingt minutes avant de faire la détrempe) par morceaux dans un seau d'eau de puits, avec quelques livres de glace lavée et concassée ; puis vous épongez et maniez ce beurre dans une serviette, afin d'en séparer l'eau ; et en même temps pour le rendre liant et sur-tout d'un corps égal, vous appuyez la pâte carrément : vous placez sur le milieu le beurre, et le masquez en relevant les bords de la pâte par-dessus. Ayez soin qu'il se trouve également entouré de la même épaisseur de pâte. Cette partie de l'opération doit se faire le plus vîte possible, de même que pour le tourré : à cet effet, vous l'abaissez sur un tour de marbre ou autre, avec le rouleau (1). Lorsque cette abaisse se trouve à-peu-près de trois pieds de longueur sur onze ou douze pouces de largeur, alors vous pliez un bout de l'abaisse d'un pied sur elle-même, puis vous pliez l'autre par-dessus celle-ci, de manière que l'abaisse se trouve ployée en trois parties d'égale longueur; vous rabaissez ensuite le feuilletage en long sur sa largeur première, aussi long et large que ci-dessus; vous le ployez de même, puis vous l'abaissez de deux pouces plus long que large, et le posez bien vîte sur une plaque saupoudrée légèrement de farine, et placez dessus dix livres de glace pilée et disposée de la même largeur et longueur que la plaque; ensuite vous posez sur le feuilletage une feuille de papier, et sur le papier une plaque sur laquelle vous aurez mis une livre de glace pilée. Cette plaque est pour donner de la fraîcheur à la surface du feuilletage, mais plus encore pour l'empêcher d'être amollie par l'action de l'air. Après trois ou quatre minutes, vous ôtez la plaque et retournez le feuilletage sans dessus dessous, et le recouvrez de suite; puis vous recommencez la même opération, après quoi vous donnez deux tours de la même manière que les précédentes. Vous remettez le feuilletage à la glace, et le retournez avec les mêmes soins que ci-dessus; ensuite vous y donnez un tour et demi ou deux tours, selon l'emploi que vous lui destinez.

Mais pour détailler ce feuilletage, on doit y mettre beaucoup de vîtesse; autrement l'extrême chaleur de cette saison l'amollit tellement, qu'on ne sait plus comment s'y prendre pour y toucher; et il s'en faut bien qu'il fasse le même effet à la cuisson.

(1) Le rouleau, pour être parfaitement commode, ne doit avoir que seize à dix-sept pouces de longueur sur dix-huit lignes de diamètre; c'est alors que tout le monde pourra s'en servir avec facilité. Ces rouleaux sont ordinairement de buis ou d'acacia, de poirier ou de cerisier.

Ainsi, en une petite demi-heure, on peut faire de beaux feuilletages; mais alors on doit avoir tout prêt, la glace pilée et le beurre glacé, et s'assurer que le four sera tout prêt aussi; autrement cela ne peut avoir lieu. Cette remarque est importante, en ce que le four est quelquefois plus d'une heure à chauffer : alors on doit faire sa détrempe lorsqu'il est à demi-chaud.

Beaucoup de mes confrères ne sont pas de mon avis à ce sujet : les uns disent que le feuilletage doit au moins reposer une demi-heure après être détrempé; et que ce temps est nécessaire, afin que la détrempe ne soit point coriace; que le feuilletage est plus beau à la cuisson. Mais voici une manière d'opérer qui n'est pas du tout d'accord avec ce système; car quoi qu'on dise qu'une demi-heure ne suffise pas pour la parfaite réussite de cette détrempe, il est pourtant parfois des circonstances où en moins d'un quart-d'heure il faut faire du beau feuilletage, et ce temps suffit. Cependant, comme cela m'est arrivé fort souvent dans mon établissement, je puis facilement démontrer cette manière d'opérer, qui est véritablement indispensable dans un moment pressé, et cela arrive très-souvent. Enfin, je vais choisir exprès pour exemple la saison la moins propice à ce travail.

Seconde détrempe du feuilletage.

Je marquais mon feuilletage, selon la règle, mais je le tenais plus mollet que de coutume; puis après l'avoir travaillé une minute, ma détrempe était lisse et souple comme si elle eût été faite depuis long-temps[1]; ensuite je maniais mon beurre, en le laissant toujours dans le seau d'eau de puits glacé (comme ci-dessus), où je l'avais mis avant de faire ma détrempe : alors, après l'avoir travaillé ainsi deux minutes, je l'épongeais en le pressant dans une serviette; je l'enveloppais ensuite dans la détrempe, et donnais promp-

---

(1) En hiver je la beurrais avec du beurre bien manié, puis je donnais deux tours de quatre minutes en quatre minutes; alors, en douze minutes, mon feuilletage avait six tours; puis je lui donnais une minute de repos avant de le détailler.

tement deux tours, quoiqu'en appuyant légèrement le rouleau dessus, afin que le beurre ne perçât pas la pâte, ce qui aurait produit un fort mauvais effet; mais avec des précautions, cela n'arrive jamais. Ensuite je le plaçais à la glace entre deux plaques, de même que pour le précédent; et, après l'avoir retourné deux fois en cinq minutes, je lui donnais de rechef deux tours, et le replaçais de suite à la glace, et le laissais trois minutes seulement; puis je lui donnais encore deux tours, et le plaçais de nouveau à la glace l'espace de deux minutes. Pendant ce temps-là je plaçais sur un petit plafond, une abaisse de pâte fine très-mince, et la mouillais légèrement; et, après avoir ôté le feuilletage de la glace, je plaçais sur le milieu un couvercle de huit pouces de diamètre, puis, avec la pointe du couteau, je coupais le feuilletage en suivant le pourtour du couvercle qui me servait de guide, afin que le vol-au-vent soit parfaitement rond : je dorais légèrement le dessus avec le doroir (1), et avec la pointe du couteau, je traçais un cercle à deux lignes de profondeur et à neuf lignes près du bord du feuilletage : cette opération était pour marquer le couvercle du vol-au-vent, que je plaçais bien vite au four gai. J'ai fait quelquefois cette détrempe avec un succès marqué en moins de quatorze minutes.

Voici, par exemple, une circonstance qui exige véritablement une détrempe mollette, avec l'agilité accoutumée d'un vrai praticien.

On doit généralement faire attention de saupoudrer très-légèrement de farine le dessus comme le dessous du feuilletage lorsqu'on lui donne ces tours; autrement cela le rend gris à la cuisson : puis, lorsque le feuilletage a reçu ces derniers tours, il importe de remarquer qu'il doit être employé de suite, c'est-à-dire qu'il doit entrer au four dans l'espace de quatre, six ou huit minutes au plus; mais si au contraire on le termine inconsidérément vingt à vingt-cinq

---

(1) Petit pinceau fait avec des plumes de queues de poulardes ou de chapons. Après les avoir parfaitement lavées, vous les imbibez de dorure pour masquer légèrement la surface de la pâtisserie; cette dorure n'est autre chose que des œufs battus.

minutes avant de pouvoir le mettre en cuisson : alors, au lieu d'être clair et léger; le feuilletage sera terne ou compacte; cela vient, je présume, de ce que, pendant cette attente, la détrempe éprouve un relâchement; cela lui ôte en partie ce corps élastique qui fait tant d'effet dans sa force première, et c'est pour cette raison qu'il est de rigueur, autant que possible, de terminer son feuilletage quelques minutes seulement avant de mettre au four.

Troisième détrempe du feuilletage.

Je vais retracer une expérience que je fis plusieurs fois, parce que j'avais l'habitude de faire faire ces détrempes par mes apprentis, deux mois au plus après qu'ils furent avec moi (1).

Un jour il me prit fantaisie de faire détremper un litron de feuilletage par un petit Allemand que j'avais depuis un mois avec moi : je lui fis donc mettre un litron de farine tamisée sur le tour; et, après avoir fait la fontaine, il mit au milieu de la farine deux gros de sel fin, un peu de beurre, deux jaunes d'œufs, et presque un verre d'eau : puis, avec le bout des doigts de sa main droite, il mêla peu-à-peu sa farine de l'intérieur de la fontaine avec le liquide, ce qui fit bientôt une pâte déliée : alors je lui fis mêler le tout ensemble, mais légèrement, et sa détrempe fut assemblée à ma satisfaction; et, après l'avoir travaillée, elle était autant bien qu'il était possible qu'elle le fût.

Lorsqu'il eut fini, je lui fis recommencer la même détrempe, mais sans lui donner de conseil, afin de voir comment mon jeune-homme se tirerait d'affaire. Le commencement de l'opération allait très-bien; mais, au moment de

---

(1) Cette habitude devrait être généralement pratiquée par nos confrères; car j'eus chez moi plusieurs apprentis du dehors qui ne savaient réellement pas faire une seule détrempe, et qui pourtant avaient passé deux ou trois ans en apprentissage où ils avaient payé trois cents francs pour apprendre leur état; enfin j'en eus un autre qui m'a assuré n'avoir jamais mis la main à la pâte, et pourtant il avait payé une somme de deux cents francs et donné trois années de sa jeunesse. Puisse à l'avenir ces maîtres d'apprentissage être plus judicieux et plus humains !

rassembler sa pâte (1), il mit de l'empressement et de la force, de manière que sa détrempe fut extrêmement coriace ; alors, après avoir élargi sa pâte, il plaça dessus cinq à six petits morceaux de beurre de la grosseur d'une noix-muscade, il la rassembla, et l'appuya, en la remuant sur le tour avec ses deux poignets, et au fur et mesure qu'elle s'alongeait, il la reployait sur elle-même, afin qu'elle se trouvât en grande partie sous la pression, et, après l'avoir ainsi travaillée quelques minutes, elle se trouva d'un corps doux et velouté.

Alors je lui fis quelques remontrances sur la manière dont il avait rassemblé sa pâte ; puis, continuai-je, le peu de beurre que nous avons joint à cette pâte coriace (et qui bientôt l'avait changée de nature par son addition) provient de ce que le beurre, qui est un corps gras, étant parfaitement mêlé dans toutes les parties de la détrempe, l'a amollie et rendue souple, puis, par la pression qu'elle a éprouvée entre les poignets et le tour, il en est résulté qu'elle s'est réunie en un seul et même corps, lisse comme un satin.

Ensuite il beurra sa détrempe avec trois quarterons de beurre manié, et, après l'avoir enveloppée de pâte d'égale épaisseur, il lui donna deux tours ; au bout d'un quart d'heure il recommença la même opération, et, laissant encore reposer sans feuilletage quinze à vingt minutes, il lui donna ses deux derniers tours : deux minutes après, j'en coupai un vol-au-vent, qui fut doré, cerné, et mis au four à l'instant. Son feuilletage fit un très-bel effet à la cuisson.

Mais il faut tout dire, à cette époque nous étions dans la bonne saison, c'est-à-dire l'hiver, et cela contribua singulièrement à la réussite de l'opération ; autrement, dans l'été, je ne lui eusse pas laissé touré son feuilletage, il n'eût pas pu lui-même faire cette partie de l'opération ; car cette saison réclame des soins et des attentions qui ne peuvent être ceux d'un apprenti, même de plusieurs mois, quelque adroit qu'il soit.

---

(1) La réussite de la détrempe dépend des soins donnés à cette partie de l'opération.

La pratique seule donne ce tact si nécessaire à cette importante partie de l'opération, car la beauté du feuilletage dépend véritablement de son tourage ; cependant il faut joindre à cela une bonne détrempe ; son effet produit autant que le tourage, car l'expérience prouve clairement que du feuilletage mâle détrempé et bien touré ne peut être beau à la cuisson ; de même, lorsque cette détrempe est bien faite, et qu'elle est mal tourée, elle réussit encore plus mal : ces deux parties de l'opération sont inséparables l'une de l'autre. La manière de beurrer, ou plutôt d'envelopper le beurre dans la pâte, fait encore beaucoup, et sur-tout pendant l'été ; car si le beurre se trouve être masqué par places de parties minces de pâte, alors en tourant le feuilletage le beurre le perce, et cela fait le plus mauvais effet possible.

Tous ces détails peuvent facilement convaincre un praticien, qu'on peut faire de beau feuilletage en une heure, en trois quarts d'heure, en une demi-heure, et même en un quart d'heure, puisque, dans ces trois manières de détremper, qui sont véritablement les mêmes, je donne la manière de procéder pour conduire le feuilletage pendant l'été ou pendant l'hiver. La pratique prouve clairement que la différence de ces deux saisons influe singulièrement sur la parfaite réussite de nos opérations.

On fait également du feuilletage à seize livres ; c'est-à-dire qu'au lieu de mettre douze onces de beurre dans une détrempe d'un litron, comme ci-dessus, vous le beurrez avec une livre de beurre, puis vous tourez celui-ci sept tours et demi, et même huit ; voilà toute la différence. Beaucoup de personnes préfèrent le feuilletage à douze livres.

CHAPITRE III.

LE FEUILLETAGE A LA GRAISSE DE BŒUF, DE VEAU, AU SAIN-DOUX ET A L'HUILE.

Feuilletage à la graisse de bœuf.

Après avoir ôté les peaux et les nerfs à une livre de graisse de bœuf, bien farineuse, vous la hachez très-fin et la mettez dans un mortier, avec une cuillerée de bonne huile d'olive; puis au fur et à mesure que vous la pilez, vous y joignez quelques cuillerées d'huile, afin de lui donner du corps et de l'amollir en même temps, de manière que par cette opération la graisse devienne aussi douce et aussi facile à travailler que le beurre d'hiver; puis, pour l'employer, vous procédez de même que pour le beurre, et de même pour le poids. Faites la détrempe selon la règle écrite ci-dessus : vous pouvez employer du sain-doux en place d'huile. En mettant moitié graisse du rognon de bœuf et moitié sain-doux, on obtient du feuilletage très-beau et très-agréable au palais; mais il doit être mangé chaud.

Feuilletage à la tétine ou à la graisse de rognon de veau.

Faites cuire dans la marmite trois belles tétines de veau; étant refroidies, vous les parez et les pilez en y mêlant quelques cuillerées de bonne huile, ou bien du sain-doux, afin que ce mélange devienne autant maniable que du beurre, puis vous l'employez de même que dans le feuilletage ordinaire.

Vous pouvez mettre autant de tétine que de sain-doux, et votre feuilletage n'en sera que plus beau. Lorsque l'on manque de tétines, on emploie, en place, de la graisse de rognons de veau, que l'on prépare de même que la graisse de bœuf.

Feuilletage au sain-doux.

Vous mettez dans un litron de farine deux onces de sain-doux, deux jaunes d'œufs et deux gros de sel fin, puis vous terminez votre détrempe selon la coutume; étant reposée quelques minutes, vous l'abaissez de même que le feuilletage ordinaire, puis vous masquez légèrement le dessus avec du sain-doux liquide, qui doit être à peine tiède; vous l'étalez avec un doroir de plume, ensuite vous ployez en trois le feuilletage pour y donner un tour; étant reposé quelques minutes, vous recommencez la même opération, et suivez ce procédé jusqu'à six et sept fois, afin d'employer douze onces de sain-doux à son tourage, puis vous le détaillez selon la règle.

Feuilletage à l'huile.

Vous le préparez de même que le précédent, avec cette différence qu'au lieu d'employer du sain-doux, vous tourez le feuilletage en y mêlant douze onces de bonne huile d'olive.

Je donne ces différentes manières d'opérer, afin que les hommes de bouche puissent s'en servir dans les pays éloignés où ils sont susceptibles de voyager, où le beurre manque et n'est pas même connu, ainsi que me l'a assuré le fameux Laguipière, dans le voyage d'Amérique, qu'il fit avec le comte d'Estaing lorsqu'il conquit l'île de la Grenade en 1773, où toute la pâtisserie avait été faite à la graisse de bœuf, par le défaut absolu de beurre.

Toutes ces sortes de feuilletages ne conviennent que pour la pâtisserie chaude que l'on serait forcé de faire dans les pays étrangers.

CHAPITRE IV.

DÉTREMPE DE LA PATE A DRESSER DES PATÉS CHAUDS ET FROIDS.

Cette détrempe réclame plus de soins qu'on ne se l'imagine, à cause de son mouillement à point, que je regarde comme la sûreté de l'opération : les praticiens seuls en connaissent les bons et les mauvais effets ; car lorsqu'elle est trop ferme, elle devient très-pénible à dresser, puis elle se fond à la cuisson ; et lorsque cela arrive, le pâté fuit, et perd par là une partie de sa qualité et de sa bonne mine ; lorsqu'elle est trop molle, elle fait encore un plus mauvais effet au four.

Je vais donner une idée des soins que cette détrempe exige, la démontrer selon les règles de la pratique, et la rendre par-là plus facile aux jeunes gens qui commencent l'état, ou qui ont fait de mauvais apprentissages.

PREMIERE PARTIE.

Détail de cette détrempe.

Trois livres de farine, quatre jaunes d'œufs, cinq quarterons de beurre, une once de sel.

Après avoir tamisé quatre litrons (trois livres) de belle farine, vous faites la fontaine, et mettez au milieu une once de sel fin, quatre jaunes d'œufs, cinq quarterons de beurre manié (en hiver seulement), puis un verre d'eau; alors vous commencez à mêler le beurre et le liquide ensemble, ensuite la farine, de manière que, pressant ce mélange entre les mains et le tour, le tout forme bientôt une espèce de mie de pain émiettée, que l'on mouille peu à peu, en la mêlant et la pressant légèrement; c'est alors qu'elle se rassemble en se pelottant par partie, ensuite vous la fraisez à un tour seulement en été, et deux et même trois en hiver. Voici pourquoi on nomme cette partie de l'opération *fraiser un tour;* c'est que la masse entière de la pâte passe peu à peu entre la pression des poignets et du tour, afin de mêler ensemble les parties molles et dures, et que, par ce travail, la détrempe devienne un corps également ferme et liant. Alors la pâte doit être très-ferme, quoique cependant un peu mollette, afin de pouvoir la mouler de suite avec facilité. Autrement si elle se moule avec peine, et qu'elle se gerce à sa surface, vous devez étaler la détrempe et semer légèrement dessus quelques gouttes d'eau, afin de la mouiller à point; ce peu de mouillement est véritablement le point essentiel de l'opération, car son addition rend la pâte parfaite; mais on doit l'ajouter avec précaution, afin de ne point s'exposer à la rendre trop molle.

Cette observation est assez importante pour que les jeunes gens apportent à cette partie de l'opération tous les soins qu'elle réclame. Enfin après avoir remué la pâte pour l'humecter également, vous en rassemblez à peu près le quart, en la pressant fortement entre les mains et le tour, de manière qu'après l'avoir ainsi assemblée durant une minute, elle devienne singulièrement aisée à mouler, ensuite vous recommencez trois fois les mêmes procédés pour rassembler le reste de la détrempe; et à mesure que vous avez une partie de faite, vous les appuyez les unes au-dessus des autres, afin de rassembler le tout, puis vous l'enveloppez dans une serviette légèrement mouillée, pour qu'elle ne se hâle point par l'action de l'air, en attendant que vous l'employassiez; mais cela devient inutile lorsqu'on l'emploie tout de suite.

En été on doit faire cette détrempe le plus promptement possible; car l'extrême chaleur de cette saison échauffe tellement les mains, que l'on brûle la pâte au point de ne pouvoir s'en servir. La pâte brûlée se reconnaît facilement, parce qu'elle n'a point de liaison, ce qui la rend très-difficile à monter; et lorsque l'on veut l'abaisser, elle se sépare, se casse tout à l'entour, et devient gercée dessus et dessous, ce qui la rend très-difficile à dresser. Elle fait aussi un très-mauvais effet au four, lorsqu'elle se trouve ainsi manquée: cela vient de l'avoir trop longtemps maniée, comme aussi de ne l'avoir pas mouillé à temps; enfin, quand cela arrive, voici ce qui reste à faire: vous coupez la pâte par tranche, puis vous mouillez légèrement le dessus de chaque lame de pâte que vous placez successivement l'une sur l'autre, et au fur et à mesure vous l'appuyez fortement pour la rassembler. Tout étant parfaitement assemblé, la pâte s'amollit un peu et reprend ce corps liant qui lui est si nécessaire; ensuite vous la mettez dans une serviette humide, et la laissez reposer une petite demi-heure, après quoi vous en faites ce que vous voulez.

Pendant l'hiver, cette détrempe est plus aisée à bien faire; car cette saison est infiniment propice à notre travail; mais cependant l'hiver comme l'été, le point essentiel ou nécessaire à la réussite de cette détrempe, est le juste milieu du mouillement (qui la rend bonne ou mauvaise) que l'on ne peut réellement obtenir sans beaucoup de soins.

Je donnerai la manière de dresser cette pâte, en décrivant le chapitre des pâtés froids.

Pâte à dresser pour les pâtés chauds.

Pour un pâté chaud d'entrée, trois quarterons de farine, six onces de beurre, deux jaunes d'œufs et deux gros de sel.

Manière d'opérer. Mettez sur le tour un litron de farine tamisée, élargissez un peu cette farine pour faire la fontaine, joignez-y six onces de beurre (manié en hiver), deux jaunes d'œufs, deux gros de sel fin et le quart d'un verre d'eau; puis vous la travaillez de même que la précédente; cependant vous fraisez celle-ci un tour de plus, parce qu'elle est plus fine en beurre, ce qui la rend en même temps plus susceptible à manquer de liaison pendant les chaleurs de l'été; mais pour prévenir ce fâcheux effet, on doit la mouiller avec de l'eau glacée, de même que le beurre doit avoir été glacé avant de l'employer: néanmoins, si malgré ces soins, cette détrempe se trouve brûlée, on doit alors la couper par lames minces et les mouiller ensuite légèrement, puis les rassembler fortement, et la laisser reposer un peu avant de s'en servir.

On emploie cette même pâte pour les flans de fruits et de crème.

Pâte fine pour les timbales.

Pour trois quarterons de farine, huit onces de beurre, deux jaunes d'œufs, deux gros de sel; puis vous terminez l'opération de la manière accoutumée.

CHAPITRE V.

DE LA PATE FINE ET DE LA PATE BRISÉE.

Pâte fine, pour les tourtes d'entrée.

Pour un litron de pâte fine (trois quarterons de farine), dix onces de beurre, deux jaunes d'œufs, deux gros de sel, puis vous procédez pour la manipulation de même que pour la pâte à dresser; mais vous tenez celle-ci un peu plus mollette.

DES DÉTREMPES.

On l'emploie pour les tourtes d'entrées et d'entremêts, et généralement pour foncer toutes sortes de pâtisseries.

Pâte brisée, demi feuilletée.

Passez au tamis un litron de farine (trois quarterons), et après l'avoir disposée selon la règle, vous mettez au milieu deux gros de sel fin, deux œufs entiers, un demi verre d'eau et dix onces de beurre fin; ensuite vous procédez pour la détremper, de même que pour la détrempe du feuilletage, mais avec cette différence que cette pâte brisée doit être un peu plus ferme. Le beurre doit s'y trouver par morceaux, de manière qu'après l'avoir touré quatre fois, de même que le feuilletage, elle fasse en petit l'effet du feuilletage à la cuisson.

On emploie cette détrempe particulièrement pour les gâteaux des Rois.

CHAPITRE VI.

DÉTREMPE DES GATEAUX DE PLOMB.

Après avoir tamisé deux litrons de farine, vous mettez au milieu, ou plutôt dans la fontaine, quatre gros de sel fin, une once de sucre en poudre, quatre jaunes d'œufs, cinq quarterons de beurre fin, un verre de crème double; puis vous faites cette détrempe comme les précédentes. Après l'avoir fraisée cinq tours, elle doit se trouver un peu plus ferme que la pâte à brioches.

Gâteau de plomb à la parisienne (à la vanille).

Passez au tamis deux litrons de farine (une livre et demi), faites la fontaine comme de coutume, ajoutez au milieu quatre gros de sel fin, deux onces de sucre en poudre, quatre jaunes d'œufs, cinq quarterons de beurre fin, puis un verre de bonne crème double, faites votre détrempe comme ci-dessus; étant assez travaillée, vous l'étalez mince, puis vous semez dessus deux gousses de vanille, hachées très-fin, ensuite vous remuez légèrement ce mélange, afin d'incorporer le tout ensemble, puis vous moulez le gâteau en saupoudrant le tour de farine ; et après l'avoir placé sur un petit plafond, vous l'abaissez à six pouces de largeur seulement, afin qu'il soit épais de deux bons pouces et demi, ensuite vous le contenez, en l'entourant avec une bande large de quatre pouces, faite avec du papier fort et beurré. Mais pour empêcher que cette bande de papier ne se dérange à la cuisson, vous placez à l'entour plusieurs petites bandes de papier imbibé de dorure seulement, que vous placez moitié sur le plafond et moitié sur la bande, de manière que cela forme une espèce de caisse, qui empêche la pâte de s'élargir, ce qui arriverait sans cette précaution. On les cuit encore dans des moules de cuivre ou de fer-blanc de six à sept pouces de diamètre, dont le fond est uni et le bord cannelé, de trois pouces de hauteur ; lorsque votre gâteau est ainsi préparé, vous dorez légèrement le dessus, puis avec la pointe du couteau vous y tracez une palmette, ou bien une rosace, ou simplement une jolie rayure, et après l'avoir percé au milieu, afin de faciliter l'évaporation des petites globules d'air qui se trouvent comprimées quelquefois entre le plafond et la pâte, vous le mettez à four gai, et lui donnez deux heures et demi de cuisson, et quelquefois même trois heures, afin que la chaleur atteigne à fond la masse de la pâte, laquelle, sans cela, serait compacte et fort indigeste. Ces gâteaux doivent être mangés froid : l'agréable odeur de la vanille embaume la bouche.

On met aussi dans la détrempe la vanille pilée (avec les deux onces de sucre qui entrent dans la composition de la détrempe) et passée au tamis de soie ; puis au moment du service, on masque le dessus du gâteau avec une demi-cuillerée de ce sucre et vanille que vous avez conservé à cet effet.

Gâteau de plomb à la fleur d'orange.

Vous le faites de même que le précédent ; mais au lieu d'y mettre de la vanille, vous y joignez une once de fleur

DES DÉTREMPES.

d'orange pralinée; vous la mettez ensuite ou vous la hachez.

Pour le gâteau de plomb aux anis de Verdun, on procède de la même manière que ci-dessus, avec cette différence qu'on emploie deux onces d'anis blanc, de Verdun, pour l'odoriser.

Gâteau de plomb au cédrat confit.

Vous coupez en petits filets quatre onces de cédrat confit, et lorsque votre détrempe est faite comme les précédentes, vous y mêlez le cédrat, et terminez le gâteau de la manière accoutumée.

Vous procéderez de même pour le faire au zeste d'orange confite.

Gâteau de plomb au zeste de citron.

Après avoir râpé sur un morceau de sucre le zeste de deux citrons bien sains, vous écrasez ce sucre et le mêlez dans la détrempe ordinaire : voilà toute la différence. (*Voyez* le gâteau de plomb à la vanille.)

On procédera de la même manière pour les zestes de cédrat, d'orange et à la bigarade.

Gâteau de plomb au raisin de Corinthe.

Épluchez et lavez à plusieurs eaux huit onces de beau raisin de Corinthe, puis vous le mêlez, lorsque la détrempe est faite, selon les procédés décrits au premier article de ce chapitre.

Gâteau de plomb au raisin muscat.

Ayez une demi-livre de raisin muscat, séparez chaque grain en deux parties, puis ôtez en même temps les pépins; et après les avoir bien lavés, joignez-les à la détrempe qui doit être faite comme de coutume.

On peut mettre dans ces deux gâteaux un peu de vin de Madère ou de rum.

Ces sortes de gâteaux sont extrêmement aimables pour les parties de campagne qui se font dans la belle saison, et pour les voyages éloignés; car je me rappelle en avoir fait à l'Elysée-Bourbon, qui ont fait la route de la Hollande.

Gâteau de plomb au fromage de Parmesan.

Lorsque votre détrempe est faite comme de coutume; vous y joignez douze onces de vrai fromage de Parmesan, que vous hachez menu ou bien rapé; le reste du procédé est le même que ci-dessus.

Gâteau de plomb au fromage de Gruyères.

Coupez en petit dés douze onces de bon fromage de Gruyères, et joignez-les dans la pâte que vous aurez faite selon la règle. Le tout étant parfaitement mêlé, vous moulez, dorez et cuisez ce gâteau de la manière accoutumée.

Gâteau de plomb au fromage de Brie.

Broyez dans un mortier six onces de fromage de Brie affiné et bien nettoyé; ensuite mêlez-le dans la pâte, en la détrempant comme je l'ai indiqué précédemment.

On procédera de la même manière pour les fromages de Véri, de Neufchâtel et à la crème.

Gâteau de plomb anglo-français.

Lorsque votre détrempe est faite telle qu'elle est décrite pour le gâteau de plomb à la parisienne, vous y joignez quatre onces de raisin de Corinthe bien lavé, quatre onces de muscat (on choisit à cet effet de moyens grains qui soient sans pépins), une once de cédrat confit, coupé en filets très-minces, autant d'orange confite de même; puis un demi-verre de vin d'Espagne ou un peu de rum de la Jamaïque, le tout parfaitement mêlé; vous terminez l'opération comme de coutume; donnez trois heures de cuisson.

Ce gâteau, mangé froid, est très-agréable; mais il est plus aimable encore lorsqu'on le coupe par lame de six lignes d'épaisseur, et qu'on leur fait prendre couleur sur le gril ou au four, en les rangeant sur un plafond; puis au moment de servir, on les masque de sucre en poudre.

DES DÉTREMPES.

Gâteau de plomb de châtaigne.

Pesez une livre de marrons parfaitement épluchés (on les fait cuire à la poêle ou dans les cendres), et pilez-les avec quatre jaunes d'œufs. Lorsqu'ils sont bien broyés, vous les faites passer par le tamis de crin, ensuite vous disposez en couronne douze onces de farine, dans laquelle vous mettez deux gros de sel fin, six onces de sucre en poudre, douces onces de beurre d'Isigny, deux œufs, et la pâte de châtaigne; puis vous détrempez ce mélange comme le gâteau de plomb ordinaire, et le finissez de même; mais vous le mettez à four plus doux, et lui donnez deux heures et demie de cuisson.

Gâteau de plomb de riz au lait d'amande.

Après avoir émondé une livre d'amandes douces et une demi-once d'amères, vous les pilez parfaitement, et les mouillez peu à peu d'une cuillerée d'eau, afin qu'elles ne tournent point à l'huile; ensuite vous les délayez dans une terrine avec quatre verres d'eau; puis vous passez ce mélange dans une serviette, en serrant fortement pour en exprimer la quintessence du lait d'amande, que vous versez dans une casserole, dans laquelle vous aurez mis douze onces de riz caroline bien lavé et blanchi (vous le mettez sur le feu à l'eau froide, et lorsqu'elle devient bouillante, vous le versez sur un tamis pour l'égoutter); puis trois quarterons de beurre d'Isigny, huit onces de sucre en poudre et un gros de sel. Lorsque ce mélange est en ébullition, vous placez la casserole sur des cendres rouges, afin que le riz cuise doucement. Vous le remuez de temps en temps. Lorsqu'il est crevé à point, ce que vous voyez aisément quand les grains sont doux et faciles à s'écraser sous la pression des doigts, alors vous broyez le quart dans un mortier, et le passez de suite par un tamis de crin à passer la farine; puis vous recommencez trois fois encore la même opération. Le tout ainsi préparé, vous y joignez six six jaunes d'œufs pour lier ce riz, qui doit être d'une pâte ferme; vous beurrez un moule à gâteau de plomb (*Voyez* le gâteau à la parisienne), ou bien une caisse ronde de papier fort et beurré ; vous y mettez la pâte de riz que vous étalez à épaisseur égale. Dorez le dessus, tracez ensuite avec la pointe du couteau un dessin d'ornement, puis mettez-le au four, chaleur modérée, et donnez-lui deux bonnes heures de cuisson.

On peut ajouter dans ce gâteau des raisins de Corinthe ou de muscat, de la vanille ou de la fleur d'orange, des zestes de citrons d'oranges et de cédrat ; puis si l'on veut le faire au lait d'amandes d'avelines, on en pilera une livre au lieu d'amandes ordinaires.

Gâteau de plomb de pommes de terre.

Faites cuire dans les cendres une vingtaine de belles vitelottes (espèce de pomme de terre longue, farineuse et d'un goût agréable), puis après les avoir épluchées et parées de toutes leurs parties rougeâtres, vous en pesez une livre et demi, que vous pilez ensuite, en y joignant successivement, et par parties, douze onces de beurre d'Isigny, huit onces de sucre fin, six jaunes d'œufs, un demi verre de bonne crème double, une once de fleur d'orange pulvérisée, puis un gros de sel fin. Le tout étant parfaitement broyé, vous le passez plusieurs fois au tamis de crin ; après cela, vous mêlez cette pâte avec une spatule, puis vous terminez ce gâteau selon les procédés décrits ci-dessus.

On parfume ce gâteau de toutes sortes d'odeurs ; on y met aussi des raisins de Corinthe et muscat.

Gâteau de plomb de nouille.

Faites six jaunes d'œufs de pâte à nouille, lorsqu'elle est détaillée, vous la versez dans quatre verres de crème bouillante, dans laquelle vous aurez mis huit onces de beurre d'Isigny. Après quelques minutes d'ébullition, vous y joignez six onces de sucre, sur lequel vous avez râpé légèrement le zeste d'une orange ; remuez ce mélange avec la spatule, et placez-le ensuite sur des cendres chaudes pendant une bonne demi-heure, afin que les nouilles se renflent et deviennent moëlleuses; après quoi vous y mêlez huit jaunes d'œufs et une pincée de sel, pour donner du corps à cette pâte, que vous versez de suite dans un moule (beurré) propice à cette opération; dorez légèrement le dessus, mettez-le au four, chaleur modérée, et donnez lui deux heures de cuisson.

Gâteau de plomb aux amandes amères.

Pilez quatre onces d'amandes douces, autant d'amères, et mouillez-les peu à peu avec la moitié d'un blanc d'œuf, afin qu'elles ne tournent pas à l'huile, et lorsqu'on ne voit plus aucun fragment d'amandes, vous passez un litron (trois quarterons) de farine sur le tour; vous la disposez selon la règle, vous mettez au milieu deux gros de sel fin, six onces de sucre en poudre, six jaunes d'œufs, douze onces de beurre d'Isigny, puis les amandes pilées, et un demi verre de crème; ensuite vous détrempez votre pâte comme de coutume (*Voyez*, à cet effet, la détrempe première de ce chapitre), et vous y joignez assez de crème pour qu'elle se trouve mollette.

Terminez le gâteau de la manière accoutumée (*Voyez* le gâteau à la parisienne).

Gâteau de plomb aux avelines grillées.

Emondez huit onces d'amandes avelines, lavez, égoutez-les et ressuyez-les ensuite dans une serviette; vous les mettez ensuite dans une poêle d'office sur un feu modéré, en les remuant continuellement avec une spatule, afin qu'elles prennent également une belle couleur jaunâtre; alors vous les laissez refroidir, et les pilez de même que les précédentes, puis vous suivez l'opération, en procédant de la même manière que ci-dessus.

Gâteau de plomb aux pistaches.

Passez au tamis un litron de farine, et lorsque la fontaine est faite, mettez au milieu deux gros de sel fin, six onces de sucre en poudre, douze onces de beurre d'Isigny, six jaunes d'œufs, un demi verre de bonne crème double; le tout détrempé selon la coutume, ajoutez assez de crême pour que la pâte soit mollette ; étant achevée, élargissez-là, et semez dessus huit onces de pistaches émondées, lavées et bien ressuyées dans une serviette, mêlez la pâte, ensuite finissez ce gâteau comme les autres, et mettez-le au four, chaleur modérée ; donnez deux bonnes heures de cuisson.

Gâteau de plomb au chocolat.

Vous faites votre détrempe comme la précédente, avec cette différence qu'au lieu d'y mêler des pistaches, vous y joignez huit onces de bon chocolat à la vanille, que vous cassez par petits morceaux ; vous n'y mettrez point les petites miettes ; remuez peu la pâte, afin que le chocolat n'ait pas le temps de s'amollir.

Avant de mettre le chocolat, vous retirez un dixième de la pâte, que vous abaissez assez grande pour pouvoir y envelopper la détrempe, que vous formez de suite en gâteau ; cette abaisse est pour empêcher que la surface et le tour du gâteau ne soient tachés de noir par les parties de chocolat, qui se calcineraient à la chaleur du four ; votre gâteau étant terminé selon la règle, vous le mettez au four, chaleur modérée, et lui donnez deux heures et demi de cuisson.

Ce gâteau, mangé froid, est des plus agréables. Ces sortes de gâteaux de plomb se servent quelquefois pour entremets, et plus particulièrement pour la fête des gâteaux des Rois.

CHAPITRE VII.

PATE A NOUILLE.

Cette pâte est toute particulière aux autres, car elle ne cuit point au four ; mais on la cuit au bouillon pour en faire des potages à l'italienne, puis des entrées et des entremets, que l'on sert comme le macaroni en timbale ou dans des casseroles d'argent. On en fait encore des entremets de sucre, comme, par exemple, les génoises à la dauphine ; puis des timbales, des soufflés, des gâteaux fourrés de crême, et même une grosse pièce d'entremets.

Ces différentes entrées et entremets seront décrits séparément dans les chapitres qui les concerneront.

Manière d'opérer. Passez sur le tour un demi-litron (six onces) de belle farine : faites-en une couronne, et mettez au milieu une pincée de sel fin et sept à huit jaunes d'œufs seulement : le tout mêlé ensemble doit donner une pâte ferme, que vous fraisez (*Voyez* la manière de fraiser la pâte à dresser) cinq tours ; ensuite vous coupez et moulez cette pâte en quatre parties égales, que vous abaissez le plus mince possible. Lorsqu'elles sont toutes quatre ainsi disposées, vous coupez la première abaisse faite par bandes de la largeur de deux pouces ; vous les masquez légèrement de farine, et placez quatre de ces bandes les unes sur les autres ; puis vous les coupez en travers, et autant mince que possible : au fur et à mesure que vous avez coupé quatre de ces bandes, vous les remuez légèrement avec le bout des doigts pour les détacher et pour en former en même temps une espèce de vermicelle, que vous placez de suite sur quatre grands couvercles de casserole ; puis vous suivez les mêmes procédés pour détailler le reste des quatre abaisses, en les plaçant à mesure sur les quatre couvercles.

On les place ainsi sur plusieurs couvercles, afin qu'elles ne puissent pas, par le poids de leur épaisseur, se coller entre elles ; ce qui arrive, lorsqu'on leur donne plus d'un pouce d'épaisseur étant coupé et formé en vermicelle.

Lorsque vos nouilles sont ainsi disposées, si vous les destinez pour entrées, vous les versez dans une casserole, dans laquelle il y a du bouillon en ébullition ; ou si c'est pour entremets, vous les versez dans de la crême bouillante.

Je donnerai dans la suite les différentes manières de procéder pour leur assaisonnement.

CHAPITRE VIII.

DE LA DÉTREMPE, ET DE L'EFFET DE LA PATE A BRIOCHE A LA CUISSON.

C'est une bonne chose qu'une brioche bien faite et mangée chaude ! Aussi a-t-elle l'avantage de plaire à tout le monde ; car ceux-mêmes qui n'aiment pas la pâtisserie, mangent de la brioche avec plaisir : cela vient de sa légèreté, de ce parfum exquis, de ce moëlleux que lui donne la saveur de cet excellent beurre d'Isigny, qui embaume la bouche du goût aimable de la noisette.

Avant d'entrer en matière, je vais présenter quelques observations sur la levure, sur l'effet du levain et de la fermentation.

Selon M. Henri de Manchester, la levure n'est autre chose que l'écume qui monte à la surface de la bière. Dans la première période de la fermentation, et d'après les expériences de ce savant chimiste, il paraît que la propriété éminente de la levure consiste dans le gaz acide carbonique, et que c'est à lui qu'est dû le phénomène de la fermentation.

« La fermentation, dit-il, est un mouvement intestin,
« excité spontanément à l'aide d'un certain degré de chaleur
« et de fluidité entre les principes intégrans et constituans
« de quelques corps composés, desquels il résulte une
« nouvelle combinaison qui change les propriétés et les
« proportions des élémens du corps primitif (1). »

D'après cet exposé de la cause de la fermentation, il est aisé à concevoir que la bonne levure est l'ame du levain, et que l'effet d'un bon levain est la sûreté parfaite de la réussite des détrempes, où l'addition de la levure est nécessaire.

Mais si le levain est manqué à la détrempe, et qu'on l'emploie inconsidérément, à coup sûr la détrempe sera manquée à son tour. Or, lorsque cela arrive, il serait plus convenable de le recommencer, plutôt que de l'exposer à

---

(1) Cette note est extraite de l'*Art de faire le pain*, par M. Edlin, traduit de l'anglais.

DES DÉTREMPÉS.

perdre le reste de la détrempe, qui ne peut faire qu'un triste effet à la cuisson ; car elle sera compacte, de mauvais goût et très-indigeste.

Le levain manque ordinairement par trois causes distinctes : la première, de la qualité de la levure ; la seconde, lorsqu'on délaye la levure à l'eau trop chaude, puis la manière de faire la détrempe ; et la troisième, d'employer le levain à sa parfaite fermentation.

Ainsi, lorsqu'on emploiera de bonne levure (1), on aura l'attention de détremper son levain à l'eau tiède (2) seulement, de le tenir d'une pâte un peu mollette bien travaillée, et sur-tout de le tenir pendant son apprêt dans un endroit modérément chaud, afin d'accélérer sa fermentation ; puis on l'emploiera lorsqu'il aura acquis son volume nécessaire (3), en le mettant dans une détrempe bien marquée et bien faite ; on obtiendra alors une pâte parfaite qui fera au four tout l'effet désirable. Lorsque cette brioche sera cuite, elle sera légère et d'une mine appétissante ; lorsqu'on la coupera, elle aura l'apparence d'une ruche, une odeur délicieuse, et sur-tout fort légère à digérer.

Ainsi donc il est important d'apporter à cette partie de l'opération tous les soins qu'elle réclame ; et je considère comme le point essentiel des détrempes, l'apprêt du levain, c'est-à-dire de l'employer à sa parfaite fermentation, et c'est précisément en cela que nos apprentis manquent très-souvent.

Si le levain menace d'être plutôt prêt que la détrempe, ce qui arrive quelquefois en été (à cause de l'excessive chaleur de cette saison, qui est propice à la fermentation), le détrempeur doit, dans cette circonstance impérieuse, ne pas attendre que l'effet du levain soit à son dernier période

---

(1) La bonne levure doit être fraîche, du jour ou de la veille ; alors elle est ferme et cassante ; mais dès le troisième jour elle change de nature : alors elle est mauvaise, molle, grasse et collante.

(2) Il paraît que la levure délayée à l'eau trop chaude perd une partie du gaz acide carbonique qui en fait toute la force.

(3) Lorsque le levain est passé ou trop apprêté, il perd singulièrement de sa force première ; il ne peut plus alors opérer une parfaite fermentation.

pour le corrompre, en le renversant sur le tour soupoudré de farine; et après l'avoir moulé, on le remet de nouveau lever. Ce procédé peut s'employer dans un moment pressé; mais il est nuisible à la détrempe, attendu que le levain, par cette deuxième fermentation, perd une partie de sa force primitive. Il est donc important de faire le levain à l'eau froide, pendant l'été, pour éviter cet inconvénient.

Comme j'ai suivi et observé tous ces détails, voici une méthode qui doit désormais servir de guide aux jeunes gens laborieux qui ont le désir de devenir ouvriers.

Après avoir fait mon levain, je le plaçais dans une casserole pour qu'il s'y apprêtât; puis je posais une carte droite dans la pâte, et je la retirais de suite pour tracer dessus une ligne noire au niveau de l'épaisseur que la pâte m'avait donné. Après cela, je marquais une seconde ligne à la même distance de la première, puis une troisième, de manière que ces trois lignes formaient trois d'égrés d'égale hauteur; ensuite je repassais cette carte dans la pâte, de même que la première fois, mais je mettais un peu de pâte derrière, et l'appuyais le long de la casserole, afin qu'elle fût fixe pendant la fermentation du levain, et dès que mon levain était levé à la hauteur de la troisième ligne, point remarquable de sa parfaite fermentation, alors je le mêlais de suite à la détrempe qui était prête à le recevoir.

Ce procédé est si simple, que les jeunes gens pourront, dès la première fois, fixer l'apprêt de leur levain d'une manière convenable; et par la suite, s'habituant à cette opération, ils quitteront cette même méthode qui ne doit servir de guide qu'aux apprentifs.

Les artistes savent aussi bien que moi que la fermentation nécessaire à l'apprêt du levain, le fait lever deux fois au-dessus de son volume primitif.

PATE A BRIOCHE.

Manière de procéder pour détremper une brioche pour grosse pièce ordinaire.

DÉTAIL DE LA DÉTREMPE.

Trois livres de farine, une once de levure, une once de

DES DÉTREMPES.

sel, une once de sucre, un demi-verre de crême, vingt-huit à trente œufs, deux livres de beurre.

Passez au tamis trois livres (quatre litrons) de belle farine, prenez le quart de cette farine, et disposez-la en fontaine; mettez au milieu un verre d'eau tiède et une once de bonne levure, que vous délayez à l'instant et peu à peu; mêlez la farine au liquide avec légèreté, en y ajoutant le peu d'eau tiède nécessaire pour rassembler la détrempe d'une pâte mollette et légère; et après l'avoir battue et travaillée pendant quelques minutes, la détrempe doit quitter le tour aisément, ainsi que la main : alors vous moulez le levain (non sans quelque difficulté, attendu que la pâte doit être molle) et le mettez dans une petite casserole, que vous couvrez et placez dans un lieu modérément chaud : vous employez les procédés décrits ci-dessus, si vous n'êtes pas sûr de l'apprêt parfait du levain.

Vous préparez ensuite le reste de la farine en couronne, et mettez au milieu une once de sel fin, une once de sucre en poudre, un demi-verre de crême; vous remuez ce mélange et y joignez trente œufs s'ils sont petits, et vingt-six s'ils sont beaux; mais ayez soin de les casser dans une petite assiette, et de flairer au fur et à mesure que vous les versez un à un dans la détrempe; sans ces soins on s'expose de mêler un œuf à la paille, qui infecterait votre détrempe d'une odeur détestable; et quand cela arrive, la pâte à brioche est perdue sans ressource.

Tous vos œufs étant cassés, vous y mêlez par petite partie deux livres de beurre d'Isigny (manié en hiver seulement), ensuite vous mêlez peu à peu la farine, et rassemblez le tout en mouvant la masse entière et en tournant : la pâte ainsi assemblée, vous la fraisez (*Voyez* la manière de fraiser la pâte à dresser) trois tours (en hiver seulement), afin de bien amalgamer le beurre dans toutes les parties de la détrempe; alors la pâte doit se trouver molette : dans le cas contraire, vous remettrez quelques œufs. Votre levain étant à son période de fermentation, vous le versez sur la pâte, et le mêlez en coupant et remuant la détrempe, pour que le tout ne fasse plus qu'un seul et même corps.

Vous mettez ensuite votre pâte dans une grande terrine vernissée ; vous fraisez un peu le reste de la pâte qui tenait au tour, puis vous saupoudrez de farine la détrempe, et après l'avoir couverte d'une serviette, vous la mettez dans un lieu où il n'y ait point de courant d'air, et dont la chaleur soit douce.

Ordinairement on détrempe la pâte à brioche le soir pour la cuire dans la journée du lendemain ; alors la première chose que l'on doit faire le lendemain matin, c'est de saupoudrer légèrement de farine une place sur le tour pour y verser ensuite la pâte à brioche, que vous étalez et reployez ensuite sur elle-même. On nomme cette opération corrompre la pâte ; puis vous la remettez dans la même terrine, et trois ou quatre heures après vous la corrompez de nouveau. Au moment de l'employer, elle réclame un four chaud et bien atteint.

On fait avec cette pâte les pains bénis et les gâteaux des rois, des brioches au fromage et à la crême, au raisin de Corinthe et de muscat.

Si après avoir corrompu la pâte on voit un grand nombre de petites globules d'air qui se trouvent légèrement comprimées à sa surface ; si au toucher elle est douce et élastique, alors ces signes sont de bonne augure et caractérisent la détrempe parfaite, et par ce résultat, elle fera un effet au four lorsqu'elle sera cuite ; la brioche sera légère, spongieuse, d'un goût excellent, et sur-tout très-facile à digérer.

Mais si au contraire la pâte est manquée à la détrempe, soit par l'effet d'un mauvais levain, ou par une manipulation mal faite, alors sa fermentation est imparfaite : elle sera flasque, tiendra aux doigts, signe certain qui distingue les détrempes médiocres, et ce qui ne donnera à la cuisson qu'une brioche pesante, compacte et très-malfaisante : voilà le résultat de la pâte non fermentée.

On doit faire cette remarque, que la pâte à brioche demande spécialement à être enfournée avant vingt-quatre heures de préparation, sinon après ce laps de temps elle passe rapidement à la fermentation acéteuse, ce qui lui donne ce goût aigre et désagréable, puis à la cuisson ce n'est plus qu'une masse de plomb amère et malfaisante.

Dans nos boutiques, on rafraîchit cette pâte en y mêlant à-peu-près le sixième de son volume de pâte nouvelle, et faite sans levure. Par ce procédé, on empêche la détrempe de contracter ce goût amère que lui donne la fermentation acéteuse, et par ce moyen, elle peut attendre jusqu'à trente-quatre et trente-six heures avant la cuisson.

Cette manière d'opérer ne convient point aux pâtissiers de maison; car ces sortes de brioches perdent en partie leur saveur et leur moëlleux.

Je réserve à une autre partie de l'ouvrage quelques observations sur la cuisson réelle de cette détrempe.

CHAPITRE IX.

GATEAU DE COMPIÈGNE.

Détail de la détrempe d'un gâteau de Compiègne pour grosse pièce ordinaire.

Trois livres de farine, deux livres de beurre, une once et quatre gros de levure, une de sel fin, quatre onces de sucre, un verre de bonne crême, douze œufs entiers et douze jaunes, puis cinq à six cuillerées de bonne crême fouettée.

Manière de procéder. Après avoir passé au tamis trois livres (quatre litrons) de belle farine, vous en séparez le quart que vous disposez en fontaine, pour mettre au milieu un verre d'eau tiède, et une once quatre gros de levure, puis vous détrempez votre levain comme le précédent, et le faites lever avec les mêmes soins.

Ensuite vous préparez le reste de la farine en couronne, et mettez au milieu une once de sel fin, quatre de sucre en poudre, un verre de crême, douze œufs et douze jaunes, deux livres de beurre d'Isigny (manié en hiver seulement); puis vous faites la détrempe de même que la pâte à brioche, et y joignez le levain lorsqu'il est levé à point, et après avoir bien mêlé et battu la détrempe, vous y versez quelques cuillerées de crême fouettée que vous y amalgamez. La pate doit alors se trouver mollette et lisse comme un satin; vous la versez ensuite dans un moule avec un cylindre cannelé (de huit pouces de diamètre et neuf de hauteur) que vous aurez d'avance beurré un peu épais avec du beurre épongé; vous le pressez dans le coin d'une serviette, afin d'en extraire le peu de lait qu'il contient : ayez soin qu'il soit bien masqué de beurre dans toutes ses parties, sinon le gâteau tiendra après le moule; placez ensuite votre moule dans un lieu propice à la fermentation, c'est-à-dire à une chaleur tempérée, et sur-tout à l'abri d'un courant d'air : ces soins sont de rigueur dans l'hiver, autrement la fermentation ne pourrait avoir lieu qu'en partie.

Pendant l'extrême chaleur de l'été, mettez-le dans un lieu froid, et sur-tout placez-le de manière que les rayons du soleil ne puissent darder dessus; car le beurre tournerait en huile, décomposerait par ce moyen la détrempe qui se trouverait alors lourde et compacte, et la fermentation n'étant plus la même ferait peu d'effet. Puis la cuisson, quelque bien qu'elle soit, ne peut remédier à la décomposition de la pâte, qui ne sera pas mangeable étant cuite; d'ailleurs le gâteau sera attaché après le moule, comme s'il n'eût pas été beurré, de manière qu'on ne peut l'en retirer que par morceaux.

Les mêmes résultats ont lieu dès qu'on a l'imprudence de mettre son gâteau levé dans un lieu d'une chaleur trop forte, comme par exemple, sur le four ou à l'étuvée, ce qui ne se fait qu'en hiver. On doit, dans cette saison rigoureuse, forcer en levure de préférence, c'est-à-dire, qu'au lieu de mettre une once quatre gros de levure, on peut en mettre jusqu'à deux onces : voilà pourquoi cette fermentation exige une chaleur molle et tempérée.

Cette importante remarque s'applique à toutes les détrempes où l'addition de la levure fait tant d'effet.

DES DÉTREMPES.

Ces détrempes se font la veille pour les cuire dans la matinée du lendemain.

Lorsque votre moule s'est presque rempli par le gonflement que la pâte a éprouvée à la fermentation, et ce qui lui donne l'apparence du double de son volume primitif, que la fermentation est arrivée à ce dernier période, et que la pâte à sa surface est un peu bombée, c'est dans ce moment qu'on doit le mettre au four, sinon elle s'abaisse et perd une partie de sa légèreté.

Le four étant chauffé, et atteint selon la règle, on y mettra le gâteau à chaleur modérée, c'est-à-dire trois heures après l'avoir nétoyé; on laissera, autant qu'il sera possible, le four fermé, afin que le gâteau reçoive une égale chaleur à sa cuisson, puis on le retire une heure après pour examiner sa physionomie; et si au toucher il est flexible et de couleur blonde, alors vous le laissez au four encore trente à quarante minutes; mais si, au contraire, il est rouge dessus et ferme au toucher, alors on doit retourner le moule après avoir mis dessus un petit plafond sur lequel se trouve posé le gâteau. Dès que le moule est ôté, cette opération se fait tout de suite; et si, par hasard, le gâteau ne quitte pas aisément, on doit frapper légèrement ça et là dessus et à l'entour du moule avec le plat d'une spatule. Lorsqu'il est sorti, vous remettez de suite le gâteau quelques minutes au four, afin de le ressuyer; si vous le trouvez un peu blond, vous le laissez plus long-temps au four, afin qu'il se colore. Mais cette grosse pièce doit être servie un peu blonde : cette couleur la caractérise et la distingue du *baba*, qui doit avoir une couleur plus rougeâtre et plus mâle.

Les soins donnés à cette partie de l'opération, sont à-peu-près les mêmes pour la cuisson des grosses pièces de fonds en général.

Je donnerai bientôt des détails plus étendus sur les causes et les effets de la cuisson réelle.

CHAPITRE X.

BABA POLONAIS.

Le baba est un mêts polonais de l'invention de Stanislas Leczinski, roi de Pologne, grand-duc de Lorraine et de Bar, prince fort gourmand vers la fin de ses jours, et qui n'était point étranger à la pratique de la cuisine (1).

Cette grosse pièce de four réclame des soins tout particuliers, tant par sa manipulation que par la juste combinaison des différens corps qui la composent, et bien sûrement, un baba bien léger, de bon goût, et de belle couleur, n'est pas du tout facile à faire, quoiqu'on en dise, même pour les artistes les plus exercés.

Je vais essayer d'en démontrer les causes en décrivant cette recette intéressante.

Détail de la détrempe d'un baba pour grosse pièce ordinaire.

Trois livres de belle farine, une once quatre gros de levure, une once de sel fin, quatre onces de sucre, six onces de raisin de Corinthe, six onces de raisin muscat, une once de cédrat confit, un gros de safran, un verre de crème, un demi-verre de vin de Madère, vingt à vingt-deux œufs, deux livres de beurre fin.

Manière de procéder. Tamisez sur le tour trois livres (quatre litrons) de farine; prenez-en le quart pour le levain, et après avoir préparé cette farine en fontaine, vous mettez au milieu un verre d'eau tiède et douze gros de bonne levure, puis vous détrempez votre levain, selon les mêmes procédés indiqués pour celui de la brioche, et le faites lever de même, en apportant tous les soins que sa parfaite fermentation réclame (*Voyez* à cet effet l'apprêt du levain pour la brioche).

Ensuite vous faites une fontaine avec le reste de la farine, puis vous versez au milieu une once de sel fin, quatre

---

(1) Extrait du *Manuel des Amphytrions*.

onces de sucre en poudre, un verre de crème, vingt œufs et deux livres de beurre d'Isigny (manié en hiver). Faites votre détrempe comme la pâte à brioches, et après avoir mêlé le levain qui doit être levé à point, vous travaillez et battez bien cette pâte que vous élargissez un peu ; faites un creux au milieu, dans lequel vous versez un demi-verre de bon vin de Madère et l'infusion d'un gros de safran que vous faites bouillir quelques minutes dans le quart d'un verre d'eau, puis vous semez sur la pâte six onces de beau raisin de Corinthe, épluché et bien lavé, six onces de muscat, dont vous aurez ôté les pepins en séparant chaque grain en deux parties (ces raisins sont préparés d'avance), puis une once de cédrat confit coupé en petits filets.

Remuez bien ce mélange, afin que les raisins se trouvent également mêlés dans toutes les parties de la masse entière de la détrempe.

Vous séparez ensuite un huitième de la pâte que vous rendez lisse dessus, puis vous en ôtez les plus gros raisins qui se trouvent à sa surface ; vous la posez de ce côté dans un moule pareil au précédent, et beurrez de même.

En plaçant la détrempe dans le moule, retirez les gros grains de raisin, parce que le sucre qu'ils contiennent les fait attacher après le moule pendant la cuisson.

Pour sa fermentation, vous aurez les mêmes attentions que pour le gâteau de Compiègne, et pour sa cuisson, avec cette seule différence que vous mettez le baba au four une heure plus tard, et le retirez de même, c'est-à-dire que vous y donnerez une heure trente à cinquante minutes de cuisson : il est essentiel de suivre strictement les détails que j'ai décrits pour la cuisson du gâteau précédent.

La vraie couleur du baba doit être rougeâtre : c'est là la cuisson mâle ; mais elle n'est point aisée à saisir, parce que le safran, par sa teinte jaunâtre, porte à la couleur, et que le sucre et le vin d'Espagne y contribuent au moins autant de leur côté. C'est par ces raisons que cette cuisson réclame beaucoup de soins et de mémoire ; car un petit quart-d'heure de trop suffit pour changer cette belle couleur rougeâtre en une teinte grisâtre et rembrunie.

La légèreté du baba dépend sans doute de sa parfaite fermentation ; mais cependant l'addition des raisins y contribue singulièrement, et cela est facile à concevoir, en ce qu'il forme un corps matériel qui n'a rien de commun avec les autres corps susceptibles de fermenter ; et dès que la détrempe est à son dernier période de fermentation, si elle n'est pas enfournée à l'instant, le poids des raisins l'absorbe et la fait baisser visiblement. Alors, par ce triste résultat, le baba sera moins léger, moins spongieux et moins délicat.

CHAPITRE XI.

COUGLAUFFLE A L'ALLEMANDE.

CETTE grosse pièce a un peu plus de moëlleux que notre gâteau de Compiègne, et pourtant ces deux gâteaux ont beaucoup de rapport entr'eux, attendu que la compensation des corps constituants ces deux recettes, sont les mêmes. Or, si ces deux détrempes sont marquées de la même manière de poids et de mesure, cette différence ne vient que des procédés employés pour faire la chose, et c'est-là précisément la cause, ainsi que le prouvera clairement sa manipulation ; car le couglauffle se prépare entièrement dans une grande terrine de terre vernissée, au lieu que la détrempe de Compiègne se travaille sur le four à pâte.

Détail de la détrempe d'un couglauffle pour grosse pièce ordinaire.

Trois livres de farine, une once et demie de levure, une once de sel fin, quatre de sucre, douze œufs entiers et douze jaunes, deux livres de beurre d'Isigny, trois verres de lait, quatre onces d'amandes douces.

Manière de procéder. Mettez dans une grande terrine de

DES DÉTREMPES.

terre vernissée une livre et demie de beurre fin (manié en hiver seulement) et huit onces que vous avez fait tiédir ; puis avec une grande cuillerée de bois (neuve ainsi que la terrine), vous mêlez ce beurre pendant six bonnes minutes, afin qu'il devienne velouté et d'un moëlleux parfait ; vous y joignez ensuite deux œufs, puis vous remuez ce mélange pendant deux bonnes minutes ; ajoutez trois jaunes d'œuf, et remuez encore deux minutes. Vous suivez ce procédé, en mettant successivement dix autres œufs et neuf jaunes ; ce mélange de beurre et d'œufs doit vous donner une crême extrêmement douce au toucher. Alors vous y mêlez peu-à-peu deux livres de belle farine tamisée, ce qui commence à donner une pâte mollette ; vous y joignez douze gros de bonne levure, dissoute dans un verre de lait chaud. Vous passerez ce liquide dans le coin d'une serviette (on emploiera les mêmes procédés pour passer la levure liquide avant de la joindre dans les détrempes, où son addition est nécessaire) ; remuez bien ce liquide à la pâte, en y mettant huit onces de farine passée, puis faites un creux dans la pâte, dans laquelle vous mettez une once de sel fin et quatre onces de sucre en poudre ; ensuite vous versez dessus un verre de lait chaud, et le mêlez à la masse entière en y joignant encore huit onces de farine.

Cette pâte se travaille encore quelques minutes en y versant de temps en temps un peu de lait chaud, afin de la rendre de la consistance mollette du gâteau de Compiègne. L'addition du lait donne plus de corps, et la rend plus lisse qu'elle ne l'était d'abord.

Il est aisé, ce me semble, de voir que la manière de travailler cette détrempe contribue seule au moëlleux de ce délicieux gâteau.

Ensuite vous avez tout prêt un moule de la même grandeur, et beurré de même que pour le gâteau de Compiègne ; mais avec cette différence que, dans celui-ci, vous placez avec symétrie des amandes douces séparées en deux parties ; puis vous y versez la pâte par petite partie, afin de ne pas déranger les amandes pour la fermentation et la cuisson. C'est absolument la même manière de procéder, que pour le gâteau de Compiègne. (*Voyez* à cet effet les observations décrites à la fin de l'opération.)

Nous sommes redevables de cette intéressante recette à M. Eugène, chef de cuisine du prince de Schwartzenberg lors de son ambassade à Paris, qui me fit l'amitié de venir la faire avec moi lors de mon établissement. Dans la suite, j'ai recommencé souvent cette détrempe, pour mes grosses maisons; et je remercie bien sincèrement ce cuisinier estimable de ce qu'il a bien voulu me rendre ce service important, puisqu'aujourd'hui je puis en enrichir notre grande pâtisserie nationale.

M. Eugène m'a assuré que les cuisinières viennoises avait un tact tout particulier pour bien faire ce gâteau. Elles ont la précaution de se mettre dans un lieu chaud pour travailler; puis elles font tiédir les œufs, le beurre, la farine et même la terrine.

Cette méthode est bonne pendant les grands froids; elle accélère la fermentation dans un moment pressé; mais sont d'ailleurs inutiles.

Après avoir beurré le moule au beurre clarifié, M. Eugène le masqua avec de la mie de pain très-fine; mais cela me surprit beaucoup, et me fit dire que cette mie de pain ne pouvait servir qu'à donner une fausse couleur. Je voulus en faire l'expérience à l'instant: alors je beurrai et passai de la mie de pain dans un moule; puis j'en beurrai un seulement de la même grandeur; je mis autant de pâte dans l'un que dans l'autre: leur fermentation étant parfaite, je mis mes deux gâteaux à four chaleur modérée, et à égale distance, afin que l'action du four pût agir pareillement et sur l'un et sur l'autre. En effet, il fut cuit ensemble et à ma satisfaction; car ce que j'avais présumé arriva, c'est-à-dire que le moule panné nous donna un couglauffle d'une couleur rouge-terne et grisâtre; tandis que l'autre moule avait donné un couglauffle d'une couleur rougeâtre, claire et vive, semblable à la couleur mâle d'un beau baba.

Mon maître fut témoin de ce résultat, et approuva ma méthode.

~~~~~~~~~~~~~~~~~~~~~~~~~~~~~~~~~~~~~

CHAPITRE XII.

GATEAU A LA PARISIENNE.

Après avoir long-temps considéré la composition des détrempes décrites précédemment, je croyais presque à l'impossibilité d'une nouvelle composition qui pût être mise en parallèle ; enfin, après bien des débats, des essais et des réflexions, en voici plusieurs qui devront leur naissance au commencement du dix-neuvième siècle. Peut-être me reprochera-t-on d'employer les mêmes fruits et parfums que nos anciens ; mais je ne peux m'en défendre, attendu que la nature n'en a point créé de nouveaux depuis ce laps de temps. Cependant mes combinaisons diffèrent des anciens ; c'est ce que l'on pourra juger par les recettes suivantes.

Détail de la détrempe d'un gâteau à la Parisienne pour grosse pièce ordinaire.

Trois livres de belle farine, une once et demie de levure, une once de sel, six onces de sucre, dix œufs entiers, dix jaunes, deux livres de beurre, quatre verres de crême, une livre d'amandes d'avelines, douze onces de pistaches, quatre onces d'orange confite coupée en filets.

Manière de procéder. Après avoir émondé une livre d'amandes d'avelines, vous les torréfiez sur un feu modéré, puis vous les remuez sans discontinuer avec une spatule, et dès qu'elles sont légèrement colorées, vous ôtez la poêle de dessus le feu, et les laissez refroidir ; ensuite vous les pilez en les humectant peu-à-peu d'une cuillerée de crême, afin qu'elles ne tournent pas à l'huile. Lorsqu'on n'aperçoit plus aucun fragment d'amandes, on les retire du mortier pour les délayer dans une grande terrine, en les mouillant à trois ou quatre reprises, avec quatre verres de bonne crême ; puis vous passez ce mélange en deux fois dans une serviette, en pressant fortement pour en extraire la quintessence du lait d'avelines. Vous mettez ce liquide dans un vase, et le laissez de côté; ensuite vous émondez la moitié des pistaches, et les lavez à l'eau fraîche. Puis vous les fendez, en coupant chaque pistache en deux parties égales; après cela, vous coupez l'écorce d'orange en petits filets de la longueur des pistaches et d'une ligne carrée.

Vous passez ensuite au tamis trois livres de farine sur le tour; vous en prenez le quart, que vous disposez en fontaine, et versez au milieu un verre de lait tiède et une once quatre gros de levure; puis vous détrempez votre levain de la manière accoutumée, et le faites apprêter de même. (*Voyez* la manière de procéder pour le levain de la brioche.)

Vous mettez ensuite dans une grande terrine une livre et demie de beurre d'Isigny bien amolli; puis vous versez dessus huit onces de beurre, fondu seulement. Remuez ce mélange de beurre comme le précédent, et travaillez-le de même (*Voyez* cet article décrit ci-dessus), en y joignant tour-à-tour deux œufs et dix jaunes; alors vous mêlez à cette crème de beurre la moitié du reste de la farine, ensuite un verre du lait d'avelines, en y mêlant en même temps deux poignées de farine; puis vous faites un creux dans cette pâte, dans lequel vous mettez une once de sel fin, six de sucre en poudre et un verre de lait d'avelines. Mêlez ce liquide, en ajoutant le reste de la farine, ensuite le reste de la crème d'amandes, de manière que cette détrempe se trouve de la consistance du baba; autrement vous ajoutez quelques œufs. Le levain étant assez levé, vous le versez sur la pâte; et, après l'avoir bien amalgamé, vous ajoutez les filets d'oranges et les moitiés de pistaches, que vous mêlez parfaitement dans toutes les parties de la détrempe; ensuite vous versez cette pâte dans un moule aussi grand que celui du gâteau de Compiègne, que vous aurez beurré de même.

La fermentation et la cuisson de ce gâteau est la même que celle du baba; ayez tous les soins que cette partie de

DES DÉTREMPES.

l'opération réclame. Ce gâteau est d'un moëlleux parfait et d'un goût très-agréable ; la bonne odeur des avelines embaume la bouche, et les filets d'oranges et de pistaches font un bon effet.

Lorsque votre gâteau est retiré du four, qu'il a une belle couleur rouge, vive et claire, pendant sa cuisson, vous émondez le reste des pistaches ; et après les avoir lavé et égoutté, vous séparez chaque amande en deux, et les séchez bien dans une serviette ; ensuite vous piquez ces moitiés de pistaches dessus et alentour du gâteau ; mais vous les séchez peu, et cependant assez pour qu'elles tiennent. Ensuite vous les posez de manière que ce qui excède du gâteau soit presque droit et la pointe en l'air : vous les posez avec ordre et symétrie, ce qui fait un fort bel effet, et distingue cette grosse pièce d'une manière toute particulière.

Ces pistaches n'ornent pas seulement ce gâteau, elles servent encore à lui donner une physionomie qui le distingue du baba, du couglauffle et du gâteau de Compiègne ; telle a été mon intention.

On peut faire ce gâteau aux amandes : dans ce cas, on pilera dix onces d'amandes et six d'anières. Le reste du procédé est le même.

CHAPITRE XIII.

GATEAU A LA FRANÇAISE.

Détail de la détrempe d'un gâteau à la Française pour une grosse pièce ordinaire.

Trois livres de farine, douze gros de levure, une once de sel fin, six de sucre, les zestes de quatre oranges, un demi-verre de rum, trois quarterons de raisins de Corinthe, douze œufs et douze jaunes, trois verres de crème, deux livres de beurre d'Isigny.

Manière de procéder. Râpez sur un morceau de pain

de sucre, le zeste de quatre belles oranges douces ; et au fur et à mesure que le sucre se colore, vous le ratissez avec le couteau, afin d'en séparer l'esprit du zeste d'orange qui s'y attache par le frottement : ayez soin de râper légèrement, afin de ne pas atteindre le blanc de l'écorce de l'orange, attendu que cette partie du zeste donne considérablement d'amertume ; et par ce mauvais résultat, le zeste, au lieu de donner une odeur aimable à la détrempe, lui donnerait un goût amer fort déplaisant.

Après avoir pesé six onces de sucre d'orange, vous l'écrasez entièrement, et le mettez dans une moyenne terrine avec un demi-verre de rum de la Jamaïque ; puis douze onces de beau raisin de Corinthe épluché et bien lavé. Remuez ce mélange, couvrez la terrine avec une demi-feuille de papier, afin que l'esprit volatil de l'arome de l'orange ne s'évapore pas.

Vous tamisez ensuite sur le tour trois livres de belle farine, dont vous en séparez le quart pour faire le levain, que vous détrempez comme de coutume (*voyez* la détrempe du levain de la brioche) avec douze gros de levure et du lait chaud. Laissez-le lever selon la règle, ensuite mêlez dans une grande terrine deux livres de beurre, douze œufs et douze jaunes, c'est-à-dire que vous procéderez de même que pour le couglauffle.

Alors vous joignez à ce mélange la moitié de la farine restante. Le tout étant bien mêlé, vous ajoutez peu-à-peu trois verres de crême, en mêlant à mesure le reste de la farine et une once de sel fin. Cette pâte doit se trouver de la consistance du baba, sinon vous y joindriez quelques œufs. Le levain étant levé à point, vous le versez sur la détrempe ; puis vous y versez de suite les raisins et le liquide préparé à cet effet. Ayez soin que le tout soit bien amalgamé, afin qu'il y ait des raisins dans toutes les parties de la détrempe, que vous versez dans un moule pareil à celui du gâteau de Compiègne, et vous beurrez de même.

Vous suivez pour le reste de l'opération, les mêmes procédés indiqués pour la fermentation et la cuisson ordinaire.

On peut faire ce gâteau au zeste de citrons, de bigarades

et de cédrats. On emploiera le même nombre de ces fruits que des oranges.

CHAPITRE XIV.

LE GATEAU ROYAL.

Ce gâteau s'annonce d'une manière éclatante ; maintenant il faut que j'indique sa recette d'une manière convenable, et j'avance franchement que cela m'embarrasse fort. Plus je me creuse la tête, et plus mes recherches sont infructueuses ; car je ne vois rien de nouveau à pouvoir amalgamer dans cette détrempe. Essayons cependant.

Détail de la détrempe d'un gâteau royal pour grosse pièce ordinaire.

Trois livres de belle farine, douze gros de levure, une once de sel, six de sucre, six gros de vanille, un verre de marasquin, douze onces de raisin muscat, deux livres de beurre, douze œufs entiers et douze jaunes, quelques cuillerées de crème fouettée.

Manière d'opérer. Pesez trois quarterons de beau raisin de Malaga ou muscat, bien nettoyé, dont chaque grain sera séparé en deux, et les pépins retirés.

Mettez-les dans une moyenne terrine avec un verre de beau marasquin d'Italie, et quatre gousses de vanille bien grasse et bien givrée.

Après les avoir fendus en deux, vous coupez cette vanille en travers pour en faire des petits filets, que vous hachez très-fin ; et après les avoir bien pilé avec six onces de sucre, vous passez le tout au tamis de soie, et le mêlez avec le raisin. Puis vous couvrez bien hermétiquement la terrine, afin que le parfum de la vanille et du marasquin soit conservé.

Après avoir passé au tamis trois livres de farine, vous en prenez le quart pour détremper le levain avec du lait chaud, et douze gros de levure : vous le détrempez et le faites lever de même que celui de la pâte à brioche.

Ensuite vous mettez dans une grande terrine une livre et demie de beurre d'Isigny, puis vous en faites fondre huit onces, que vous mettez avec : remuez parfaitement ce mélange de beurre avec une grande spatule, ajoutez-y de deux minutes en deux minutes deux œufs, et après deux jaunes, puis deux œufs et deux jaunes, et ainsi de suite jusqu'à la concurrence de douze, le même nombre de jaunes. Le tout, bien travaillé, donne une crème veloutée, dans laquelle vous versez une once de sel fin, la moitié de la farine restante avec le lait nécessaire pour y mêler le reste de la farine, et lui donner la consistance de la pâte à baba.

Alors vous ajoutez le levain à la détrempe ; le tout étant bien amalgamé, vous y mêlez la préparation contenue dans la terrine, ensuite vous remuez parfaitement ce mélange et le versez dans un moule beurré, comme de coutume ; puis vous placez votre gâteau dans un lieu propice à la fermentation.

Pour sa fermentation à point et sa cuisson, consultez les détails décrits à la fin du gâteau de Compiègne, attendu que c'est absolument la même manière de procéder.

CHAPITRE XV.

GATEAU DE COMPIÈGNE AUX ANIS ET AU RAISIN DE CORINTHE.

Détail. Trois livres de farine, douze gros de levure, une once de sel, quatre de sucre en poudre, six d'anis en dragée, six de raisin de Corinthe, un demi-verre d'anisette de Bordeaux, douze œufs et douze jaunes, trois ou quatre cuillerées de crème fouettée, deux livres de beurre et deux verres de crème double.

Cette détrempe se prépare absolument de la même manière que celle du gâteau de Compiègne ordinaire.

Gâteau de Compiègne à l'angélique et aux cerises.

Détail. Trois livres de farine, douze gros de levure, une once de sel fin, quatre de sucre, six d'angélique, six de cerises, trois zestes de cédrat, un demi-verre d'eau-de-vie, trois ou quatre de lait, douze œufs entiers, douze jaunes, deux livres de beurre.

Prenez six onces d'angélique confite, et après l'avoir coupée en petits filets, vous la mettez dans une moyenne terrine, avec quatre onces de sucre, lequel vous aurez râpé légèrement, le zeste de trois beaux cédrats ou citrons, puis un demi-verre de bonne eau-de-vie, et six onces de cerises confites, que vous avez préparées à cet effet. Après avoir égoutté un pot d'une livre de cerises, vous séparez chacune d'elles en deux parties; vous remuez ce mélange, et le joignez dans la détrempe que vous aurez faite selon les procédés décrits à l'article *gâteau de Compiègne*. La fermentation et la cuisson sont les mêmes.

CHAPITRE XVI.

GATEAU AU BEURRE, OU SOLILEMNE.

Ce délicieux gâteau se sert ordinairement pour prendre le thé, le café et le chocolat; on les fait volontiers de la grosseur d'une timbale d'entremêt; en voici les détails:

Un litron de farine (douze onces), trois gros de levure, deux de sel fin, une once de sucre, un verre de crême, quatre jaunes d'œufs, dix onces de beurre.

Manière d'opérer. Passez au tamis un litron de farine, séparez-en le quart, que vous disposez en fontaine, mettez au milieu trois gros de bonne levure et un peu de crême tiède, délayez ce mélange, en y joignant peu-à-peu la farine. Rassemblez, bien mollette, cette détrempe, et après l'avoir travaillée quelques minutes, vous la versez dans une petite casserole, et la laissez lever deux fois de la grosseur de son volume primitif, ensuite vous préparez le reste de la farine en fontaine, et versez au milieu deux gros de sel fin, une once de sucre en poudre, quatre jaunes d'œufs, cinq onces de beurre tiède seulement, et un demi-verre de crême peu chaude; remuez ce mélange, assemblez la farine au liquide, et donnez à cette détrempe une consistance semblable au gâteau de Compiègne, c'est-à-dire un peu mollette.

Travaillez cette pâte quelques minutes, en la battant avec le plat de la main, ensuite vous y mêlez le levain qui sera levé à point; vous la travaillez ensuite quelques minutes, afin de la rendre élastique et veloutée, alors vous la mettez dans un moule uni de six pouces de diamètre et de quatre à cinq de hauteur. Vous aurez beurré ce moule d'avance avec du beurre épongé dans une serviette, afin de séparer le peu de lait qu'il contient. Apprêtez votre solilemne dans un lieu propice à la fermentation, et lorsqu'il est levé à-peu-près deux fois de son volume primitif, vous dorez légèrement le dessus et le mettez au four gai. Donnez une heure de cuisson, puis au moment du service, vous le coupez en travers au milieu de sa hauteur, séparez-en la partie de dessus, que vous retournez sans dessus-dessous, alors ce gâteau doit avoir l'apparence d'une ruche, ce qui le rend fort léger, et très-agréable à manger. Vous semez ensuite légèrement dessus une pincée de sel fin, et cinq onces de beurre le plus fin possible, que vous faites tiédir; ayez soin de mettre dans les deux parties du gâteau la même quantité de ce beurre, puis vous le remettez dans le même état que vous l'avez sorti du four, et le servez chaud.

CHAPITRE XVII.

KOUQUES AU BEURRE.

Je préfère les kouques au solilemne, en ce que celles-ci sont plus aimables, sous le rapport de leur forme mignonne et élégante.

Cette détrempe est absolument la même que celle du solilemne; ainsi donc pour faire dix-huit kouques, vous ferez la même détrempe que ci-dessus. Ayez soin qu'elle ait assez de consistance pour que vous puissiez la mouler.

Lorsque votre pâte est faite, vous la séparez en quatre parties, puis vous roulez chaque partie de la longueur de six à sept pouces, et la coupez ensuite en cinq parties égales; après avoir détaillé la détrempe, vous moulez ronde chaque partie, puis vous commencez par les premières moulées, et les alongez de quatre pouces, en leur donnant

DES DETREMPES.

la forme d'une espèce de navette. A mesure que vous leur donnez cette tournure, vous les placez sur une grande plaque ou plafond légèrement beurré; ensuite vous mettez la seconde à deux pouces de distance de la première; et continuant de suivre le même ordre, vous en mettez dix sur chaque plaque, et après avoir appuyé légèrement le dessus des kouques, vous les placez sur le four ou à l'étuvée, mais que la chaleur y soit douce et tempérée. Au bout de deux heures ou deux heures et demi, vos kouques doivent avoir levé du double de leur grosseur première.

Dorez-les légèrement, et mettez-les au four à l'instant, chaleur vive, et lorsqu'elles sont d'une belle couleur, qu'elles sont un peu ferme au touché, vous les ôtez du four. Au moment du service, vous faites tiédir huit onces de beurre d'Isigny; et après avoir coupé le dessus de chaque kouque, vous les retournez sans dessus dessous, puis vous semez légèrement dessus deux pincées de sel fin. Ensuite sur chaque partie de kouque, vous mettez une cuillerée à bouche de beurre préparé, à cet effet; remettez alors le dessus des kouques sur chacune d'elles, dressez-les sur deux assiettes, et servez-les ensuite.

On ne peut faire moins de dix-huit à vingt kouques à-la-fois; cela vient de ce qu'il n'est pas possible de faire moins d'un litron de détrempe, si l'on veut, du moins, avoir la sûreté de la chose.

On fait aussi ces kouques avec de la pâte à brioche (*Voyez* cet article); on leur donne la même forme et le même volume, puis on met pareillement du beurre dedans.

Si on veut en faire trente-six à quarante, on doublera la détrempe décrite ci-dessus.

CHAPITRE XVIII.

BISCOTTES DE BRUXELLES.

D<small>ÉTAIL</small>. Trois quarterons de farine, quatre gros de levure, quatre onces de sucre, deux œufs et deux jaunes, une demi livre de beurre.

Manière de procéder. Vous détrempez cette pâte de la même manière que celle du solilemne ; et lorsque votre détrempe est faite, vous la moulez et l'alongez en forme de rouleau de dix pouces de longueur, puis vous la mettez revenir dans un moule de fer-blanc, de dix pouces de longueur sur trois pouces et demi de largeur; ce moule a deux pouces moins un quart de profondeur; il est de forme demi circulaire. Vous placez dessus une serviette, et la saupoudrez légèrement de farine, et posez ensuite la détrempe.

Lorsqu'elle a pris l'apparence de deux fois son volume primitif, vous renversez tout doucement le moule en posant la détrempe sur une plaque légèrement beurrée ; puis vous dorez avec légèreté le dessus et les côtés, et la mettez au four gai, une petite demi-heure suffit pour la cuisson ; elle doit être colorée d'une belle teinte rougeâtre dessus comme dessous, et un peu ferme au toucher : alors vous l'enveloppez dans un morceau de flanelle, et la laissez réfroidir ; ensuite vous détaillez vos biscottes, en coupant le gâteau en travers, mais vous ne leur donnez que trois lignes d'épaisseur, puis vous les placez sur des plaques, et les remettez au four, afin que la mie prenne une couleur blonde des deux côtés.

Au moment de les servir, on étale un peu de beurre froid sur une biscotte, et on la couvre ensuite avec une autre, et ainsi de suite.

On les sert aussi sans être garnies de beurre, et à froid.

CHAPITRE XIX.

PETITS COUGLAUFFLES.

Détail. Pour douze petits couglauffles trois quarterons de farine, trois gros de levure, deux de sel, deux œufs entiers, trois jaunes, deux onces de sucre, un peu de crême, une demi livre de beurre.

Pour faire cette détrempe, vous suivrez les mêmes procédés décrits pour le couglauffle de grosse pièce (*Voyez* cet article).

DES DÉTREMPES.

Lorsqu'elle est faite, vous la détaillez comme les kouques, et la moulez de même; mais pour leur donner une forme distincte, je beurrais douze moules à biscuit de fécule, ou bien d'autres, de forme ronde, unie ou cannelée; et lorsque ces petits couglauffles étaient levés selon la règle, je les mettais au four gai, et les retirais lorsqu'ils étaient colorés blond.

J'ai fait aussi ces petits gâteaux en forme de biscottes; alors je moulais la pâte de même, et la mettait levée dans le moule à biscottes, puis étant fermentée, et cuite de même, je les laissais refroidir, et les coupais en lame sur le travers du gâteau, en leur donnant huit lignes d'épaisseur; et après les avoir posés à plat sur deux plaques, je les remettais au four, afin qu'ils prissent légèrement couleur dessus comme dessous.

On les sert chaud et froid, saupoudrés de sucre.

CHAPITRE XX.
PATE D'OFFICE.

Cette pâte joue un grand rôle dans la pâtisserie moderne; nos anciens faisait avec elle des croquantes; mais aujourd'hui nous en formons des pièces montées infiniment plus jolies et plus élégantes.

Détail de la détrempe.

Une livre et demie de farine, une livre de sucre, deux œufs entiers et trois ou quatre jaunes, une pincée de sel fin.

Passez au tamis deux litrons de farine et la disposez en fontaine; puis vous mettez au milieu deux œufs, trois jaunes, une livre de sucre en poudre et une pincée de sel; remuez ce mélange deux minutes seulement, afin que le sucre soit un peu fondu, ensuite vous ajoutez la farine, et un jaune, si cela est nécessaire, pour lui donner la consistance de la pâte à dresser; alors vous la fraisez cinq à six tours (*Voyez la manière de fraiser la pâte à dresser*), ce qui doit la rendre singulièrement lisse et liante, autrement vous y joindrez un jaune d'œuf ou un blanc.

Ensuite vous coupez cette pâte par partie, vous la moulez

I.

et l'abaissez de l'épaisseur de deux bonnes lignes pour servir de fond à une grosse pièce montée, comme on le verra par la suite; puis vous placez cette abaisse sur une plaque légèrement beurrée, vous l'appuyez doucement avec le bout des doigts, afin de chasser l'air qui est susceptible de se comprimer entr'elle et la surface de la plaque; et lorsqu'elles sont mises au four sans cette précaution, l'action de la chaleur agissant sur elles, leur fait prendre beaucoup plus de volume, ce qui fait clocher l'abaisse, la déforme même : cela fait un très-mauvais effet, en ce qu'elles n'ont plus la même solidité et qu'elles n'ont pu prendre une cuisson égale à la chaleur de l'âtre.

Lorsqu'elle est ainsi placée, vous la coupez avec la pointe du couteau en forme ronde, carrée ou ovale, selon votre idée; ensuite vous dorez légèrement le dessus (ayez soin de ne pas dorer l'épaisseur, cela est nécessaire.) et le piquez çà et là avec la pointe du couteau, afin de faciliter l'évaporation des petites globules d'air, qui ferait, comme je viens de le dire, un très-mauvais effet, puis vous mettez au four chaleur tempérée; et si elle venait à former des cloches (ce qui arrive quelquefois malgré tous les soins possibles.), alors vous passez la lame du grand couteau par dessous; et quand elle se trouve assez cuite, pour pouvoir l'enlever, vous la retournez sans dessus dessous, et la laissez se colorer bien blond des deux côtés, et en la sortant du four, vous la posez sur la place du tour la plus droite possible, puis par-dessus vous mettez une plaque ou un grand plafond. Lorsqu'elle est refroidie, vous ôtez le plafond, et l'abaisse doit se trouver parfaitement unie des deux côtés et sur-tout très-droite.

Toutes les abaisses de pâte d'office, en général, se font de la même manière, en y employant les mêmes soins qu'à celle-ci.

Je reviendrai sur les détails de cette pâte intéressante, lorsque je décrirai les pièces montées.

Cette détrempe réussit parfaitement en n'y mettant que douze onces de sucre, au lieu d'une livre, comme je l'ai indiqué ci-dessus.

CHAPITRE XXI.

DÉTREMPE DES ÉCHAUDÉS.

D*étail pour soixante échaudés*. Un litron de farine, sept œufs, trois gros de sel fin, quatre onces de beurre.

Lorsque votre farine est passée sur le tour, vous faites la fontaine et mettez au milieu le sel, le beurre et les œufs ; le tout étant mêlé, vous y joignez la farine en la rassemblant avec légèreté. Cette pâte doit être un peu molle, sinon vous ajoutez un blanc ou un jaune, ou l'œuf tout entier si cela est nécessaire ; ensuite vous fraisez cette détrempe cinq tours, bien fins, et la travaillez quelques minutes en la tapant de manière que vous en enlevez une partie après le dedans des mains, que vous jetez ensuite sur le reste de la pâte.

Cette détrempe doit avoir un beau luisant et un corps extrêmement élastique ; alors vous la posez sur une petite planche ronde, puis vous saupoudrez légèrement le dessus de farine, la couvrez d'une serviette et la mettez dans un lieu frais.

On fait ordinairement cette détrempe le soir pour l'échauder le lendemain matin (c'est alors la première besogne que l'on doit faire) ; mais on peut également, trois heures après avoir fait la détrempe, l'échauder de cette manière.

Vous coupez la pâte en quatre parties longues et égales, que vous roulez un peu pour donner à ce rouleau un pouce de diamètre, alors vous la coupez en quinze petites parties, aussi longues que larges, que vous placez à mesure sur un petit couvercle de casserole masqué de farine ; mais vous les posez de manière que le côté coupé se trouve sur la farine. Lorsque tous vos échaudés sont détaillés et placés sur deux couvercles, alors vous les versez dans une grande casserole d'eau bouillante, en les écartant, autant que possible, les unes des autres, afin qu'ils ne soient pas l'un sur l'autre.

La pâte descend d'abord au fond de l'eau, que vous

devez mouvoir légèrement à sa surface avec une spatule, afin de faciliter les échaudés à quitter le fond de la casserole pour qu'ils montent sur l'eau (qui ne doit pas bouillir) : ils annoncent qu'ils sont assez échaudés, dès qu'ils sont un peu ferme au toucher et que leur milieu n'est plus mou; alors vous les retirez de la casserole avec une écumoire, pour les mettre ensuite dans une grande terrinée d'eau fraîche.

Lorsque le côté coupé des échaudés est grenu, c'est un bon signe. Lorsqu'ils ont été trempés pendant cinq heures, vous les égouttez dans un tamis; et quelques minutes après, vous les rangez sur des plaques ou plafonds, (bien minces) à deux bons pouces de distance les unes des autres; vous les mettez au four chaud, et le tenez fermé pendant leur cuisson, si cela est possible; ils n'en seront que plus beaux. Donnez-leur dix-huit à vingt minutes de cuisson.

Cette sorte de pâtisserie, quoique vulgaire, et la modicité de son prix, n'en est pas moins infiniment légère et agréable pour prendre toutes sortes de rafraîchissemens.

Pour faire des échaudés de Carême, vous procéderez de la même manière, avec cette différence que vous remplacez le beurre par quatre onces de bonne huile d'Aix. Ces sortes d'échaudés se servent d'habitude pendant les quarante jours de jeûne.

Voici d'autres échaudés de ma façon qui portent encore mon nom. Lorsque les échaudés ordinaires sortent du four, on les coupe par le milieu du côté le plus large, puis on sème dessus, et très-légèrement, une pincée de sel fin et une cuillerée de beurre d'Isigny, que l'on aura fait seulement tiédir; on réunit les deux parties, et on les sert bien chauds, pour les déjeûnés au café, au thé et au chocolat.

Ces sortes d'échaudés ne le cèdent en aucune manière aux kouques et aux solilemnes; leur mie est tellement spongieuse et légère, qu'elle s'imbibe plus aisément, ce qui leur donne un moelleux qui ne laisse rien à désirer.

On peut donner à la pâte, avant de l'échauder, une forme un peu alongée; mais elle se déforme singulièrement à la cuisson, c'est pourquoi je les préfère dans la forme accoutumée.

Les beaux échaudés doivent se fendre à la cuisson, et former plusieurs grignes dessus et à l'entour.

CHAPITRE XXII.

OBSERVATIONS SUR LES CONNAISSANCES DU FOUR.

1° Les fourniers des boutiques se ressentent trop souvent de leur apprentissage (j'en ai dit les causes dans mes observations sur les boutiques-pâtissières) : et lorsqu'ils parviennent à cette place distinguée, quoiqu'ils en soient peu capables, et que le plus grand nombre n'ait jamais rien vu, cependant ils croient tout savoir ; mais aussitôt qu'on leur abandonne quelques grosses pièces de fonds, vous pouvez être assuré qu'ils la rendront d'une cuisson imparfaite ; qu'elle sera trop ou pas assez colorée, qu'elle sera compacte ou desséchée, et tout cela faute de soins et de pratique, et plus particulièrement encore des mauvais principes qu'ils ont reçu dans leur apprentissage.

J'ai vu chez moi des fourniers qui, après avoir mis leur fournées au four, et croyant réellement avoir rempli leur besogne, s'occupaient à peine des différentes cuissons de leur fournée ; connaissant d'ailleurs fort peu les soins et les détails que nos entremêts modernes réclament, et principalement les diverses cuissons des petites pâtisseries de nos pièces montées.

Mais que de soins assidus ne faut-il pas donner au four, si l'on veut obtenir une belle cuisson ! Voilà ce dont ces messieurs ne se doutent pas ; car ils voudraient, et ils disent, au contraire, que c'est le four seul qui doit cuire la pâtisserie.

Le four, en effet, cuit les objets sur lequel nous voulons que sa chaleur agisse ; mais le four n'a pas le talent de tempérer son extrême chaleur, ou de se réchauffer selon nos désirs. C'est donc à nous d'en régler les effets et les résultats ; car le four est naturellement trompeur ; il n'attend jamais : il va toujours son train dans ses opérations, et dès que le fournier oublie quelque chose, deux minutes seulement, il l'aura bientôt frappé de son noir cachet. Ainsi donc, si le four fait beaucoup, nos soins font bien plus encore; et, si je puis m'exprimer ainsi, nos soins sont véritablement l'ame du four. J'ai toujours dit et démontré aux fourniers que j'ai eu pendant mon établissement, qu'il est un point essentiel qui règle et détermine nos cuissons, c'est de retirer les entremêts du four deux minutes trop tôt ou trop tard. Ces quatre minutes de distance font la différence d'une bonne ou d'une mauvaise cuisson; car, par exemple, si l'on ne veut glacer les entremêts de feuilletage que lorsqu'ils sont cuits à point; certes, le temps nécessaire pour les glacer va leur donner une couleur terne et grisâtre; mais si, au contraire, le fournier a soin de glacer son entremêt un peu avant sa cuisson réelle, assurément il l'obtiendra parfaite.

Ces quatre minutes de différence, dont je viens de démontrer les résultats, sont de rigueur à observer pour les cuissons des entremêts de pâtisserie en général.

Pour la cuisson des entrées et des grosses pièces de fonds, il existe de même un point de cuisson réelle; mais dans un laps de temps plus considérable, comme, par exemple, un quart-d'heure de temps suffit pour obtenir une bonne ou mauvaise cuisson.

Aussi la cuisson réelle n'appartient-elle qu'à un très-petit nombre d'hommes à qui l'expérience et la pratique en ont démontré les causes et les effets; voilà précisément pourquoi tant de personnes raisonnent sur le four, sans cependant le connaître; l'un prétend qu'un gros biscuit de quarante à cinquante œufs doit rester au four trois heures, et qu'après ce temps expiré, on doit le retirer d'une parfaite cuisson; un autre nous dit que le baba réclame pour sa cuisson les mêmes degrés de chaleur que le biscuit de Savoie; celui-ci nous assure que pour manger une bonne brioche, il faut la cuire sans être en caisse. Oui, sans doute, on peut suivre ce procédé, mais vous n'obtiendrez alors qu'une grande galette de triste figure, et non pas une belle brioche à tournure séduisante, qui invite les regards et les desirs des amateurs. J'ai toujours vu ces sortes de brioches, cuites sans être en caisse, avoir la plus mauvaise mine qu'il fût possible ; et voici pourquoi : les hommes de bouche savent très-bien que la pâte à brioche fait tout son effet à la cuisson ; il est donc bien certain qu'une grosse brioche du poids de douze livres de pâte, moulée et placée inconsidérément sur un grand papier beurré, lorsque la chaleur du four agit sur elle, la fait élargir d'une telle manière qu'elle devient de fort mauvaise tournure, et cela est inévitable, par la pesanteur de la tête sur le corps de la brioche, ce qui fait que ces sortes de brioches sont toujours sans tête, attendu qu'elle est rentrée dans l'intérieur de son corps.

Mais si, au contraire, cette brioche est cuite dans une caisse proportionnée à sa grosseur, alors la pâte est forcée d'agir et de faire son effet en élévation, puisqu'elle est contenue sur son diamètre qui est fixé par la largeur que l'on donne à la caisse. Voilà des faits que la pratique démontre clairement.

Dans le grand nombre des extraordinaires que j'ai exécutés, j'ai rencontré des fours de toutes grandeurs, dont les uns gardaient leur chaleur, et les autres la perdaient de suite. Cependant il fallut bien m'en accommoder, et cuire dans chacun d'eux des babas, des biscuits, de grosses brioches, enfin tout ce qui concernait ma partie ; mais aussi avais-je toujours l'habitude de chauffer les fours trois, quatre, et même cinq heures consécutives, selon qu'ils étaient chauffés peu ou souvent, et comme ils conservaient leur chaleur ; cela dépend sans doute de l'emplacement des fours, mais plus particulièrement de leur construction qui se rencontre très-difficilement bonne.

J'ai cuit dans cent fours différens, sans qu'il me soit arrivé deux fois de suite de cuire mes grosses pièces de fonds dans le même laps de temps ; aussi ne me permettrai-je pas de dire que dans trois heures on peut cuire un gros biscuit de cinquante œufs ; et cela est d'autant plus vrai, que tous les fours se ressemblent peu dans leurs fonctions ; ainsi que j'en ai démontré les causes réelles, et que cela dépend absolument de leur construction ou emplacement, ou de la manière de les chauffer peu ou souvent.

Mais pour me mettre au-dessus des contrariétés qui naissent naturellement dès que l'on cuit pour la première fois dans un four, j'avais l'attention de retirer mes grosses pièces dès l'instant qu'elles avaient subi une ou deux heures de cuisson, selon leur volume; ensuite je les examinais, et jugeais par leur physionomie plus ou moins colorée, le temps qu'elles avaient encore à rester au four; et comme mes travaux d'extraordinaires m'ont mis à même de faire toutes sortes de remarques et d'observations, j'ai cuit d'une parfaite cuisson des biscuits de cinquante œufs en deux heures et demi, deux heures trois-quarts, trois heures, trois heures et un quart, et trois heures et demi. Ainsi cela fait seulement la différence d'une heure de plus sur la cuisson du même biscuit: le four seul en est donc la cause. Voilà des faits incontestables que l'expérience démontre d'une manière positive : c'est précisément par ces mêmes raisons qu'il est impossible de déterminer un temps fixe pour la cuisson réellement à point ; nos soins doivent seuls prévenir ce triste résultat, en gouvernant le four d'une manière vraiment minutieuse et assidue, et je le répète encore, nos soins sont l'âme du four.

Les pâtissiers de boutiques n'éprouvent pas les mêmes inconvéniens, puisque c'est toujours le même four qui, chaque jour, est plutôt chauffé trois ou quatre fois qu'une; cependant ils ne peuvent pas plus que le pâtissier de maison, avoir une heure fixe pour des cuissons, par la raison qu'à toute heure du jour, ils reçoivent des commandes qui exigent que le four resté ouvert, lorsqu'il devrait être fermé pour assurer la cuisson d'une grosse pièce : enfin, dans cette nécessité rigoureuse, on doit également cuire les différentes pâtisseries de bonne couleur, et cela n'est pas toujours très-facile : les vrais praticiens peuvent seuls en prévenir les mauvais effets.

2° Lorsque, dans chaque article, je dis mettez au four chaud, au four gai, au four chaleur modérée, au four chaleur douce, et au four chaleur molle, je sens parfaitement que ces cinq degrés de chaleur sont fort équivoques pour les personnes peu habituées au four ; mais je vais essayer de mettre autant d'ordre et de précision que cette importante démonstration réclame.

D'abord cette méthode n'est applicable qu'aux fours chauffés d'une manière convenable, car elle ne peut avoir lieu pour un four légèrement chauffé ; et l'homme qui chauffe ainsi mollement son four, peut seul en régler les inconvéniens, car lorsque le four manque de chaleur, on ne cuira jamais que de la pâtisserie de pauvre mine; puis elle sera grise, desséchée et compacte, et par ce triste résultat, elle perdra indubitablement une grande partie de ses qualités réelles, quoique bien soignée dans toutes les parties de sa préparation.

Ainsi donc elle sera compacte, parce que le four ne pouvant agir assez vîte sur elle, ne pourra faire qu'une partie de l'effet qui rend la pâtisserie appétissante et si légère à la digestion.

Puis elle sera grise, parce qu'elle n'a pu faire son effet tout entier, ce qui la comprime et la rend pesante.

Enfin elle sera desséchée, parce qu'elle aura été contrainte de rester au four le double de temps que de coutume; et malgré qu'elle éprouve une cuisson en apparence beaucoup plus longue, elle n'en sera pas moins compacte et fort désagréable au palais le moins friand.

Les fours trop chauds offrent à-peu-près les mêmes inconvéniens et les mêmes résultats, mais d'une manière inverse. C'est donc le juste milieu qu'il faut pratiquer, car c'est le point essentiellement nécessaire à l'opération : en toute chose le juste milieu n'est point aisé à saisir.

3°. Si un four est chauffé souvent et qu'il conserve sa chaleur, alors on doit brûler pour son chauffage cinq bons morceaux de bois de charme ou de hêtre, séché d'avance au four, puis on aura le soin d'élargir la braise, afin qu'elle ne séjourne pas trop long-temps à la même place ; ensuite lorsque le bois est parfaitement consumé, vous tirez la braise au milieu et à la bouche du four, et vous placez par-dessus quelques moyens éclats de bois sec ; étant brûlé, vous nétoyez le four et l'écouvillonnez en passant sur l'âtre un linge mouillé, puis vous fermez le four pendant une petite heure, après quoi vous pouvez enfourner toutes les entrées et entremets marqués pour chaud (premier degré), comme par exemple : pâté chaud, casserole au riz, petits pâtés et feuilletage glacé (1). Une heure après que le four est en activité (deuxième degré, four gai), vous pouvez enfourner les gros vol-au-vent d'entrées, les petites brioches, les solilemnes, les pouplains et généralement les entremets fourrés pour être glacés.

Deux heures après avoir commencé à cuire (troisième degré, four chaleur modérée), vous mettez au four les flancs de fruits et autres, les madeleines, les darioles, la pâte d'office, le feuilletage à blanc, et les grosses brioches.

Trois heures après que le four exerce sa chaleur (quatrième degré, four chaleur douce), vous enfournez les biscuits de Savoie, les gâteaux de Compiègne, pâte à choux, génoise, et la petite pâtisserie blanche pour le colifichet de nos pièces montées.

Quatre heures après avoir mis au four pour la première fois (cinquième degré, four chaleur molle), vous enfourdez les babas et autres grosses pièces semblables, et généralement les articles meringués.

Cinq heures après que le four est en activité (sixième et dernier degré, four chaleur perdue) : cette dernière chaleur convient parfaitement pour la cuisson du petit four en général.

Avec un tel four et des soins, on peut être assuré de ses cuissons ; mais si au contraire le four est chauffé inconsidérément, qu'il soit trop ou pas assez chaud, qu'il ait trop de chapelle et peu d'âtre, ou beaucoup d'âtre et peu de chapelle, assurément avec un tel chauffage on ne fera jamais que de la mauvaise besogne.

(1) Lorsque l'on a à glacer à la flamme, on doit avoir l'attention de casser de petits éclats de bois sec, de dix pouces de longueur, et de les mettre à la bouche du four ; au moment de glacer la pâtisserie vous en allumez une douzaine que vous placez à droite de la bouche du four et un peu près des grais ; ensuite vous présentez à un pied de distance de cette flamme les objets à glacer.

LE PATISSIER ROYAL PARISIEN.

DEUXIÈME PARTIE.

DES ENTRÉES CHAUDES DE PATISSERIE.

PATÉS CHAUDS, TIMBALES, CASSEROLES AU RIZ, CROUSTADES DE PAIN, DE NOUILLE, DE TRUFFES, ET DES CHARTREUSES.

CHAPITRE PREMIER.

DES PATÉS CHAUDS DE BÉCASSINES, DE MOVIETTES, DE CAILLES, A LA FINANCIÈRE ET A LA MONGLA.

Observations préliminaires.

Nos pâtés chauds modernes sont assurément de très-belles entrées, quoique cependant on nous reproche d'être loin encore de la perfection que leur donnait les anciens; mais pourquoi cette apostrophe? elle n'est appuyée sur aucun fait qui constate ces vaines prétentions, en voici les preuves: nous avons, comme les anciens, toutes les bonnes productions que la nature offre à notre industrie: les viandes de

SUJETS DE LA PLANCHE II.

Les n°s 1, 2, 3 et 7 représentent des pâtés chauds à la moderne, dressés de formes diverses.

Les n°s 4, 5 et 6 sont trois pâtés chauds pour des petites entrées fines, comme les cailles au gratin et autre menu gibier.

Le n° 8 représente une tourte d'entrée.

Le n° 9 un vol-au-vent cannelé.

boucherie, la volaille, les gibiers de toute espèce, les poissons de mer et de fleuve, les comestibles de tous genres sont encore notre domaine. Ce ne serait donc que dans la manière de confectionner les choses que nous serions dégénérés. Mais point du tout; nous avons encore les secrets de faire des sauces parfumées des essences de truffes, de champignons, de gibiers, de volailles et de bonnes réductions des vins de France et d'Espagne. Et sans trop prétendre, nous sommes plus élégans, plus fins et plus variés que jamais nos anciens ne l'ont été; cependant cela n'empêche pas que je les révère de toute mon ame, puisqu'ils nous ont transmis le matériel de notre état.

Mais ce que nous avons contre nous, c'est l'espace du temps, car pour bien faire des délicieuses entrées, encore faut-il avoir celui nécessaire, afin de pouvoir les soigner selon les règles de l'art. Nos anciens ont eu cet avantage réel sur nous; mais pour cela, ils n'ont pas été meilleurs, comme on veut bien nous le faire accroire, c'est ce que je tâcherais de démontrer dans les chapitres suivans.

Je le répète encore; que les temps sont changés pour nous! Nos anciens dans leur travaux étaient secondés par de bons aides; ils avaient le temps nécessaire à leurs opérations; tandis que nous, c'est tout le contraire: d'abord nous ne sommes pas secondés, et puis quelle différence dans nos opérations! car la partie des pâtissiers des maisons modernes est deux fois plus considérable qu'elle ne l'était dans l'ancien temps, et cela n'est pas du tout à notre avantage; quelquefois même cela dégoûte du métier, et lorsqu'il faut être sur pied depuis cinq heures du matin jusqu'à dix et onze heures du soir, à coup-sûr ce n'est pas du tout aimable. Mais le temps seul remédie à toute chose, et j'espère que ce grand maître améliorera notre sort dans un temps plus propice à notre art; c'est dans cette persuasion que je vois décrire les détails de cette importante partie (1).

_____
(1) J'avais écrit cette note en 1812; les évènemens qui sont survenus ont surpassé mon attente, et je suis plus heureux aujourd'hui.

DES ENTRÉES CHAUDES DE PATISSERIE.

Pâté chaud de bécassines aux truffes.

Après avoir flambé et épluché huit moyennes bécassines, vous en séparez les cous et les pattes ; ensuite vous coupez chacune d'elles en deux parties, et séparez les os du dos ; alors vous ressuyez l'intérieur avec une serviette et les rangés sur un plat à sauter, dans lequel vous aurez fait fondre quatre onces de beurre, autant de lard râpé (1), une cuillerée à bouche de persil, deux cuillerées de champignons, quatre cuillerées de truffes, le tout haché bien fin ; puis une petite gousse d'échalotte hâchée et blanchie, le sel épicé nécessaire à l'assaisonnement, une pointe de muscade râpée : alors vous faites roidir les bécassines, en les faisant mijoter sur un feu modéré pendant vingt minutes ; et dans ce laps de temps, vous avez soin de les retourner, afin qu'elles reçoivent un égal assaisonnement (2) : alors vous les laissez refroidir ; ensuite vous hachez les boyeaux des bécassines, et les broyez dans le mortier, en y joignant quatre cuillerées à bouche de godiveau ou de farce à quenelle, ou de farce fine (*Voyez* ces articles), deux cuillerées de fines herbes et une pointe de muscade.

Vous dressez alors un pâté chaud du diamètre de sept pouces sur quatre de hauteur (*Voyez* pâté à dresser), dans le genre du n° 1 de la planche 2e ; alors vous en masquez le fond et le tournez avec la farce ; et après avoir paré les moitiés de bécassines, c'est-à-dire que vous coupez les parties osseuses pour leur donner une belle forme. Vous les placez en couronne dans le pâté, en y joignant quelques bonnes truffes émincées, que vous placez entre les bécassines, afin de lui communiquer le fumet de la truffe ; puis vous masquez le tout avec le fond dans lequel vous avez passé le gibier placé sur deux feuilles de laurier et des

---

(1) A cet effet, vous ratissez le dessus d'un morceau (d'une bardière) de lard gras, ce qui vous donne une espèce de sain-doux.

(2) Nous nommons cette partie de l'opération : *passer les bécassines aux fines herbes* ; ainsi lorsque dans les articles subséquens nous dirons : *passez tel ou tel gibier aux fines herbes*, on emploiera les mêmes procédés décrits dans cet article.

bardes de lard, que vous coupez ronds de la largeur de la surface du pâté, que vous couvrez ensuite avec une abaisse de pâte à dresser. Pincez le bord de la crête du pâté, décorez l'intérieur, et lorsque vous avez orné le tout comme le représente les dessins, vous le dorez (1) bien parfaitement, et le mettez au four gai. Le dessus étant coloré blond, vous le cernez (2) (coupez), et le couvrez avec quatre ronds de papier de neuf pouces de diamètre.

Donnez une heure et demie de cuisson; mais la fin de cette cuisson doit avoir lieu précisément à l'instant du service, sinon le pâté perd une partie de son fumet. Vous ôtez alors le couvercle, les bardes de lard, les feuilles de laurier; et après avoir bien dégraissé le pâté, vous masquez sa garniture avec une demi-espagnole à la glace et une émincée de truffes, puis vous glacez légèrement la croûte du pâté.

Cette sauce demi-espagnole est peu liée, mais elle est corsée, attendu qu'on la travaille avec un fumet de gibier aux truffes et une réduction de vin d'Espagne; lorsque cette sauce est terminée au fourneau, elle est d'un goût exquis, et donne un beau glacé à son entrée.

Voilà, ce me semble, un pâté chaud tel que nos anciens ont pu les servir.

Par exemple, nous ne servons jamais les couvercles des pâtés chauds, au lieu que nos anciens les servaient, et les entrées n'en ont que meilleur mine; mais ce genre n'est point de mode aujourd'hui, et cependant on le sert pour certaines entrées.

Pâté chaud de faisans aux truffes.

Ayez deux moyens faisans et laissez-les se mortifier trois ou quatre jours, afin qu'ils aient plus de fumet; puis vous les flambez, les épluchez et les dépecez comme les pou-

---

(1) Dans un œuf de dorure vous mettez une demi-cuillerée à bouche de farine tamisée; le tout bien mêlé, donne un beau brillant à la cuisson. Mais cette sorte de dorure ne convient qu'à un pâté chaud.

(2) Le tour du couvercle, afin que le peu d'effet que la garniture produit ne dérange pas la forme du pâté.

DES ENTRÉES CHAUDES DE PATISSERIE. 63

lets pour fricasser; alors vous les passez aux fines herbes de la même manière que ci-dessus. Etant refroidi, vous garnissez le fond et le tour du pâté chaud avec quatre cuillerées de farce fine à quenelle ou de godiveau, dans laquelle vous aurez mis deux truffes hachées menu; vous placez les cuisses et les croupions dessus, vous mettez quatre petites truffes coupées en deux, ensuite vous placez les filets et les estomacs des faisans; vous mettez encore quelques truffes, et recouvrez le tout avec l'assaisonnement dans lequel a été passé le gibier. Mettez dessus deux feuilles de laurier et des bardes de lard; finissez et cuisez ce pâté comme le précédent, et après l'avoir bien dégraissé, masquez-le d'une demi-espagnole à glace, avec des truffes, tournées rondes comme des noix muscades, et servez-le de suite.

Pâté chaud de cailles aux champignons.

Flambez et épluchez dix belles cailles de vignes, séparez-en le dos, le cou et les pattes, rentrez l'os des cuisses en dedans, ressuyez avec une serviette l'intérieur pour en séparer tout le sang, ensuite vous placez vos cailles sur un grand plat à sauter, dans lequel vous aurez fait tiédir et mêler quatre onces de beurre fin, quatre de lard râpé, une cuillerée de persil, trois de champignons bien blancs, une pointe d'échalotte, le tout bien haché, le sel, épicé nécessaire, et une pointe de muscade râpée; passez vos cailles sur un feu modéré, ayez soin de les retourner au bout de cinq minutes, afin qu'elles prennent un bon assaisonnement.

Ensuite vous dressez un pâté chaud comme de coutume, puis vous en masquez le fond et le tour avec quatre cuillerées de godiveau (de farce fine ou à quenelle), dans lesquelles vous mêlez deux cuillerées de fines herbes, comme ci-dessus. Les cailles étant refroidies, vous les placez en couronne dans le pâté chaud; vous mettez dans le milieu une douzaine de beaux champignons tournés, vous masquez le tout avec le fond dans lequel vous avez fait roidir les cailles, ajoutez deux feuilles de laurier; recouvrez de bardes de lard. Terminez le reste de l'opération de la manière accoutumée (*Voyez* le pâté chaud de bécassines). Au moment de servir, vous dégraissez le pâté chaud et le masquez d'une sauce demi-espagnole à glace, avec une garniture de champignons bien blancs.

Cette demi-espagnole se travaille avec une essence de champignons, et une réduction de vin de Madère sec.

Pour faire ce pâté chaud aux truffes, on emploiera les procédés décrits dans les articles précédens.

Pâté chaud de moviettes aux fines herbes.

Après avoir flambé trente-six belles moviettes, vous les videz par le côté; puis vous les passez aux fines herbes (de même que nous avons procédé pour le pâté chaud de bécassine), et les laissez refroidir dans l'assaisonnement; ensuite vous séparez les gigiers et hachez les boyaux que vous pilez et mêlez avec trois cuillerées de godiveau et une cuillerée de fines herbes.

Alors vous dressez le pâté chaud, dont vous masquez le fond et le tour avec la farce; vous y placez une douzaine de moviettes, sur lesquelles vous élargissez le quart de leur assaisonnement; et après avoir recommencé deux fois la même garniture, vous masquez les trente-six moviettes du reste de leur fines herbes, de deux feuilles de laurier et de bardes de lard, puis vous suivez le reste du procédé comme de coutume.

Après avoir ôté les bardes de lard, le laurier, et l'avoir dégraissé, vous masquez le pâté d'une demi-espagnole à glace, et d'une garniture de champignons, de truffes émincées et de quelques filets de moviettes sautées.

On doit remarquer que la moviette et la bécasse ont, seules, l'avantage de donner leur fumet à leur farce, par l'addition de leur digestion.

On emploiera les mêmes procédés indiqués précédemment pour confectionner des pâtés chauds de perdreaux, bécots, cailletaux, rameraux, pigeons innocens, grives, rouge-gorges, gélinottes, vanaux, pluviers-becfigues, ortolans et autres menus gibiers.

DES ENTRÉES CHAUDES DE PATISSERIE.

Pâté chaud à la mongla.

Faites dégorger à l'eau tiède deux foies gras de Strasbourg, ensuite vous les mettez à l'eau fraîche sur le feu ; et dès qu'elle commence à bouillonner, vous retirez les foies, et les laissez refroidir à l'eau fraîche ; ensuite vous les coupez en escalope. Vous les assaisonnez de haut goût, et les passez aux fines herbes (*Voyez* à cet effet le *pâté chaud de bécassines*) sur un feu doux pendant dix minutes ; étant froid, vous les parez et mettez à-peu-près le quart d'un foie de côté ; vous pilez les parures, et les mêlez avec le même volume de farce fine (*Voyez farce fine* de volaille.)

Le pâté chaud étant dressé, vous en masquez le tour et le fond avec la farce, puis vous y placez les foies en couronne ; ajoutez par dessus l'assaisonnement dans lequel vous les avez fait roidir, mettez deux feuilles de laurier et des bardes de lard, finissez le pâté comme de coutume. Mettez à four gai, donnez une heure et demie de cuisson ; étant prêt à servir, vous le dégraissez et le masquez d'une garniture de truffes émincées.

La sauce de ce pâté chaud se prépare de cette manière : après avoir pilé le foie conservé, vous le délayez dans une casserole avec une cuillerée d'espagnole, et le passez à l'étamine ; puis vous le mettez dans trois cuillerées (à ragoût) de bonne espagnole, travaillée avec un consommé de volaille truffée, et d'une réduction de vin de Madère, dans laquelle vous émincez quatre belles truffes bien noires.

On ne doit pas oublier que cette sauce à la mongla ne doit pas bouillir, attendu que l'ébullition la décompose.

On sauce quelquefois ce pâté chaud avec une demie espagnole à glace, et une garniture de crête et rognons de coq ; mais ce n'est pas le mieux que l'on puisse faire. Chaque entrée doit avoir un caractère distingué, au moins il me semble qu'il devrait en être toujours ainsi.

Pâté chaud de palais de bœuf aux truffes.

Après avoir épluché, blanchi et fait cuire dans une

bonne poêle douze beaux palais de bœuf, vous séparez chaque filets en deux dans leur longueur, et les parez; puis vous les masquez légèrement avec une petite farce fine, dans laquelle vous avez mêlé deux cuillerées de fines herbes passées au beurre. Ensuite vous placez sur cette farce des lames de truffes; puis vous roulez le bout d'un filet sur lui-même, afin d'en former des espèces d'attéraux. Les vingt-quatre filets de palais de bœuf étant ainsi préparés, vous en placez huit dans le pâté chaud qui sera dressé selon la règle, dont vous aurez masqué le fond et le tour avec le reste de la farce fine; vous placez par dessus huit autres filets, et par dessus ceux-ci, les huit derniers, aussi quelques lames de truffes; ensuite vous masquez le tout d'un beau morceau de beurre fin manié. Finissez et faites cuire votre pâté comme les précédens. Au moment du service, vous le dégraissez et le masquez d'un émincé de truffes cuites deux minutes seulement dans une réduction de vin de Madère, dans laquelle vous joignez une bonne sauce demie espagnole à glace.

Pâté chaud de ris d'agneaux.

Faites dégorger et blanchir huit ris d'agneaux, que vous coupez en escalope, et que vous faites mijoter pendant un bon quart-d'heure dans les fines herbes (décrites dans les détails du pâté chaud de bécassines), comme de coutume. Le pâté étant dressé, vous le garnissez au fond et au tour avec un peu de farce fine ou de godiveau, et rangez dans l'intérieur, en couronne, les ris qui doivent être froids; masquez-les avec l'assaisonnement, dans lequel vous les avez passés, ajoutez deux feuilles de laurier et des bardes de lard. Finissez le pâté comme de coutume, mettez-le au feu gai, donnez une heure et demie de cuisson. Au moment du service, vous le dégraissez et le saucez avec une demi-espagnole à glace (travaillée avec un consommé de volaille et d'essence de champignons), avec une garniture de champignons et de culs d'artichauts.

On peut également le masquer avec une sauce allemande.

DES ENTRÉES CHAUDES DE PATISSERIE. 67

On procédera de même que ci-dessus pour confectionner un pâté chaud de ris de veau.

Pâté chaud à la financière.

Après avoir dressé un pâté chaud dans le genre des numéros 1, 2, 3 et 4 de la planche 2e, vous le masquez intérieurement avec des bardes de lard, puis vous le garnissez de graisse de bœuf hachée; finissez le pâté selon la règle, et donnez-lui une heure de cuisson et de belle couleur. Etant un peu refroidi, vous le videz parfaitement. Au moment du service, vous le garnissez à moitié de quenelle de volaille ou de gibier, puis vous le remplissez avec une bonne garniture composée de ris d'agneau, de crête, de rognons de coq, de champignons, de truffes, de culs d'artichauts, de queues d'écrevisses et de six grosses écrevisses, et saucez d'une bonne espagnole à glace; travaillez avec un consommé de volaille truffée, et d'une réduction de vin du Rhin ou de Madère sec.

On doit généralement avoir l'attention de glacer légèrement la croûte des pâtés chauds; cela leur donne cette physionomie qui distingue le vrai fini.

Je crois qu'on a nommé ce pâté chaud *à la financière*, à cause du haut prix des garnitures qui le compose.

Pâté chaud à la ciboulette.

Faites une livre de godiveau (*Voyez* cet article) bien moëlleux, dans lequel vous mêlez une cuillerée à bouche de ciboulettes hachées bien fines et blanchies, et une pointe de muscade râpée.

Le pâté chaud étant dressé selon la règle, vous le garnissez presque plein de godiveau; couvrez et finissez ce pâté comme de coutume, mettez-le au four gai. Aussitôt que la crête a acquis une belle couleur blonde, ôtez le couvercle, et cernez l'épaisseur du godiveau tout autour de la croûte, afin que le godiveau en se boursoufflant ne fasse pas fendre le pâté, ce qui arriverait indubitablement sans ce soin.

Couvrez le pâté avec quatre ronds de papier de neuf pouces de diamètre, donnez une heure de cuisson seulement : alors vous le dégraissez, et coupez la masse du godiveau en losange ou en carré, afin de le servir plus aisément, étant masqué d'une bonne sauce espagnole, d'une garniture de champignons et de culs d'artichauts. Vous le servez promptement.

Pâté chaud de godiveau de volaille aux truffes.

Faites trois quarterons de volaille aux truffes (*Voyez* cet article); ayez quatre belles truffes épluchées, que vous coupez par quartier. Dressez le pâté chaud de la manière accoutumée, garnissez-le au quart de godiveau, et placez dedans quatre morceaux de truffes; puis vous mettez encore la même quantité de godiveau, et y placez quatre quartiers de truffes. Recommencez deux fois encore la même garniture; mais ayez soin de placer les seize quartiers de truffes çà et là, afin qu'il s'en trouve dans toutes les parties du godiveau: terminez ce pâté chaud avec les attentions données au précédent.

Au moment du service, vous le masquez d'une bonne demi-espagnole à glace et de truffes tournées rondes comme des noix-muscades.

On peut, en garnissant les pâtés de godiveau, joindre dans ceux-ci de beaux rognons, des crêtes, des ris d'agneau, des culs d'artichauts ou des champignons.

Pâté chaud de godiveau de gibier aux champignons.

Faites trois quarterons de godiveau de gibier (*Voyez* cet article); garnissez le pâté en quatre fois, en y joignant des champignons bien blancs, et quatre filets de lapereaux coupés en escalope et parés. Terminez l'opération comme de coutume, mais soignez la cuisson; puis vous masquez le godiveau avec une bonne sauce demi-espagnole à glace, et, pour garniture, des champignons, deux filets de lapereaux en escalope sautée.

On peut faire également ces sortes de pâtés chauds avec des farces à quenelles, de volaille ou de gibier. (*Voyez* ces articles.)

DES ENTRÉES CHAUDES DE PATISSERIE.

CHAPITRE II.

DES PATÉS CHAUDS DE POISSONS.

Pâté de poissons.

Coupez en escalopes une darne de saumon assez forte pour garnir le pâté; passez-les aux fines herbes, c'est-à-dire que vous faites tiédir dans une petite casserole six onces de beurre fin, dans lequel vous mettez deux cuillerées de persil, deux de champignons, et le double de truffes, le tout haché bien fin, et une gousse d'échalotte hachée et blanchie; une pointe de muscade, et le sel nécessaire pour assaisonner le saumon de haut goût.

Le pâté étant dressé comme de coutume, vous trempez les escalopes dans le beurre assaisonné, en les plaçant au fur et à mesure en couronne dans le pâté chaud; versez dessus le reste de l'assaisonnement, deux feuilles de laurier, et masquez le tout de bardes de lard. Finissez le pâté selon la règle, mettez-le au four gai, et donnez cinq quarts-d'heure de cuisson.

Au moment du service, vous le dégraissez et le masquez d'une garniture de laitance de carpes, de queues d'écrevisse, d'huîtres, de champignons, de culs d'artichauts et de quelques truffes.

On peut saucer ce ragoût d'une bonne demi-espagnole à glace ou d'une bonne sauce tomate.

On procédera de la même manière que ci-dessus pour confectionner des pâtés chauds de filets de turbots, de barbus, d'aloses, d'esturgeons, de soles, de brochets, de carpes, d'anguilles, de perches, de lottes, de rougets et autres poissons de mer et de rivière.

Pâté chaud à la marinière.

Ayez une petite darne de saumon (coupée en quatre), une belle solle (les filets coupés en six), une petite anguille (coupée en six tronçons), quatre belles laitances de carpes, deux douzaines de belles huîtres, quatre truffes émincées, et le même volume de beaux champignons tournés, et cuits bien blancs.

Ensuite vous faites tiédir, à peine, huit onces de beurre d'Isigny, dans lequel vous mêlez deux cuillerées (à bouche) de persil, quatre cuillerées de champignons, quatre cuillerées de truffes, le tout bien haché; puis une gousse d'échalotte hachée et blanchie, le quart d'une noix-muscade râpée, une bonne pincée de mignonette, et le sel nécessaire à l'assaisonnement du poisson; ensuite vous dressez le pâté chaud, selon la règle. Vous commencez ensuite à masquer le fond du pâté avec une cuillerée de beurre aux fines herbes, placez par dessus les tronçons d'anguille, et mettez entr'eux quelques huîtres, puis vous masquez le tout avec deux cuillerées (à bouche) du beurre assaisonné, posé dessus quelques lames de truffes et de champignons, que vous masquez ensuite de saumon, et entre chaque morceau, vous y mettez des huîtres. Recouvrez le tout de deux cuillerées de beurre, mettez par dessus des champignons et des lames de truffes; placez-y les laitances, et entr'elles, mettez le reste des huîtres et deux cuillerées de beurre aux fines herbes, sur lequel vous rangez les filets de solles, le reste des truffes et des champignons, puis vous masquez le tout avec le reste du beurre et deux feuilles de laurier. Terminez le pâté de la manière accoutumée, et donnez cinq quarts-d'heure de cuisson.

Etant prêt à servir, vous ôtez les feuilles de laurier et tout le mouillement, ensuite vous masquez le pâté chaud d'un ragoût de queues d'écrevisses, de champignons, de quelques petites truffes saucées, d'une demi-espagnole à glace, liée d'un beurre d'écrevisse ou d'une bonne sauce tomate, également liée d'un beurre d'écrevisse; ce beurre donne à ces deux sauces une physionomie appétissante et un goût exquis.

Pâté chaud de filet de merlans farcis.

Levez les filets de quinze moyens merlans, et après les avoir lavés et parés, sans cependant en ôter la peau, vous les étendez sur la table; assaisonnez-les de haut goût avec sel, gros poivre et muscade ; puis vous les masquez légèrement avec un peu de farce fine d'écrevisses, de truffes ou de champignons ; ensuite vous roulez le filet sur lui-même par le bout le plus charnu, afin qu'il se trouve bien rond. Vos trente filets étant ainsi masqués et roulés, vous garnissez le fond et le tour du pâté de la même farce de filets, alors vous placez droit dix des filets qui doivent masquer intérieurement la surface du fond du pâté ; vous couvrez ces filets avec deux cuillerées de beurre à peine fondu. Placez dessus encore dix filets, et masquez-les de deux cuillerées de beurre ; ensuite joignez-y les dix derniers filets, et masquez-les de quatre cuillerées de beurre et de deux feuilles de laurier.

Finissez le pâté comme de coutume, et donnez lui cinq quarts-d'heure de cuisson ; au moment du service, vous le dégraissez, ôtez les feuilles de laurier, et masquez-le d'un ragoût de laitance de carpes, d'huîtres, de queues d'écrevisses, de champignons et de culs d'artichauts saucés d'une sauce tomate ou d'une espagnole à glace.

Pour le pâté chaud de filets de solles, vous procéderez de même que ci-dessus ; cependant vous ôtez la peau de celle-ci, attendu que la chair de solle a plus de corps, et par cette raison, elle se soutient mieux à la cuisson que les filets de merlans.

CHAPITRE III.

PATÉ CHAUD DE LÉGUMES A LA MODERNE.

Cette entrée est autant délicieuse qu'elle est splendide, lorsqu'elle sort des mains d'un vrai praticien. Mais elle sera parfaite si on la sert pendant les mois de mai, juin, juillet et août ; car c'est à cette époque seulement que nous avons à primeur de tous les légumes et racines, saison belle et riche pour les entremets potagers en tous genres.

Cet excellent pâté chaud se compose de tous les légumes possibles, tels que carottes, navets, oignons, chou-fleurs

DEUXIEME PARTIE.

de Bruxelles; petits pois, petites fèves de marais, haricots blancs et verts, pointes d'asperges, laitues, concombres, racines de céleri, culs d'artichauts et champignons.

Manière de procéder. Vous commencez par marquer une essence de racine : à cet effet, vous mettez dans une moyenne marmite vingt carottes, vingt navets, vingt oignons, huit pieds de céleri, quatre laitues et quatre cloux de gérofle; mouillez le tout avec de bon bouillon (très-doux de sel), ayez soin d'écumer, faites-les mijoter doucement.

Les carottes étant bien cuites, vous en passez l'essence à la serviette, et la laissez reposer, afin qu'elle soit bien claire.

Après vous tournez une centaine de petites carottes de forme et de grosseur d'une petite olive; vous les jetez à l'eau bouillante, les rafraîchissez et les blanchissez après trois ou quatre minutes d'ébullition. Vous tournez et blanchissez pareillement une trentaine de petits navets, et les rafraîchissez ensuite. Vous mettez ces deux sortes de racines séparément dans deux casseroles, et les mouillez avec du bouillon, de l'essence de racine, et un peu de sucre; faites-les mijoter, et aussitôt qu'elles sont presque cuites, (elles doivent être un peu fermes encore), vous placez la casserole sur un feu ardent, et les faites tomber à glace, c'est-à-dire que vous faites réduire leur mouillement et les mettez de côté.

Pendant leur cuisson, vous mettez cuire ensemble, et après les avoir blanchies, huit laitues et douze racines de pieds de céleri; le tout étant entouré de bardes de lard, mouillez de consommé et de dégraissé de volaille. Ensuite mettez cuire séparément et à l'eau bouillante, avec un peu de sel et de beurre, une tête de chou-fleur et un demi litron de petits pois, un de petites fèves de marais, un d'haricots blancs; puis vous blanchissez séparément à l'eau bouillante (et assez salée pour donner du goût à ces légumes, attendu qu'elles n'ont point d'autre cuisson à subir) les pointes d'asperges d'une demie botte, et le même volume d'haricots verts, que vous aurez coupés de la longueur des petites ca-

DES ENTRÉES CHAUDES DE PATISSERIE. 73

rottes; ensuite vous tournez quatre culs d'artichauts, et les faites cuire à l'eau bouillante avec beurre, suc de citron et une pointe de sel; puis vous tournez un miniveau de beaux champignons, que vous faites cuire avec le suc d'un citron et un bon morceau de beurre; ensuite vous coupez un beau concombre en quatre parties, et après l'avoir paré, vous le détaillez avec un coupe-racine de dix lignes de diamètre et le sautez avec une petite cuillerée de sel fin. Pour faire rendre l'eau dont ce légume est rempli, vous l'égoutez et le ressuyez dans une serviette; jetez-le dans six onces de beurre clarifié, un peu chaud, et passez-le sur un feu modéré. Lorsqu'il est coloré bien blond, vous l'égoutez sur une serviette, et le placez ensuite dans une petite casserole.

Maintenant vous épluchez avec soin une trentaine de petits oignons bien égaux, et les placez dans un plat à sauter et beurré; vous les mouillez avec du bouillon de l'essence de racine, et un peu de sucre. Faites-les mijoter; lorsqu'ils sont cuits, faites-les tomber à glace sur un feu modéré, afin de leur donner une belle teinte rougeâtre et brillante.

L'essentiel de l'opération est d'avoir soin que les légumes et racines soient plutôt un peu ferme de cuisson (cela importe beaucoup), elles n'en sont que meilleures; et lorsque vous les mêlez ensemble, elles ne s'écrasent pas par le frottement qu'elles éprouvent entr'elles, car faut-il encore les sauter au moins une fois ou deux, afin de les saucer parfaitement.

Lorsque cette opération est terminée, vous égoutez tous vos légumes (excepté les carottes, les navets et les oignons) sur une double serviette; ensuite vous disposez tout prêt sur une assiette les racines et légumes qui doivent former le couvercle du pâté chaud. Vous les placez dans l'ordre suivant sur la crête (le bord) du pâté; vous formez une couronne de petits chou-fleurs et de petits choux de Bruxelles, ce qui produit un fort joli effet. Au-dessus de cette couronne, vous en formez une autre avec les petits oignons glacés, ensuite une de petites carottes (la pointe en l'air), et au-dessus vous placez une couronne de beaux champignons bien blancs.

Pour le milieu du couvercle, un beau cul d'artichaut, dans lequel vous placez, en pyramide, un petit buisson de haricots verts mêlés de carottes.

Après vous amalgamez et saucez vos légumes de cette manière : dans une bonne béchamel, dont vous aurez travaillé le velouté avec un consommé de volaille (à l'essence de champignons) et avec l'essence de racine, vous commencez par masquer légèrement la surface de la béchamel, avec une cuillerée d'haricots verts, une de carottes, une de petits pois, une de concombres, une de pointes d'asperges, une d'haricots blancs, une de fèves de marais, une de culs d'artichauts (que vous aurez parés de la même forme que la concombre), une de carottes, une de champignons; puis vous recommencez une fois encore le même amalgame : mais ayez l'attention de n'en mettre qu'autant qu'il en faudra pour garnir le pâté chaud (1) au deux tiers, et de les saucer amplement. Alors vous placez la casserole au bain marie, et au moment de les verser dans le pâté, vous les sautez une fois ou deux seulement; ensuite, après avoir pressé et paré vos laitues, comme pour entremêts, vous en faites une couronne dans le fond du pâté. Au milieu de cette couronne, vous mettez les racines de céleri et un peu de chou-fleurs; puis vous placez sur les laitues une couronne de petite partie de chou-fleurs, sur laquelle vous en formez une autre de petits oignons glacés, et par dessus encore une couronne de petits choux de Bruxelles (2).

Cette garniture terminée, vous couvrez et placez le pâté à l'étuve, assez long-temps avant le moment du service, afin que les légumes soient bien chauds.

---

(1) Qui doit être d'une grande dimension et élévation, afin de faire une forte entrée; par la raison que tout le monde mange avec plaisir de cette macédoine.

(2) On supprime quelquefois cette première garniture; alors on remplit le pâté chaud de la macédoine seulement. On garnit également à la macédoine des vol-au-vent, des timbales, de nouille et même des bordures de riz, etc.

DES ENTRÉES CHAUDES DE PATISSERIE. 75

Etant prêt à servir, vous garnissez le pâté chaud en y versant la macédoine cuillerée à cuillerée, et vous l'emplissez presque jusqu'au haut du bord et en forme bombée ; ensuite vous y placez le couvercle de légumes que vous avez préparés d'avance.

Voilà assurément un pâté chaud de légumes tel que nos anciens ont pu le servir.

Cette entrée, autant riche qu'élégante, nous offre le *nec plus ultrà*, la triple alliance des légumes et racines printannières. Enfin elle est le type du beau des entrées que l'on puisse servir dans cette riche saison (mais peu propice à la bonne chère) ; aussi les détails de cette entrée sont-ils à l'infini, et les soins qu'elle réclame plus grands encore.

On met quelquefois dans la macédoine une petite blanquette de filets de poularde, ou des crêtes et rognons de coq, ou une escalope de foie gras, de filets de mauviette ou autre menu gibier.

On garnit également le pied du pâté d'une couronne de petites truffes (celles en bouteilles sont les meilleures) tournées, rondes et sautées dans la glace, ou d'une couronne de petites pommes de terre rondes de la grosseur d'une noix-muscade, colorées bien blond et glacées, une de petites carottes tournées de même, glacées, ou de navets.

CHAPITRE IV.

PATÉ CHAUD ANGLO-FRANÇAIS.

Après avoir paré les filets de quatre carrés de mouton de bonne qualité, vous les coupez et les parez en escalope, puis vous les assaisonnez dessus et dessous avec sel, gros poivre et muscade ; ensuite vous faites à peine tiédir huit onces de beurre d'Isigny, dans lequel vous mettez deux cuillerées de persil, le double de champignons et autant de truffes, le tout haché bien fin ; puis une gousse d'échalotte hachée et blanchie.

Le pâté étant dressé selon la règle, vous trempez les filets dans le beurre aux fines herbes, et au fur et à mesure vous les placez en couronne dans le pâté ; puis au milieu vous y mettez de beaux champignons tournés et cuits, bien blancs, des truffes émincées, ou culs d'artichauts, ou quelque escalope de ris d'agneau ou de veau ; alors vous masquez le tout avec le reste du beurre aux fines herbes.

Finissez le pâté chaud de la manière accoutumée, et mettez-le au four gai ; donnez une heure et demie de cuisson. Etant prêt à servir, vous ôtez le lard et les deux feuilles de laurier ; puis vous masquez avec une demi-glace de mouton travaillé avec une essence de champignons ou de truffes : ajoutez le suc d'un citron.

On peut également dégraisser ce pâté chaud et le masquer d'une bonne espagnole avec garniture de champignons, truffes, culs d'artichauts, au ris d'agneau, ou d'une sauce tomate.

On procédera de même que ci-dessus pour les pâtés chauds de filets ou de noix de veau, de filets de bœuf, de porc frais, de chevreuil, de sanglier et autres gibiers de venaison.

CHAPITRE V.

PATÉ CHAUD RUSSE.

Je vais donner les détails de ce pâté chaud, tel que je le vis préparer chez l'ambassadeur de Russie (le prince Kourakin) par son cuisinier russe.

Manière d'opérer. Après avoir coupé par escalopes une petite darne de saumon, vous les passez aux fines herbes avec sel, poivre et muscade ; vous passez de même aux fines herbes un petit foie gras de Strasbourg coupé en escalope. Ensuite vous hachez douze jaunes d'œufs durcis ; puis le pâté chaud étant dressé comme de coutume, vous le garnissez au tour et au fond avec du riz cuit dans un bon fond de poularde (le riz doit être froid, ainsi que le reste de la garniture) ; alors vous masquez le fond d'escalopes de sau-

DES ENTRÉES CHAUDES DE PATISSERIE.

mon, sur lequel vous semez du jaune d'œuf, puis vous y placez la moitié des escalopes de foie gras, et les masquez de jaunes d'œufs. Recommencez encore une fois la même garniture de saumon et de foie gras ; passez dessus le beurre aux fines herbes (dans le feu vous avez passé le foie et le saumon). Recouvrez le tout avec le reste du ris, finissez le pâté selon la règle, donnez-lui une heure et demie de cuisson, et servez-le de suite.

Le cuisinier russe ne met point de sauce ; mais il me semble qu'une bonne demi-espagnole à glace donnerait plus de goût et plus de moëlleux à ce ragoût étranger.

La vraie couleur des pâtés chauds doit être rougeâtre. Cette teinte mâle caractérise ces sortes d'entrées, car la couleur blonde a je ne sais quoi de fade qui ne convient nullement à la pâtisserie d'entrée. Cependant nous devons servir aux amphytrions la couleur qu'ils eiment le mieux ; mais généralement la couleur vive a la préférence, parce qu'elle flatte davantage.

On fait également des pâtés chauds ovales pour flans.

CHAPITRE VI.

DES TOURTES D'ENTRÉES.

OBSERVATIONS. Cette entrée de pâtisserie n'a plus assez de luxe pour paraître sur nos tables opulentes, par la raison que sa tournure est trop vulgaire : la classe bourgeoise même la dédaigne, et ne mange plus que des pâtés chauds et des vol-au-vent ; tandis que les gros marchands d'autre fois se régalaient en famille de la modeste tourte d'entrée.

Mais alors les marchands ne se piquaient pas d'être gastronomes. Que les temps sont changés !... Nos grands cuisiniers anciens ont pourtant servi cette tourte sur la table des princes.

Mais, je le répète encore, les temps ne sont plus les mêmes ; et pourtant je ne vois pas pourquoi nous ne reproduirions pas cette entrée, avec cette bonne mine dont elle est susceptible, comme, par exemple, la représente le dessin du n° 8 de la planche 2ᵉ.

Je vais en donner les détails.

Tourte d'entrée à l'ancienne.

Faites une abaisse de pâte à dresser pour timbale (*Voyez* cette détrempe); coupez-la ronde, du diamètre de huit pouces; placez-la sur un petit plafond : ensuite vous faites (de même que les petits pains à la duchesse) trente-six à quarante boulettes de godiveau (*Voyez* cet article) de la grosseur d'un œuf de pigeon; alors vous en placez la moitié sur le fond de la tourte, mais vous les placez à un pouce près des bords de l'abaisse. Vous posez dessus quelques escalopes de ris d'agneau ou de veau (cuit aux fines herbes), des champignons et des culs d'artichauts parés par demi-quartier; ensuite vous placez le reste des boulettes, et mettez dessus quatre belles écrevisses (les pattes et la queue parés), des champignons et des culs d'artichauts; mais ayez soin que le tout forme un dôme parfait.

Ensuite vous faites une abaisse, comme celle du fond de la tourte, et la coupez du diamètre de neuf pouces et demi (elle doit avoir deux lignes d'épaisseur). Vous mouillez alors légèrement le bord de l'abaisse première, vous placez sur sa garniture la grande abaisse, et l'appuyez à l'entour et presque tout près des boulettes; mais vous devez avoir soin qu'il y ait un peu de vent dans la tourte (qui se trouve alors fermée), afin qu'elle ait bonne mine (1). Ensuite vous relevez et appuyez le bord de l'abaisse du fond sur le bord de la seconde, afin de les sonder bien parfaitement ensemble; vous mouillez légèrement le dessus, et y posez une bande de feuilletage de neuf

---

(1) Cependant faites attention qu'il en faut peu, autrement lorsqu'elle contient trop d'air, celle-ci, par l'action de la chaleur du four, cherche à se dégager, et donne quelquefois une bien mauvaise tournure à cette entrée, qui, sous ce rapport, réclame des soins. Mais lorsque cela arrive, et que la croute se trouve déjà assez prise, vous y faites un petit trou avec la tête d'une grosse épingle ordinaire, afin que l'air se dégage; il conserve par-là la bonne mine à la tourte.

lignes de large et de deux bonnes lignes d'épaisseur seulement, puis vous sondez et appuyez cette bande de même que pour la tourte d'entremêt.

Etant doré légèrement, vous placez sur le milieu du couvercle, et de six pouces de diamètre au moins, une jolie rosace (*Voyez* le dessin) formée de bandes roulées de la même pate que la tourte, ou bien un petit faux couvercle de parure de feuilletage que vous découpez à la manière ancienne. Dorez ce faux couvercle, entourez l'épaisseur de la bande de tourte avec une bande de papier fort et beurré, pour contenir la largeur de la tourte que vous mettez au four gai; vous lui donnez une heure et demie de cuisson, en la soignant comme je l'ai dit précédemment. Etant prêt à servir (en la sortant du four), vous coupez le dessus en un petit couvercle de trois pouces d'ouverture, et vous saucez la tourte d'une bonne espagnole et la recouvrez.

Voilà une entrée qui assurément doit être mangé avec plaisir; car sa garniture est la même que celle du pâté chaud, et sa croûte est meilleure, puisqu'elle peut être plus fine. Sous le rapport du service, elle est aimable, par la raison qu'en moins de dix minutes on peut aisément faire cette entrée, tandis que le pâté chaud réclame au moins une demi-heure pour recevoir la tournure qui le distingue.

Tourte d'entrée de godiveau de volaille.

C'est absolument la même manière de procéder que ci-dessus, avec cette différence que vous garnissez celle-ci de godiveau de volaille (*Voyez* cet article), et pour garniture, vous y joignez des crètes, des rognons de coq, des truffes, des champignons, des culs d'artichauts et quatre belles écrevisses; vous la saucez d'une espagnole travaillée avec un consommé de volaille et une essence de truffes ou de champignons.

Tourte d'entrée de godiveau de gibier.

Vous faites cette tourte comme les précédentes, mais vous la garnissez de godiveau de gibier. (*Voyez* cet article.) Vous placez dans le milieu et sur les boulettes une escalope de filet de lapreau ou levreau légèrement sauté aux fines herbes, aux filets de moviettes, de bécasses, perdreaux et autre menu gibier, avec champignons, truffes, et une bonne demi-espagnole à glace travaillée d'un fumet de gibier truffé.

Tourte d'entrée de godiveau de poisson.

Passez légèrement aux fines herbes quatre l'aitances de carpe, et placez-les avec champignons et queues d'écrevisses entre les boulettes de godiveau de poisson (*Voyez* cet article); puis vous terminez et cuisez cette tourte de la manière accoutumée, et la saucez d'une espagnole liée d'un beurre d'écrevisse.

Tourte d'entrée de quenelle de volaille aux truffes.

Emincez un peu épais huit truffes bien noires, que vous avez tournés de manière que chaque lame ait la forme ovale des quenelles; passez-les deux minutes seulement dans du beurre clarifié, avec sel et mignonette; ensuite vous faites trente-six à quarante petites quenelles de farce de volaille (*Voyez* cet article). Vous placez alors chacune d'elles sur une lame de truffes, et la mettez ainsi sur le fond de la tourte; vous placez successivement les quenelles, posées sur les émincées de truffes, de manière que cette tourte se trouve garnie avantageusement, puisque les quenelles sont séparées entr'elles par une lame de truffes, ce qui doit nécessairement faire bon effet. Finissez le reste du procédé selon la règle.

Etant prêt à servir, vous saucez cette tourte d'une bonne demi-espagnole à glace, travaillée d'un consommé de volaille et d'une essence de truffes.

On peut faire de la même manière des tourtes d'entrées avec les farces de gibier et de poisson, et de toutes les sortes de godiveaux.

Tourte d'entrée au chasseur.

Passez aux fines herbes un petit perdreau rouge (coupé en deux et paré), une petite bécassine parée de même, deux cailles, six moviettes, les reins et les cuisses d'un petit lapereau de garenne, et quatre truffes bien noires, dont chacune d'elles sera émincée en cinq lames.

Le tout étant roidi seulement, et sur-tout d'un bon sel, vous le laissez refroidir dans son assaisonnement, puis vous garnissez la tourte en y plaçant avec soin le gibier en forme de dôme; vous remplissez les parties inégales avec le beurre aux fines herbes dans lequel a été passé le gibier.

La tourte étant terminée comme de coutume, vous la mettez au four gai, et lui donnez une heure et demie de cuisson.

Au moment du service, vous la saucez d'une espagnole, travaillée d'un fumet de gibier aux truffes.

Ici finit la série de ces sortes d'entrées. Quoique je pourrais en grossir infiniment le nombre, il est facile de s'apercevoir que ces tourtes sont susceptibles de se garnir de toutes les différentes manières que j'ai indiquées pour les pâtés chauds décrits précédemment. Ainsi donc, quand on voudra confectionner une tourte d'entrée de saumon, par exemple, alors on voudra bien se reporter au pâté chaud de saumon, et procéder absolument suivant ces détails : on agira de même à l'égard des autres pâtés chauds.

CHAPITRE VII.

DES PETITS PÂTÉS POUR HORS-D'ŒUVRE ET AU NATUREL.

Après avoir donné six tours à un litron de feuilletage, vous en faites deux abaisses (des deux tiers du feuilletage) de l'épaisseur d'une ligne, et les détaillez avec un coupe-pâte rond-uni, de quinze lignes de largeur; vous abaissez les parures, que vous enveloppez dans le reste du feuilletage après l'avoir détaillé comme le précédent. Vous mettez ces petites abaisses sur un grand plafond légèrement humide, mais vous les placez à trois lignes les unes des autres; vous les mouillez à peine dessus, et vous les garnissez avec un peu de godiveau, que vous masquez ensuite avec les petites abaisses qui ont été faites les premières; et, pour les souder au fond des petits pâtés, vous les appuyez avec un petit coupe-pâte de douze lignes de diamètre, que vous retournez à cet effet du côté qu'il est bordé; et après les avoir légèrement dorés, vous les mettez au four gai, et leur donnez une belle couleur mâle (rougeâtre).

Ces petits pâtés ne sont parfaits qu'autant qu'on les servira et mangera en sortant du four; sinon, dès qu'ils sont refroidis ou réchauffés, ils perdent une partie de leur qualité. Le duc de Richelieu disait que, pour manger ces petits pâtés excellens, il fallait avoir le four dans le gousset de sa culotte.

Petits pâtés au verjus.

Vous procéderez de même que ci-dessus, avec cette différence que vous placez sur le godiveau de chaque petit pâté un beau grain de verjus.

Petits pâtés aux rognons de coq.

Ayez autant de gros rognons de coq que vous voulez faire de petits pâtés, puis vous les jetez dans une petite eau de sel un peu plus que tiède, et ne la remettez pas sur le feu, afin que vos rognons ne crèvent point; étant légèrement roidis, vous les égouttez, et, lorsqu'ils sont froids, vous les placez sur un peu de godiveau de volaille (ou de farce à quenelle) qui garnit les petits pâtés, que vous préparez et finissez comme de coutume.

Au moment de les servir, vous les ouvrez, et versez sur chaque garniture de petits pâtés un peu de béchamel, et, après les avoir recouverts, vous les servez de suite.

Petits pâtés à l'écarlate.

Vous garnissez vos pâtés avec un peu de godiveau de volaille, dans lequel vous avez amalgamé des petits dés de langue de bœuf à l'écarlate; et, au moment de les servir, vous les saucez avec un peu d'espagnole, les recouvrez et les servez.

On peut également mettre dans chaque petit pâté une espèce de noisette formée de langue à l'écarlate.

DES ENTRÉES CHAUDES DE PATISSERIE.

Petits pâtés aux truffes.

Ces petits pâtés doivent être garnis de godiveau de volaille : vous placez dessus une petite truffe tournée de la grosseur d'une noix-muscade; vous terminez l'opération de la manière accoutumée.

Avant de les servir, vous masquez les garnitures avec un peu d'espagnole, dans laquelle vous mettez un peu de truffe hachée.

Petits pâtés de gibier.

Vous passez aux fines herbes autant de filets de mauviettes (que vous avez parées rondes) que de petits pâtés. Etant refroidis, vous les séparez de leur assaisonnement, et vous en placez un sur chaque petit pâté, que vous avez légèrement garni de godiveau de gibier : finissez le reste du procédé selon la règle.

Au moment du service, vous masquez la garniture avec un peu d'espagnole au fumet de gibier.

Petits pâtés maigres de laitance de carpe.

Faites blanchir à l'eau de sel une belle laitance de carpe; coupez-la par petites parties de six lignes carrées. Vous en placez une partie sur chaque petit pâté, que vous aurez garni avec un peu de farce fine de laitance de carpe. Vous terminez l'opération comme de coutume; et, avant de servir, vous saucez vos petits pâtés avec un peu de béchamel maigre; mais on les sert le plus souvent sans cette sauce.

Les petits pâtés de laitance de maquereaux, de brochets et de lottes se préparent comme les précédens.

Petits pâtés de queues d'écrevisses.

Vos petits pâtés étant garnis d'un peu de farce fine d'écrevisses, vous mettez sur chacun d'eux une queue d'écrevisse parée; ensuite vous finissez vos petits pâtés selon la coutume.

Petits pâtés aux huîtres.

Faites blanchir, dans leur eau, autant de petites huîtres

que vous voulez faire de petits pâtés, lesquels vous garnissez avec un peu de farce fine de laitance de carpe ; puis vous placez dessus les huîtres qui doivent être froides, et ressuyées dans une serviette.

Finissez le reste selon la règle.

Petits pâtés d'anchois.

Après avoir lavé et paré autant de beaux filets d'anchois que vous avez de petits pâtés à garnir, vous roulez ces filets en une petite boule ; vous garnissez vos pâtés de farce fine d'anchois, et placez sur chacun d'eux un filet. Pour le reste de l'opération, vous suivrez les procédés indiqués.

On peut garnir ces sortes de petits pâtés, tant en gras qu'en maigre, avec toutes sortes de farces fines à quenelle et godiveau.

CHAPITRE VIII.

DES VOL-AU-VENT ET DES RISSOLES.

Observations. Cette entrée est jolie et fort bonne, sans doute : elle est presque toujours mangée avec plaisir, et cela par son extrême délicatesse et sa légèreté ; mais que de soins minutieux réclament sa parfaite cuisson ! car c'est-là le point essentiel de l'opération, à moins que le feuilletage soit manqué à sa détrempe ; ce qui arrive quelquefois (en dépit même du talent des pâtissiers). Cela vient aussi de ce qu'en maison on a la mauvaise habitude de se fournir de farine chez les boulangers : ceux-ci donnent les mêmes farines qu'ils emploient pour le pain, et bien certainement ces farines ne peuvent être de première qualité, telle qu'on l'emploie aujourd'hui dans nos grandes maisons-pâtissières. Je me rappelle que dans mon établissement, j'ai payé jusqu'à 125 fr. un sac de farine ; tandis qu'à la halle la première qualité ne se vendait que 55 à 60 francs. Quelle différence dans cette farine, tant pour la blancheur, la finesse, la qualité et la saveur ! Tout ce qu'elle produira en pâtisserie, sera autant flatteur à la vue qu'agréable au palais : voilà la farine que doivent employer les pâtissiers de maisons ; et, à l'avenir, les maîtres-d'hôtel et les cuisiniers, jaloux de bien faire, doivent en fournir à leurs pâtissiers ; et, pour cela, ils pourront aisément se la procurer dans les grandes maisons-pâtissières, et en aussi grande quantité qu'ils le désireront.

Je n'entrerai pas dans de plus grands détails sur le vol-au-vent, attendu que j'en ai déjà parlé à l'article de la détrempe du feuilletage : cependant je dirai encore qu'après l'avoir terminé au tour selon la règle, vous le mettez au four chaleur modérée, et le retirez lorsqu'il a atteint une belle couleur rougeâtre ; vous le videz de suite, mais vous devez regarder le dedans, et les parties qui vous paraissent trop minces, vous y collez dessus des parties feuilletées que vous aurez ôté du dedans ; vous imbibez le dessus de ces parties de dorure, et les placez de ce côté à l'endroit nécessaire, afin de les rendre plus solides. Ensuite vous passez légèrement le doroir (avec un peu de dorure) en dedans, pour rapprocher toutes les parties feuilletées qui se séparent en vidant le vol-au-vent, et que vous remettez quelques minutes à la bouche du four.

Tous ces soins sont de rigueur si l'on veut éviter le désagrément de voir cette entrée de mauvaise mine, lorsque la croûte du vol-au-vent n'a pas assez de consistance pour contenir la sauce qui fuit de toutes parts.

Vol-au-vent à la Nesle.

Vous formez vos quenelles dans des petites cuillères à prendre le café (*Voyez* farce à quenelle de volaille), et après les avoir pochées au consommé, vous les égouttez sur une serviette, et les placez avec ordre dans le vol-au-vent que vous finissez d'emplir d'un bon ragoût de crêtes, de rognons de coq, de ris d'agneau, de truffes, de champignons, de queues d'écrevisses, et quatre belles cervelles entières, le tout saucé d'une allemande.

Les vols-au-vent se garnissent volontiers de quenelles de volaille, de gibier, ou de poisson ; et toujours saucées d'une allemande, d'un béchamel, et d'un grand nombre de ragoûts tant en gras qu'en maigre ; j'en donnerai les détails dans la description des casseroles au riz, attendu que ces deux entrées de four se garnissent dans le même genre.

Traité des rissoles.

Vous abaissez d'un carré long un demi-litron de feuilletage touré à dix tours, Vous placez sur cet abaisse de petites parties de farce à quenelle (ou de godiveau ou de farce fine) de la grosseur d'une noix ordinaire, à un pouce de distance entre elles, puis vous mouillez l'abaisse à l'entour de la farce, sur laquelle vous ployez le bord de la pâte, de manière que vous l'appuyez parfaitement, afin que la garniture se trouve contenue de toutes parts. Surtout ayez soin, en les appuyant, qu'il ne reste point d'air dans l'intérieur ; ensuite vous détaillez vos rissoles avec une videlle, ou avec un coupe-pâte rond-cannelé de deux pouces de diamètre ; mais en donnant aux rissoles la forme d'un croissant de quinze lignes de largeur sur deux pouces de longueur. Vous recommencez la même opération pour employer le reste de l'abaisse, de manière à avoir vingt-quatre rissoles, que vous placez au fur et à mesure sur deux couvercles de casserole légèrement farinés. Au moment du service, vous les versez dans une friture qui ne soit pas trop chaude, et, avec la pointe d'un atelet, vous les retournez de temps en temps ; dès qu'elles sont colorées d'un blond rougeâtre, vous les égouttez sur une serviette double, les dressez de suite, et servez.

Cette sorte d'hors-d'œuvre est aimable pour employer des parures de feuilletage, et toutes sortes de farces grasses et maigres. On garnit encore ces rissoles avec les garnitures des croquettes de volaille ou de gibier, alors vous leur donnez le nom de cannelons à la Luxembourg, mais aussi la forme d'un cannelon. On fait également les hors-d'œuvre avec de la pâte fine, mais alors on doit faire l'abaisse le plus mince possible.

Rissoles à la parisienne.

Vous abaissez bien mince un litron de pâte à brioche,

ensuite vous placez dessus, à deux pouces près du bord, des petites parties de hachis de volaille ou de gibier (préparé de même que pour les croquettes), de la grosseur d'une forte noix-muscade, et à un pouce de distance entr'elles. Après les avoir légèrement mouillées à l'entour, vous repliez le bord de l'abaisse dessus, et l'appuyez bien parfaitement pour contenir la garniture. Avec un petit coupe-pâte rond-uni, de vingt lignes de diamètre, vous détaillez vos rissoles rondes, en faisant attention à ce que la farce doive se trouver au milieu. Vous les posez sur deux couvercles farinés; et suivez les mêmes procédés pour garnir le reste de l'abaisse, de manière à obtenir vingt-quatre rissoles : vous les y laissez deux bonnes heures, afin que la pâte à brioche puisse revenir. Etant prêt à servir, vous les faites cuire dans une bonne friture légèrement chaude, et les retournez avec un atelet : ces sortes de rissoles sont absolument rondes comme des petites boules. Lorsqu'elles ont acquis une belle couleur rougeâtre, vous les égouttez sur une serviette double et les servez de suite.

On fait également ces rissoles en croissant ou en forme de cannelon; on peut également les garnir avec des farces à quenelle et des farces fines.

Rissoles à la russe.

Délayez dans une petite casserole deux cuillerées de farine avec quatre œufs, puis vous y mettez un demi-verre de bonne crème, un grain de sel, et une cuillerée de beurre tiède. Le tout bien amalgamé, vous versez une cuillerée dans une grande poêle légèrement beurrée, que vous mouvez afin d'en masquer le fond, ainsi que l'on fait pour les pannequets; étant colorée, vous la retournez pour qu'elle soit d'un blond rougeâtre des deux côtés, puis vous la placez sur un grand plafond, et recommencez la même opération pour employer le reste de la pâte; ce qui doit vous donner une douzaine de petites omelettes très-minces, que vous coupez par le milieu; vous parez chaque partie en carré long, sur laquelle vous placez de la farine à quenelle ou autre, ou du hachis de volaille ou de gibier préparé comme pour les croquettes ; ensuite vous ployez cette omelette dans le genre des petits pantins de vingt sols, de manière que la garniture se trouve bien enveloppée. Pour la contenir, vous humectez les bords de l'omelette avec un peu de pâte (que vous avez conservée à cet effet) qui vous a servi à faire ces mêmes omelettes ; lorsque vous avez ainsi fait vingt-quatre rissoles, vous les trempez dans six œufs battus avec un grain de sel, vous les masquez de mie de pain très-fine, comme on fait pour les croquettes de volaille ; ne les panez qu'une fois, et placez-les sur deux couvercles de casserole. Au moment du service, vous les faites frire de belle couleur et les servez bien vîte.

Croquettes de riz à la manière ancienne.

Vous faites cuire six onces de riz Caroline, comme je l'ai enseigné au traité des casseroles au riz ; travaillez-le avec une cuillerée de velouté réduit, deux cuillerées de bon fromage de Parmesan râpé et une pointe de muscade. Le tout bien mêlé, vous le divisez en dix-huit parties égales ; avec une de ces parties, vous formez dans le creux de la main gauche, avec le pouce de la droite, une espèce de godet dans lequel vous mettez une petite cuillerée d'un bon salpicon ou d'une garniture comme pour les croquettes de gibier ou de volaille ; vous refermez les bords du petit godet de manière que la garniture se trouve contenue dans le riz qui, alors, doit avoir une forme très-ronde. Après cela, vous employez les mêmes moyens pour préparer le reste du riz ; vous les roulez sur du Parmesan râpé très-fin, et ensuite dans le creux de la main. Cette opération terminée, vous mêlez deux poignées de Parmesan râpé, avec quatre de mie de pain très-fine ; vous trempez vos croquettes dans six œufs battus, les laissez égoutter un peu pour les rouler sur la mie préparée pour cela, et ensuite dans le creux de la main. Les dix-huit croquettes étant préparées ainsi, vous en versez la moitié dans de bonne friture un peu chaude, en ayant soin de la mouver pour faire rouler les croquettes, afin qu'elles prennent une couleur égale, et lorsqu'elles sont colorées blond, vous les

Pl. 3.

DES ENTRÉES CHAUDES DE PÂTISSERIE.

ôtez de dessus le feu, afin que l'intérieur ait le temps de chauffer à fond; lorsqu'elles ont atteint une couleur rougeâtre, vous les dressez avec du persil frit, et les mettez à l'étuve, en attendant que le reste soit frit de même.

CHAPITRE IX.

TIMBALE DE MACARONI A LA MILANAISE.

Cette belle entrée fait singulièrement valoir les pâtes à l'italienne et à la française. Mais une timbale bien rendue réclame beaucoup de soin et d'adresse, car le peu d'ornemens qu'on y met, ne doivent pas être difformés par le fonsage de la timbale, cela seul en fait la beauté ; une belle couleur blonde vive doit la distinguer des autres entrées de pâtisserie.

Manière d'opérer. Faites deux litrons et demi de pâte à dresser pour timbales (*Voyez* cette détrempe), et quatre jaunes d'œufs de pâte à mouill, dans laquelle vous mettez le quart d'une cuillerée de sucre en poudre (1); ensuite vous beurrez grassement le moule à timbales (ce moule doit avoir six pouces et demi de longueur sur trois pouces six lignes de hauteur) avec du beurre épongé, et après avoir moulé et abaissé très-mince la pâte à nouille, vous disposez

---

(1) Le sucre porte à la couleur; ce qui fait que pendant que la timbale se colore d'un blond vif, cette pâte à nouille, qui forme le décor, prend une belle couleur rougeâtre et produit un joli effet, parce que la décoration se trouve parfaitement détachée de la croute de la timbale. C'est pour imiter ce genre de décoration moderne que j'ai ombré les dessins de cette planche; mais la décoration du n° 2 est tout le contraire : la pâte à nouille est faite au blanc d'œufs, et par conséquent elle est blanche à la cuisson; tandis que la croute de timbale se colore rougeâtre.

SUJETS DE LA PLANCHE III.

Les n°s 1, 2, 4, 5 et 7 représentent des timbales historiées à la moderne.

Le n° 3, une timbale de macaroni à la parisienne.

Le n° 6, une timbale de macaronis à l'indienne.

Le n° 8, une grande timbale ovale pour grosse pièce.

et placez une décoration simple, correcte, et retournez le moule, afin que cet ornement ne soit pas hâlé par l'action de l'air, pendant que vous moulez et baissez la pâte fine de deux bonnes lignes d'épaisseur et de vingt-deux pouces de longueur. Vous coupez ensuite cette abaisse en une bande de vingt-un pouces de longueur sur quatre de largeur; puis vous commencez à la rouler sur elle-même, et la mettez de côté pendant le temps que vous moulez une partie des parures de cette bande, et l'abaisse (1) de même à deux bonnes lignes d'épaisseur. Coupez-la ronde, en posant dessus le fonds du moule de la timbale, afin qu'elle ait précisément la même largeur; alors vous humectez légèrement la décoration du moule, en posant dessus seulement le bout du mouilloir, que vous aurez pressé afin qu'il contienne peu d'eau.

Vous posez ensuite l'abaisse ronde sur la décoration du fond, et l'appuyez avec un peu de pâte moulée, afin que les ornemens s'y incrustent; puis vous placez droit dans le moule la bande roulée : en la déroulant peu à peu, vous l'appuyez sur la décoration qui orne le tour de la timbale qui se trouve foncée en un instant et avec aisance. Par ce procédé, vous ne dérangez nullement la décoration; et pour souder ces deux abaisses, vous placez et appuyez sur leurs joints une petite bande roulée et légèrement mouillée.

Vous versez ensuite dans la timbale le macaroni préparé à cet effet, puis vous mouillez peu le bord de la timbale, que vous couvrez avec une abaisse d'une petite ligne d'épaisseur, et, après avoir parfaitement soudé le couvercle, vous repliez dessus le bord de la timbale; mouillez bien le tout, et masquez-le ensuite d'une seconde abaisse de la largeur du moule. Après l'avoir doré, vous la rayez légèrement, la percez au milieu et la mettez au four gai; donnez une heure et demie de cuisson; et servez-la après

---

(1) On doit faire ces abaisses avec le moins de farine possible, afin que la pâte, par ce moyen, puisse aisément fixer la décoration après elle; mais plus encore pour que sa couleur soit claire, ce qui ne peut avoir lieu lorsque l'abaisse est farinée.

DES ENTRÉES CHAUDES DE PATISSERIE.

avoir légèrement glacé la croute, qui doit être colorée bien blond.

Il est du bon ton, et particulièrement pour la qualité de la timbale, de la faire cuire étant garnie de son macaroni ainsi préparé.

Mettez dans une casserole d'eau bouillante une livre de vrai macaroni d'Italie (1), avec un peu de sel et de beurre ; laissez-le mijoter doucement sur l'angle d'un fourneau. Pendant sa cuisson, vous foncez la timbale ; ensuite vous râpez à-peu-près une livre de fromage de Parmesan. Le macaroni étant bien renflé et moëlleux au toucher, vous l'égouttez dans une passoire ; vous en mettez la moitié dans une grande casserole, semez dessus la moitié du fromage, deux pincées de mignonettes et une demi-livre de beurre d'Isigny ; vous placez çà et là une cuillerée de velouté et autant de jus de bœuf. Ensuite vous ajoutez le reste du macaroni et le reste du fromage, puis vous sautez le tout, afin de mêler bien parfaitement l'assaisonnement ; et si vous voyez que le macaroni soit trop filant, vous y joignez un peu de velouté et un peu de sel, et le versez dans la timbale.

Timbale de macaroni au chasseur.

Vous préparez le macaroni comme le précédent, mais vous remplacez le jus de bœuf et le velouté par une escalope de filets de mauviettes, saucée d'une bonne espagnole travaillée avec un excellent fumet de gibier ; vous garnissez ensuite la timbale (qui sera foncée comme ci-dessus). Finissez-la et cuisez-la selon la règle.

On peut mettre à la place des filets de mauviettes, une escalope de filets de lapereaux, de levreaux, de perdreaux, de bécasses, de faisans ou autre menu gibier.

Timbale de macaroni à la financière.

Le macaroni étant préparé de la même manière que ci-

---

(1) On le distingue facilement ; il est très-uni, non gercé, d'une pâte transparente et d'une bonne cuisson ; tandis que celui de nos fabriques à l'instar de celles d'Italie, a une teinte terne et grisâtre ; sa surface est gercée, ce qui fait qu'à la cuisson il se décompose et se sépare à tous les endroits gercés.

dessus, vous y joignez un bon ragoût à la financière de crêtes de rognons de coq, de foie gras, de truffes et de quelques champignons, saucés d'une espagnole à glace.

Timbale de macaroni à la marinière.

Sautez au beurre les filets d'une moyenne solle : faites blanchir une laitance de carpe; épluchez douze queues d'écrevisses; préparez le macaroni selon la règle; liez-le avec deux bonnes cuillerées de béchamel maigre, et quatre onces de beurre d'écrevisses; ne mettez que quatre onces de beurre d'Isigny, ce qui fait en tout huit onces.

Étant d'un bon sel et bien moëlleux, vous en versez le quart dans la timbale, et placez par-dessus les deux laitances, la moitié des queues d'écrevisses et autant de beaux champignons. Masquez le tout avec le tiers du macaroni, sur lequel vous posez les filets de solles (que vous aurez parés en escalope), les queues d'écrevisses et une demi-douzaine de champignons tournés et bien blancs. Ensuite vous versez le reste du macaroni dans la timbale, que vous finissez et servez de la manière accoutumée.

Timbale de nouilles avec blanquette de volaille.

Faites huit jaunes d'œufs de pâte à nouilles, et, après l'avoir abaissée et détaillée selon la règle, vous les versez peu-à-peu dans du bouillon en ébullition, et les faites cuire comme le macaroni. Pendant que vous les versez de la main gauche, avec la droite vous mouvez le bouillon avec une cuillère à ragoût, afin que les nouilles ne se pelottent point; alors vous les laissez mijoter à petit feu, et, lorsqu'elles sont renflées et moelleuses, vous les égouttez, puis vous en versez la moitié dans une grande casserole, et les masquez avec huit onces de beurre d'Isigny, huit de fromage de Parmesan râpé, et deux pincées de mignonette. Ajoutez le reste des nouilles, quatre onces de fromage de Gruyère râpé, une cuillerée de bon consommé de volaille; le tout étant sauté, et d'un bon assaisonnement, vous en mettez la moitié dans la timbale, qui sera foncée de la manière accoutumée; puis vous versez par-dessus une blanquette de volaille avec de

DES ENTRÉES CHAUDES DE PATISSERIE. 93

beaux champignons, et saucez d'un béchamel dont le velouté sera travaillé d'un consommé de volaille et d'une essence de champignons. Vous y joignez le reste des nouilles, et terminez l'opération comme de coutume. Donnez une heure et demie de cuisson ; glacez le dessus et le tour de la timbale, et servez-la de suite.

Timbale de lazannes au fumet de gibier.

Après avoir détrempé huit jaunes d'œufs de pâte à nouilles (*Voyez* cet article), vous abaissez cette pâte de même que pour les nouilles (le plus mince possible); vous coupez celle-ci en rubans de six lignes de largeur sur quatre pouces de longueur, puis vous les faites mijoter dans du bouillon en ébullition ; lorsqu'elles sont bien moelleuses au toucher, vous les égouttez et les sautez avec le même assaisonnement que les nouilles de la timbale précédente. Cependant, au lieu de consommé de volaille, vous les liez avec du fumet de gibier, et, après en avoir mis la moitié dans la timbale, vous versez par-dessus une soixantaine de petites quenelles de gibier (de la forme et grosseur des œufs de cailles) saucées d'une demi-espagnole à glace, travaillée d'un bon fumet de gibier. Versez le reste des lazannes dans la timbale, que vous finissez selon la règle, et mettez à four gai : donnez-lui une heure et demie de cuisson ; servez en sortant du four, et passez légèrement dessus le glaçoir.

CHAPITRE X.

TIMBALE A LA FINANCIÈRE.

Après avoir décoré et foncé la timbale, comme je l'ai indiqué pour le premier article du chapitre précédent, vous la masquez au fond et au tour avec des bardes de lard, puis vous l'emplissez de graisse de bœuf hachée ; ensuite vous la couvrez d'une abaisse, que vous soudez avec le bord de la timbale ; reployez le bord de la soudure sur le couvercle, que vous mouillez parfaitement, et le masquez ensuite d'une seconde abaisse du diamètre exact de la largeur du moule ;

dorez le dessus légèrement, rayez-le, faites un trou au milieu, et mettez la timbale au four gai ; donnez une heure et demie de cuisson, et, après avoir sorti la timbale du moule, vous la cernez dessus, c'est-à-dire que vous la coupez à trois lignes près du bord, afin d'en faire un couvercle comme au pâté chaud ; vous ôtez ce couvercle avec soin ; vous videz la timbale, en ôtant parfaitement la graisse et les bardes de lard ; bouchez le petit trou du fond avec un peu de pâte (1) : étant prêt à servir, vous la garnissez à moitié de quenelle de volaille, de gibier ou de poisson, et versez par-dessus un bon ragoût de crêtes, de rognons de coq, de foie gras, de ris d'agneau, de truffes et de champignons ; le tout saucé d'une demi-espagnole à glace : recouvrez la timbale ; glacez le dessus et le tour légèrement ; servez ensuite.

Cette entrée ne diffère du pâté chaud que parce que la timbale est moulée, et qu'on la sert avec son couvercle ; tandis que le pâté chaud se sert presque toujours découvert, pour faire valoir sa riche garniture, que l'on place avec art et ornée de belles écrevisses : mais, au reste la garniture de la timbale et du pâté chaud sont absolument les mêmes.

Ainsi donc on peut servir des timbales avec les différentes garnitures décrites pour le pâté chaud. A l'égard de ceux dont la garniture est cuite en même temps que la croûte, on procédera de la manière suivante.

Timbale de pigeons innocens aux truffes.

Après avoir flambé légèrement huit beaux pigeons innocens, vous troussez les pâtés en dedans, et les séparez en deux ; vous les placez sur un plat à sauter, dans lequel vous aurez fait tiédir quatre onces de beurre fin, autant de lard râpé, une cuillerée (à bouche) de persil, deux de champignons, quatre de truffes, le tout haché menu, une petite gousse d'échalotte hachée et blanchie, une pointe de muscade, le sel épicé nécessaire à l'assaisonnement des

---

(1) On prépare de la même manière les croutes des timbales de macaronis de nouille et de l'azanne ; au moment du service on les remplit de l'une de ces garnitures.

DES ENTRÉES CHAUDES DE PATISSERIE. 95

pigeons; puis quatre belles truffes coupées en lame. Faites mijoter le tout sur un feu un peu modéré, pendant sept ou huit minutes; retournez les pigeons, laissez-les refroidir dans leur cuisson; ensuite vous les séparez de toute leur partie osseuse susceptible d'être retirée.

Vous détrempez alors deux litrons et demi de pâte à timbale et deux jaunes de nouille, que vous abaissez et détaillez en nouille, vous masquez légèrement avec le fond et le tour du moule de la timbale que vous avez beurré; ensuite vous moulez presque toute la pâte, et après l'avoir abaissée à trois lignes d'épaisseur, vous commencez à la dresser comme pour un pâté froid; et dès quelle se trouve par son élévation et sa largeur pouvoir emplir le moule en y entrant aisément, alors vous la posez dans le moule et l'appuyez avec le reste de la pâte que vous moulez à cet effet. Après lui avoir fait prendre la forme parfaite du moule (1), vous coupez la pâte à six lignes plus haut que le bord du moule; ensuite vous masquez légèrement le fond et le tour de la timbale avec un peu de farce fine aux truffes, puis vous y placez en couronne huit moitiés de pigeons, et entre chacun deux une lame de truffes et la moitié du fond de leur cuisson; par dessus vous placez de la même manière les huit autres moitiés de pigeons et le reste de leur assaisonnement. Finissez la timbale comme de coutume; donnez-lui une heure et demie de cuisson. Etant prêt à servir vous coupez le dessus de la timbale en couvercle, vous lui ôtez aussi le peu de farce qui masque les pigeons, et la dégraissez. Vous versez dessus un émincé de truffes saucé d'une bonne espagnole à glace, travaillée avec un consommé de volaille à l'essence de truffes : recouvrez-la, et glacez-la légèrement. Servez.

Cette seconde manière de foncer les timbales est plus prompte que celle décrite pour le macaroni à la milanaise, attendu que la décoration de celle-ci est faite en un clin-d'œil, puisque ce n'est autre chose qu'un peu

---

(1) Observez qu'il n'y ait pas de cloche d'air entre la pâte et le moule, et sur-tout que la pâte ne soit pas plicée après avoir fini de foncer la timbale.

de nouille coupée très-fin, et saucée légèrement dans le moule en formant vermicelle, ce qui fait bon effet. Lorsque la timbale a reçu sa cuisson, dressez la pâte pour la mouler, ensuite cela va grand train. Cette manière est fort bonne dans un moment pressé.

CHAPITRE XI.

TIMBALE A LA PARISIENNE.

Ayez une demi-livre de vrai macaroni d'Italie, qu'il soit le plus long possible ; faites-le cuire à l'eau bouillante avec un peu de sel et de beurre, faites-le mijoter doucement, et retirez-le presque cuit ; lorsqu'il sera égoutté, vous le rangerez dans toute sa longueur sur une serviette. Beurrez grassement un moule à timbale avec du beurre d'écrevisses bien rouge, afin de teindre convenablement le macaroni que vous placez en formant la volute ou d'escargot (*Voyez* le dessin du n° 5 de la planche 3) ; vous le ressuyez entièrement en le roulant à mesure sur la serviette, vous coupez ensuite les petites pointes carrément, pour que chaque partie réunies ne forment plus qu'une seule et même bande.

Le moule étant ainsi masqué au fond et au tour, vous commencez à couvrir avec soin le macaroni du fond d'un pouce d'égale épaisseur de farce à quenelle de gibier (un peu plus forte en panade que de coutume), vous masquez ensuite le tour de la même épaisseur de farce ; mais le point essentiel, en posant cette farce, est de ne pas déranger le macaroni, autrement la timbale serait de pauvre mine, car tout le mérite de cette jolie entrée consiste dans la réussite de cette partie de l'opération.

Vous garnissez ensuite la timbale, à six lignes près de sa hauteur, d'une bonne escalope de filets de mauviettes, de perdreaux rouges, de faisans ou de lapereaux de garenne, avec truffes ou champignons, saucés d'une espagnole parfaite, travaillée d'un bon fumet de gibier. Ce ragoût doit être mis à froid. Vous le masquez de cette manière : vous

DES ENTRÉES CHAUDES DE PATISSERIE.

formez sur un rond de papier beurré, un rond de farce de quatre pouces et demi de diamètre, et de six bonnes lignes d'épaisseur; alors vous renversez ce papier en plaçant la farce sur le ragoût, et, pour détacher cette farce du papier, vous posez dessus une seconde seulement, un couvercle de casserole un peu chaud. Aussitôt que le beurre est fondu, vous enlevez aisément le papier, et, avec la pointe du couteau, vous soudez le bord de l'épaisseur de la farce à la farce du tour de la timbale, de manière que le ragoût se trouve contenu de toute part par la farce.

La timbale terminée, vous la placez dans une casserolée d'eau bouillante (1) et la faites cuire ainsi au bain marie. Faites attention que l'eau ne doit pas bouillir pendant la cuisson, qui est de cinq quarts-d'heure à-peu-près. Au moment du service, vous posez le plat d'entrée sur le moule, que vous retournez sans dessus dessous, et après l'avoir enlevé, la timbale a une mine charmante par sa teinte claire et rougeâtre. Vous la servez de suite.

Cette entrée sort véritablement de la classe des entrées ordinaires.

Timbale à l'indienne.

Faites cuire (comme ci-dessus) séparément deux quarterons de macaroni; mettez dans l'une des deux parties, une petite infusion de safran, afin que le macaroni, en cuisant, se colore d'un beau jaune citron. Lorsqu'il est presque cuit, vous égouttez les macaronis séparément, et les placez dans le moule (beurré) de cette manière (2) (*Voyez* le dessin du n° 6 de la planche 3e). Vous placez un cordon de macaroni blanc à l'entour du fond du moule; ensuite vous masquez tout le fond, en y plaçant en travers une bande de macaroni jaune, blanc, et ainsi de suite. Cette opération terminée, vous posez un second cordon de macaroni jaune (en ayant soin que les joints de chaque bande soient à peine visibles)

---

(1) L'eau doit être à six lignes près du bord du moule, que vous aurez couvert d'un rond de papier beurré.

(2) Avant, vous le roulez sur la serviette pour l'éponger parfaitement.

à l'entour du moule et par dessus ; vous en posez une autre de macaroni blanc, ensuite un jaune, puis un blanc et un jaune, enfin vous suivez les mêmes procédés pour garnir le tour du moule jusqu'au haut. Lorsqu'il est terminé, vous masquez avec soin, de même que ci-dessus, le fond et le tour de la timbale d'un pouce d'épaisseur de farce à quenelle de volaille (un peu ferme en panade, afin qu'elle ait plus de consistance) ; vous versez dedans un ragoût à l'indienne composé de crêtes, de rognons de coq, de foie gras, de champignons et de quelques petits lardons (1) de lard maigre, le tout saucé d'un velouté bien blond, dans lequel vous joignez un peu d'infusion de safran pour le teindre d'un beau jaune citron. Vous travaillez cette sauce avec un consommé de volaille aux champignons, poivre de Cayenne et piment, attendu que ces deux sortes d'épiceries caractérisent cette sauce par l'extrême force de leur esprit aromatique et tonique. Finissez cette timbale comme la précédente, et faites la cuire de même au bain marie : vous la servez en sortant du moule.

Cette entrée est fort distinguée, et ces petites rayures régulières jaunes et blanches, font un très-bel effet à la vue.

On peut également garnir l'intérieur des deux sortes de timbales décrites précédemment, avec tous les ragoûts possibles de volaille ou de gibier.

Timbale blanche à la marinière.

Faites cuire dans une casserolée d'eau bouillante, avec un peu de sel et de beurre, huit onces de vrai macaroni d'Italie le plus long possible ; vous l'égouttez un peu ferme de cuisson, ensuite vous le roulez sur une serviette, à mesure que vous le placez dans un moule légèrement beurré. Vous le placez au fond du moule en forme de coquille de limaçon ; puis vous le placez droit à l'entour. Cette partie de l'opération terminée, vous masquez le ma-

---

(1) Vous coupez ce lard avec un coupe-racine de six lignes de diamètre ; puis vous le faites blanchir à grande eau pour le dessaler, et le faites mijoter ensuite dans du consommé.

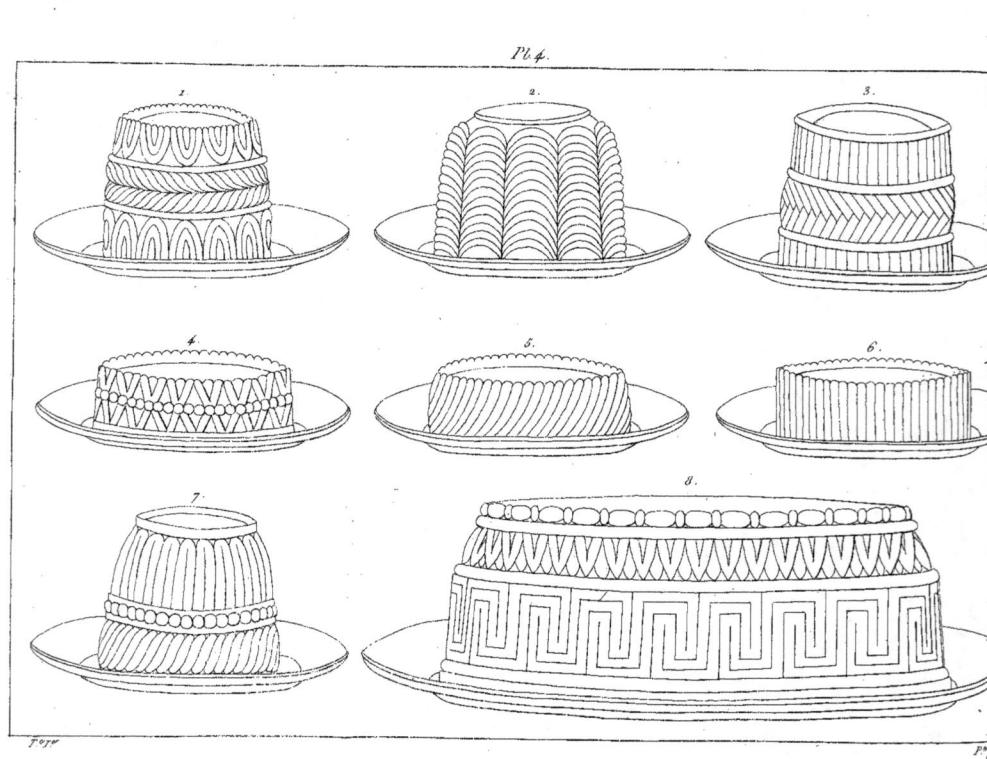

DES ENTRÉES CHAUDES EN PATISSERIE.

caroni d'un pouce d'épaisseur de farce à quenelle de poisson (ayant un peu de consistance). Vous garnissez l'intérieur d'un ragoût de laitances de carpes, de queues d'écrevisses et de champignons, le tout saucé d'une béchamel maigre. Finissez cette timbale comme les précédentes, et faites la cuire au bain marie, selon la règle. (*Voyez* la timbale à la parisienne.)

On peut encore garnir cette timbale de filets de solles, de perches, de rougets, d'anguilles, de barbus, de turbots, de saumons, de truites, d'esturgeons, et pour petites garnitures, des laitances de maquereaux, de brochets, de lottes, d'huîtres, de queues d'écrevisses et de crevettes, de champignons, de culs d'artichauts et de truffes.

On suivra les procédés indiqués dans les détails des trois timbales précédentes, pour confectionner des timbales ovales pour grosses pièces.

CHAPITRE XII.

OBSERVATIONS PRÉLIMINAIRES.

La casserole de riz est une entrée aussi élégante que riche : ses formes, et sur-tout sa physionomie appétisante, lui donnent un caractère distingué ; elle est assurément le type du beau des entrées de four. Nos savans du jour ont tellement perfectionné cette entrée, qu'elle est arrivée à son dernier période ; aussi joue-t-elle un grand rôle dans le service de la haute cuisine moderne. Dans un dîner de huit entrées, on sert de préférence une jolie casserole

---

SUJETS DE LA PLANCHE IV.

Les n°ˢ 1, 2, 3 et 7 représentent quatre casseroles au riz dressées dans le goût moderne.

Les n°ˢ 4, 5, 6 sont trois bordures de riz pour recevoir des petites entrées fines, telles que ragoût à la financière, à la Toulouse, sauté, et blanquette de volaille ; puis des escalopes de toutes sortes de gibier, de poissons de mer et de fleuve.

Le n° 8 est une grande casserole de riz pour flan.

au riz, à un pâté chaud ou à un vol-au-vent, et cette préférence est bien juste, puisque la casserole est la plus belle.

Beaucoup de chefs font cette entrée, mais peu la font bien : cela tient, il est vrai, à la manière d'apprêter le riz ; car c'est l'âme de l'opération. Cependant, pour bien tourner une casserole au riz, il faut être adroit et de bon goût ; et tous les hommes n'ont pas reçu ce don de la nature. Néanmoins, lorsqu'on apportera les soins que cette préparation réclame, on obtiendra facilement du riz blanc et pâteux. Aidé par mes dessins, on pourra, ce me semble, donner de la tournure et faire cette entrée de bonne mine : mais le point essentiel est que le riz conserve à la cuisson les formes qu'on lui a donné ; c'est-à-dire que la casserole, après avoir subi sa cuisson, doit sortir du four avec la même tournure qu'elle avait en y entrant : voilà le plus beau de l'opération. Cela consiste en ce que le riz soit mouillé et travaillé à point, et sur-tout bien dégraissé. Je vais essayer de le démontrer, en donnant la manière d'apprêter et de former la casserole au riz.

Casserole au riz à la moderne.

Après avoir lavé à plusieurs reprises, et à l'eau tiède, six quarterons de riz Caroline (1), vous le versez dans une grande casserole creuse du diamètre de huit pouces, afin de pouvoir le travailler quand il en sera temps ; vous le mouillez, à-peu-près de deux fois son volume, avec du bon bouillon, et le liez en sus d'un beau dégraissé de volaille ; c'est-à-dire que, si le riz se trouve être d'un pouce d'épaisseur, vous pouvez hardiment le mouiller de deux pouces au-dessus de sa surface, sans y comprendre le dégraissé (quatre cuillerées à dégraisser). Vous placez la casserole sur un bon fourneau : aussitôt que le riz est en ébullition, vous le retirez sur l'angle du fourneau, afin de pouvoir aisément ôter le peu d'écume qu'il jette : cela fait, vous placez la casserole sur des cendres rouges ; vous la couvrez

---

(1) Je désigne le riz Caroline, parce qu'il convient seul à ce genre de travail, et que le riz du Piémont n'a pas assez de consistance.

sans y mettre de feu dessus, attendu que ce feu dessèche le riz à sa surface lorsqu'il vient à crever, et qu'un grand nombre de grains de riz se trouvent à sec, lorsque la masse entière se crève : ces grains se racornissent et finissent par rendre le riz grenu ; c'est ce qu'il faut éviter autant que possible.

On doit avoir soin que le riz mijote sans interruption ; après quinze à vingt minutes d'ébulition vous le remuez un peu avec une spatule, afin qu'il crève également ; vous le faites encore mijoter pendant vingt à vingt-cinq minutes, puis vous le remuez de nouveau, et si vous trouvez qu'il soit doux et facile à s'écrâser sous la pression des doigts, vous le retirerez du feu. Mais dans le cas contraire, vous y joignez un peu de mouillement et le laissez achever de se crever à point. Alors vous le remuez quelques minutes avec la spatule, et le placez d'un côté de la casserole que vous penchez à cet effet, afin que le dégraissé s'égoutte, pour l'ôter plus facilement.

Enfin, lorsque le riz n'est plus que tiède, et qu'il est bien dégraissé, vous en formez une pâte lisse et ferme en la travaillant bien et assez long-temps pour que tous les grains aient passé en partie sous la pression de la spatule ou cuillère de bois ; et si vous jugez nécessaire d'y ajouter un peu de bouillon, vous en mettez, mais bien peu à-la-fois, attendu que le riz doit être ferme, quoique très-liant.

Cette opération terminée, vous formez la casserole au riz sur un plafond ou sur une tourtière. A cet effet, vous y versez le riz en masse, et lui donnez quatre à cinq pouces de hauteur sur sept de diamètre ; et, pour le rendre bien lisse, vous passez et repassez encore vos doigts sur les parties qui en auraient besoin, et pour l'enjoliver (*Voyez* les dessins), vous vous servez de la pointe d'un couteau et de tranches de carottes que vous découpez, afin de les rendre propres à ce travail. Faites ensorte que votre décor soit bien saillant, c'est-à-dire, que les ornemens soient bien détachés de la masse du riz ; car nous avons certains faiseurs qui font ces ornemens d'une telle manière qu'ils disparaissent à la cuisson. Ce n'est pas là le bon ton. La casserole bien faite doit avoir son décor au moins de la grosseur d'un petit doigt et profondément détaché, afin qu'à la cuisson l'ornement se colore d'un beau blond, et que ces profondeurs se sèchent blanc, ce qui fait le plus bel effet possible. C'est ainsi que doit être la casserole au riz moderne.

Vous masquez ensuite la surface de la casserole au riz, avec un peu de beurre clarifié, cela la dispose à prendre une couleur plus vive, puis vous la placez sur une chevrette et la mettez au four chaud : la cuisson est d'une heure et demie à-peu-près ; sa couleur doit être d'un jaune vif. Étant cuite, vous ôtez le couvercle que vous avez tracé en formant la casserole, après l'avoir dégarnie entièrement de tout le riz qui ne tient pas à la croûte, afin que celle-ci soit bien mince ; alors vous mêlez dans une petite casserole, une grande cuillerée de riz (du dedans), avec un peu de béchamel, (si la garniture est à la béchamel), ou un peu d'espagnole (si son ragoût est saucé à l'espagnole) ou telle autre sauce ; et, au moment du service, vous garnissez avec ce riz l'intérieur de la croûte de la casserole (cela la rend très-agréable à manger), que vous emplissez, et avant de la servir vous glacez légèrement les parties saillantes de la décoration.

Voilà une idée de la grande manière de faire et de servir cette belle entrée.

Lorsque l'on manque de consommé de bouillon et de bon dégraissé, on supplée à ce manque de chose en marquant le riz avec de l'eau, du beurre et du sel ; la casserole n'éprouve aucune altération, puisque le résultat est le même et que le riz en est plus blanc.

Observation. Voici une remarque que je crois de quelque importance pour les personnes peu habituées à la préparation du riz.

Je fis dernièrement un grand extraordinaire à Morfontaine, où nous avons servi pendant trois jours de suite quarante entrées, ce qui nous donna beaucoup de besogne. Le dernier jour j'avais deux casseroles au riz, que je préparais selon les procédés indiqués ci-dessus ; mais, comme

DES ENTRÉES CHAUDES DE PATISSERIE.

je me trouvais pressé par de grands travaux, je travaillai mon riz sans m'apercevoir qu'il n'était pas suffisamment dégraissé, ce qui le rendait tout grenu : j'étais contrarié. Je le laissai égoutter pour le dégraisser de nouveau ; mais je fus trompé dans mon attente, car le riz étant presque froid, la graisse ne pouvait s'en séparer, à moins de le faire chauffer de nouveau, et je n'en avais pas le temps. Enfin il me vint dans l'idée de placer et d'appuyer une serviette dessus et dessous le riz pour qu'elle s'imbibât peu à peu de la graisse superflue ; par ce moyen mon riz devint d'une pâte parfaite, et mes deux casseroles furent bien terminées.

Je donne cette idée, et ne rougis point de l'avoir employée, puisqu'elle m'a servi heureusement dans un moment pressé.

Maintenant je vais donner quelques détails sur les garnitures des casseroles au riz.

Casserole au riz à la Reine.

Après avoir haché très-fin les blancs de deux poulardes avec une douzaine de beaux champignons bien blancs (le tout cuit), vous les pilez bien parfaitement et les délayez ; ensuite, avec de la béchamel travaillée d'un bon consommé de volaille à l'essence de champignons, vous passez cette purée de volaille par l'étamine blanche, et la mettez au bain marie, afin qu'elle devienne presque bouillante sans ébullition, puis vous la versez dans la casserole au riz. Pour servir de couvercle, vous placez dessus et en couronne six œufs frais pochés bien mollets (à l'eau bouillante avec sel et une pinte de vinaigre), et placez en travers sur chaque œuf un filet mignon de poulets à la Conti. Etant prêt à servir, vous masquez le milieu des œufs de béchamel ; vous glacez légèrement la décoration de la casserole au riz, et la servez.

On sert également cette entrée sans passer le hachis de volaille à l'étamine, et sans le piler, cela s'entend.

Casserole au riz à la polonaise.

Vous hachez suffisamment de la chair (cuite) de perdreaux,

de faisans, de lapereaux ou de levreaux, avec quelques champignons; vous la pilez, et ensuite vous la délayez avec une bonne espagnole travaillée avec un fumet de gibier à l'essence de champignons; puis vous passez le tout à l'étamine blanche, et mettez ce coulis au bain marie. Etant presque bouillant et prêt à servir, vous en garnissez la casserole au riz que vous glacez légèrement, et, pour servir de couvercle, vous faites dessus une couronne de petites truffes tournées et sautées dans la glace, ou de beaux champignons, ou de gros rognons de coq; puis vous masquez le milieu avec un peu d'espagnole. Servez.

Casserole au riz garnie d'une blanquette de volaille aux truffes.

Sautez au beurre avec une pointe de sel, huit filets de poulardes et cinq moyennes truffes bien rondes que vous aurez émincées; ensuite vous égouttez les truffes et les placez dans une petite casserole. Les filets étant froids, vous les émincez, les parez pour blanquette et les mêlez aux truffes, puis vous les saucez d'une bonne allemande. Placez le tout au bain marie, et servez presque bouillant.

Casserole au riz au chasseur.

Après avoir paré douze filets de perdreaux rouges, vous les sautez au beurre avec six truffes bien noires, rondes, émincées, une pointe de sel et muscade. Les filets étant roidis, vous les égouttez sur une assiette, ensuite vous égouttez les truffes et les placez dans une petite casserole; vous émincez et parez vos filets (froids) en escalope, et les mêlez aux truffes, en sauçant le tout d'une espagnole parfaite, travaillée d'un fumet de gibier à l'essence de truffes. Faites chauffer au bain marie, et, au moment du service, liez cette escalope avec un bon morceau de beurre fin.

On peut également garnir cette casserole au riz d'une escalope de filets de mauviettes, de bécasses, de faisans, de lapereaux et filets de levreaux liés au sang.

Casserole au riz à la Périgord.

Faites dégorger et blanchir un petit foie gras de Stras-

DES ENTRÉES CHAUDES DE PATISSERIE.

bourg; coupèz-le en escalope, et sautez-le légèrement au beurre avec un peu de sel, ensuite vous l'égouttez sur une serviette, le parez et le mêlez dans une petite casserole avec une vingtaine de belles crêtes doubles, une quarantaine de gros rognons de coq, et autant de petites truffes tournées de la forme et grosseur des rognons; puis une vingtaine de beaux champignons tourés et bien blancs, le tout saucé d'une demi-espagnole à glace, travaillée d'un consommé de volaille aux truffes, et d'une réduction de vin de Madère. Placez ce ragoût au bain marie, et versez-le presque bouillant dans la casserole au riz, que vous glacez et servez de suite.

Casserole au riz à la Toulouse.

Ce ragoût se compose de ris d'agneau, de crêtes, de rognons de coq, de foie gras (de chapon), de champignons et de truffes émincées, le tout saucé d'une bonne allemande et chauffé au bain marie. Etant prêt à servir, vous glacez légèrement les ornemens de la casserole au riz, et la garnissez. Vous pouvez ajouter dessus une couronne de petits ris d'agneau piqués et glacés.

Casserole au riz à l'indienne.

Vous la garnissez d'un kari. Ce kari n'est autre chose qu'une fricassée de petits poulets à la Reine, dans laquelle vous ajoutez une infusion de safran, du poivre de Cayenne et du piment, puis des petits lardons de poitrine que vous coupez avec un coupe-racine du diamètre de six lignes; après les avoir blanchis, vous les faites cuire dans du bouillon, et les joignez dans la fricassée qui sera garnie de quelques crêtes, rognons et champignons, liés selon la règle. La casserole au riz étant garnie, vous placez dessus, en couronne, des petits cornichons bien verts. Servez glacé.

Casserole au riz garnie de palais de bœuf.

Après avoir parfaitement épluché, blanchi et fait cuire dans un blanc douze palais de bœuf, vous les égouttez sur une serviette, et les coupez avec un coupe-racine de quinze lignes de largeur, puis vous les saucez d'une bonne allemande avec truffes et champignons. Faites chauffer au bain marie, et servez.

On garnit également des casseroles au riz, de tendon de veau, de ris d'agneau ou de veau en blanquette.

CHAPITRE XIII.

Casserole au riz de bonne morue.

Ayez deux belles crêtes de morue bien blanche, tendre et bien fraîche, ce qui se rencontre rarement. Faites-la dessaler, et un moment avant le service, vous la mettez dans une casserolée d'eau fraîche sur le feu. Aussitôt qu'elle commence à entrer en ébullition, vous l'ôtez de dessus le feu, puis vous jetez dedans un charbon ardent (1) et la couvrez quelques minutes; ensuite vous l'égouttez sur une serviette, et en séparez les peaux et les arêtes; vous la saucez d'une bonne béchamel maigre. Placez-la au bain marie. Au moment de la servir, vous y joignez un morceau de beurre et une pointe de muscade.

Casserole au riz garnie de filets de solles.

Lavez et parez les filets de quatre belles solles, et sautez-les au beurre avec un peu de sel; égouttez et parez-les en petits ronds de quinze lignes de diamètre. Ensuite vous les saucez d'une béchamel maigre, ou d'une sauce allemande avec garniture de champignons et queues de crevettes.

Placez ce ragoût au bain marie, et servez-le presque bouillant dans la casserole au riz, que vous glacez légèrement. Servez.

On procédera de même que ci-dessus pour préparer et servir des casseroles au riz de filets de turbot, de barbu, de saumon, d'esturgeon, d'anguille, de perche, et généralement de poissons de mer et de rivière.

On se sert pour les garnitures de ces sortes d'entrées, d'huîtres, de queues d'écrevisses, de laitances de carpes, de

---

(1) Cela est pour faire perdre ce goût désagréable de salaison que la morue conserve trop souvent.

DES ENTRÉES CHAUDES DE PATISSERIE. 107

brochets, de lottes et de maquereaux, de truffes, champignons, morives et culs d'artichauts.

On garnit encore les casseroles au riz avec des quenelles de volaille, de gibier et de poisson.

A l'égard des grandes casseroles ovales au riz, vous procéderez absolument de la même manière que pour l'entrée décrite précédemment; mais vous doublerez ou triplerez la dose du riz.

Nos anciens faisaient leurs casseroles au riz infiniment moins élégantes que celles de nos jours assurément : ils avaient l'habitude de les garnir de leur ragoût à froid, en leur donnant la tournure nécessaire, de manière que par ce triste résultat, la sauce, presque toujours à la cuisson, s'enfuyait à travers la croûte, ce qui donne véritablement à cette belle entrée la plus mauvaise mine.

On en fait encore quelquefois, mais bien rarement, car cette manière, quoiqu'en réussissant bien à la cuisson, n'a rien de distingué. D'ailleurs la manière de faire et de garnir nos casseroles au riz moderne, est plus riche, plus mâle et plus distinguée.

CHAPITRE XIV.

CROUSTADE DE PAIN GARNIE D'UNE ESCALOPE DE LEVREAUX AU SANG.

L'AVANT-VEILLE de faire votre croustade, vous demandez au boulanger un pain de trois livres de la même pâte que le pain à potage, dont la pâte cependant soit un peu plus

---

SUJETS DE LA PLANCHE V.

Ces dessins représentent des croustades de pain de formes diverses. Ces sortes d'entrées vont parfaitement avec celles qui reçoivent leur couleur du four; mais celles-ci sont de forme toute particulière, ce qui les distingue des casseroles au riz, des pâtés chauds et des timbales; cela vient de la facilité qu'on a de les découper dans des masses de mie de pain qui se soutiennent d'elles-mêmes, et qui par conséquent conservent très-bien les formes et contours qu'on leur a donnés.

serrée, attendu que sa mie est très-poreuse, et que sa légèreté convient beaucoup mieux que la pâte ferme, car cette dernière prend toujours une couleur grisâtre, tandis que c'est tout le contraire pour l'autre, et qu'elle se colore d'une belle teinte claire et rougeâtre. Il faut que ce pain n'ait que huit pouces de diamètre ; étant rassis d'un jour ou deux, vous parez la mie en forme de coupe (*Voyez* les dessins), afin que la croustade soit plus élégante ; vous lui donnez couleur en la mettant dans une casserole qui doit contenir une assez grande quantité de beurre clarifié ou de friture neuve. Pour que la croustade en soit parfaitement masquée, vous lui faites prendre couleur sur un feu modéré ; aussitôt qu'elle est d'une belle couleur blonde, vous l'égouttez sur une serviette ; puis vous ôtez le couvercle que vous aurez eu soin de marquer en formant la croustade, et après l'avoir vidée de toute sa mie, vous masquez légèrement l'intérieur de deux lignes d'épaisseur, seulement, de farce à quenelle de gibier. Mettez-la à la bouche du four, ôtez-la aussitôt que la farce est ferme.

Ce petit masqué de farce empêche la sauce de s'enfuir dans la croustade qui, bientôt, se serait imbibée de la sauce de l'entrée qu'elle contient ; alors par ce résultat l'entrée a tout son éclat : elle conserve toute sa sauce, point essentiellement nécessaire pour conserver le luxe des entrées.

Ce genre de croustade, qui n'est point vulgaire, est extrêmement agréable pour servir toutes sortes de petites entrées dépecées et de ragoûts recherchés.

Enfin après avoir ainsi préparé la croustade, vous coupez et parez en escalope huit filets de levreaux, et les placez au fur et à mesure dans un grand plat à sauter, dans lequel vous aurez quelques cuillerées de beurre clarifié. Ensuite vous semez sur ces filets un peu de sel fin, et les couvrez entièrement de beurre clarifié ; puis, au moment du service, vous les faites roidir seulement sur un fourneau modéré, et en égouttez le beurre. Alors vous les saucez d'une bonne espagnole (bouillante, travaillée d'un fumet de gibier). Vous mouvez le sautoir afin de saucer parfaitement les filets, mais sans les remettre sur le feu ; et pour les lier, vous y joignez, en les remuant toujours, le sang des levreaux (que vous aurez eu le soin de conserver à cet effet), un peu de beurre divisé par petites parties, et une petite pointe de muscade râpée.

Ce sang lie la sauce (comme fait la liaison du jaune d'œuf) et la teint d'un rouge ombré qui convient parfaitement à cette sorte de gibier.

On doit servir cette bonne entrée de suite, afin que son fumet se fasse sentir aux convives.

On ajoute aussi dans cette escaloppe une émincée de truffes ou de champignons.

Beaucoup de personnes ont la mauvaise habitude, après avoir détaillé leurs filets, de les taper avec la lame du couteau, à mesure qu'elles les parent; mais ces procédés sont rejetés par nos artistes, attendu qu'ils disent, et avec raison, que les filets sont assez tendres sans être battus, et que par ce moyen on conserve tout le jus de la chair, qui en est plus moelleuse et plus agréable à savourer.

Les escalopes de filets de lapereaux, de mauviettes, de grives, de bécassines, de perdreaux et de faisans, se préparent de même que ci-dessus; mais en faisant attention que les filets de lièvres ou de levreaux se lient de leur sang, et que cette liaison ne convient qu'à ces deux sortes d'entrées.

Croustade de cailles au gratin.

Après avoir fait une croustade à sept grandes cannelures (ne lui donnez que deux petits pouces de hauteur sur sept et demi de diamètre), vous la préparez, et lui donner même couleur que ci-dessus; ensuite vous la videz et la garnissez également d'un pouce d'épaisseur de farce fine (*Voyez* cet article). Vous devez avoir désossé d'avance sept belles cailles de vignes, que vous élargissez, pour les masquer légèrement avec un peu de glace de volaille ou de gibier, et les assaisonner légèrement de sel et de muscade. Après avoir mis dans chacune d'elles un peu de farce, vous en formez de petits ballons, que vous placez à mesure dans la croustade, de manière que chaque caille se trouve encadrée dans chacune de ces cannelures. Vous emplissez le milieu de la croustade de farce; puis vous percez le milieu de chaque caille, pour placer dans chacune une de leurs pattes que vous avez conservés. Pour cette opération, on doit faire attention que les cailles doivent excéder de huit à neuf lignes la hauteur de la croustade, dont vous masquez le tour ainsi que le dessus de bardes de lard; puis vous l'entourez d'une bande de papier double, que vous fixez avec un peu de ficelle : placez dessus deux ronds de papier beurré, et mettez cette croustade au four, chaleur modérée. Donnez-lui une heure de cuisson, c'est-à-dire lorsque vos cailles sont fermes au toucher, vous pouvez les ôter du four. Dégarnissez la croustade de toutes les bardes de lard et de la farce qui la garnit dans le milieu. Au moment du service, vous la placez sur son plat d'entrée, et versez dans le milieu des cailles un petit ragoût de crêtes, de rognons, de truffes ou de champignons ; et après avoir glacé le tour de la croustade et les cailles, vous placez sur chacune d'elles un filet mignon de poulet à la Conti, en forme de couronne, au milieu de laquelle vous placez une petite truffe ronde de la grosseur d'une noix-muscade. Pour les fixer, vous les percez avec un petit coupe-racine de deux ligne de diamètre; alors, par ce moyen, vous passez dans ce petit trou la pâte qui se trouve sur chaque caille. Cette petite coquetterie fait un très-bel effet, et donne plus d'élégance à cet entrée, qui est d'un manger parfait.

On place pareillement sur ces cailles un champignon bien blanc, et par-dessus un filet mignon encore à la Conti. Vous roulez ceux-ci sur eux-mêmes pour en former des espèces de petites boules. Étant cuites avec des bardes de lard au four, vous les percez au milieu, ainsi que les champignons, que vous fixez sur les cailles en fixant les pattes dedans.

On peut également former cette entrée dans une petite croûte de pâté chaud, de la forme et de la hauteur de la croustade de pain. Vous donnez à celle-ci une heure et demie de cuisson, à cause de la cuisson de la pâte qui contient les cailles.

DES ENTRÉES CHAUDES DE PATISSERIE. 111

On procédera de même que ci-dessus pour faire des mauviettes, des grives, des bécassines, de petits perdreaux et de petits pigeons innocens au gratin.

Pour les grandes croustades, on fera préparer le pain ovale et assez volumineux pour en former cette grosse pièce, comme le représente le n° 8 de le planche 5; vous placez ces ornemens après avoir donné la couleur à la croustade. Cette décoration est disposée comme les bordures des plats, c'est-à-dire que vous préparerez un assez grand nombre de losanges allongées, que vous passez à blanc et collez à la croustade, avec du repère un peu ferme. On pourrait, ce me semble, faire pareillement cette guirlande avec des petits fleurons découpés de feuilletage cuit à blanc.

On fait également des petites croustades de pain de trois pouces de hauteur sur trois de largeur, ces croustades servent ordinairement pour le milieu d'une entrée de cotelettes de mouton panées à la minute. Alors on la garnit de purée de pomme de terre, ou d'une purée d'oignons, si les cotelettes sont à la Soubise. En masquant légèrement l'intérieur d'un peu de farce fine (mettez-la un moment à la bouche du four), vous la garnissez d'une nivernaise, d'une jardinière ou d'une petite macédoine, selon la garniture dont l'entrée est susceptible de l'être. Pour des ris de veau, on la garnit alors de chicorée, de céleri en petits pois, d'une purée d'oseille, de champignons, de cardes et de céleri.

~~~~~~

CHAPITRE XV.

CHARTREUSE PRINTANIÈRE.

La chartreuse est assurément la reine des entrées que l'on puisse servir; elle est composée de racines et de légumes,

---

SUJETS DE LA PLANCHE VI.

Les n°s 1, 2, 3, 4 et 7 représentent des chartreuses à la moderne.

Les n°s 5 et 6, deux chartreuses à la parisienne.

Le n° 8, une grande chartreuse ovale pour grosse pièce.

mais elle n'est parfaite que dans les mois de mai, juin, juillet et août, saison riante et propice, où tout se renouvelle dans la nature, et semble nous inviter à apporter de nouveaux soins dans nos opérations, par rapport à la tendreté de ces excellentes productions. Les détails minutieux de la chartreuse sont à-peu-près les mêmes que ceux que j'ai déjà indiqués pour les pâtés chauds de légumes; c'est pour-pourquoi je passerai rapidement sur la description de cette entrée.

Manière d'opérer. Après avoir ratissé deux bottes de carottes et deux de navets, vous coupez ces racines à dix-huit lignes de hauteur, vous les détaillez avec un coupe-racine de six lignes de diamètre, et, au fur et à mesure, vous les mettez dans de l'eau fraîche, ensuite vous les blanchissez à l'eau bouillante (avec un peu de sel) et séparez vos légumes. Après les avoir rafraîchis, vous les marquez avec du bon bouillon et une pointe de sucre; faites-les mijoter sur le bord du fourneau. Lorsqu'elles sont presque cuites, vous les faites tomber à glace sur un fourneau ardent, pour accélérer la réduction de leur mouillement.

Pendant leur cuisson, vous marquez une essence de racines avec les parures des navets et des carottes, puis une douzaine d'oignons (dont vous piquez dedans deux clous de girofle), six pieds de céleri, deux laitues, le tout mouillé de bon bouillon. Ayez soin de l'écumer, afin qu'elle soit plus claire, et faites-la mijoter doucement. Les racines étant cuites, vous passez l'essence à la serviette, et, lorsqu'elle est reposée, vous la transvasez pour la tirer à clair; vous la travaillez avec une bonne espagnole, afin de communiquer à celle-ci la saveur et le sucre des racines.

Ensuite vous blanchissez trois petits choux coupés par quartiers; vous retirez du cœur les parties cotonneuses, vous fendez et entr'ouvrez chaque quartier pour les assaisonner d'un peu de sel, et, après les avoir ficelés, vous les placez dans une casserole foncée et entourée de bardes de lard et d'une lame de jambon; vous placez au milieu des choux un saucisson, un morceau de lard blanchi d'avance, puis deux petits perdreaux (les pattes troussées en dedans)

DES ENTRÉES CHAUDES DE PATISSERIE.

piqués de menu lard; ajoutez un bouquet de persil et ciboule assaisonné; recouvrez le tout de bardes de lard, mouillez-le d'une bonne poêle, ou de consommé et dégraissé de volaille, et faites-les cuire à petit feu deux bonnes heures.

Pendant leur cuisson vous égouttez sur une serviette les carottes et les navets; vous les disposez selon que vous voulez les placer dans le moule, que vous aurez légèrement beurré à cet effet (*Voyez* les dessins des numéros 1, 3 et 7: vous remarquerez que les parties ombrées indiquent les carottes, et les parties blanches les navets. Lorsque le tour du moule est garni, vous masquez également le fond de carottes et navets.

Vous égouttez ensuite les choux dans une passoire, et, après en avoir ôté les perdreaux, le lard et le saucisson, vous les pressez dans une double serviette, afin de leur donner plus de consistance et que la chartreuse se soutienne de belle forme. Vous parez le petit lard et le saucisson que vous coupez par lames; vous masquez légèrement le fond et le tour du moule de choux; vous placez au fond un cordon de saucisson et de petit lard, ensuite les deux perdreaux du côté de l'estomac, et dessus du petit lard et du saucisson; vous finissez d'emplir le moule avec des choux. Ayez soin que le haut de la chartreuse soit garni également; après l'avoir couverte d'un rond de papier beurré, vous la mettez au bain marie une heure avant de servir.

Quelques minutes avant le service, vous retournez la chartreuse sur une serviette ployée en huit, et placée sur un petit couvercle de casserole, afin qu'elle s'y égoutte; mais n'ôtez pas la chartreuse du moule qu'elle ne soit bien égouttée. Vous retournez le moule, sur lequel vous posez le plat d'entrée, que vous retournez aussitôt; pour enlever le moule, saucez légèrement le dessus et le tour: servez de suite, et mettez la sauce dans une saucière.

On met également pour garniture un petit caneton de Rouen, une sarcelle, un canard sauvage, des grives, des alouettes, des pigeons innocens; puis on remplace la garniture de choux par des laitues, que l'on fait cuire absolument comme les choux.

On est généralement dans l'usage de mettre le gibier entier dans les chartreuses; cependant quelques-uns de ces messieurs découpent et parent ces sortes de garnitures, lesquelles, par ce soin, sont plus aimables pour la personne qui les sert à table. On fait cuire alors ces garnitures à la broche; elles n'en sont que meilleures.

Pour les chartreuses en écailles de poisson, en losange, en damier, et à dents-de-loup, vous faites cuire vos racines comme les précédentes; mais, au lieu de les couper rondes, en petites colonnes, vous les coupez en carrés longs, et de quatre à six lignes d'épaisseur; puis, au moment de dresser la chartreuse, vous les parez selon votre choix, car autrement il est impossible d'obtenir ces racines de belle forme lorsqu'on les dispose avant la cuisson.

On met quelquefois pour ornement, en moulant la chartreuse, des pointes d'asperges, des haricots verts, des gros pois; mais c'est un tort que l'on a : car en dépit de nous-mêmes, ces légumes ne peuvent conserver leur verdure naturelle; et cela est facile à concevoir, puisqu'ils sont nécessairement obligés d'éprouver une heure d'ébullition à la vapeur du bain marie, ce qui les rend toujours méconnaissables par l'altération de leur belle couleur printanière.

Je crois avoir remédié à cet inconvénient en préparant à part le dessus de mes chartreuses; et lorsqu'elles sont saucées, je place dessus une jolie rosace ou une double étoile de racine et légume verts, ce qui produit un effet charmant, attendu que ces racines et légumes se trouvent être en relief sur la chartreuse : la première fois que j'eus cette idée ce fut à l'Elysée-Bourbon, et mon chef (M. Laguipière) l'approuva.

Voici la manière dont je compose ces jolis ornemens : vous blanchissez à l'eau de sel seulement vingt-quatre belles pointes d'asperges de deux pouces six lignes de longueur; vous les placez en forme de rosace, et entre chacune d'elles vous mettez une petite carotte tournée un peu en

DES ENTRÉES CHAUDES DE PATISSERIE. 115

pointe, de la grosseur des asperges, et longues de dix-huit lignes. Vous les faites cuire comme pour la chartreuse, puis vous placez au milieu un beau champignon, ou un navet tourné rond, ou une truffe ; et pour garnir le pied de la chartreuse, vous l'entourez d'un cordon de petits navets tournés en poires, et glacés comme pour entremets.

Ces sortes d'accessoires rendent ces belles entrées infiniment plus riches et plus élégantes qu'elles ne le sont ordinairement.

Autres ornemens. Après avoir saucé la chartreuse, vous placez dessus et près du bord, une couronne de petits oignons glacés, et au milieu un petit cul d'artichaut tourné, bombé et cuit bien blanc, puis entre les oignons et ce cul d'artichaut vous placez une couronne de petits pois cuits à l'anglaise (à l'eau de sel seulement), afin qu'ils soient d'un beau vert ; et sur l'artichaut vous placez cinq petits champignons en rosace. Pour garnir le pied de la chartreuse, vous y placez un cordon de petits choux de Bruxelles blanchis seulement à l'eau de sel.

Autres ornemens. Vous saucez la chartreuse, puis vous placez au beau milieu une double étoile formée de dix losanges (en carottes) alongées, et de six lignes de hauteur ; dans l'angle de l'entre-deux de chaque losange vous placez, droite, une belle pointe d'asperge de neuf lignes de longueur, à la pointe de chaque losange un petit champignon bien blanc, et un au milieu de l'étoile ; ensuite vous entourez le pied de la chartreuse d'un cordon de petites pommes de terre tournées rondes, cuites au beurre et colorées bien blond.

Autres ornemens et bordures. Placez au milieu de la chartreuse (après l'avoir saucée) une couronne de petits chou-fleurs très-blancs, au milieu desquels vous placez en rocher des petits haricots verts coupés de six lignes de longueur ; puis à l'entour des chou-fleurs, vous étalez une bordure de petits pois cuits à l'anglaise, et, pour garnir le pied, un entourage de petites carottes tournées rondes et roulées dans leur glace.

Autres ornemens et bordures. Saucez la chartreuse, et placez sur le milieu un cul d'artichaut, que vous garnissez d'un buisson de petites carottes (de six lignes de longueur et de deux lignes de grosseur, que vous coupez avec un coupe-racine) sautées dans leur glace ; à l'entour de l'artichaut vous posez un cordon de petits choux de Bruxelles, et après une couronne de navets en forme de dent-de-loup. Pour border le pied de la chartreuse, vous la composez d'une couronne de petits choux de Bruxelles et de chou-fleurs de la même grosseur. Cette bordure est fort distinguée.

J'avais toujours l'habitude de disposer d'avance ces couvercles sur une assiette, afin de n'avoir plus qu'à les placer sur la chartreuse au moment du service, ce qui s'opérait en très-peu de temps.

Plusieurs fois il m'est arrivé de mettre autour du plat une bordure de racine découpée (je reviendrai sur ce genre de bordure à la partie des détails des entrées froides); mais comme on ne peut réellement la placer que quand la chartreuse est renversée sur son plat, je renonçai à cet enjolivement, et de là m'est venu l'idée de garnir le pied des chartreuses d'un entourage de racines et de légumes comme je l'ai indiqué précédemment.

On fait également des chartreuses dans des moules à cylindre ; alors, au moment du service, on garnit l'intérieur de la chartreuse (ou du cylindre) d'une escalope, de filets de mauviettes, de perdreaux, de bécasses, de faisans, de lapereaux, de levreaux ou d'une blanquette de volaille, de ris d'agneau ou de veau, de tendon de veau, ou de quelques ragoûts détachés.

On met, en garnissant la chartreuse, des choux, du petit lard et du saucisson, attendu que sa véritable garniture se verse dans le milieu au moment du service. On place également des couronnes de racines et légumes sur ces sortes de chartreuses.

On suivra les procédés décrits ci-dessus pour confectionner de grandes chartreuses ovales, comme le représente le n° 7 de la planche de ce chapitre.

On fait également des petites chartreuses dans des pe-

DES ENTRÉES CHAUDES DE PATISSERIE.

tites timbales (il en faut onze ou douze pour une jolie entrée) dans le genre des moules à darioles; mais celles-ci doivent avoir deux pouces de hauteur et autant de largeur, ou trois petits pouces en tout sens. On met dans chacune d'elles une mauviette désossée ou quelques petits dés de langue à l'écarlate, de saucisson et de petit lard; puis on doit avoir l'attention de préparer les racines de ces petites chartreuses, plus mignones que pour les grosses pièces d'entrées.

CHAPITRE XVI.

CHARTREUSE A LA PARISIENNE EN SURPRISE.

CETTE entrée est d'un très-bel effet; elle est peut-être ce qu'on puisse composer de mieux en fait d'entrée de farce. C'est ce que je vais démontrer.

Je compose cette chartreuse à l'instar de mes timbales de macaroni à la parisienne et à l'indienne.

Manière d'opérer. Vous faites cuire dans les cendres, ou au vin de Champagne, huit belles truffes bien rondes; étant froides, vous les épluchez et les coupez dans leur plus grande longueur avec un coupe-racine de quatre lignes de diamètre, ensuite vous parez légèrement une centaine de moyennes queues d'écrevisses (on peut mettre en place des carottes préparées de même que pour les chartreuses précédentes), et vous commencez à former avec elles une couronne au fond du moule que vous aurez beurré. Vous parez vos colonnes de truffes, et les placez sur les queues d'écrevisses; mais vous les posez de manière qu'elles forment la bordure grecque, comme l'indique le dessin du n° 6 de la planche 6; et pour détacher cette bordure (*Voyez* les parties blanches du dessin), vous y joignez des filets mignons de poulet que vous aurez fait d'avance roidir dans le beurre, et parés ensuite convenablement; puis vous placez sur le haut de cette bordure une couronne de queues d'écrevisses pour faire parallèle à l'autre couronne qui se trouve au bas de la bordure grecque, afin que celle-ci se trouve encadrée par les queues d'écrevisses, ce qui fait un bon effet.

Vous hachez ensuite menu les parures des truffes, puis vous masquez le fond du moule que vous masquez de nouveau avec soin d'un petit pouce d'épaisseur de farce à quenelle de volaille (un peu ferme en panade); ensuite vous masquez la bordure grecque : alors le moule étant ainsi garni de farce et au fond et au tour, vous garnissez le milieu d'une blanquette de volaille de ris de veau, ou d'agneau, ou bien d'une escalope de filet de gibier, ou d'un ragoût à la financière, ou à la Toulouse; mais vous ne devez emplir le moule qu'à six lignes près du bord, et les ragoûts à froid. Vous formez ensuite dessus un rond de papier beurré, un couvercle de farce de cinq pouces de diamètre sur six lignes d'épaisseur; alors vous placez ce couvercle sur la garniture qui se trouve par ce moyen contenue de tous côtés par la farce. Pour détacher ce papier, vous posez dessus, une seconde seulement, un petit couvercle de casserole un peu chaud, pour faire fondre le beurre du papier qui quitte aussitôt la farce, que vous liez à celle du tour avec la pointe du couteau.

La chartreuse ainsi terminée, vous couvrez le dessus d'un rond de papier beurré, puis vous la mettez au bain marie pendant une bonne heure et demi. Etant prêt à servir, vous la dressz sur son plat en ôtant le moule.

Masquez le dessus de la manière suivante : placez dessus, et près du bord, une couronne de petits champignons bien blancs, et au milieu une jolie rosace que vous aurez préparé d'avance avec huit filets mignons à la Conti et en forme de croissant. Placez au milieu de cette rosace un beau champignon, servez de suite et glacez-la si vous voulez; mais je la préfère sans cela, attendu que les blancs de volaille mêlés dans cette bordure grecque de truffes, fait le plus bel effet possible.

Chartreuse parisienne en cylindre.

Après avoir fait cuire des truffes comme ci-dessus, vous les coupez avec un coupe-racine du diamètre de quinze

DES ENTRÉES CHAUDES DE PATISSERIE.

lignes; ensuite vous émincez ces truffes de deux petites lignes d'épaisseur, puis vous préparez à la Conti vingt-un filets mignons de poulet dont vous en placez sept en couronne, à l'entour du fond d'un moule (à cylindre et beurré); sur cette couronne, vous posez encore à l'entour des parois du moule les lames de truffes, mais vous les placez les unes sur les autres, et cependant à six lignes de distance, ce qui forme des croissans, comme le représente le dessin du n° 5 de la planche 6; ce rond de truffes terminé, vous commencez à garnir à sa hauteur le fond du moule de farce, surtout ayez soin de ne pas déranger ces truffes, sur lesquelles vous posez une seconde couronne de filet mignons, et sur ceux-ci vous placez de nouveau un rond de truffes de la même manière que le précédent; puis vous le faites tenir en garnissant un peu le moule de farce; vous posez sur ces truffes une bordure de filets mignons, après quoi vous achevez d'emplir le moule de farce, que vous couvrez d'un rond de papier beurré. Vous faites cuire cette chartreuse au bain marie pendant une heure, et après l'avoir renversée sur son plat, vous garnissez l'intérieur du cylindre des mêmes garnitures que j'ai indiqué dans la précédente, avec cette différence que vous la placez toute bouillante. Autour du cylindre, mettez une couronne de bons champignons, où un cordon de truffes placé dans le même genre que celle du tour, ou bien un cordon de filets mignons tout blancs, formant des petites couronnes, et mettez au milieu de chacune d'elles, une petite truffe tournée ronde, ce qui fait un fort bel effet, ou simplement un double cordon de gros rognons de coq ou de queues de grosses écrevisses.

Ces sortes d'entrées ont l'élégance et la qualité désirables, et peuvent assurément aller en parallèle avec les anciennes grenades et les turbans de farce.

On pourrait, ce me semble, servir dans le même genre des pains de volailles, de foie gras, ou de poissons en entrées froides.

CHAPITRE XVII.

DES PETITES CROUSTADES A LA BÉCHAMEL, n° 1.

Ces petites croustades se foncent dans les moules à darioles, ainsi que celles-ci, mais vous les foncez avec des parures de feuilletage, que vous brisez en y mêlant un peu de farine, afin de leur donner plus de consistance; puis vous les garnissez intérieurement du reste de leur parure, qui doit cependant les emplir. On les fonce également avec de la pâte fine à dix livres. Je préfère cette pâte, parce qu'elle contient des jaunes d'œufs, ce qui rend les croustades plus croustillantes. Faites-les cuire à four gai, et donnez leur une couleur mâle, c'est-à-dire un peu rougeâtre, ainsi que le couvercle, que vous préparez dans le même genre des puits-d'amour, avec cette différence que vous placez sur ceux-ci un petit bouton que vous faites avec des parures de feuilletage que vous tourez à dix tours, autrement ces boutons se renversent à la cuisson.

On doit observer que ces sortes de croustades demandent à être foncées un peu épais en pâte; cela les rend plus agréables à manger, en ce que le moelleux de leur croûte s'imbibe de béchamel. On doit les vider aussitôt qu'elles sont sorties du four, sinon leur croûte se ramollie promptement : c'est ce qu'il faut éviter.

Pour les garnir, vous coupez des blancs de volaille en

SUJETS DE LA PLANCHE VII.

Le n° 1 représente les petites croustades à la Béchamel.
Le n° 2, les truffes-croustades en surprise.
Le n° 3, les croustades de nouille au chasseur.
Le n° 4, les petites chartreuses à la française.
Le n° 5, les petites casseroles de riz à la reine.
Le n° 6, les petits vol-au-vent à la Nesle.
Le n° 7, les petites croustades de vermicelle.
Le n° 8, les petites croustades à la Monglat.
Le n° 9, les petites croustades de pain garnies de cailles au gratin.

DES ENTRÉES CHAUDES DE PATISSERIE.

petits filets de six lignes de longueur sur deux de largeur; vous coupez pareillement deux truffes bien noires, ou des champignons, le tout saucé d'un béchamel, dont le velouté sera travaillé d'un consommé de volaille truffée. Vous placez cette garniture au bain marie, et, au moment de servir, vous en garnissez les croustades; vous masquez ensuite le dessus d'un peu de béchamel seulement : couvrez-les et servez.

Quelquefois on sert cette garniture hachée ou coupée en petits dés; puis on sert encore dans ces petites croustades des filets de solles coupés en petits dés, avec des champignons coupés de même, ou bien des filets de turbots, de barbots, de brochets, de perches et de grondins, le tout également saucé à la béchamel.

~~~~~~

CHAPITRE XVIII.

DES TRUFFES-CROUSTADES EN SURPRISE, n° 2.

CETTE belle entrée, autant élégante que riche, se distingue d'une manière toute particulière.

Après avoir lavé et brossé à l'eau tiède douze belles truffes, bien faites et d'égale grosseur, vous les faites cuire au vin de Champagne, les égouttez et les laissez refroidir; ensuite vous les posez du côté qu'elles sont le plus plat, puis vous les coupez en mettant dessus un coupe-racine d'un pouce de diamètre, que vous enfoncez aux trois quarts de la profondeur des truffes; après quoi vous ôtez avec la pointe du couteau ces petits couvercles, puis vous videz les truffes peu à peu (avec soin) avec une petite cuiller à café. Enfin, lorsqu'elles sont toutes parfaitement dégarnies de leur chair, que la peau n'est point percée, au moment de les servir vous les garnissez d'une purée de volaille ou de gibier, ou d'un salpicon de blancs de volaille coupés en dés, avec des truffes coupées de même, ou des rognons de coq avec des petites truffes tournées de la même forme, ou bien des crêtes coupées en dés avec des truffes, le tout saucé à la béchamel. On les garnit encore d'une petite escalope de foie gras, avec un émincé de truffes ou de filets de mauviettes, avec des petits champignons et une infinité d'autre menu gibier : vous saucez ces derniers à l'espagnole.

Les truffes étant garnies, vous les recouvrez des petits ronds de la peau que vous avez ôté en les vidant.

On sert quelquefois ces belles truffes sur une serviette damassée.

CHAPITRE XIX.

DES PETITES CROUSTADES DE NOUILLE AU CHASSEUR, n° 3.

Détrempez douze jaunes d'œufs de pâte à nouille, et, après les avoir abaissés et détaillés selon la règle, vous les versez peu à peu dans une casserolée d'eau bouillante ; après quelques minutes d'ébullition, vous les égouttez dans une grande passoire, et les sautez dans une casserole avec quatre onces de beurre, un peu de sel. Versez-les dans un grand plat à sauter ; mais vous les élargissez d'égale épaisseur et de deux pouces de hauteur.

Etant froides, vous renversez le plat à sauter sur le tour, et coupez vos croustades avec un coupe-pâte rond uni, de vingt lignes de diamètre, ou bien vous les coupez en ovale, en carré ou en losange.

Vous cassez ensuite huit œufs dans une petite terrine, et après les avoir bien battus, vous trempez dedans les croustades l'une après l'autre, en ayant soin de les égoutter au fur et à mesure ; vous les roulez de tout sens sur de la mie de pain très-fine. Etant tous ainsi masqués de mie, vous recommencez à les tremper dans l'œuf, et les roulez encore sur la mie de pain ; ensuite vous les roulez légèrement sur le tour, afin de les rendre plus uni, et, après avoir marqué le couvercle sur le plus beau côté, vous les faites frire six à la fois dans une friture neuve et un peu chaude, et les retirez aussitôt qu'elles sont colorées d'une belle teinte jaune rougeâtre.

Cette opération terminée, vous ôtez les couvercles avec la pointe du couteau, et les dégarnissez légèrement avec

DES ENTRÉES CHAUDES DE PATISSERIE. 123

une petite cuillère à café; au moment du service vous les emplirez des mêmes garnitures indiquées pour les truffes-croustades en surprise.

Quelques personnes ne les passent qu'une fois à l'œuf; mais les croustades n'ont pas assez de consistance de cette manière. On emploie les mêmes procédés pour les timbales d'entrée.

On procède à l'égard des croustades de vermicelle de même que ci-dessus.

CHAPITRE XX.

DES PETITES CHARTREUSES A LA FRANÇAISE, n° 4.

CETTE jolie entrée réclame beaucoup de soins et de temps; elle se compose et se prépare absolument de la même manière que j'ai enseigné pour les chartreuses d'entrées; c'est pourquoi je ne décrirai pas les détails de celles-ci. Je dirai seulement que l'on garnit l'intérieur de ces petites chartreuses d'une mauviette désossée, puis on les fait cuire également dans les choux; mais il faut avoir soin de les retirer aussitôt qu'elles sont cuites, attendu que la cuisson des choux est plus longue. Avant de les placer dans les chartreuses, on les pare légèrement, et on ôte les fils qui les ont maintenu rondes.

Lorsqu'elles sont terminées, vous les mettez au bain marie pendant une bonne demi-heure; et pour les dresser avec aisance sur le plat, vous devez avoir un petit rond plat de fer-blanc de deux pouces deux lignes de diamètre. Ce rond doit avoir un petit manche; vous versez alors dessus, en l'inclinant, une petite chartreuse (qui doit être formée dans de petites timbales de deux pouces de hauteur sur deux de largeur); puis étant placée sur le plat, vous retirez le petit couvercle de dessous et enlevez le moule, de manière que vos chartreuses se trouvent ainsi placées sans être nullement dérangées en les démoulant.

CHAPITRE XXI.

DES PETITES CASSEROLETTES DE RIZ, n° 5.

Cette entrée est un peu longue à faire ; mais elle est si jolie et si élégante, qu'on est tenté d'en servir souvent. Elles se font absolument de même que les casseroles au riz d'entrées. (*Voyez* cette entrée.) Vous donnez à celle-ci deux pouces trois lignes de hauteur sur deux pouces de diamètre : vous en faites douze, et les placez sur deux grands plafonds à trois pouces de distance entr'elles, afin qu'elles se colorent également ; vous les mettez à four chaud, et les retirez quand elles ont une jolie teinte jaunâtre ; vous les videz, et au moment du service, vous les garnissez des mêmes ragoûts que j'ai indiqués pour les truffes-croustades en surprise.

Lorsque ces petites casserolettes sont garnies, vous glacez le tour légèrement, et placez dessus, pour couvercle, un filet mignon de poulets à la Conti ou piqué et glacé bien blond, et de forme de couronne, dans le milieu duquel vous placez une petite truffe tournée ronde, et vous les servez.

CHAPITRE XXII.

DES PETITES BOUCHÉES A LA REINE, n° 6.

Ces petits vol-au-vent se servent absolument avec les mêmes garnitures que pour les croustades-pâtissières, n° 1.

Mais pour que ces petites bouchées soient bien droites et bien rondes, vous devez les laisser reposer quelques minutes après avoir abaissé et touré le feuillage à sept tours ; puis vous les détaillez un peu plus épais que de coutume, avec un coupe-pâte cannelé de deux pouces de diamètre.

Vous les rangez sur une plaque légèrement mouillée, et après les avoir dorés, vous les cernez peu profondément et le plus près du bord possible : mettez-les à four gai ; donnez une couleur mâle.

CHAPITRE XXIII.

DES PETITES CROUSTADES A LA MONGLAT, n° 8.

Vous dressez douze de ces petites croustades de la même manière que les petits pâtés à la gelée (*Voyez* quatrième partie); mais vous ne donnez à celles-ci que deux pouces de diamètre sur deux de hauteur. (Pour la forme, *Voyez* les dessins n° 8.)

Les croustades étant toutes dressées, vous en garnissez le fond et le tour de petites bardes de lard très-mince, et les emplissez de farine et de graisse de bœuf hachée; ensuite lorsqu'elles sont dorées et décorées, vous les mettez au four gai, et leur donnez une jolie couleur blonde. Après les avoir vidées, vous les garnissez d'une escalope de foie gras et de truffes saucées à la Monglat : on les garnit pareillement d'un ragoût à la financière, à la Toulouse, ou d'une blanquette de blanc de volaille à la Béchamel.

Avant de faire cuire les croustades, on les garnit aussi, dans le même genre des petites croustades de pain, comme par exemple, les cailles au gratin et autre menu gibier, ainsi que de filets d'esturgeons, de turbots, de barbeaux, de saumons, de solles, de merlans, de maquereaux, d'anguilles, de brochets et de grondins, le tout passé aux fines herbes : avant d'en garnir les petites croustades, dressez-les. (*Voyez*, pour ces préparations, la manière de préparer les garnitures des pâtés chauds.)

CHAPITRE XXIV.

DES PETITES CROUSTADES DE PAIN GARNIES DE CAILLES AU GRATIN, n° 9.

Ayez un pain rond rassi de six livres, et de la même pâte que les pains à potage, ou un peu plus ferme. Coupez ce pain en travers et en lame de deux pouces d'épaisseur, ensuite coupez la mie seulement avec un coupe-racine de deux petits pouces de diamètre ; vous coupez ainsi douze croustades, et sur le côté le plus uni, vous y marquez le couvercle avec la pointe du couteau, à deux lignes près du bord ; puis vous les cannelez à l'entour.

Ensuite vous en mettez six dans une casserole contenant assez de beurre clarifié pour les masquer parfaitement, et leur donner couleur sur un feu modéré. Lorsqu'elles sont blondes, vous les égouttez sur une serviette, et donnez également couleur aux six autres ; vous en ôtez ensuite toute la mie, et mettez dans chacune d'elles une cuillerée de farce fine, puis vous élargissez sur la table douze cailles désossées : assaisonnez-les, et mettez dessus un peu de glace et gros comme une noix ordinaire de farce ; vous en faites de petits balons, et en placez un dans chaque croustade ; mais vous les placez de manière que l'estomac des cailles se trouvent faire le dessus.

Cette opération terminée, vous placez tout près les unes des autres les douze croustades sur un moyen plafond masqué de bardes de lard. Entourez encore ces croustades de bardes, ensuite d'une bande de papier que vous fixez avec un bout de ficelle ; vous masquez les cailles de bardes de lard, et par-dessus deux ronds de papier beurré. Mettez au four chaleur modérée, et donnez une heure et demie de cuisson : ôtez les bardes, et égouttez un moment les croustades sur une serviette ; saucez le dessus des cailles d'un peu de bonne espagnole : servez.

On garni pareillement ces sortes de petites croustades de mauviettes (on en met deux dans chacune d'elles), de grives, cailles et ramereaux, bécots, petits perdreaux et autre menu gibier.

CHAPITRE XXV.

DES SAUCES ESPAGNOLES.

OBSERVATIONS. Comme je viens de donner un grand nombre d'entrées de four, qui sont toutes saucées selon la règle, je me vois forcé par conséquent de donner une idée de ces mêmes sauces, pour en faciliter l'usage aux jeunes praticiens; car, réellement, le vrai pâtissier doit savoir au moins celles qui sont inséparables de son service, et je voulais m'abstenir d'entrer dans les détails de cette importante partie, qui est l'écueil de la cuisine. Cependant je vais essayer d'en donner une légère idée, ma partie l'exigeant véritablement. J'ai entendu dire que le fameux Tiroloi avait la bonne habitude de faire lui-même ses grandes et petites sauces; mais les temps ne sont plus les mêmes, quoique la chose soit encore possible. Dans tous les cas, je vais procéder en petit comme en grand, pour ma partie seulement.

Petite espagnole.

Ayez une casserole haute, large de sept pouces, mettez-y deux tranches de jambon de Bayonne, de l'épaisseur de trois à quatre lignes; posez dessus une noix de veau et deux perdrix, vous y joindrez assez de bouillon (1) pour mouiller seulement l'épaisseur de la noix de veau, que vous couvrez et placez sur un fourneau ardent; et lorsque le mouillement se trouve réduit à moitié, alors vous couvrez le feu de cendres rouges, pour faciliter le suage du veau, afin d'en obtenir tout le jus, résultat important pour avoir plus de glace, et par conséquent une espagnole parfaite. Vers la fin de la réduction du mouillement, ayez soin de ne pas le quitter, afin que la glace de l'espagnole ne soit pas exposée à être pincée par l'action du feu (qui, comme le four, est trompeur et n'attend jamais). Cette remarque importante est le point essentiel de l'opération, car, lorsque cette glace se trouve légèrement frappée par le feu, elle contracte une odeur désagréable et âcre au palais. Enfin lorsque ce mouillement commence à vouloir tomber à glace, c'est-à-dire, dès qu'il n'existe plus, ou du moins quand le peu qu'il en reste commence à se co-

---

(1) On doit faire attention que le bouillon avec lequel on mouille les sauces en général soit extrêmement doux de sel, afin que les sauces, après avoir été travaillées selon la coutume, ne soient point salées, mais onctueuses, par la réduction des sucs nutritifs qu'elles contiennent, lesquelles sont toujours affaiblies lorsque le sel se fait sentir au palais fin et délicat.

lorer d'un blond à peine sensible, ôtez la casserole de dessus le feu; puis vous piquez l'épaisseur de la noix de veau avec la pointe du couteau, afin que le jus qu'elle contient se joigne à la glace (1). Vous masquez ensuite le feu avec des cendres rouges, et replacez la casserole dessus pendant à peu près deux heures; puis vous examinez la glace de manière que vous la voyiez peu à peu se colorer d'un rouge clair. Pour vous rendre cette partie plus facile, vous enlevez avec la pointe du couteau un peu de glace, que vous roulez dans vos doigts pour en former une petite boule; ce que vous obtiendrez de suite, si la glace est reduite à point, tandis que, dans le cas contraire, cette glace s'attache et colle les doigts (2). Alors vous ôtez la casserole de dessus le feu, et la mettez de côté pendant un quart-d'heure, afin d'absorber l'ébullition de la glace, qui, ensuite, se dissout plus aisément. Vous emplissez alors la casserole de consommé ou de bouillon, et la mettez sur le fourneau en là plaçant sur l'angle. Dès que l'ébullition a lieu, et après l'avoir écumée, vous versez deux cuillerées-à-pot de mouillement dans le roux (3); vous le remuez pour former de ce mélange l'espagnole, que vous délayez parfaitement, afin de la lier sans gromeleau; ensuite vous y versez encore quelques cuillerées de mouillement,

(1) Lorsqu'on n'a point de perdrix à mettre en marquant l'espagnole, on ajoute à l'instant deux carcasses de lapereaux de garenne, ou un entier; leur fumet donne un goût agréable à l'espagnole, et aide à lui donner une belle teinte rougeâtre, couleur qui caractérise cette sauce lorsqu'elle est d'un beau fini.

(2) Cette manière de procéder appartient à quelques grands maîtres, et elle n'est pas à dédaigner, puisqu'elle est simple et facile à saisir, quoique pourtant elle réclame le moment propre à l'opération. On peut également la rouler lors même que la glace serait brûlée. Ainsi donc elle demande réellement des soins minutieux.

(3) Vous faites à cet effet fondre quatre onces de beurre dans lequel vous joignez assez de farine tamisée pour en faire un roux un peu délié, puis vous le placez sur des cendres rouges. Ayez soin de le remuer de temps en temps, afin de le colorer peu à peu d'un blond de noisette, et pour lui donner couleur bien également. Lorsque vous y joignez le mouillement, n'oubliez pas que le roux ne doit pas être sur le feu pendant le temps que vous mêlez les premières cuillerées d'espagnole; mais vous l'y placez après, afin de le verser tout bouillant dans le reste du mouillement.

DES ENTRÉES CHAUDES DE PATISSERIE. 129

afin de la rendre lisse et déliée ; puis vous la versez dans la casserole où est la noix de veau. Vous y joignez un bouquet de persil et ciboule, assaisonné de deux feuilles de lauriers, d'un peu de thyn et de basilic, deux clous de girofle, et sur-tout des parures de champignons.

Laisser mijoter l'espagnole sur l'angle du fourneau ; écumez-là. Après une bonne heure d'ébullition, vous la dégraissez, et une heure et demie après, vous la dégraissez de nouveau ; passez-la à l'étamine dans une terrine, et remuez-la de temps en temps avec une cuillière à ragoût, afin que sa surface ne se masque pas d'une peau qui s'y forme aisément par l'action de l'air.

Cette sauce, ainsi marquée et soignée, doit donner une espagnole d'un goût agréable, quoique fade de sel ; sa couleur doit être d'un rouge-clair vif, et cependant légèrement jaunâtre.

Maintenant je vais travailler ma sauce, comme, par exemple, pour saucer le pâté chaud à la financière.

Sauce demi-espagnole à glace.

Versez la moitié de la grande espagnole dans une casserole avec le même volume d'un bon consommé (1) de volaille (dans lequel vous aurez mis des parures de truffes et de champignons), si les quenelles qui doivent garnir le pâté chaud sont de volaille ; mais si elles sont de gibier, alors vous travaillez l'espagnole avec un fumet de gibier, avec essence de truffes et de champignons. Vous placez donc la casserole sur un fourneau ardent, en remuant avec la cuillière de bois l'espagnole jusqu'à ce qu'elle soit en parfaite ébullition ; puis vous la placez sur l'angle du fourneau : écumez-la et dégraissez-la bien parfaitement, en laissant la casserole dans cet état pendant trois bons quarts-

---

(1) Ce consommé se marque avec les carcasses et abattis de deux poulardes mouillées avec de bon bouillon (peu de sel sur-tout), puis vous y joignez une carotte, une couple d'oignons, autant de gousses d'échalotte et deux clous de girofle ; et après l'avoir bien écumé, vous le laissez mijoter et le passez deux petites heures après à la serviette sans l'exprimer ; et lorsqu'il est reposé, vous le retirez à clair avant de l'employer. Le fumet de gibier se marque de même.

I. 9

d'heure, après quoi vous la dégraissez et la replacez sur un fourneau ardent : alors vous placez une cuillière à ragoût dans l'espagnole pour la remuer, afin de l'empêcher de s'enfuir par-dessus la casserole ; ce qui arrive sans ce soin par l'extrême ébullition qui est nécessaire, afin de conserver autant que possible, par cette prompte réduction, le fumet qui est véritablement l'esprit substantiel de la sauce. A mesure que vous travaillez votre espagnole, vous la voyez graduellement recevoir ce glacé si brillant qui séduit au premier coup-d'œil; enfin étant réduit convenablement, passez-la à l'étamine et versez-la dans le ragoût que vous marquez ainsi :

Mettez dans une petite casserole un verre de vrai Madère (1) sec avec quatre truffes bien noires émincées, et placez-la sur un fourneau ardent. Aussitôt que le vin est réduit aux trois-quarts, vous ôtez la casserole de dessus le feu : joignez dedans crêtes, rognons de coq, ris d'agneau, champignons, le tout cuit bien blanc et bien égoutté. Vous sautez le tout pour mêler cette garniture, que vous placez deux secondes seulement sur le fourneau : versez-y l'espagnole, couvrez la casserole et placez-la au bain marie. Au moment du service, versez-la presque bouillante dans le pâté chaud, et placez dessus quelques belles crêtes blanches non saucées et quelques grosses écrevisses parées.

Voilà, ce me semble, une esquisse de la petite espagnole, qui ne sera pas assurément aussi onctueuse que la double espagnole, et pourtant elle sera suave et aimable au palais exercé et délicat.

Quelques artistes ajoutent, en travaillant cette sauce, un peu de piment, afin de la rendre plus stimulante : d'autres personnes ne s'en servent jamais, par la raison que le piment est trop dominant, et qu'il empêche alors de savourer l'agréable fumet du gibier de truffes et de champignons, qui sont bien sûrement préférables.

Je ne donnerai pas d'autres détails sur cette sauce, et je vais procéder également en petit pour le velouté.

---

(1) Quand on manque de Madère, on réduit, en place, un verre de vin blanc du Rhin ou autre.

DES ENTRÉES CHAUDES DE PATISSERIE.

CHAPITRE XXVI.

DU VELOUTÉ, DE L'ALLEMANDE ET DE LA BÉCHAMEL.

Ayez une casserole de même grandeur que la précédente ; placez-y deux tranches maigres de jambon, une noix de veau, et mettez assez de bouillon (1) pour mouiller seulement l'épaisseur du veau ; puis vous placez la casserole couverte sur un fourneau ardent, et aussitôt que le mouillement est à moitié réduit, vous masquez le feu de cendres rouges, afin de faire suer la noix de veau pour en obtenir tout le suc. Ensuite vous piquez l'épaisseur de la noix et la laissez sur un feu doux pendant un bon quart-d'heure, afin que le peu de mouillement qui reste ne tombe pas à glace, c'est-à-dire au moment où il est presque réduit, comme pour vouloir se teindre d'un blond à peine visible ; alors vous emplissez la casserole de bouillon et de consommé de volaille, et aussitôt que le tout est en ébullition, vous placez la casserole sur l'angle du fourneau, et après l'avoir écumé, vous y joignez un bon bouquet assaisonné, et une bonne poignée de parures de champignons. Ensuite vous faites tiédir quatre onces de beurre, que vous remplirez de farine tamisée, pour en faire un roux blanc et peu lié, que vous cuisez quelques minutes sur un feu très-doux, et versez dedans deux grandes cuillerées de mouillement du velouté lorsqu'il est parfaitement délayé, afin que la sauce se trouve liée sans gromeleau ; vous y joignez assez de mouillement pour la rendre très-déliée, alors vous la versez dans la casserole au velouté, que vous placez sur un feu ardent ; et aussitôt que l'ébullition a lieu, vous la placez sur l'angle du fourneau : puis après avoir écumé la

---

(1) On doit rigidement observer que ce bouillon ne soit nullement coloré, attendu que le peu de couleur qu'il serait susceptible d'avoir nuit singulièrement à la réduction du velouté, qui, alors au lieu d'être blanc, contracte une teinte jaune qui devient fort désobligeante, comme, par exemple, dans la béchamel, qui, au lieu d'avoir cette belle teinte blanche qui doit la distinguer, sera, par ce triste résultat, chargé d'une teinte grisâtre.

sauce, vous y ajoutez un bouquet assaisonné et les parures d'un maniveau de champignons. Couvrez-la et laissez-la mijoter pendant deux grandes heures, ensuite vous la dégraissez. La noix de veau étant bien cuite, vous passez la sauce à l'étamine blanche. Remuez de temps en temps le velouté comme on a indiqué précédemment à l'espagnole.

Maintenant nous allons passer à la réduction de cette sauce pour en former une allemande, comme, par exemple, pour saucer la casserole au riz à la Toulouse, ou autres entrées semblables.

Sauce allemande.

Versez dans une casserole la moitié du velouté et la même quantité de bon consommé de volaille, dans lequel vous aurez mis quelques parures de champignons et de truffes, et sur-tout point de sel.

Après l'avoir placé sur un feu ardent, remuez la sauce avec une cuillière de bois jusqu'à son ébullition : alors vous la placez sur l'angle du fourneau, vous la couvrez et la laissez réduire pendant une petite heure ; puis vous la dégraissez, et la placez de nouveau en plein feu en la remuant avec la cuillière de bois, afin qu'elle ne s'attache pas au fond de la casserole, et lorsque cette sauce est parfaitement réduite, c'est-à-dire bien liée, et qu'elle masque un peu épais la surface de la cuillière. En la versant dedans, elle doit former, sans comparaison, des napes semblables à la gelée de groseilles, lorsqu'elle a atteint sa cuisson parfaite.

Ensuite vous retirez la casserole de dessus le feu, puis vous faites une liaison de quatre jaunes d'œufs, et la mêlez avec une cuillerée de crème, et après l'avoir passée à l'étamine vous y joignez gros comme un œuf de beurre fin séparé par petites parties, ensuite vous la versez peu-à-peu dans le velouté, que vous avez soin de remuer avec la cuillère de bois, afin de le lier à mesure que la liaison s'amalgame. Lorsque tout est parfaitement mêlé, vous reposez l'allemande sur un feu modéré, et la remuez toujours ; et aussitôt qu'elle a jeté quelques légers bouillons vous l'ôtez vite du feu ; vous ajoutez autant de beurre que vous en avez mis dans la liaison, et une pointe de muscade râpée. Étant bien liée, vous la passez à l'étamine dans une casserole (1), qui contient la garniture indiquée à l'article *casserole au riz à la Toulouse*. Il faut garder un peu de cette sauce pour en masquer ensuite les entrées.

Béchamel.

Lorsque le velouté est réduit, comme pour l'allemande, à la même quantité, et au moment où vous allez pour le lier, vous versez par partie dans ce velouté (2) de la crème bien réduite (3), et vous faites réduire cette béchamel, en ayant soin de la remuer avec la cuillère de bois, afin qu'elle ne s'attache point au fond de la casserole, car ce soin est véritablement le point essentiel de l'opération; autrement cette sauce contracte un goût de gratin qui la rend insupportable au palais, tandis qu'étant réduite selon la règle, elle est d'un moelleux et d'une saveur parfaite.

Lorsque sa réduction est à point, elle masque aisément la garniture qu'elle doit saucer; alors vous l'ôtez de dessus le feu, vous y amalgamez gros comme un œuf de beurre, et quelque cuillerées de crème double bien épaisse, afin de la rendre plus blanche. Mettez encore une pointe de muscade râpée, et, après l'avoir passée à l'étamine blanche, vous en saucez le ragoût et la garniture désignés dans les entrées à la béchamel. On garde aussi un peu de béchamel séparément pour masquer la surface des entrées.

Béchamel maigre.

Après avoir fait bouillir deux pintes de lait chaud, vous

---

(1) Cette sauce ainsi terminée, est d'un moelleux parfait et très-agréable au palais; elle doit être très-liée, car autrement elle est susceptible de relâcher; alors elle doit masquer aisément son entrée.

(2) Faites réduire à un tiers deux pintes de lait chaud, et l'employez de préférence à la crème, attendu que cette dernière ne peut s'obtenir que de la veille, ce qui la rend très-susceptible de tourner; tandis qu'en employant du lait chaud on n'éprouve jamais les mêmes risques, et par conséquent on a la pleine sûreté de son opération.

(3) C'est-à-dire que vous réduisez le velouté pendant quelques minutes, après y avoir versé le tiers du lait; puis vous y joignez le reste du lait à deux reprises, à quelques minutes de distance, afin que l'incorporation ait lieu facilement.

faites tiédir gros comme un œuf de beurre fin dans lequel vous mêlez assez de farine tamisée pour en faire un petit roux blanc, que vous cuisez quelques minutes sur un feu modéré, après quoi vous le délayez avec le quart du lait, dont vous y versez le reste par intervalle. Le tout étant en parfaite ébullition, vous placez la béchamel sur l'angle du fourneau, vous y ajoutez une carotte zestée, un oignon, un bouquet de persil, quelques échalottes, thym, laurier et basilic, un peu de sel : vous laissez mijoter pendant une heure et la passez à l'étamine, ensuite vous la faites réduire pour lui donner le corps nécessaire ; vous y ajoutez du sel (si vous le jugez à propos), une pointe de muscade, et un bon morceau de beurre d'Isigny, afin de la rendre bien moelleuse. Après l'avoir passé à l'étamine blanche, vous l'employez pour les entrées de poissons désignées à la béchamel maigre.

Comme les sauces que je viens de décrire sont celles qui généralement servent à nos entrées de four, c'est par cette même raison que je n'entrerai pas plus avant dans cette grande partie, laquelle réclame des connaissances éminemment pratiques.

CHAPITRE XXVII.

DES FARCES A QUENELLES EN GRAS ET EN MAIGRE.

Farce à quenelle de volaille.

Ce chapitre n'est pas le moins important de cet ouvrage ; et les jeunes praticiens, jaloux d'être réputés bons pâtissiers pour le chaud, doivent y apporter tous les soins que ces sortes de farces réclament, car une quenelle bien faite, est un mangé parfait. De même qu'un godiveau bien confectionné sera toujours mangé avec plaisir.

Manière d'opérer. Mettez dans une casserole la mie d'un pain à potage, que vous mouillez avec deux cuillerées (à ragoût) de consommé de volaille, une de velouté et une cuillerée (à bouche) de persil, le double de champignons, le tout haché très-fin ; placez la casserole sur un feu mo-

DES ENTRÉES CHAUDES DE PATISSERIE. 135

déré, aussitôt que la panade est en ébullition, vous la remuez continuellement avec une cuillère de bois, et lorsqu'elle se trouve assez desséchée, elle quitte la casserole et forme une pâte de consistance un peu molette et très-liante; alors vous y mêlez une liaison de deux jaunes d'œufs; vous la versez sur une assiette et la couvrez d'un rond de papier beurré. Ensuite, vous levez les filets de deux poulets gras, et, après les avoir parés des petits nerfs et de l'épiderme, vous les pilez bien parfaitement, puis vous passez cette chair par le tamis à quenelle, et la placez sur une assiette. Vous parez deux belles tétines de veau (ces tétines doivent être cuites dans la marmite et réfroidies avant de les parer) et après les avoir bien pilés, vous les passez au tamis à quenelles; après quoi vous pilez parfaitement la panade et la passez au tamis.

Lorsque ces trois parties sont ainsi disposées, vous pesez six onces de panades, dix de chair de volaille et huit de tétines, puis vous commencez à piler ensemble la panade et la chair pendant un quart-d'heure, ensuite vous y joignez la tétine, et après avoir pilé le tout encore quinze à vingt minutes, vous ajoutez cinq gros de sel épicé, une pointe de muscade râpée et deux jaunes d'œufs pilés pendant cinq minutes; joignez-y encore deux jaunes et une cuillerée à ragoût de velouté ou de béchamel froide, et après avoir bien pilé pendant cinq minutes, vous relevez cette farce dans une terrine que vous placez à la glace; mais pour vous assurer de la consistance de la farce, vous en formez une quenelle que vous faites cuire dans un peu de bouillon, et après quelques minutes d'ébullition, vous la retirez. Alors cette quenelle doit être molette au toucher : en la coupant en deux, son intérieur doit se trouver très-lisse, extrêmement moelleux et agréable au palais.

Si vous jugez que cette force soit trop délicate, vous y ajoutez un jaune, et si, dans le cas contraire vous lui trouverez trop de consistance, vous y mêlez alors un peu de béchamel ou de velouté. Au moment d'employer cette farce vous y amalgamez un blanc d'œuf fouetté bien ferme, ensuite vous beurrez légèrement un ou plusieurs plats à sauter, ou bien deux moyens couvercles; puis vous avez près de vous une petite casserole pleine d'eau presque bouillante dans laquelle vous mettez une cuillère (à bouche) d'argent, ensuite vous emplissez de farce une autre cuillère à bouche, et avec la lame du couteau vous égalisez la farce qui excède la cuillère, en lui donnant la forme parfaite de la moitié d'un œuf dans sa longueur. Pour rendre la surface de la quenelle bien lisse, vous trempez la lame du couteau dans l'eau chaude, puis vous la passez sur la quenelle, que vous enlevez ensuite de la cuillère où vous l'avez formée, en passant dessous la cuillère qui se trouve dans l'eau chaude; alors vous placez cette quenelle sur l'un des plats à sauter. Surtout ayez l'attention de ne point les déformer en les séparant des cuillères.

Vous formez tout le reste de la farce en quenelle, en suivant les mêmes procédés (1).

Lorsque vous êtes prêt à servir, vous avez une grande casserole, dans laquelle est du bouillon en ébullition. Alors vous en versez doucement dans les plats à sauter qui contiennent les quenelles, que vous couvrez et placez sur l'angle du fourneau pour qu'elles ne fassent que mijoter, afin qu'elles ne se gercent point.

Au moment de les employer, vous les égouttez sur une serviette et les placez dans la croûte d'un pâté chaud, d'un vol-au-vent ou d'une casserole au riz, ou bien on les place en couronne dans une casserole d'argent, enfin, selon votre idée; puis vous les masquez d'un bon ragoût à la financière, si vous les servez dans un pâté chaud, et d'un ragoût à l'allemande, si c'est un vol-au-vent, ou dans une casserole au riz, puis d'un bon consommé de volaille, si c'est dans une casserole d'argent.

---

(1) On fait également des quenelles dans de petites cuillères à café et dans de grandes cuillères à ragoût. Ces dernières servent pour la garniture des grosses pièces de relevé. On forme aussi ces quenelles sur le tour saupoudré de farine, en les roulant légèrement sur la farine. On en fait de même des petites de la grosseur de pistaches; elles servent pour garnir de petits vol-au-vents, de petites casserolettes de riz et de petites croustades de nouille et autres.

DES ENTRÉES CHAUDES DE PATISSERIE.

Détail des farces à quenelles en gras.

Six onces de panade, dix de chair et huit de tétine; puis trois cuillerées de fines herbes, cinq gros de sel épicé, un un peu de muscade, trois jaunes et un blanc d'œufs fouettés, puis du velouté.

On emploiera les mêmes soins et les mêmes procédés détaillés ci-dessus, pour faire des farces à quenelles de veau, de dindonneau, de poularde, de faisan, de perdreau, de lapereau de garenne et autre gibier, puis de poissons de mer et d'eau douce.

Farce à quenelles de poissons.

Après avoir lavé et paré les filets de deux moyens brochets, vous pilez parfaitement la chair et la passez au tamis à quenelles, ensuite vous faites tremper dans du lait (ou du bouillon) la mie d'un pain à potage. Lorsqu'elle est bien imbibée, vous la pressez fortement dans une serviette, afin d'exprimer le liquide, à l'effet de pouvoir mieux la piler pendant dix minutes, après quoi vous la passez au tamis.

Vous pesez après six onces de panade, dix de chair et six de beurre d'Isigny, et commencez par piler ensemble la panade et la chair pendant quelques minutes; après quoi vous y joignez le beurre et pilez le tout pendant quinze minutes; vous ajoutez ensuite cinq gros de sel épicé, une pointe de muscade et trois jaunes d'œufs. Vous pilez encore cinq minutes; après cela vous y joignez deux cuillerées à bouche de fines herbes passées au beurre, et une cuillerée à ragoût de velouté ou de béchamel maigre; le tout étant parfaitement pilé pendant dix minutes, vous relevez la farce dans une terrine. Au moment de l'employer, vous y mêlez un blanc d'œuf fouetté; et, pour le reste de l'opération, vous agirez selon les procédés décrits précédemment dans les détails de la farce de volaille.

Les farces de carpes, d'anguilles de Seine et de mer, de filets de barbus, de solles et de merlans, se font de la même manière que la précédente.

Les détails de cette farce sont absolument les mêmes que

ceux décrits dans la farce de volaille (*Voyez* ci-dessus), avec cette différence que celle-ci est maigre, puisqu'elle se compose de poissons, de beurre et de panade au lait; mais cela n'empêche pas que l'on fait également la farce de volaille au beurre en place de tétine, sans que cela influe sur sa réussite, de même que l'on fait aussi les farces de poissons à la tétine au lieu de beurre.

Farce maigre au beurre d'écrevisses.

Faites cuire vingt-six écrevisses de Seine, séparez-en les coquilles et les pattes; mais ayez soin d'en séparer toutes les peaux nerveuses et charnues (1); vous pilez ces coquilles assez long-temps pour qu'elles soient bien pulvérisées, attendu que la beauté du beurre dépend uniquement des soins donnés à cette partie de l'opération. Vous y broyez ensuite quatre onces de beurre d'Isigny, après quoi vous délayez ce mélange dans une casserole avec quelques cuillerées d'eau chaude; vous en exprimez la quintescence, en pressant le tout par l'étamine fine et au-dessus d'une casserolée d'eau chaude, afin que le beurre d'écrevisses reste à la surface de l'eau, et que les parties de chair qui auraient pu rester après les coquilles, puissent se précipiter au fond; vous enlevez ensuite avec une cuillère le beurre d'écrevisses, que vous versez dans un vase plein d'eau fraîche, afin qu'il se fige; après être refroidi, vous l'épongez en le pressant dans une serviette, puis vous le comprenez dans les six onces de beurre que j'ai marqué dans les détails de la farce précédente; voilà toute la différence.

On introduit de la même manière du beurre d'écrevisses dans la farce de volaille et autres, en le comprenant dans le poids de la tétine.

Farce maigre aux truffes.

Épluchez quatre bonnes truffes, bien noires, et, après les avoir hachées très-fines, vous pouvez les amalgamer dans la farce. Voici une autre manière d'opérer. Lorsque les truffes sont hachées, vous les faites mijoter dans un

---

(1) On laisse d'habitude ces coquilles sécher à l'étuve ou dans le four, afin de les piler plus aisément.

DES ENTRÉES CHAUDES DE PATISSERIE.

demi-verre de vin de Madère et une cuillerée de velouté ; lorsqu'il est réduit d'un tiers, vous les laissez refroidir, puis vous les joignez dans la farce, qui sera d'ailleurs marquée comme celle de brochet ; mais avec cette différence que l'addition des truffes doit remplacer le velouté que j'ai indiqué dans l'amalgame de la farce.

On emploiera les mêmes procédés pour faire la farce de volaille aux truffes et autres.

Farce maigre aux champignons.

Après avoir tourné un maniveau de beaux champignons, vous les émincez menus, puis vous les faites mijoter avec une cuillère à ragoût de bon consommé et une de velouté. Étant réduits de moitié, vous les passez en purée à l'étamine fine, et, dès que cette purée est refroidie, vous la mêlez à la farce, en place du velouté qu'on y met d'habitude pour la rendre moelleuse.

On ajoute également cette purée de champignons dans les farces de volaille ou de gibier.

CHAPITRE XXVIII.

DES FARCES FINES GRASSES ET MAIGRES.

Ces sortes de farces servent ordinairement pour les gratins : comme, par exemple, les cailles, les mauviettes, les grives, les bécassines et perdreaux au gratin, en caisse, en croustade de pain ou de pâte ; pour des galantines et des petits pâtés pour hors-d'œuvre, des tourtes d'entrée et des pâtés chauds, comme on l'a vu dans les détails de l'importante partie des entrées chaudes sur la pâtisserie moderne.

Farce fine de lapereaux.

Levez et parez les chairs d'un bon lapereau de garenne, pesez douze onces de cette chair et coupez-la en petits dez ; vous coupez de même huit onces de lard gras, mettez le tout dans une casserole avec deux onces de beurre d'Isigny, trois cuillerées de fines herbes, cinq gros de sel épicé, une feuille de laurier, deux petits oignons et une petite carotte coupée en lame. Placez cette casserole sur un feu doux, et laissez le tout mijotter pendant vingt-cinq à trente minutes; puis vous en retirez le laurier, les oignons et la carotte. Le tout étant refroidi, vous le pilez parfaitement, et le passez par le tamis à quenelle; ensuite vous pilez six onces de panade (*Voyez* l'article farce à quenelle de volaille); et après l'avoir passée au tamis, vous la broyez dans le mortier avec trois jaunes d'œufs, vous y joignez le reste de la farce, et la pilez pendant un bon quart-d'heure; après quoi vous y versez une petite cuillerée de volaille, si vous le jugez nécessaire. Pilez encore quelques minutes, et relevez la farce dans une petite terrine; couvrez-la d'un rond de papier beurré.

On emploiera les mêmes procédés que ci-dessus pour confectionner des farces fines (ou cuites) de toutes sortes de volaille, de gibier et de foie gras.

Farce fine de laitances de carpes.

Ayez quatre belles laitances de carpes; faites-les dégorger et jeter un bouillon seulement pour les blanchir, pesez-en dix onces, que vous faites mijoter dix minutes dans six onces de beurre fin; assaisonnez-les de cinq gros de sel épicé et de deux cuillerées à bouche de fines herbes, une feuille de laurier et une pointe de muscade râpée; le tout étant réfroidi, vous pilez les laitances, seulement, avec six onces de panade au lait (*Voyez* cet article dans les détails de la farce à quenelle de brochet). Etant pilé pendant dix minutes, vous y joignez le beurre des laitances, et après, lorsque vous aurez bien pilé le tout pendant quelques minutes, vous y ajouterez trois jaunes d'œufs et une cuillerée à bouche de béchamel maigre; puis vous relevez la farce, et l'employez pour des entrées de poissons gratinées et de pâtisserie, comme on l'a vu dans la série des entrées maigres décrites dans cette partie.

On procédera de même que ci-dessus pour les farces fines de laitances de maquereaux, de lottes, de foies de merlans ou de brochets.

DES ENTRÉES CHAUDES DE PATISSERIE.   141

Farce fine d'écrevisses.

Faites cuire vingt-six écrevisses, puis avec les écailles vous faites quatre onces de beurre d'écrevisses, comme je l'ai indiqué dans la farce maigre au beurre d'écrevisse; vous pilez ensuite la chair des grosses pattes et des queues, et la passez au tamis à quenelle; pesez-en dix onces que vous pilez pendant dix minutes avec six onces de panade au lait. Après cela, vous y joignez deux onces de beurre d'Isigny et les quatre de beurre d'écrevisses, cinq gros de sel épicé, une pointe de muscade, trois jaunes d'œufs et un peu de béchamel maigre; le tout pilé comme de coutume.

La farce fine de crevette et de haumard se fait de la même manière.

Farce fine d'anchois.

Après avoir fait dessaler de gros anchois nouveaux, vous les nettoyez parfaitement, et séparez les arrêtes des filets, dont vous pesez dix onces, que vous faites mijoter deux minutes seulement dans quatre onces de beurre fin, assaisonné de deux cuillerées de fines herbes, d'une pointe de muscade et de cinq gros de sel épicé. Le tout étant refroidi, vous pilez dix minutes les filets d'anchois, sans leur assaisonnement, avec six onces de panade au lait; ensuite vous joindrez le beurre aux fines herbes, et après avoir pilé le tout cinq minutes, vous ajoutez encore quatre onces de beurre d'écrevisses ou autre, et trois jaunes d'œufs. Le tout bien pilé, vous relevez la farce et l'employez.

La farce de sardines et de harengs saures se prépare de même que la précédente.

Farce fine aux truffes.

Hachez cinq onces de truffes bien noires, puis vous les faites mijoter dix minutes dans quatre onces de beurre assaisonné de deux gros de sel épicé, et d'une pointe de muscade; vous les égouttez sur une assiette, puis vous pilez trois onces de panade au lait. Les truffes étant froides, vous les joignez et les pilez avec la panade pendant quelques minutes, après quoi vous ajoutez le beurre des truffes, et pilez le tout bien parfaitement, ensuite vous y mêlez trois jaunes d'œufs.

On procédera de la même manière pour la farce fine aux champignons, mousserons et morives.

CHAPITRE XXIX.

GODIVEAU A LA CIBOULETTE.

Parez une livre de noix de veau, et une livre huit onces de graisse de bœuf bien farineuse ; le veau étant bien haché vous y mêlez la graisse, et après avoir haché le tout bien fin, joignez-y une once de sel épicé, une pointe de muscade et quatre œufs : hachez pendant quelques minutes. Pilez ce godiveau assez pour qu'aucun fragment de graisse ni de veau ne soit aperçu ; alors vous le relevez du mortier, pour le placer une couple d'heures à la glace ou dans un lieu frais ; ensuite vous le pilez en deux parties, et le mouillez peu à peu avec des morceaux de glace (1) lavés, et gros comme un œuf, ce qui rend le godiveau lisse et très-lié : mais vous devez faire attention de le mouiller convenablement, afin qu'il soit de la consistance des farces à quenelle ; ensuite vous le relevez dans une grande terrine, et pilez le reste de la même manière ; vous le mettez ensuite avec l'autre dans la terrine avec deux cuillerées de velouté, et une de ciboulette hachée très-fin, puis vous l'employez de même que la farce à quenelle de volaille (*Voyez* cet article).

Nos anciens faisaient leur godiveau sur le hachoir, c'est-à-dire, qu'ils ne le pilaient jamais, afin de lui conserver, disaient-ils, son moelleux ; tandis qu'en le pilant, au con-

---

(1) Cette glace aide singulièrement à donner ce corps liant au godiveau, ce qui lui donne ce moëlleux parfait et si désirable ; car lorsqu'il est tourné, il perd en partie toute sa qualité, et cela arrive quelquefois en été, parce que les grandes chaleurs empêchent que la graisse de bœuf puisse se lier intimement avec le veau, attendu que celui-ci est un corps humide, et l'autre un corps gras. C'est par cette raison qu'il est de rigueur de le mouiller à la glace pendant les chaleurs de l'été ; tandis que dans l'hiver cela est absolument inutile.

traire, il perd une partie de sa qualité. Voilà bien le langage des hommes systématiques ; car il est impossible que le godiveau reçoive sur le hachoir le fini dont il est susceptible, et dont dépend sa délicatesse. D'abord il n'est jamais bien lisse par le travail du hachoir ; il ne peut non plus avoir autant d'onction qu'au mortier, attendu que les viandes perdent tout leur suc nutritif, puisque le hachoir s'en imbibe, tandis qu'en le finissant au mortier, il conserve tout le jus onctueux qui lui donne ce moelleux qui le caractérise d'une manière si particulière.

Godiveau de volaille aux truffes.

Vous procéderez absolument de même que ci-dessus, avec cette seule différence que vous employez une livre de filet de poularde, ou autre volaille, au lieu d'une livre de veau ; puis vous mêlez dans celui-ci quatre cuillerées de truffes hachées très-fin, en place de fines ciboulettes.

Godiveau de gibier aux champignons.

Vous employez les mêmes procédés décrits précédemment, excepté qu'on remplace le veau par une livre de chair de perdreaux, ou de lapereaux de garenne (ces deux gibiers ont plus de fumet que tous les autres), et de quatre cuillerées à bouche de champignons bien blancs, hachés et passés dans un peu de beurre.

Godiveau de carpe.

Après avoir pilé et passé au tamis à quenelle une livre de chair de carpe de Seine, et quatre onces de panade, vous procédez pour le reste de l'opération de la manière accoutumée, c'est-à-dire, que vous supprimez seulement la livre de veau (du premier article de ce chapitre), que vous remplacez par la chair de carpe et la panade ; puis quatre cuillerées de fines herbes, composées d'une pointe d'échalotte, de persil, de champignons et de truffes.

Le peu de panade qui entre dans ce godiveau vient de ce que la chair de carpe n'a pas assez de consistance pour faire un godiveau d'un corps parfait ; car sans l'addition de la panade, il n'aurait pas assez de liaison pour supporter la cuisson.

On fait également du godiveau de chair de brochet et d'anguille de mer, mais toujours en y incorporant la panade décrite ci-dessus.

LE PATISSIER ROYAL PARISIEN.

TROISIÈME PARTIE,

COMPRENANT LES ENTREMETS DE PATISSERIE DÉTACHÉS ET NON DÉTACHÉS.

CHAPITRE PREMIER.

DES ENTREMETS DE PATES A CHOUX EN GÉNÉRAL.

Ramequins, entremets chauds.

METTEZ dans une casserole deux verres de bon lait et deux onces de beurre fin ; lorsque ce mélange commence à bouillir, vous l'ôtez de dessus le feu, puis vous y joignez cinq onces de farine tamisée. Le tout bien mêlé, vous remettez la casserole sur le fourneau, en remuant toujours l'appareil, afin qu'il ne s'attache pas au fond de la casserole. Lorsque la pâte se trouve ainsi desséchée pendant trois minutes, vous la versez dans une autre casserole pour y mêler deux onces de beurre, deux de fromage de Parmesan râpé, et deux œufs ; le tout bien incorporé, ajoutez une bonne pincée de mignonette, une petite cuillerée de sucre fin, un œuf et trois onces de fromage vrai Gruyère, coupé en petits dés carrés de trois lignes ; travaillez bien ce mélange ; puis joignez-y encore trois bonnes cuillerées de crême fouettée. Cet appareil, ainsi disposé, doit donner une pâte d'un corps semblable à la pâte à choux ordinaire : vous couchez les ramequins un peu moins gros que les choux, et les dorez de même. Mettez-les au four un peu gai : vingt minutes de cuisson, servez de suite.

Détail de l'appareil. Deux verres de lait, cinq onces de

farine, quatre de beurre d'Isigny, trois œufs, deux onces de Parmesan, trois cuillerées de crême fouettée, trois onces de Gruyère, une demi-cuillerée de sucre, une bonne pincée de mignonette, pas de sel.

Observation. Lorsque je dis cinq onces de farine, cependant le procédé est susceptible de ne pas être toujours précis ; voici pourquoi : les farines ne sont pas toutes propres à ce genre de travail, souvent des farines de même blancheur diffèrent beaucoup entre elles pour nos opérations ; car si elles se trouvaient toutes avoir le même résultat, et la même qualité que celles que j'ai employées chez moi, alors quelque farine que ce puisse être (dans les premières qualités) remplirait ma manière de procéder ; mais si, au contraire, la farine relâche, alors ma manière ne peut s'opérer qu'en faisant un mauvais effet ; car au lieu de cinq onces de farine, on pourrait bien en employer sept, sans cependant obtenir le même résultat. Or il est important de faire cette observation, puisque tout changement de farine peut faire manquer nos opérations ; il est nécessaire de les étudier la première fois que nous les employons : mais les praticiens seuls peuvent en prévenir les mauvais effets.

Je mets un peu de sucre dans cette recette, quoiqu'elle soit au fromage ; ce peu de sucre est précisément pour adoucir l'âcreté du fromage, quelque bon qu'il soit.

Choux prâlinés aux avelines.

Mettez dans une casserole un verre d'eau, un de lait, et deux onces de beurre fin ; ce mélange étant en ébullition, vous le retirez de dessus le feu : ayez tout près un peu de farine tamisée, que vous amalgamez dans le liquide en le remuant avec une spatule ; et lorsque cela commence à former une petite pâte mollette, vous cessez l'addition de la farine. Remettez la casserole sur le fourneau en remuant continuellement l'appareil, afin qu'il ne s'attache pas et qu'il soit sans gromeleaux. Après l'avoir ainsi desséchée trois minutes, changez la pâte de casserole, melez-y une once de beurre fin, deux œufs, ensuite mêlez encore trois onces

DES ENTREMETS DE PATISSERIE. 147

de sucre en poudre, deux œufs, un grain de sel, une cuillerée d'eau de fleur d'orange, et deux cuillerées de crême fouettée. Si votre pâte se trouve un peu ferme, vous l'amollirez avec un jaune ou seulement la moitié, puis vous couchez les choux de moyenne grosseur. Après les avoir dorés, vous les masquez avec un quarteron d'amandes d'avelines émondées, hachées fines, mêlées avec deux onces de sucre en poudre et la sixième partie d'un blanc d'œuf (vous les remuez afin qu'elle prenne parfaitement le sucre par l'effet de l'humidité du blanc d'œuf). Mettez-les à four doux, et servez-les de belle couleur et bien ressuyées, si vous voulez qu'ils ne s'affaisent pas.

Détail de l'appareil. Un verre de lait, un verre d'eau, quatre onces d'avelines, trois onces de beurre d'Isigny, cinq onces de sucre en poudre, une cuillerée d'eau de fleur d'orange, quatre œufs entiers, deux cuillerées de crême fouettée, un grain de sel.

Observation. Cette manière de marquer mon appareil est plus grande que la précédente, attendu que je mets la farine sans la peser. Cette manière d'opérer est plus facile; mais comment aider l'apprenti qui n'entreprend qu'avec crainte? Il est donc nécessaire de lui tracer une méthode sûre et facile; car réellement le remplissage de ces sortes de pâtés, sans peser la farine, est d'autant plus difficile, qu'elle est le point essentiel de l'opération, et qu'un peu plus ou moins de farine influe singulièrement sur cette pâtisserie, elle sera plus ou moins claire ou terne, et moins agréable au palais friand et connaisseur.

Choux grillés aux amandes.

Vous procéderez de la même manière que ci-dessus. Ces choux ne diffèrent que par les amandes douces qui, du reste, sont de même mêlées avec du sucre et du blanc d'œuf.

Gimblettes grillées aux amandes.

Vous les faites avec la même pâte que ci-dessus, vous les couchez seulement un peu plus petites que les choux, et lorsqu'elles sont dorées, vous les appuyez légèrement avec une cuillère que vous trempez dans la dorure, pour qu'elle ne s'attache pas à la pâte. Ces gimblettes ainsi disposées, vous avez plus de facilité pour les faire de belle forme, ce que vous faites en trempant le bout du doigt dans la dorure; ensuite vous percez la pâte au milieu, l'élargissez à volonté, et la couvrez d'amandes. La cuisson est la même que celle des choux ordinaires.

Choux au gros sucre.

Vous préparez l'appareil de la même manière que les précédentes. Lorsque vos choux sont dorés, vous les masquez de gros sucre et les mettez au four de suite.

Pour les gimblettes au sucre, vous procédez de la même manière.

Choux à la Mecque.

Mettez dans une casserole deux verres de lait et deux onces de beurre fin; après avoir rempli la pâte mollette de farine, et l'avoir desséchée quelques minutes, ajoutez deux onces de beurre et un demi-verre de lait; puis desséchez encore un peu. Vous la changez de casserole, en ajoutant, avec deux œufs, deux onces de sucre en poudre. Ce mélange étant bien travaillé, vous y mêlez deux œufs, une cuillerée de bonne crême fouettée et un grain de sel. Cette pâte ne doit pas être plus molle que de coutume; vous couchez ces choux à la cuillère, et en forme de navette, de trois pouces de longueur. Lorsqu'ils sont dorés, vous les masquez de gros sucre et les mettez au four chaleur modérée: servez-les de belle couleur.

Vous pouvez parfumer ces choux au cédrat, à l'orange, à la bigarade ou au citron. A cet effet, vous râpez sur un morceau de sucre le zeste de l'un de ces fruits, et vous pesez ce sucre odorifé dans les deux onces qui entrent dans l'appareil.

Détail de l'appareil. Deux verres de lait, deux onces de sucre, quatre de beurre, cinq de farine, le zeste d'un cédrat, quatre onces de gros sucre, quatre ou cinq œufs, une cuillerée de crême fouettée, un peu de sel.

Choux aux anis blancs.

Vous les couchez ainsi qu'il est indiqué plus haut, et avec la même pâte que ci-dessus; lorsqu'ils sont dorés, vous les masquez avec des anis blancs de Verdun. Mettez-les au four chaleur modérée.

Petits choux à la Saint-Cloud.

C'est la même pâte que pour les choux à la Mecque. Vous les couchez aussi à la cuillère, en leur donnant la forme et le volume des petits biscuits à la cuillère. Vous les dorez légèrement, et les mettez à four plus gai que les précédens. Lorsqu'ils sont assez ressuyés, vous les glacez avec du sucre passé au tamis de soie; puis vous mettez une allume à la bouche du four et les glacez à la flamme. Servez chaud, car ils ne doivent pas attendre.

Choux à la Vincennes.

Vous les faites semblables en tous points aux choux à la Mecque. Cependant vous ne mettrez point de gros sucre dessus; vous les glacez à la flamme du four, de même que ci-dessus. Dans la crème qui doit marquer votre appareil, vous ferez infuser un bâton de vanille, et les servez en sortant du four.

Choux soufflés au zeste d'orange et de citron.

Après avoir mis dans une casserole deux onces de beurre d'Isigny, et deux verres de bonne crème, aussitôt que ce mélange est en ébullition, vous le remplissez légèrement avec de la farine de crème de riz desséchée quelques minutes. Vous changez la pâte de casserole, vous y joignez une once de beurre, deux œufs et un grain de sel; le tout étant bien mêlé, vous y mettez encore deux jaunes d'œufs, trois onces de sucre sur lequel vous aurez râpé la moitié du zeste d'un citron bien sain, et la moitié du zeste d'une orange. Travaillez bien ce mélange, fouettez les deux blancs d'œufs bien ferme, et mêlez-les dans la pâte avec deux cuillerées de crème fouettée.

Cette pâte ne doit être ni plus molle ni plus ferme que les précédentes. Garnissez de cet appareil des petites caisses rondes ou carrées, et ne les remplissez qu'à moitié. Ensuite vous renversez la caisse sur un tas de gros sucre, afin que le choux en soit couvert. Mettez au four chaleur ordinaire, servez-le chaudement ; ces choux ne ne soint dorés.

Détail de l'appareil. Deux verres de crême, quatre œufs, trois onces de beurre, deux cuillerées de crême fouettée, trois onces de sucre en poudre, un peu de sel, orange, et citron.

Choux en caisse au cédrat.

Vous procédez de la même manière que ci-dessus, avec cette différence que vous hachez très-fin deux onces de cédrat confit, que vous mêlez dans la pâte.

Vous pouvez parfumer ces sortes de choux à la vanille, à la fleur d'orange-prâlinée, au zeste de deux citrons, ainsi qu'au zeste de cédrat, d'orange et de bigarade, aux pistaches, aux avelines, aux amandes amères, au café, au chocolat, aux anis étoilés, au marasquin et au rum. (Pour toutes ces infusions, *voyez* le chapitre des crêmes au bain marie, septième partie.)

Pâte à choux pour les petits pains à la duchesse et les choux glacés.

Cette pâte est moins fine en beurre, en sucre et en farine que les précédentes, en ce que celle-ci doit faire plus d'effet au four, afin qu'elle soit creuse au milieu, pour pouvoir la garnir intérieurement avec des crêmes ou des confitures, comme on va le voir dans les articles suivans.

Petits pains à la duchesse.

Mettez dans une casserole deux verres d'eau et deux onces de beurre fin ; ce liquide étant en ébullition, vous le retirez de dessus le feu, ensuite vous y mêlez six onces de farine tamisée, le tout bien amalgamé et sans grumeleaux. Vous desséchez la pâte de la manière accoutumée, et après l'avoir changée de casserole, vous y joignez deux

DES ENTREMETS DE PATISSERIE.

œufs et deux onces de sucre en poudre. Le tout bien mêlé, ajoutez-y encore deux œufs et le zeste d'un citron haché très-fin. Mettez encore un œuf ou deux, selon que la pâte pourra en prendre : elle doit être un peu plus ferme que celle des choux précédens.

Saupoudrez le tour à pâte avec de la farine, puis couchez vos choux de la grosseur ordinaire ; ensuite vous les roulez bien égaux et de trois pouces de longueur ; (roulez-les avec le moins de farine possible, afin qu'ils soient plus clairs à la cuisson) et au fur et à mesure vous les placez sur une plaque, à deux pouces de distance les uns des autres ; dorez-les légèrement et mettez-les au four un peu plus chaud que pour les choux ordinaires, lorsqu'ils sont bien ressuyés, ce que vous voyez facilement quand ils sont fermes au toucher. Vous les glacez avec du sucre fin passé au tamis de soie, puis vous faites un feu clair à la bouche du four, et les glacez de couleur vive à la chaleur de cette flamme, qui ne doit pas être trop âpre ; car autrement votre glacé ne serait plus égal de couleur. En retirant cette pâtisserie du four, vous aurez le soin de la détacher de suite de dessus la plaque.

Lorsque vos pains à la duchesse sont froids, vous les coupez d'un côté, et entr'ouvrez cette coupure afin de pouvoir les garnir intérieurement avec de la marmelade d'abricots, ou de pêche, ou de gelée de groseilles. Refermez l'ouverture et dressez votre entremets.

Détail de l'appareil. Deux verres d'eau, deux onces de beurre, deux de sucre en poudre, six de farine, cinq ou six œufs, le zeste d'un citron haché, un peu de sel et un pot de confitures.

Choux glacés.

Vous procéderez de la même manière que ci-dessus, avec cette différence seulement que vous les couchez un peu moins gros, et de forme ronde.

Pains aux avelines.

Faites ces petits pains comme les précédens. Lorsqu'ils

sont dorés, vous les couvrez d'amandes d'avelines (quatre onces) hachées très-fines, mêlées dans deux cuillerées de sucre en poudre, et un peu de blanc d'œuf.

Vous mouillerez la plaque sur laquelle vous les placez, afin qu'ils ne s'en détachent pas, lorsque vous penchez la plaque pour en séparer les amandes qui ne sont point attachées aux gâteaux. Lorsqu'ils sont cuits à point, et de belle couleur, vous les détachez, et lorsqu'ils sont froids, vous procédez comme ci-dessus pour les garnir avec une petite crême-pâtissière (*Voyez* cet article), dans laquelle vous mettez le reste des avelines qui ont servi à masquer les petits pains. Avant de les joindre dans la crême, vous les pilez très-fin.

Choux aux avelines.

Vous les faites de la manière décrite ci-dessus, mais cependant plus petits en pâte : couvrez-les ronds.

Les pains et les choux aux amandes ordinaires se disposent par les mêmes procédés.

Petits pains au chocolat.

Vous les faites de même que ceux à la duchesse, mais simplement cuits étant dorés. Lorsqu'ils sont refroidis, vous les garnissez selon la règle, avec une petite crême-pâtissière, (*Voyez* cet article) dans laquelle vous mêlez deux onces de bon chocolat à la vanille (vous assaisonnez la crême de sucre à la vanille), ensuite vous mettez dans une petite terrine trois onces de sucre fin passé au tamis de soie, avec trois onces de chocolat et la moitié d'un blanc d'œuf. Travaillez ce mélange quelques minutes avec une cuillère d'argent, et bientôt vous aurez une glace d'un velouté luisant, mollette et bien liée ; sinon, vous ajouterez un peu de blanc d'œuf, puis vous masquez avec cette glace le dessus et les côtés des petits pains. Vous arrangez et égalisez ce masqué avec la lame d'un couteau.

Cette opération faite, vous les mettez quelques minutes à la bouche du four. Lorsque vos gâteaux sont refroidis, vous pouvez les dresser, si toutefois vous êtes prêt à servir.

Détail de l'appareil. Deux verres d'eau, deux onces de beurre, six de farine, cinq ou six œufs, deux onces de sucre, huit de chocolat, crême-pâtissière, un verre de lait, un grain de sel.

Petits pains à la Reine.

Vous les disposez comme les précédens, puis vous pilez un quarteron d'amandes, de pistaches (émondées lorsqu'elles sont parfaitement pilées.) Vous les mêlez avec un demi-pot de marmelade d'abricots, ce qui vous donnera une espèce de crême verdâtre d'un goût exquis ; car l'arome de l'abricot se lie fort bien avec l'agréable odeur des pistaches, et que ces fruits sont tous deux d'une saveur douce et agréable. Vous garnirez donc vos gâteaux de cette crême; ensuite vous mêlez dans une petite terrine six onces de sucre fin passé au tamis de soie, un peu de blanc d'œuf et un peu de vert d'essence d'épinard (*Voyez* cet article). Ce mélange étant travaillé, vous en masquez les petits pains de la manière décrite plus haut.

Faites-les sécher deux minutes à four très-doux, pour que la chaleur n'altère point la couleur. Ayez soin de mettre peu de vert à la fois, afin que votre glacé soit d'un vert extrêmement tendre.

Détail de l'appareil. Deux verres d'eau, deux onces de beurre, six de farine, deux de sucre, cinq ou six œufs, quatre onces de pistaches, un demi-pot de marmelade d'abricots, six onces de sucre, un grain de sel.

Pour les choux à la Reine, vous procéderez de la même manière que ci-dessus, avec cette différence que vous faites ceux-ci ronds.

Petits pains à la rose.

Vous les faites de même que ci-dessus, puis vous les glacez d'une glace rose, dans laquelle vous avez mis une petite infusion de cochenille, afin de la teindre d'un beau rose. Vous pilez un quarteron d'amandes douces, avec deux onces de sucre. Prenez deux ou trois cuillerées de bonne eau de rose et le double de crême-pâtissière; puis vous garnissez avec ce mélange vos gâteaux avant de les glacer. Les choux à la rose se préparent de la même manière.

Petits pains à la paysanne.

Vous faites la même pâte des pains à la duchesse, mais vous couchez ceux-ci un peu plus gros, et leur donnez la forme d'une navette. Lorsqu'ils sont dorés légèrement, vous les masquez de gros sucre, et les mettez de suite au four, afin que le sucre n'ait pas le temps de fondre par le liquide de la dorure. Donnez une belle couleur, et lorsqu'ils sont refroidis, vous les coupez tout autour pour en séparer une espèce de couvercle; ensuite vous mettez dans une petite terrine huit cuillerées de bonne crême fouettée, un demi-bâton de vanille pilé avec deux onces de sucre. Passez au tamis, travaillez quelques minutes ce mélange, afin de rendre cette crême plus compacte et plus moelleuse en même temps; puis vous garnissez les petits pains, et les recouvrez de leurs couvercles.

Les choux à la paysanne se font de même.

Vous pouvez parfumer cette crême avec deux cuillerées de beau marasquin.

Petits pains au raisin de Corinthe.

Vous les faites de la même manière que ceux à la Reine; vous les garnissez d'une petite crême-pâtissière (*Voyez* cet article), dans laquelle vous mêlez deux onces de sucre fin et deux de raisin de Corinthe bien lavé; ensuite vous faites, avec quatre onces de sucre très-fin et un demi-blanc d'œuf, une glace comme les précédentes, mais sans couleur. Vous en masquez les gâteaux, et, au fur et à mesure que vous en avez un de masqué, vous semez dessus des grains de raisin de Corinthe bien lavés et séchés au four. Avant cette opération, faites ressuyer la glace au four, et, quand vos petits pains sont froids, vous les dressez.

Les choux au raisin de Corinthe se font de même.

Petits pains glacés au caramel.

Vous les faites de même que les pains à la duchesse, mais sans être glacés au four. Vous les garnissez de même avec des confitures, n'importent lesquelles; puis vous mettez dans un petit poêlon d'office quatre onces de sucre que vous faites cuire au caramel (*Voyez* cette cuisson), dans lequel vous trempez le dessus et le côté le plus uni des gâteaux, et le plus vîte possible, afin que le sucre n'ait pas le temps de changer de couleur. Ainsi tour à tour vous glacez l'entremets que vous dressez, en plaçant le plus beau côté à la vue.

Les choux au caramel se font de même.

Petits pains glacés aux pistaches.

Vous coupez en petits filets deux onces de pistaches émondées; vous cuisez un quarteron de sucre ou cassé (*Voyez* cette cuisson), et aussitôt vous mettez le poêlon sur le coin du fourneau, afin que le sucre conserve sa belle teinte blanche. Ensuite vous y glacez les petits pains, comme vous l'avez fait pour les précédens; puis, en même temps que chaque gâteau sort du poêlon, vous semez légèrement dessus les filets de pistaches.

Les choux glacés aux pistaches se font de même.

Petits pains glacés aux anis rosés.

Vous procédez de même que ci-dessus, à la seule différence que vous semez des anis roses en place des filets de pistaches.

Les choux glacés aux anis se font de même.

Petits pains glacés au raisin de Corinthe.

Après avoir bien épluché et lavé à plusieurs eaux deux onces de beau raisin de Corinthe, vous le faites sécher quelques minutes au four, afin qu'il perde son humidité; ensuite vous glacez vos gâteaux de même que ci-dessus, et semez les grains de raisin en place des anis.

Les choux glacés au raisin de Corinthe se font de la

même manière. En place des raisins de Corinthe vous semez des grains de sucre, ce qui vous donnera des petits pains au gros sucre.

Petits pains panachés.

Mêlez ensemble deux onces de gros sucre et une once de raisin de Corinthe préparé comme le précédent, après vous masquez vos gâteaux avec ce mélange. On les fait de même aux anis roses mêlés avec du gros sucre, ainsi qu'avec du gros sucre et des pistaches coupées en petits dés.

Vous pouvez faire des entremets de gimblettes au gros sucre, aux pistaches, aux anis; enfin vous pouvez les varier autant qu'il y a de genres différens de petits pains décrits ci-dessus.

Pour opérer, vous suivez seulement les procédés décrits à chaque article.

On fait également et de la même manière des petits choux (moitié moins gros que les choux d'entremets) et des petits pains pour garnitures des grosses pièces montées, et pour grouper les rochers et les rocailles.

Profitrolles au chocolat.

Vous faites un verre de lait de crême-pâtissière (*Voyez* cet article), dans laquelle vous mêlez quatre onces de chocolat râpé. Mettez la moitié de cette crême dans un plat (d'entremets) d'argent; vous l'élargissez avec soin et la mettez au four une petite demi-heure, afin qu'elle puisse, pendant ce temps, se gratiner sur le fond du plat.

Ensuite vous mêlez dans une petite terrine deux onces de chocolat râpé, deux onces de sucre et un peu de blanc d'œuf; le tout étant bien travaillé et un peu mollet, vous masquez avec huit beaux choux un peu plus gros que de coutume. Faites-les sécher au four pendant quelques minutes, ensuite vous les touchez légèrement pour en séparer le fond. Vous les garnissez avec le reste de la crême au chocolat; au fur et à mesure vous les placez sur la crême gratinée. Placez le plus gros au milieu et les sept autres à l'entour, en les serrant le plus près possible. Mettez-les encore au four pendant un petit quart d'heure, et servez-les de suite.

Cet entremets est le même que pour les petits pains au chocolat; ils ne diffèrent que dans la manière de les servir.

Nous avons encore quelques objets qui concernent ce chapitre, attendu que la pâte à choux entre dans leur composition, comme par exemple les flans suisses, les poupelins, les petits choux, beignets et seringués. Ces entremets se trouvent placés dans chaque chapitre des parties qui les distinguent d'une manière toute particulière.

CHAPITRE II.

MADELAINES AU CÉDRAT.

Rapez sur un morceau de sucre le zeste de deux petits cédrats (ou de deux oranges, citrons, ou bigarades); écrasez ce sucre très-fin, mêlez-le avec du sucre en poudre, pesez-en neuf onces que vous mettez dans une casserole, avec huit de farine tamisée, quatre jaunes et six œufs entiers, deux cuillerées d'eau-de-vie d'Andaye et un peu de sel; remuez ce mélange avec une spatule. Lorsque la pâte est liée, vous la travaillez encore une minute seulement. Cette observation est de rigueur, si l'on veut avoir de belles madelaines; autrement, l'appareil étant plus travaillé, il fait beaucoup trop d'effet à la cuisson; et cela dispose les madelaines à être compactes ou de s'attacher aux moules; à être plucheuses ou à se ratatiner; enfin, quand cela arrive, cet entremets est de pauvre mine.

Faites ensuite clarifier dans une petite casserole dix onces de beurre d'Isigny; au fur et à mesure que le lait monte dessus, vous avez le soin de l'écumer. Lorsqu'il ne pétille plus, cela indique qu'il est clarifié; alors vous le tirez à clair dans une autre casserole. Lorsqu'il est un peu refroidi, vous en remplissez un moule à madelaines : vous verserez ce beurre dans un autre moule, et ainsi de suite jusqu'au nombre de huit, après quoi vous reversez le beurre dans la casserole. Vous garnissez ensuite de nouveau un moule de beurre chaud, et le versez tour à tour dans huit autres moules. Enfin vous recommencez deux fois cette opération, ce qui vous donnera trente-deux moules beurrés. Il ne faut pas renverser les moules après les avoir beurrés, attendu qu'ils doivent conserver le peu de beurre qui s'égoutte au fond de chacun d'eux.

Après, vous mêlez le reste du beurre dans l'appareil; puis vous les placez sur un fourneau très-doux : vous remuez légèrement ce mélange, afin qu'il ne s'attache pas à la casserole, et aussitôt que l'appareil commence à devenir liquide (1), vous la retirez de dessus le feu pour qu'elle n'ait pas le temps d'y tiédir; ensuite vous garnissez les moules avec une cuillerée de cet appareil. Mettez-les au four chaleur modérée.

Observation. Si vous voyez faire à vos madelaines beaucoup d'effet à la cuisson, cela ne présage rien de bon ; car elles seront ou compactes ou plucheuses. Ce mauvais résultat ne peut venir que d'avoir trop travaillé l'appareil avant ou après l'addition du beurre ; enfin, lorsqu'elles ont resté au four vingt-cinq à trente minutes, voyez si elles sont cuites ; elles doivent se trouver fermes au toucher ; puis en retournant le moule, si elles se trouvent de belle couleur, vous les retirez du four.

Détail de l'appareil. Neuf onces de sucre en poudre, huit onces de farine, six œufs entiers et quatre jaunes, deux cuillerées de bonne eau-de-vie, le zeste de deux cédrats, un grain de sel et neuf onces de beurre.

On peut en place de cédrat râper le zeste de deux oranges ou de citrons, de bigarades, de fleur d'orange prâlinée et à la vanille.

Madelaines aux raisins de Corinthe.

Vous procédez, pour l'appareil, de la même manière que

---

(1) Ceci est l'effet du beurre fondu qui se lie dans toutes les parties de la pâte ; ce qui l'amollit singulièrement. Mais si, au contraire, on laissait le beurre refroidir dans la pâte, cela la rendrait plus ferme et nuirait encore à la parfaite réussite des madelaines ; car cet entremets est véritablement difficile à bien faire.

ci-dessus ; puis au moment de remplir vos moules, vous mêlez dans la pâte deux onces de beau raisin de Corinthe épluché, lavé et séché au four, afin qu'il n'ait point d'humidité.

Madelaines aux pistaches.

Après avoir émondé deux onces de pistaches, vous coupez chaque amande en six parties égales, et les mêlez dans l'appareil au moment qu'il est prêt à être versé dans les moules. Vous mettez dans la préparation deux cuillerées de bon marasquin en place de deux cuillerées d'eau-de-vie.

Madelaines aux cédrats confits.

Coupez en petits dés, et autant égaux que possible, deux onces de cédrat confit, que vous joignez dans la pâte, lorsqu'elle n'a plus qu'à être versée dans les moules. Ne mettez pas d'autre odeur.

Madelaines aux anis blancs.

Mettez deux onces d'anis blancs dans la pâte de la manière accoutumée.

Toutes ces sortes de fruits nuisent un peu à ce que les madelaines soient bien liées ; mais cela est inévitable.

Voici une autre manière plus brillante et plus distinguée.

Lorsque vos madelaines (ordinaires) sont cuites, mettez dans un petit poêlon d'office quatre onces de beau sucre, et lorsqu'il est cuit ou cassé (*Voyez* cet article), vous y glacez vos madelaines d'un côté seulement ; mais aussitôt qu'elles sortent du poêlon, vous semez dessus des grains de raisin de Corinthe ou de l'anis rose ou blanc, des pistaches coupées en dés, du cédrat confit ou du gros sucre. On peut également mêler des raisins de Corinthe avec du gros sucre, ou du gros sucre avec des pistaches.

Madelaines en surprises.

Lorsque vos madelaines (ordinaires) sont refroidies, vous les videz en partie par le dessous ; mais vous aurez soin de conserver le dessus de la partie que vous en avez séparée, afin qu'il serve de couvercle; ensuite vous pilez quatre onces d'amandes d'avelines, que vous mêlez avec huit cuillerées de marmelade d'abricots, puis vous garnissez l'intérieur des madelaines avec cette espèce de crême, que vous masquez des fonds de chaque gâteau que vous avez parés bien mince.

Vous pouvez piler des pistaches en place d'avelines. Vous pouvez également garnir vos madelaines de crême au chocolat et à la vanille.

On peut aussi méringuer ces sortes de madelaines.

CHAPITRE III.

DES GÉNOISES EN GÉNÉRAL, ENTREMETS DE SUCRE.

Génoises à l'orange.

APRÈS avoir émondé quatre onces d'amandes douces, vous les pilez et les mouillez peu à peu avez la moitié d'un blanc d'œuf, et quand elles sont parfaitement pulvérisées, et qu'aucun fragment d'amandes n'est plus aperçu, vous les mettez dans une moyenne terrine avec six onces de farine, six de sucre en poudre, dont deux de suc de zeste d'orange (*Voyez* cet article), six jaunes d'œufs, deux œufs entiers, une cuillerée de bonne eau-de-vie et un grain de sel. Travaillez ce mélange avec la spatule pendant six bonnes minutes, ensuite remuez avec la spatule six onces de beurre fin que vous aurez mis à la bouche du four pendant une minute seulement, afin qu'il s'amollisse sans se fondre. Cependant lorsqu'il est bien moelleux et bien velouté, vous le mêlez dans un coin de la terrine avec un peu d'appareil, et après dans la masse entière. Travaillez encore ce mélange quatre ou cinq minutes, afin de bien amalgamer le beurre dans la pâte, vos génoises seront alors terminées.

Vous beurrez après une plaque ou un plafond à rebord; ou si vous n'avez pas d'ustensiles nécessaires à l'opération, vous faites deux caisses de papier de neuf à dix pouces carrés ; vous les beurrez et versez l'appareil dedans, et avec la lame du couteau, vous égalisez l'épaisseur des génoises, ensuite vous les mettez au four chaleur douce. Lorsqu'elles sont assez ressuyées, vous les coupez de toutes les formes possibles, puis après vous les remettez sécher au four, afin qu'elles deviennent cassantes. Lorsqu'elles seront refroidies (ayez soin qu'elles ne reprennent pas de couleur); on les décore de toutes les manières, ainsi qu'on le verra dans les articles suivans.

Détail de l'appareil. Quatre onces d'amandes, six de sucre, six de farine, deux œufs entiers, six jaunes, deux cuillerées d'eau-de-vie, le zeste de deux oranges, six onces de beurre, un grain de sel.

Génoises à la rose.

Vous les préparez comme les précédentes, avec cette seule différence que vous y joignez une cuillerée de bonne essence de rose en place d'eau-de-vie, et de l'odeur de zeste d'orange. Lorsqu'elles sont cuites, vous les coupez en forme de croissant avec un coupe-pâte rond du diamètre de deux pouces et demi, et les remettez au four pour les sécher. Pendant ce temps, vous mêlez dans une petite terrine quatre onces de sucre passé au tamis de soie, le quart d'un blanc d'œuf et une petite infusion de graine de cochenille. Ce mélange étant bien travaillé, et d'un beau rose, vous en masquez le dessus des génoises en l'égalisant bien lisse. Ayez le soin de ne pas mettre de ce glacé sur l'épaisseur des gâteaux. Mettez-les deux minutes seulement à la bouche du four, afin que la glace se sèche sans changer de couleur. Lorsqu'elles sont refroidies, vous les dresserez.

Génoises à la vanille.

Faites vos génoises selon la règle; joignez dans l'appareil la moitié d'une gousse de vanille pilée et passée au tamis de soie. Les génoises étant cuites, vous les coupez de deux pouces et demi de longueur sur un pouce six lignes de largeur, et les faites ressuyer au four; puis vous les masquez d'un glacé, dans lequel vous avez mis une demi-gousse de vanille, pulvérisée et tamisée. Faites-les sécher au four, et donnez tant soit peu de couleur au glacé.

Génoises au chocolat.

Vous les faites en tout point comme les précédentes, en joignant dans l'appareil une demie gousse de vanille. Pour les masquer, vous faites un glacé avec trois onces de chocolat râpé, deux de sucre fin et un demi blanc d'œuf. Etant glacées, mettez-les deux minutes au four.

Génoises au raisin de Corinthe.

Après avoir épluché et bien lavé quatre onces de raisin de Corinthe, vous le faites ressuyer au four, afin qu'il ne soit plus humide. Vous mêlez la moitié dans l'appareil avec le zeste d'un citron haché bien fin, vos génoises préparées d'ailleurs comme de coutume; ensuite vous faites avec quatre onces de sucre très-fin et un peu de blanc d'œuf, un glacé dont vous masquez le dessus des gâteaux, au fur et à mesure que vous en avez un de glacé. Vous semez dessus les grains de raisin de Corinthe que vous avez conservé. Mettez sécher une minute à la bouche du four.

Génoises au cédrat confit.

Prenez deux onces de beau cédrat confit, et coupez-le en petits dés. Mettez dans l'appareil le zeste d'un cédrat râpé, sur un morceau de sucre (*Voyez* cet article). Ces génoises étant disposées selon la règle, vous les masquez comme les précédentes, et semez dessus les petits dés de cédrat.

Génoises aux anis roses.

Mettez dans l'appareil ordinaire une cuillerée de graines d'anis verts étoilés, mais parfaitement nettoyés. Vous les séchés après les avoir coupés en croissant; puis vous faites un petit glacé de quatre onces de sucre, et au fur et à mesure, vous semez dessus des anis roses.

Génoises au marasquin.

Vous mettrez dans l'appareil deux cuillerées de bon marasquin d'Italie en place d'eau-de-vie. Mêlez dans une petite terrine quatre onces de sucre très-fin, avec un peu de blanc d'œuf et une cuillerée de marasquin ; finissez l'opération de la manière accoutumée.

Vous pouvez faire le glacé un peu rose, par l'addition d'une infusion de cochenille ; puis vous semez dessus du gros sucre (*Voyez* cet article). Vous procédez de même pour les génoises au rum.

Génoises aux pistaches.

Après avoir émondé quatre onces de pistaches, vous les pilez avec un peu de blanc d'œuf, afin qu'elles ne tournent pas à l'huile ; vous les mêlez dans l'appareil en place d'amandes ordinaires. Joignez-y une cuillerée d'essence de vert d'épinard passé au tamis de soie. (*Voyez* cet article.)

Lorsque vos génoises sont cuites à point, vous les masquez avec quatre onces de sucre travaillé dans un blanc d'œuf, et la moitié du suc d'un citron, afin que ce glacé soit d'une parfaite blancheur ; ce qui fera un très-joli effet sur vos génoises, dont l'épaisseur doit être d'un vert extrêmement tendre.

Vous pouvez faire vos génoises comme de coutume, aux amandes douces, puis vous hacherez vos pistaches ; et après avoir glacé vos gâteaux de même que ci-dessus, vous semez par dessus vos pistaches. Cette manière est plus distinguée ; je la préfère à la précédente.

Génoises aux avelines.

Pilez parfaitement six onces d'amandes d'avelines émondées ; puis vous en retirez un tiers, et mêlez le reste dans l'appareil, au lieu d'amandes douces : voilà la seule différence. Lorsque vos génoises sont cuites, vous les coupez en croissant. Ne les remettez pas sécher comme de coutume ; ensuite mêlez les deux onces d'avelines conservées dans une petite terrine, avec quatre onces de sucre très-fin, et le quart d'un blanc d'œuf. Masquez vos génoises avec ce glacé, et donnez-lui une belle couleur jaune.

Si vous aimez mieux les faire aux avelines grillées, vous ne pilerez que quatre onces d'amandes, et en hacherez le même poid, que vous mêlez avec deux onces de sucre fin et un peu de blanc d'œuf. Avant de mettre les génoises en cuisson, vous semez sur la pâte ces avelines hachées, le plus également possible. Mettez-les au four chaleur douce, et donnez-leur une belle couleur blonde. Etant assez ressuyées, vous les retournerez sens dessus dessous, puis vous les détaillerez selon votre idée ; ensuite remettez-les quelques minutes sécher au four.

Génoises aux amandes amères.

Emondez deux onces quatre gros d'amandes douces et une once et demie d'amandes amères ; après les avoir pilé, vous les mêlez dans l'appareil, qui du reste est fait de la manière accoutumée. Puis vous hachez quatre onces d'amandes douces, et les mêlez dans deux onces de sucre fin et un peu de blanc d'œuf. Le reste du procédé est le même que ci-dessus.

Génoises en couronnes perlées.

Lorsque vos génoises sont préparées et cuites comme de coutume, vous les coupez avec un coupe-pâte rond, du diamètre de deux pouces et demi ; vous les videz au milieu avec un petit coupe-pâte d'un pouce de diamètre ; ensuite vous fouettez deux blancs d'œufs bien ferme, et les mêlez avec trois onces de sucre en poudre. Lorsqu'ils sont parfaitement liés, vous en masquez légèrement le dessus des génoises, puis vous mettez du blanc d'œuf sur la lame d'un grand couteau, et, avec la pointe du petit couteau, vous prenez une petite partie de blanc dont vous formez des méringues aussi petites que vous voulez les faire. Vous les placez sur le bord de la couronne, le plus rond et le plus également possible. Lorsque vous en avez sept ou huit de perlées, vous les saupoudrez de sucre très-fin, et vous suivez cette manière de procéder pour perler vos génoises ; ensuite vous les mettez quelques minutes à la bouche du four pour sécher le blanc d'œuf sans le colorer.

Si vous voulez leur donner couleur, vous les poussez plus avant dans le four, et les retirez quand elles sont d'un beau jaune. Lorsqu'elles sont refroidies, vous placez entre chaque perle une plus petite, formée de confiture transparente, comme gelée de pomme, de coing, de groseilles roses et blanches. Ces sortes de petits gâteaux flattent singulièrement la vue, et sont en même-temps très-aimables à manger; mais d'un autre côté, ils sont fort difficiles à dresser.

Génoises perlées aux pistaches.

Vous les faites de la manière que les précédentes, puis au fur et à mesure que vous les glacez de sucre, vous placez entre chaque perle la moitié d'une pistache coupée par le milieu, de manière que le côté coupé se trouve placé sur le gâteau. Mettez sécher, et conservez les petites perles très-blanches.

Génoises perlées au raisin de Corinthe.

Vous procédez de même que ci-dessus; puis entre chaque perle vous placez un beau grain de raisin de Corinthe bien lavé. Vous pouvez en mettre un plus petit sur chaque perle.

Vous pouvez ainsi méringuer vos génoises de toutes formes possibles, soit en losange, en carré, en long et en croissant : cette dernière forme est la plus élégante et la plus distinguée.

Voici comment je les perlais : je ne plaçais que sept perles sur le bord du grand côté circulaire du croissant; puis je les glaçais et les séchais très-blanches. Lorsqu'elles étaient refroidies, je plaçais entre chaque perle une plus petite de gelée de groseilles roses, de gelée de coing ou de marmelade d'abricots bien transparentes. Lorsque je donnais couleur aux petites perles, je plaçais entr'elles un peu de pomme, de groseille blanche ou rouge : cette dernière fait mieux.

Observation. Le croissant a la forme la plus aimable et la plus jolie que je connaisse, et est la plus facile à dresser. Ces sortes d'entremets étant groupés avec goût, sont d'une élégance, d'une tournure si attrayante, que cela leur donne un caractère tout particulier, et les distinguent de tous les autres gâteaux de tel genre que ce puisse être.

Voici la manière dont je les groupais ou les dressais : Je plaçais en couronne vingt-deux génoises appuyées les unes sur les autres, et un peu inclinées, afin qu'elles formassent une espèce de turban. Sur cette couronne, j'en formais une autre avec seize génoises ; mais je les plaçais dans un sens contraire, c'est-à-dire qu'ayant incliné les premières à droite, je penchais celles-ci à gauche ; puis je formais un troisième turban, en plaçant dix génoises de même que les premières : ainsi l'on peut se figurer voir ces trois couronnes l'une sur l'autre, et toutes trois plus petites les unes que les autres, de deux pouces de hauteur. Cet entremets ainsi dressé, aura donc réellement six pouces d'élévation. Certes, un tel entremets est fort distingué, et voilà pourquoi je donne la préférence à la forme du croissant, qui d'ailleurs est connue. Je viens de démontrer la plus avantageuse pour être dressée avec grâce et élégance.

Je finis ce chapitre, sans parler de quelques génoises que certains pâtissiers de mauvais goût font........ oui, certes, de mauvais goût ; il est ridicule en effet de voir (dans un trop grand nombre de boutiques ; mais tout le monde s'en mêle !) de ces sortes de gâteaux chamarrés de cinq ou six couleurs diverses, toutes plus baroques les unes que les autres ; enfin c'est un assemblage pitoyable qui est aussi détestable que bizarre. Mais, patience, ce genre arlequin ne peut durer long-temps encore ; le public finira par s'apercevoir que ces gâteaux (baroques à la vue, et ne portant aucune odeur décidée), pour être ainsi barbouillés, sont plus de cinq à six fois maniés (mais, bon Dieu ! dans quelles sortes de mains ?), et sous ce rapport, cela n'a rien de tentant pour la sensualité d'un vrai gourmand, qui préférera toujours les choses élégantes, sans doute, mais de bon goût ; comme par exemple, les génoises tout simplement glacées au chocolat, à la vanille, à l'orange, au citron, au cédrat, à la bigarade, à la rose, au marasquin, au rum, aux amandes amères, aux avelines, aux pistaches, aux anis et au raisin de Corinthe.

Ces génoises seront toujours de mode; elles seront trouvées de bon goût dans tous pays où l'on aura une idée de nos aimables friandises parisiennes.

Génoises à la Reine.

Cet entremets est d'un moelleux parfait, ce qui le rend très-aimable à manger. Je le fis pour la première fois à Morfontaine, et comme j'étais jaloux de servir quelque bonne chose qui plût, je demandai l'avis de M. Laborde, maître d'hôtel, qui eut la complaisance de me détailler ce délicieux entremets, qui est véritablement allemand, et qui enrichira désormais notre pâtisserie parisienne. Voici la description.

Je fis détremper quatre jaunes d'œufs de pâte à nouille, que je détaillai selon la règle (*Voyez* cet article); puis je les versai dans quatre verres de crème bouillante, dans laquelle j'avais joint six onces de beurre d'Isigny. Après que ce mélange eut une minute d'ébullition, j'y joignai six onces de sucre, sur lequel deux zestes de citron avait été râpé, puis un grain de sel, et avec la spatule je remuai l'appareil et le plaçai sur des cendres rouges, pendant trente à quarante minutes, afin que les nouilles mijotassent, pour les faire renfler et les rendre moelleuses. Après ce laps de temps, j'y mêlai six jaunes d'œufs pour leur donner plus de corps, et les versai de suite sur un grand plafond légèrement beurré (le plafond doit être assez grand pour que les génoises n'aient que trois lignes d'épaisseur), puis avec la lame du couteau je les étalai d'égale épaisseur, et les mis au four chaleur modérée. Après quelques minutes de cuisson, je m'aperçus qu'elles clochaient par l'effet de l'air qui se trouvait comprimé entr'elles et le plafond; alors je perçai avec la pointe du couteau ces parties bombées, afin que l'air se dégageât.

Etant cuites d'une belle couleur claire et rougeâtre, je les séparai en deux parties égales, puis avec la lame du grand couteau, je les détachai du plafond; ensuite cette moitié fut placée sur deux grands couvercles de casseroles, et l'autre moitié fut de même placée sur des couvercles. Le plafond fut nettoyé, après quoi je plaçai sens dessus dessous une partie des génoises, que je masquai avec un pot de marmelade; puis je plaçai par dessus l'autre moitié des génoises. Lorsqu'elles furent parfaitement refroidies, je les coupai en croissant (de dix-huit lignes de largeur) avec un coupe-pâte rond-uni de deux pouces et demi de diamètre.

Ces génoises, par le moyen que j'en avais retourné la moitié pour les garnir, se trouvaient avoir la même couleur des deux côtés.

Je goutai ces gâteaux, qui furent pour moi du fruit nouveau, et j'avoue franchement que ces sortes de génoises sont d'un goût exquis et d'un moelleux parfait; mais la marmelade d'abricots rehausse singulièrement le bon goût de cet entremets friand, qui doit à l'avenir paraître souvent sur les tables opulentes de Paris, vrai séjour de l'extrême gourmandise.

Ou pourrait, ce me semble, avant de mettre ces génoises en cuisson, semer dessus six onces de pistaches hachées menues, ou bien du gros sucre; de même moitié pistaches et moitié gros sucre; puis lorsqu'elles seront cuites et coupées comme les précédentes (mais sans rien dessus) ne pourrait-on pas masquer légèrement de blanc d'œuf l'épaisseur du croissant (fouetter un blanc d'œuf et le mêler avec deux onces de sucre fin), ensuite le poser de ce côté sur des pistaches hachées très-fines, ou bien du gros sucre? On mêlerait alors du gros sucre et des pistaches ensemble, ou bien on mettrait la moitié du nombre des génoises aux pistaches et le reste au gros sucre, de façon qu'en les dressant, on pourrait en mettre une aux pistaches, une au gros sucre; on les mêlerait ainsi de suite, ce qui ferait un très-bel effet.

On pourrait également, pour varier ces bons entremets, les garnir de marmelade de pêches, de prunes de mirabelle, de reine-claude; ou de marmelade de coings, de poires, de pommes de rainette et d'api, puis encore avec toutes sortes de crêmes-pâtissières, comme, par exemple, au café, au chocolat, aux pistaches, aux macarons amères, et généralement avec toutes les crèmes contenues dans le chapitre des crêmes-pâtissières.

Je crois qu'il serait encore bon de les garnir avec six onces de pistaches pilées, et mêlées avec les trois quarts d'un pot de marmelade d'abricots, dans lequel mélange on ajouterait un peu d'essence de vert d'épinards passée au tamis de soie.

On les coupera de toutes sortes de formes, comme ronde, carrée, ovale et losange.

CHAPITRE VI.

DES GATEAUX AUX AMANDES AMÈRES.

Ces sortes d'entremets diffèrent fort peu des génoises, attendu que la manière d'opérer est la même, excepté que dans ceux-ci on met deux blancs d'œufs fouettés, et que dans les génoises on n'en met point. Mais ce qui les distingue d'une manière toute particulière, c'est leur épaisseur, qui est toujours de quinze à dix-huit lignes; au lieu que la génoise ne doit avoir que quatre et six lignes d'épaisseur.

Gâteaux d'amandes amères.

Après avoir bien pilez trois onces d'amandes, moitié douces et moitié amères, vous les mêlez dans une terrine, avec six onces de sucre en poudre, six de farine tamisée, deux œufs entiers et six jaunes, une cuillerée d'eau-de-vie et un grain de sel. Vous travaillez ce mélange pendant cinq ou six minutes, ensuite vous amalgamez six onces de beurre fin, que vous aurez mis une minute seulement à la bouche du four; lorsqu'il est parfaitement moelleux et velouté, vous le joignez dans l'appareil que vous travaillez encore quatre bonnes minutes sans discontinuer; puis vous fouettez deux blancs d'œufs et les mêlez dans la pâte en la remuant une bonne minute, afin de bien incorporer ce mélange. Vous beurrez ensuite une plaque de cuivre étamé, qui doit avoir dix pouces de longueur sur cinq de largeur, et deux de hauteur ; si vous n'avez pas cette plaque, vous ferez avec du papier fort une caisse de la même dimension. Lorsque votre plaque est garnie bien également, vous la mettez au four, chaleur douce. Après trois petits quarts d'heure, vous regardez la cuisson de vos gâteaux : ils doivent se trouver de belle couleur et un peu fermes au toucher. Alors vous les masquez avec deux blancs d'œufs fouettés et mêlés avec deux onces de sucre, puis vous avez tout près quatre onces d'amandes douces coupées en filets (l'amande en travers), mêlées dans deux onces de sucre fin et une cuillerée du blanc d'œuf fouetté. Vous semez ces amandes, le plus également possible, sur le blanc d'œuf qui masque les gâteaux. Appuyez ces amandes, afin qu'elles prennent une couleur parfaitement égale.

Cette opération doit se faire avec la plus grande vîtesse possible ; autrement vos gâteaux seraient susceptibles de devenir compactes.

Lorsque vos amandes sont colorées d'un beau blond, vous renversez la plaque sur une feuille de papier, et coupez les gâteaux sur la longueur de la plaque pour en former quatre bandes, que vous coupez ensuite en six parties égales et formant la losange ; ce qui doit vous donner vingt-quatre gâteaux que vous dressez en étoiles, trois l'une dessus l'autre, et de six gâteaux chaque. Vous en placez trois au milieu, à côté l'une de l'autre, les trois autres par-dessus, ce qui forme un entremets de bonne mine. Si vous voulez, ne faites que deux bandes au lieu de quatre ; alors coupez chaque bande en travers, et détaillez-en quinze petits gâteaux longs, égaux de largeur, ce qui les rendra faciles à dresser avec élégance ; puis vous pouvez les couper avec un coupe-pâte rond de deux pouces de diamètre, ou bien en forme de croissant. Mais coupez un peu étroit, et avec un coupe-pâte de trois pouces de diamètre. Ces sortes de gâteaux sont généralement aisés à dresser, parce qu'ils sont d'égale épaisseur.

Détail de l'appareil. Six onces de farine, six de sucre, trois d'amandes douces et amères, deux œufs entiers et six jaunes, six onces de beurre, deux de sucre mêlé avec deux blancs d'œufs fouettés, quatre onces d'amandes hachées mêlées avec deux onces de sucre, une cuillerée d'eau-de-vie et un grain de sel.

Gâteaux d'amandes aux avelines.

Vous procédez selon la recette précédente; mais vous mettez, en place d'amandes ordinaires, trois onces d'amandes d'avelines parfaitement pilées; et, pour masquer vos gâteaux, vous hachez trois onces d'avelines que vous mêlez avec deux onces de sucre fin, et un peu de blanc d'œuf fouetté. Finissez l'opération de la manière accoutumée.

Gâteaux d'amandes au cédrat.

Vous préparez l'appareil comme de coutume; mais vous n'y mettez que trois onces d'amandes douces, et le zeste de deux cédrats râpés; cela remplace l'odeur des amandes amères. Lorsque vos gâteaux seront cuits, vous ne mettrez point d'amandes dessus; vous pesez une once de sucre, sulequel vous râpez le zeste d'un beau cédrat; vous le mêlez dans une petite terrine, avec trois onces de sucre en poudre et la moitié d'un blanc d'œuf. Ce mélange étant bien travaillé et bien moelleux, vous en masquez le dessus de vos gâteaux, ensuite vous les mettez quelques minutes au four, afin que le glacé se sèche et se colore bien blond.

Si vous ne voulez pas mettre de cédrat dans le glacé, vous pouvez semer dessus des raisins de Corinthe, des pistaches hachées, des anis blancs ou roses au gros sucre; mais, pour qu'il fasse plus d'effet, vous pourrez mettre un peu d'infusion de cochenille, afin de teindre le glacé en un beau rose, ou un peu d'essence de vert d'épinards (*Voyez* cet article), afin de le teindre d'un beau vert pistache.

Vous pourrez également, pour ces sortes d'entremets glacés, faire les appareils comme ci-dessus; mais au lieu de cédrat, vous y joindrez le zeste de deux citrons, de deux bigarades, de deux oranges, ou bien une once de fleur d'orange pralinée.

Si vous voulez perler et méringuer ces gâteaux, voyez à cet effet les génoises perlées et méringuées, attendu que c'est la même manière de procéder.

Si vous ne voulez pas mettre d'amandes dans cet appareil, vous les supprimez, car cela n'influe en rien sur la réussite de ces gâteaux à la cuisson.

On peut également supprimer les blancs qui entrent dans l'appareil, ce qui m'arrive souvent.

CHAPITRE V.

DES GAUFRES EN GÉNÉRAL, ENTREMETS DE SUCRE.

Les trois quarts des pâtissiers font ces sortes de gaufres avec du blanc d'œuf seulement, et se gardent bien d'y joindre un un peu de jaune. Cela, disent-ils, les empêche de réussir. Point du tout ; cela ne nuit en rien à la réussite de l'opération, car j'ai toujours fait mes gaufres soit au blanc soit au jaune. Cela dépend des circonstances du moment ; car, si réellement je me trouvais avoir des jaunes à employer, à coup sûr je les emploierais de préférence à casser de nouveaux œufs, qui augmenteraient encore le nombre des jaunes, qui ne pourraient me servir à rien. Il en est de même lorsque je n'avais que des blancs, je les employais sans aucune préférence ; et lorsque je n'avais ni blancs ni jaunes, alors j'employais les œufs entiers, comme on va le voir dans les recettes suivantes.

Gaufres aux pistaches.

Après avoir coupé en filets, et aussi mince que possible, une demi-livre d'amandes douces (émondées), vous les mettez dans une petite terrine, avec quatre onces de sucre en poudre, une demi-cuillerée à bouche de farine, le zeste râpé d'une orange, puis deux œufs entiers et un jaune, un grain de sel ; vous remuez ensuite doucement ce mélange

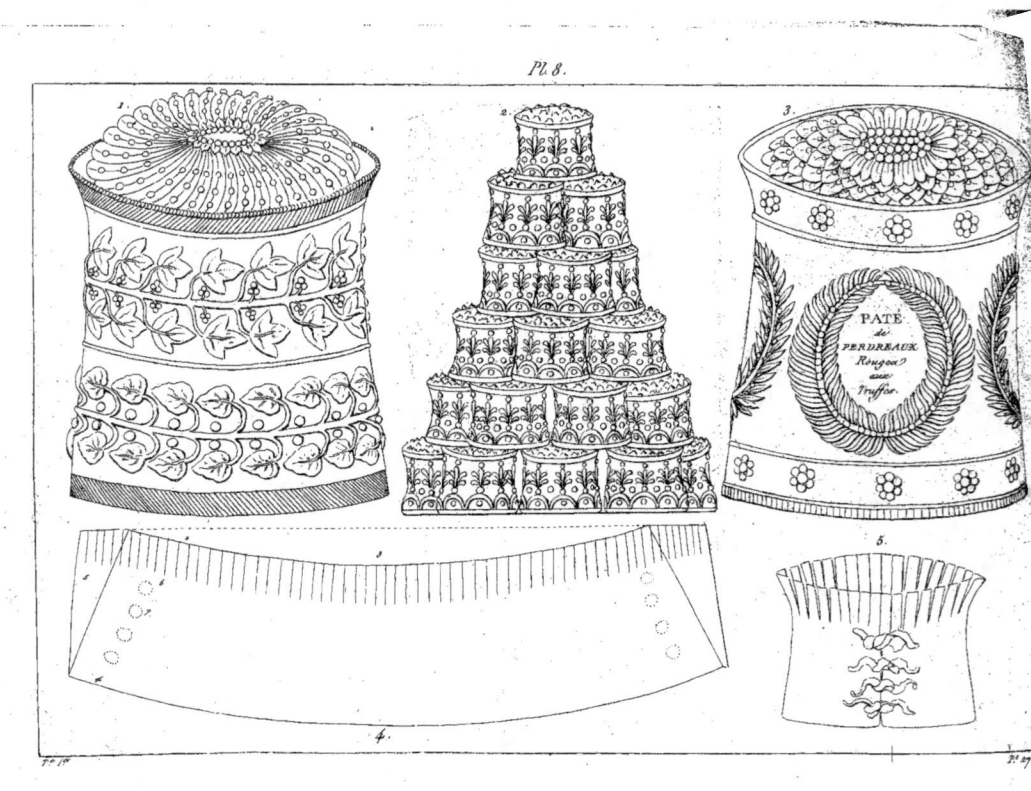

DES ENTREMETS DE PATISSERIE. 173

avec la spatule, afin de ne point briser les amandes. Lorsqu'il est bien mêlé, vous beurrez légèrement une plaque longue de dix-huit pouces sur douze de largeur, sur laquelle vous versez l'appareil, et l'étalez avec la lame du grand couteau, afin qu'elle ne soit pas plus liquide dans une place que dans l'autre; ensuite vous prenez une fourchette pour les placer d'égale épaisseur, afin que les amandes se trouvent intimement liées entr'elles. Vous les masquez légèrement, en semant dessus deux onces de pistaches (émondées) coupées en petits filets. Mettez-les au four, chaleur modérée, jusqu'à ce que vos gaufres soient colorées d'une belle teinte claire et jaunâtre, et qu'elles aient la même couleur en dessous; autrement vous seriez contraint de couvrir de papier vos gaufres, pour les empêcher de prendre davantage de couleur dessus. Ayez soin de guetter le moment où la cuisson est à point, car une minute de trop peut rendre vos gaufres très-cassantes, et par ce moyen vous auriez beaucoup de peine à leur donner une belle forme. D'un autre côté, si elles ne sont pas assez atteintes à la cuisson, elles ne conserveront pas la forme que vous leur aurez donnée : au lieu d'être croustillantes, elles s'attacheront aux dents, et seront fort désagréables à manger. Cette opération réclame des soins vraiment minutieux.

Enfin lorsque vos gaufres sont d'une parfaite cuisson, vous les coupez par bandes de deux pouces de largeur, puis vous les détaillez de manière à ce qu'elles aient deux pouces carrés (ou de deux pouces et demi sur dix-huit lignes de largeur; mais je les préfère de forme carrée, elles sont mieux); ensuite vous remettez la plaque à la bouche du four, pendant le temps que vous les formez, en les ployant sur une espèce de petit rouleau du diamètre de dix-huit lignes, et de quatre à cinq pieds de longueur. Ainsi en les plaçant tour-à-tour sur ce rouleau, vous leur donnez une forme demi-circulaire; mais si l'on est seul pour cette opération, il faut être très-agile pour arriver à la fin, sans que les gaufres aient changé de couleur.

C'est pour cela qu'on devrait toujours disposer cet appareil sur deux petites plaques ou plafonds, que l'on mettrait au four à cinq minutes de distance l'une de l'autre. Alors, par ce moyen, on aurait le temps d'opérer avec plus de facilité et de sûreté.

Détail de l'appareil. Huit onces d'amandes douces, quatre de sucre en poudre, une demi-cuillerée de farine, deux œufs entiers et un jaune, le zeste d'un orange, un grain de sel fin.

Observation. Comme je l'ai dit au commencement de cet article, on peut faire ses gauffres en mettant dans l'appareil cinq jaunes ou cinq blancs d'œufs ; cela ne nuit en rien à la réussite de l'opération.

Il m'est arrivé quelquefois de servir ces gaufres sans les plier ; je les coupais de trois pouces de longueur, sur un pouce seulement de largeur, et je trempais légèrement les bords dans du sucre cuit ou cassé (*Voyez* cet article) : puis dessus des pistaches hachées très-fin, de manière que mes gaufres se trouvaient encadrées de verdure printanière, ce qui flattait autant le goût que la vue. Ensuite je masquais le milieu légèrement de gelée de pommes ou de groseilles blanches.

On fait de la même manière des gaufres au gros sucre, ou bien on mêle deux onces de gros sucre avec deux de pistaches hachées très-fin. Ce mélange produit un effet très-pittoresque lorsque cet entremêts est dressé avec grace, ce qui est très-facile.

Gaufres au raisin de Corinthe et au gros sucre.

Vous les faites de la même manière que les précédentes. Mais au lieu des pistaches, vous semez dessus deux onces de raisin de Corinthe bien lavé. Lorsque vos gaufres ont resté deux bonnes minutes au four, vous joignez au raisin du gros sucre. Cette différence de temps est pour empêcher que le gros sucre ne se fonde ; ce qui arriverait si vous le mettiez en même temps que le raisin, attendu l'humidité des gauffres dans ce moment.

Pour les gaufres au gros sucre, vous aurez les mêmes soins.

DES ENTREMETS DE PATISSERIE.

Gaufres à la parisienne.

Vous les faites de la manière accoutumée ; mais vous ne mettez rien dessus. Vous les coupez de trois pouces et demi carrés, et les formez très-rondes, de manière qu'elles doivent faire une petite colonne d'un pouce deux lignes de diamètre. Vous garnissez avec soin l'intérieur de ces gaufres, avec une bonne crême fouettée, assaisonnée de sucre à la vanille ; et pour masquer cette crême, vous placez dessus une belle fraise ananas ou plusieurs ordinaires en forme de rosace, afin de garnir parfaitement l'ouverture des deux bouts de chaque gaufre, ce qui, par ce moyen, empêche la crême d'être vue.

Mais lorsque la saison des fraises est passée, on masque la crême en posant dessus des pistaches hachées très-fines, ce qui fait un fort joli effet. En place de pistaches, vous les masquerez tout simplement avec des macarons écrasés.

Cet entremets se dresse en mettant sept gaufres sur le fond du plat ; puis dessus, et entre chacune d'elles, vous en mettez encore cinq, puis quatre, trois, deux, enfin une, de manière que cette pyramide fasse un effet ravissant, en ce que l'on voit aux deux extrémités de chaque gaufre ces belles fraises ananas.

Leur effet aux pistaches n'est pas moins séduisant à la vue, en nous offrant un vrai buisson printanier. On pourrait encore au milieu des pistaches y placer une petite fraise.

On peut également former ces gaufres en forme de cornet, et les garnir de crême et de fraises.

Gaufres à la française.

Après avoir pilé une demi-livre d'amandes d'avelines, et qu'on n'aperçoit plus aucun fragment d'amandes, vous y joignez huit onces de sucre en poudre, puis vous finissez l'opération selon les procédés de la pâte d'amandes ordinaire (*Voyez* cet article). Ensuite lorsque votre pâte est refroidie, vous l'abaissez de l'épaisseur d'une bonne ligne, et coupez vos gaufres de deux pouces carrés. Vous les placez sur une plaque légèrement beurrée ; ensuite vous les dorez comme à l'ordinaire, et semez dessus des pistaches hachées ou coupées en petits filets, des raisins de Corinthe, du gros sucre, ou bien du gros sucre avec des pistaches ou avec des raisins.

La cuisson est la même que pour les gaufres précédentes. Celle-ci réclame plus de soin encore : vous les formerez de même, et les garnirez de crême fouettée et de la même manière que les gaufres à la parisienne.

Vous pouvez faire de ces sortes de gaufres aux amandes ordinaires.

Gaufres mignonnes aux avelines.

Versez sur une plaque légèrement beurrée quatre onces de biscuit à la cuillière (*Voyez* cet article.) bien travaillé, pour le rendre mollet et d'égale épaisseur avec la lame du couteau : alors vous semez dessus quatre onces d'amandes d'avelines, coupées en filets très-minces ; mêlez-y deux onces de sucre fin et le demi-quart d'un blanc d'œuf ; mettez au four chaleur modérée : puis terminez l'opération selon les procédés décrits pour les gaufres précédentes.

Gaufres d'office à la vanille.

Ces sortes de gaufres sont très-aimables, garnies de crême fouettée dans le même genre des gaufres à la parisienne. Mais celles-ci ne se servent que pour garniture de tambour ou assiettes de dessert.

Manière d'opérer. Pilez un bâton de vanille avec deux onces de sucre ; passez le tout au tamis de soie : mettez cette vanille dans une terrine avec huit onces de farine tamisée, six de sucre passé au tamis de soie, quatre jaunes et quatre œufs entiers, un grain de sel. Délayez ce mélange avec une grande cuillière d'argent ; joignez-y un demi-verre d'eau-de-vie d'Andaye, remuez le tout ; ensuite faites fondre deux onces de beurre fin dans du lait tiède, dont vous inclinez la casserole, en soufflant le beurre dans la préparation ; puis vous remuez encore ce mélange une bonne minute. Vous y joignez ensuite le lait par petite partie ; et dès

DES ENTREMETS DE PATISSERIE.

l'instant que l'appareil est bien mollet, sans être cependant trop clair, il doit facilement quitter la cuillière en la laissant masquée d'un velouté un peu épais.

Vous mettez ensuite le gaufrier sur un feu modéré et bien égal en chaleur. Le fer étant chaud, vous le beurrez légèrement, puis vous y versez une cuillerée d'appareil, que vous avez soin d'étaler dans toutes les parties décorées du fer. Vous fermez le gaufrier sans l'appuyer, autrement vous feriez fuir la pâte, ce qui rendrait la gaufre plus mince d'un côté que de l'autre, et par conséquent la couleur ne pourrait plus être égale, par la raison que la partie mince serait colorée, lorsque l'autre serait encore blanchâtre. Vous appuyez peu-à-peu le gaufrier, afin de bien marquer ses dessins sur la pâte.

Lorsque la gaufre est d'une belle couleur jaunâtre, vous la retirez promptement, en coupant les bords noircis par le feu, et lui donnez la forme que vous jugez nécessaire à votre opération.

En suivant cette manière de procéder, vous employerez peu-à-peu l'appareil.

Gaufres à la flamande.

Mettez dans une terrine huit onces de farine tamisée; ensuite délayez une once de levure dans un demi-verre de lait tiède; passez cette levure dans le coin d'une serviette; versez ce liquide dans la farine avec assez de lait tiède pour faire de ce mélange une petite pâte mollette et coulante, sans cependant être trop déliée. Mettez cette pâte dans l'étuve ou sur le four, afin qu'elle fasse l'effet d'un levain ordinaire. Vous y joignez ensuite deux œufs entiers et quatre jaunes, le zeste d'une orange râpée sur un petit morceau de sucre, puis une petite pincée de sel fin. Remuez ce mélange, joignez-y huit onces de beurre d'Isigny, que vous faites fondre seulement. Lorsqu'il est bien incorporé dans toutes les parties de l'appareil, vous fouettez les quatre blancs d'œufs bien ferme, et les mêlez légèrement dans la pâte avec deux grandes cuillerées de crème fouettée. Mettez-la de nouveau lever dans un lieu d'une chaleur modérée : lorsqu'elle est devenue du double du volume, vous faites chauffer le gaufrier sur un feu vif, mais plus ardent pour les côtés que pour le milieu. Lorsque le fer commence à jeter une petite fumée, ce qui annonce qu'il est chaud, alors vous passez dedans un peu de beurre clarifié, puis vous emplissez d'appareil un côté du gaufrier; et lorsque la pâte a fait son effet de ce côté, vous retournez légèrement le gaufrier, afin que la gaufre puisse prendre la parfaite empreinte des formes du moule. La gaufre étant cuite de belle couleur, vous garnissez de nouveau le gaufrier, et au fur et à mesure que les gaufres sortent du moule, vous les saupoudrez de sucre fin à l'orange. Ce sucre se prépare ainsi : Râpez sur un bon morceau de sucre le zeste de deux belles oranges de Malte, et à mesure que le sucre se colore, vous le ratissez avec un couteau, afin d'en séparer l'esprit volatil du zeste qui s'y attache par le frottement réitéré qu'il éprouve. Vous mettez ensuite sécher ce sucre sur une feuille de papier à la bouche du four ou dans l'étuve; lorsqu'il est parfaitement ressuyé, vous le pulvérisez dans un petit mortier, et le passez au tamis de soie.

Vous procéderez de même pour faire vos gaufres au cédrat, au citron, à la bigarade. Si vous voulez les faire à la vanille, vous hachez très-fin une gousse de bonne vanille, puis vous la pilez avec quatre onces de sucre, et la passez ensuite au tamis de soie.

Lorsque ces gaufres à la vanille sont mangé chaudes, elles sont d'un moelleux et d'un goût exquis; elles ne laissent rien à désirer : cela fait sortir ces délicieuses gaufres de la cathégorie ordinaire.

Observation. On doit mettre le plus grand soin de poser d'abord sur la terrine la cuillière après s'en être servi, ensuite de prendre très-légèrement une partie du dessus de la pâte pour en garnir le moule; car si, chaque fois, vous mettez la cuillière dans l'appareil, assurément ce mouvement réitéré doit opérer un mauvais effet : la pâte sera plus compacte, et par ce mauvais résultat les gaufres seront infiniment moins légères et moins agréables à manger.

Lorsqu'on est dans la possibilité de faire chauffer son

gaufrier à l'âtre sur une petite flamme vive et légère, les gaufres se colorent d'une teinte plus vive que lorsqu'elles sont cuites au charbon.

On peut également marquer cet appareil à la fécule de pommes de terre.

CHAPITRE VI.

DES PETITS NOUGATS DÉTACHÉS, ENTREMETS DE SUCRE.

Nougats à la française.

Après avoir émondé trois quarterons d'amandes d'avelines, vous séparez chaque amande en deux parties, et les placez sur un plafond, que vous mettez dans le four chaleur molle : vous les observez et les remuez de temps en temps, afin qu'elles soient bien égales en couleur. Lorsqu'elles sont légèrement colorées, vous les retirez à la bouche du four, ensuite vous faites cuire six onces de sucre dans un verre d'eau, et dès l'instant qu'il est au caramel, c'est-à-dire aussitôt que le sucre se teint d'une couleur jaunâtre, vous y versez les amandes en les remuant avec une spatule (mais légèrement, afin de ne point les briser) pour leur faire prendre le sucre également. Votre nougat doit se trouver d'une belle teinte rougeâtre : alors vous le versez sur le dessous d'un plafond légèrement beurré, puis vous l'élargissez bien vîte, et semez dessus du gros sucre et des pistaches coupées en filets et séchées un peu à la bouche du four. Vous disposez le nougat de manière à lui donner huit pouces de longueur sur six de largeur, et sur-tout d'égale épaisseur. Ayez l'attention de ne pas porter trop souvent les mains dessus, afin de ne pas écraser le gros sucre. Enfin lorsqu'il est assez refroidi pour resister au couteau, et qu'il est encore assez chaud pour ne pas se casser en le coupant, alors vous le parez tout au tour de deux lignes à-peu-près, puis vous le séparez en deux bandes sur sa longueur : vous coupez chacune de ces bandes en quinze petites parties bien égales, ce qui vous donne trente nougats bien faciles à dresser.

Cet entremêt est autant flatteur à la vue qu'il est aimable au palais : il est fort distingué ; mais il ne peut être servi que sur la table de nos Lucullus modernes.

Détail de l'appareil. Douze onces d'amandes d'avelines, six de sucre en poudre, deux de gros sucre, deux de pistaches.

Observation. La première fois que je fis cette sorte de nougats, ce fut dans mes grands extraordinaires des Relations extérieures en 1804. (*Voyez* les grands extraordinaires, 10e partie). Comme jusques-là je n'avais servi et vu servir que de petits nougats moulés et aux amandes ordinaires, alors j'ai pensé que ce nougat aux avelines serait plus distingué, et que sous ce rapport il convenait mieux aux grandes maisons, d'ailleurs sa forme est plus élégante. En effet, cette façon fut trouvée plus aimable, et bientôt je servis de ce nougat dans tous mes extraordinaires; mais je les fis plus souvent aux amandes qu'aux avelines. J'en ai fait aussi au raisin de Corinthe, aux anis roses et blancs, au sucre rose, au gros sucre et à la vanille.

Nougats au sucre rose et à la vanille.

Séparez en deux parties des amandes douces, pesez-en douze onces, et faites-les sécher comme les précédentes. Lorsqu'elles sont bien blondes, vous mettez dans un poêlon d'office six onces de sucre en poudre, et une bonne cuillerée d'infusion de graine de cochenille; vous remuez ce mélange avec la spatule, et votre sucre doit se trouver teint d'un beau rose. Faites fondre le sucre sur un feu modéré, ce qui fera changer le sucre de couleur; cela est inévitable. Enfin, lorsque votre sucre est parfaitement fondu, et qu'il commence à bouillonner, vous y joignez les amandes, que vous remuez légèrement avec la spatule, et le versez sur une feuille de cuivre. Vous l'élargissez, et semez dessus deux onces de gros sucre et une gousse de bonne vanille coupée en petits dés très-fins; puis vous terminez l'opération comme je l'ai décrite dans le nougat précédent.

DES ENTREMETS DE PATISSERIE.

Détail de l'appareil. Douze onces d'amandes douces, six de sucre fin, deux de gros sucre, un bâton de vanille.

Nougats au raisin de Corinthe et au gros sucre.

Emondez trois quarterons d'amandes douces, et après les avoir coupées en filets, vous les mettez au four doux prendre couleur; vous faites fondre ensuite six onces de sucre en poudre, aussitôt que votre sucre est bien fondu, et qu'il commence à devenir rougâtre, vous y jetez les amandes et le remuez avec la spatule, puis vous le versez sur une plaque, et semez dessus des raisins de Corinthe et du gros sucre. Vous faites ce nougat plus mince que les précédens; coupez-les en croissant avec un coupe-pâte de deux pouces de diamètre. Le nougat aux anis se fait de la même manière.

Nougats aux avelines garnis de crême fouettée.

Hachez un peu gros huit onces d'amandes d'avelines émondées; mettez-les au four doux pour leur donner la couleur nécessaire. Vous cuirez quatre onces de sucre en poudre d'une belle couleur rougâtre, vous y mêlez les amandes, ensuite vous en garnissez plusieurs petits moules (pour leur forme vous prendrez celle qu'il vous plaira le mieux; je préfère les formes unies); puis vous masquez l'intérieur du moule en mettant les amandes bien égales, afin qu'elles prennent la forme parfaite du moule.

Vous devez en avoir vingt à vingt-quatre. A l'instant du service, vous les garnissez avec précaution de crême fouettée à la vanille, et les dressez sens dessus dessous, afin qu'on ne voie pas la crême.

Vous procéderez de la même manière pour faire ces petits nougats aux amandes ordinaires. Vous les ferez également en coupant les avelines ou les amandes en filets.

Détail de l'appareil. Huit onces d'avelines, quatre de sucre, huit cuillerées de crême, quatre onces de sucre et de vanille.

Nous avons encore un grand nombre d'articles susceptibles, sans doute, d'entrer dans ce chapitre, savoir; les nougats montés, les vases, les corbeilles, les coupes, les palmiers. Mais comme ces articles se lient à des dessins qui en donnent la représentation, je les ai décrits dans la 5e partie.

CHAPITRE VII.

DES MÉRINGUES EN GÉNÉRAL.

La méringue est si aimable, que les entremêts qu'on en sert ne sont jamais assez forts. Il n'est pas une seule réunion où chaque convive n'ait le désir d'en croquer plusieurs.

Comme ces sortes de gâteaux sont les bijoux des dames, les gourmands leur en font l'agréable hommage ; les dames mangent d'autant mieux deux et trois de ces friands gâteaux, que leur composition est légère et aussi fondante que la crème fouettée qui les garnit ; et que, par cette raison, elles n'incommodent jamais l'estomac le plus délicat.

Méringues à la bigarade.

Râpez sur un morceau de sucre le zeste de deux bigarades bien jaunes et de bonne maturité. Faites sécher ce sucre à la bouche du four, ensuite vous l'écrasez et le passez au tamis ; puis vous en pesez huit onces, en y joignant d'autre sucre en poudre. Fouettez six blancs d'œufs dans un petit bassin ; étant bien ferme, vous y mettez les huit onces de sucre peu à peu, en remuant les blancs avec le fouet. Lorsque la pâte est assez travaillée, ce que vous voyez facilement quand elle est douce et facile à mouler à la cuillère, et qu'elle s'en sépare aisément, alors vous placez vos méringues sur des bandes de papier disposé selon la grandeur que vous voulez leur donner ; mais d'habitude nous leur donnons la forme bien exacte de la moitié d'un œuf séparé dans sa longueur, de manière qu'elles doivent, étant cuites, former un œuf parfait. Mais revenons à notre opération ; lorsqu'elles sont toutes formées, vous les masquez avec du sucre écrasé gros, et passé par un tamis dont le crin sera légèrement serré. Lorsque le sucre a resté quelques minutes, vous le séparez en soufflant sur les méringues; et prenant le papier par les deux extrémités, vous les placez sur des petites planches d'un pouce à-peu-près d'épaisseur. Mettez-les dans un four doux, et quand vos méringues sont cuites d'une belle couleur jaunâtre et parsemées de petites perles (effet du sucre neuf à la cuisson), alors vous les séparez du papier, et avec une cuillère à bouche, vous enfoncez légèrement le blanc liquide dans l'intérieur de la méringue; ensuite vous les placez du côté coloré sur un plafond, et les remettez au four, afin qu'elles prennent une belle couleur égale. Lorsque ces méringues sont refroidies, vous pouvez les conserver un mois dans un lieu sec. Lorsque vous devez les servir de suite, vous les garnissez avec de la crême fouettée, assaisonnée de sucre au zeste d'une bigarade.

On doit avoir l'attention de n'y mettre la crême qu'au moment où elles doivent paraître sur la table; car autrement, étant garnies trop tôt, l'humidité de la crême fouettée l'amollit singulièrement, et d'autant plus vite, que la méringue n'est réellement que du sucre. Alors donc, celle-ci se fond, ne pouvant opposer aucun corps solide qui puisse résister à l'humidité de la crême fouettée.

Vous pouvez parfumer vos méringues au marasquin, au rum, à la fleur d'orange double, à la rose, au café, à la vanille, aux fraises, aux framboises, à l'abricot, à l'ananas, au zeste d'orange, de cédrat ou de citron, aux pistaches, aux avelines et aux amandes amères.

Pour la préparation de ces sortes de crêmes, *Voyez* le chapitre des crêmes fouettées, 7e partie.

Méringues aux pistaches.

Vous les préparez selon la règle, vous les formez rondes; lorsqu'elles sont toutes couchées, vous les saupoudrez de sucre fin passé au tamis de soie, puis après que ce sucre est fondu, vous semez légèrement dessus des pistaches hachées; ensuite vous les placez sur une planche, et les mettez à four doux. Lorsqu'elles sont assez ressuyées et de belle couleur, vous les disposez comme les précédentes ; enfin étant bien sèches et prêtes à servir, vous les garnissez d'une bonne crème plombière aux pistaches (*Voyez* cet article).

On peut également garnir les méringues avec toutes sortes de crêmes plombières : elles n'en seront que plus savoureuses et plus agréables à manger.

Vous pouvez joindre aux pistaches du gros sucre, cela fait un fort joli effet. On procède de même pour les faire au gros sucre et au raisin de Corinthe, et au gros sucre seulement.

Les méringues au gros sucre et aux pistaches sont infiniment distinguées. Nous avons encore un grand nombre d'articles, qui concernent ce chapitre, comme, par exemple, les grosses méringues montées et les flans méringués, les biscuits, les gâteaux de mille feuilles, et généralement les entremêts méringués.

Tous ces articles se trouvent décrits dans chacun des chapitres qui les distinguent, soit par leur singularité, soit par leur forme, qui se rattachent aux dessins des chapitres subséquens.

CHAPITRE VIII.

DES PETITS PAINS DE CHATAIGNES, DE POMMES DE TERRE, ET D'AMANDES.

Petits pains de châtaignes.

Après avoir épluché trente-six beaux marrons cuits dans les cendres, vous en retirez toute la partie dure, ou pour mieux dire, les parties colorées par l'âpreté du feu ; pesez six onces de ce fruit, et pilez-le avec deux onces de beurre d'Isigny. Lorsqu'on ne voit plus aucun fragment de marrons, vous passez cette pâte au tamis de crin, ensuite vous pesez quatre onces de farine ordinaire, trois de sucre en poudre, deux de beurre fin, un œuf entier et un grain de sel.

Faites la détrempe de la manière suivante : après avoir

DES ENTREMETS DE PATISSERIE.

pesé la farine, vous la placez sur le tour, puis vous en formez une fontaine, au milieu de laquelle vous mettez le beurre, la pâte de châtaigne, le sucre, l'œuf et le peu de sel ; vous amalgamez le tout, et en formez une pâte ferme, bien lisse, et sans aucune nuance de beurre ni de châtaigne. Roulez cette pâte, et coupez-là en quatre parties égales ; roulez encore chaque partie en l'alongeant de même volume. Ensuite vous coupez les petits pains de la grosseur d'une belle noix ordinaire, et leur donnez la forme d'une petite navette longue de trente lignes, et à mesure vous les placez sur une plaque de cuivre étamée et beurrée légèrement : dorez-les comme de coutume, et mettez-les au four chaleur modérée. Donnez-leur une belle couleur, et laissez-les un peu ressuyer, afin qu'ils soient bien croustillans. Ces petits gâteaux s'émiettent dans la bouche, ce qui les rend très-aimables à manger.

Détail de l'appareil. Six onces du fruit, quatre de beurre, quatre de farine, trois de sucre, un œuf entier, un grain de sel.

Petits pains de pommes de terre.

Vous épluchez une douzaine de belles pommes de terre vitelottes cuites dans les cendres ; vous en séparez toutes les parties rougeâtres, afin de n'employer que la chair blanche dont vous pesez douze onces, et les pilez avec quatre onces de beurre d'Isigny : ce mélange étant bien broyé, vous y joignez quatre onces de sucre en poudre, deux de farine tamisée, deux jaunes d'œufs et un grain de sel. Pilez le tout en une pâte parfaite, et retirez-la du mortier pour la mettre sur le tour, qui sera saupoudré légèrement de farine : détaillez et finissez vos petits pains de la même manière que les précédens.

Détail de l'appareil. Douze onces de pommes de terre, quatre de beurre d'Isigny, quatre de sucre en poudre, deux de farine ordinaire, deux jaunes d'œufs, un grain de sel. On peut ajouter des odeurs.

Petits pains aux avelines.

Prenez une demi-livre d'amandes d'avelines, et après les

avoir émondées, vous les jetez dans un poêlon d'office, sur un feu modéré, et les remuez continuellement avec une spatule, afin de leur donner une petite couleur jaunâtre bien égale. Lorsqu'ils sont refroidis, vous les pilez en les mouillant peu à peu avec du blanc d'œuf, pour qu'ils ne tournent point à l'huile. Lorsqu'ils sont bien pilés, et après les avoir ôté du mortier, vous en détrempez une pâte avec huit onces de farine, huit de sucre en poudre, et quatre à cinq jaunes d'œufs seulement, pour que cette pâte se trouve jaunâtre. Procédez comme ci-dessus pour vos petits gâteaux ; et lorsqu'ils seront dorés, vous marquerez dessus une espèce d'épi avec la pointe du couteau. Laissez-les bien ressuyer à la cuisson, afin qu'ils soient croquans. Vous pouvez mettre dessus du gros sucre, avant de les mettre au four.

Détail de l'appareil. Huit onces d'avelines, huit de farine, huit de sucre en poudre, quatre ou cinq jaunes d'œufs, un grain de sel.

Petits pains aux amandes amères.

Après avoir émondé cinq onces d'amandes douces et trois amères, vous les pilez de même que les précédentes, pour en faire une pâte, avec huit onces de farine, huit de sucre en poudre, quatre jaunes d'œufs, un grain de sel. Votre détrempe étant bien travaillée, vous la détaillez selon la règle, et la cuisez de même.

Détail de l'appareil. Cinq onces d'amandes douces, trois d'amandes amères, huit de sucre en poudre, huit de farine, quatre ou cinq jaunes d'œufs, un grain de sel.

Petits pains aux anis de Verdun.

Pilez quatre onces d'amandes douces comme de coutume, et faites votre détrempe avec un quarteron de farine, un de sucre en poudre, deux jaunes d'œufs, une cuillerée d'infusion d'anis verts et un grain de sel. Le reste du procédé est toujours le même. Lorsque vos petits gâteaux sont dorés, vous les masquez avec de beaux anis

DES ENTREMETS DE PATISSERIE.

blancs de Verdun, et vous les cuisez de la manière accoutumée.

Détail de l'appareil. Quatre onces d'amandes douces, quatre de sucre en poudre, quatre de farine, deux jaunes d'œufs, quatre onces d'anis blancs, un gros d'infusion d'anis verts.

Petits pains des quatre fruits.

Râpez sur un beau morceau de sucre le quart du zeste d'un cédrat, celui d'une orange, d'un citron et d'une bigarade; pesez le sucre des quatre fruits, et complétez les huit onces nécessaires à l'opération, avec du sucre en poudre; écrasez-le avant de le mettre dans la pâte, ensuite faites vôtre détrempe avec huit onces de farine, quatre d'amandes douces pilées, deux œufs entiers et peu de sel. Finissez l'opération selon la règle : mettez dessus du gros sucre.

Détail de l'appareil. Le quart du zeste d'un cédrat, orange, citron et bigarade, huit onces de sucre, huit de farine, deux œufs entiers, un grain de sel.

Petits pains d'oranges.

Mettez dans la même détrempe que ci-dessus le zeste de deux oranges en place des quatre fruits, vous aurez des petits gâteaux qui auront le goût agréable de l'arome d'orange; vous pouvez les odorifer de même au citron, au cédrat ou à la bigarade.

On peut changer la forme de ces sortes de petits pains : cela dépend du goût de l'artiste. Cependant je crois qu'il serait raisonnable de leur laisser cette forme, attendu que ces petits gâteaux sont dénommés par l'épithète de *petits pains*.

CHAPITRE IX.

DARIOLES, ENTREMETS CHAUDS.

Pour dix-huit, ce qui fait un moyen entremets, vous mettez dans une petite casserole une once de farine tamisée, avec un œuf. Remuez ce mélange pour en faire une pâte sans grumeaux. Mêlez avec six jaunes d'œufs, quatre onces de sucre en poudre, six macarons écrasés, un grain de sel et un œuf entier. Remuez bien l'appareil; ensuite vous y joignez dix moules pleins de crême, puis de la fleur d'orange pralinée, ou le zeste d'un beau cédrat, d'une bigarade, d'un citron ou d'une orange, enfin tous les odorants possibles. Lorsque vos moules sont foncés, vous mettez dans chacun d'eux un petit morceau de beurre gros comme la moitié d'une aveline, puis vous versez la crême dedans, et les mettez au four chaleur gai. Servez-les le plus chaud possible, et glacez à blanc.

La vraie dariole ne doit pas faire beaucoup d'effet à la cuisson : l'appareil doit seulement monter de deux ou trois lignes au-dessus de la croustade, en formant l'artichaut. Cet effet seul distingue les bons faiseurs. Ces darioles sont un fort bon entremets de maison.

Avec le même appareil on fait des flans délicieux.

Détail de l'appareil. Une once de farine, quatre de sucre en poudre, six macarons, une demi-once de fleur d'orange pralinée, six jaunes, deux œufs entiers, un grain de sel, dix moules de crême.

Darioles au café Moka.

Mesurez quinze moules de crême, et faites-la bouillir. Pendant ce temps, brûlez trois onces de café Moka dans un poêlon d'office, et, aussitôt qu'il est légèrement coloré d'un beau jaune rougeâtre, vous le jetez dans la crême, que vous couvrez. Laissez faire l'infusion pendant un bon quart d'heure, ensuite passez la crême à la serviette; vous procéderez, pour le reste de l'appareil, de la même manière que pour la précédente recette. Pour les faire au café à l'eau, vous prendrez trois demi-tasses.

Vous pouvez parfumer ces délicieux gâteaux de toutes les odeurs possibles. A cet effet, *Voyez* le chapitre des crêmes au bain marie, 7e partie.

Darioles soufflées.

Mettez dans une casserole deux onces de farine de

crème de riz et deux de beurre d'Isigny ; mêlez-les bien ensemble ; joignez-y quatre onces de sucre en poudre, deux verres de crème, dans laquelle vous aurez mis infuser une gousse de bonne vanille ; mettez le tout sur un feu modéré, et la cuisez de même que la crême-pâtissière ordinaire. Ensuite vous y mêlez quatre jaunes, et deux cuillerées de crême fouettée. Prenez les quatre blancs d'œufs bien fermes, et ajoutez-les dans la crême, que vous versez dans les croustades, qui doivent être laissées dans leur moule. Ces croustades se font de la même manière que pour les petits pâtés à la béchamel. Garnissez ces darioles, la croûte cuite à part, parce que la cuisson du soufflé qui les garnit étant trop petite, ne pourrait opérer qu'une mauvaise cuisson, attendu que la cuisson de la pâte et celle de la crême diffèrent entr'elles.

Lorsque ces darioles soufflées sont cuites, elles ne doivent pas attendre. Servez-les de suite glacées à blanc. On peut faire ces darioles soufflées de toutes les odeurs et fruits possibles. A cet effet, consultez le chapitre des *soufflés*.

CHAPITRE X.

DES TALMOUSES AU SUCRE, ENTREMETS CHAUD.

Talmouses au sucre et au fromage de Viry.

METTEZ dans une casserole deux verres de lait et deux onces de beurre fin. Lorsque ce mélange est en ébullition, vous le remplissez légèrement de farine tamisée. Remettez-la sur le feu, et desséchez-la deux ou trois minutes ; ensuite vous la changez de casserole. Mêlez-y un petit fromage de Viry, du poids de six onces, deux onces de sucre fin, deux cuillerées de crême fouettée et un peu de sel ; puis vous y joindrez trois ou quatre œufs, selon ce qu'elle pourra en contenir, afin que cet appareil ne soit pas plus mollet que la pâte à choux ordinaire.

Vous faites ensuite un demi-litron de pâte fine à dix livres (*Voyez* cet article, première partie), un peu ferme. Vous l'abaissez autant mince que possible, et la détaillez en une trentaine de petits fonds ronds, de deux pouces de diamètre. Au milieu de chaque fond vous placez de l'appareil gros (comme une petite pomme d'api) comme un choux praliné ordinaire; ensuite vous formez chaque talmouse à trois pans, en relevant sur l'appareil les bords de l'abaisse ronde, de manière que l'appareil se trouve contenu dans une espèce de petit godet à trois cornes, dont vous repliez chaque pointe sur elle-même, afin que cette espèce de triangle ne soit pas pointu. Dorez légèrement le tour et le dessus de vos gâteaux, et mettez-les au four chaleur modérée; lorsqu'ils sont cuits de belle couleur, vous les saupoudrez de sucre fin et les servez de suite.

Détail de l'appareil. Deux verres de lait, deux onces de beurre, quatre ou cinq de farine, six de fromage de Viry, trois ou quatre œufs, deux onces de sucre fin, deux cuillerées de crême fouettée.

Si l'on n'a pas de fromage de Viry, on met en place un fromage de Neufchâtel du jour, ou deux cuillerées de bonne crême fouettée.

Talmouses ordinaires.

Vous les faites de même que les précédentes. Cependant vous n'y mettez point de fromage de Viry; vous le remplacez en broyant bien dans un mortier deux fromages affinés de Neufchâtel, ou six onces de bon fromage de Brie, sur-tout peu salé, et deux cuillerées de bonne crême fouettée. Lorsqu'elles sont cuites, vous les servez très-chaudes, sans les masquer de sucre : voilà toute la différence.

CHAPITRE XI.

DES PETITS SOUFFLÉS DE RIZ ET DE FÉCULE.

Petits soufflés au zeste de citron.

METTEZ dans une casserole deux onces de farine de pommes de terre (*Voyez* la manière de la composer, 10e partie), que vous délayez avec un peu de lait; ensuite vous joignez dans

DES ENTREMETS DE PATISSERIE.

ce mélange trois verres de crême, deux onces de beurre fin et un grain de sel. Faites cuire cette crême sur un fourneau modéré, et remuez-la sans discontinuer; elle doit se trouver un peu plus ferme que la crême-pâtissière. Lorsque vous lui avez donné huit minutes de cuisson, vous la changez de casserole pour y mêler quatre onces de sucre en poudre (sur lequel vous aurez râpé le zeste de deux citrons), et deux œufs entiers. Travaillez ce mélange une minute; ajoutez quatre jaunes d'œufs. Cet appareil doit se trouver un peu délié, sans cependant être liquide.

Vous foncez ensuite vingt-quatre petits moules plats à darioles, avec de la pâte fine (*Voyez* cet article). Vous y versez l'appareil, et les mettez au four chaleur modérée. Etant cuites de belle couleur, vous les glacez de sucre très-fin, et les servez chauds.

Détail de l'appareil. Deux onces de fécule, deux de beurre fin, trois verres de crême, deux zestes de citron, quatre onces de sucre, deux œufs entiers, quatre jaunes, un grain de sel.

Vous les faites de même au zeste d'orange, de cédrat, de bigarade, et à la fleur d'orange.

Petits soufflés de riz au lait d'amandes.

Après avoir pilé une demi-livre d'amandes douces et une once d'amères, vous les délayez dans trois verres de lait, presque bouillant, et les pressez dans une serviette pour en exprimer tout le lait d'amandes; ensuite vous mettez dans une casserole deux onces de farine de crême de riz, et la délayez peu-à-peu avec du lait d'amandes. Lorsque votre farine est déliée et sans grumeaux, vous y versez le lait d'amandes, deux onces de beurre fin, un grain de sel. Placez cette crême sur un feu modéré, en la remuant continuellement pendant huit minutes, puis vous y joindrez quatre onces de sucre en poudre, deux œufs entiers. Remuez bien parfaitement ce mélange, et, après l'avoir versé dans les moules, vous le saupoudrez de gros sucre, et terminez l'opération comme la précédente.

Détail de l'appareil. Huit onces d'amandes douces, une

d'amandes amères, trois verres de lait, deux onces de beurre, deux de farine de riz, quatre de sucre fin, quatre jaunes et deux œufs entiers, un grain de sel.

Vous pouvez parfumer cet appareil de toutes sortes d'odeurs. A cet effet, vous agirez selon les procédés décrits pour l'infusion des crêmes au bain marie (*Voyez* ce chapitre, 7 partie).

CHAPITRE XII.

DES MIRLITONS EN GÉNÉRAL.

Mirlitons à la fleur d'orange.

Après avoir mis dans une terrine deux œufs entiers et deux jaunes, vous y joignez quatre onces de sucre en poudre, trois de macarons doux écrasés, une demi-once de fleur d'orange pralinée en poudre, et un grain de sel. Remuez ce mélange pendant une minute, ensuite vous faites fondre deux onces de beurre fin, et les mêlez dans l'appareil. Fouettez les deux blancs d'œufs bien ferme, et incorporez-les dans la préparation. Vous garnissez les moules que vous avez foncez de cette manière : faites un litron de feuilletage (*Voyez* cette détrempe), donnez-lui douze tours et abaissez-la de deux lignes d'épaisseur; détaillez-la en une trentaine de fonds; coupez avec un moule rond-cannelé de deux pouces six lignes de diamètre; ensuite vous placez chaque fond sur un moule (légèrement beurré) à tartelettes, creux de six lignes, et large de deux pouces.

Lorsque vos mirlitons sont garnis également, vous les masquez un peu épais avec du sucre passé au tamis de de soie. Le sucre étant fondu, semez dessus quelques grains de gros sucre ; puis vous les mettez de suite au four chaleur modérée. Servez chaud ou froid.

Détail de l'appareil. Quatre onces de sucre fin, trois de macarons, deux gros de fleur d'orange, quatre œufs entiers, deux onces de beurre, un grain de sel.

Mirlitons aux avelines.

Après avoir émondé quatre onces d'amandes d'avelines;

DES ENTREMETS DE PATISSERIE.

vous les faites légèrement colorer. Lorsqu'elles sont froides, vous les pilez avec un peu de blanc d'œuf, afin qu'elles ne tournent pas à l'huile; ensuite vous les mêlez dans une petite terrine avec six onces de sucre en poudre, quatre œufs et un grain de sel. Le tout étant bien amalgamé, vous y joignez deux onces de beurre fin fondu, et garnissez de cet appareil les moules, qui seront foncés comme les précédens : masquez-les de même avec du sucre très-fin. Mettez au four chaleur modérée. Servez chaud et de belle couleur.

Détail de l'appareil. Quatre onces d'avelines, six de sucre fin, quatre œufs entiers, deux onces de beurre.

Mirlitons aux pistaches.

Pilez quatre onces de pistaches émondées, avec une once de cédrat confit, et mêlez-les avec cinq onces de sucre, quatre œufs, deux onces de beurre fin, et un grain de sel; puis vous finissez le reste du procédé de la manière accoutumée.

Détail de l'appareil. Quatre onces de pistaches, une de cédrat confit, cinq de sucre, quatre œufs, deux onces de beurre, un grain de sel.

Mirlitons aux amandes.

Après avoir émondé une once d'amandes douces, et une d'amères, vous les faites sécher au four. Lorsqu'elles sont refroidies, vous les pilez avec un peu de blanc d'œuf, pour les empêcher de tourner en huile; ensuite vous les mêlez dans une terrine avec deux onces de macarons amers. Ecrasez cinq onces de sucre en poudre, quatre œufs entiers, et un grain de sel; le tout bien mêlé, vous y joignez deux onces de beurre, que vous faites tiédir. Garnissez les moules comme de coutume, et continuez l'opération selon la règle.

Détail de l'appareil. Deux onces d'amandes douces et amères, deux de macarons amers, cinq de sucre fin, quatre œufs, deux onces de beurre, un grain de sel.

Mirlitons au zeste de citron.

Râpez sur un morceau de sucre le zeste de deux citrons. Vous suivez pour le reste de l'opération les procédés décrits dans la première recette de ce chapitre ; mais le sucre de citrons doit être compris dans les quatre onces de sucre de cet appareil.

Si vous voulez parfumer vos mirlitons à l'orange, vous râpez alors le zeste de deux oranges, ainsi de même pour les cédrats et les bigarades.

Vous pouvez également les faire au chocolat, en mêlant quatre onces de chocolat râpé, trois de sucre, trois de macarons doux, quatre œufs, deux onces de beurre et un grain de sel.

CHAPITRE XIII.

DES FANCHONNETTES EN GÉNÉRAL.

Fanchonnettes à la vanille.

Faites infuser une gousse de bonne vanille dans trois verres de lait, et laissez-le mijoter sur le coin du fourneau pendant un petit quart-d'heure. Passez ce lait dans le coin d'une serviette. Mettez dans une casserole, quatre jaunes d'œufs, trois onces de sucre en poudre, une de farine tamisée et un grain de sel. Ce mélange étant bien délié, vous y joignez peu-à-peu l'infusion de vanille, et faites cuire cette crème sur un feu modéré, en la remuant continuellement avec une spatule, afin qu'elle ne s'attache pas au fond de la casserole.

Vous faites ensuite un demi-litron de feuilletage (*Voyez* cet article), et donnez-lui douze tours ; vous l'abaissez de deux petites lignes d'épaisseur. Détaillez cette abaisse avec un coupe-pâte rond, de deux pouces de diamètre. Foncez avec une trentaine de moules à tartelettes, comme les précédentes ; ensuite garnissez légèrement les tartelettes de crème de vanille, et mettez-les au four, chaleur modérée. Lorsqu'elles sont bien ressuyées, que le feuilletage est de belle couleur, vous les retirez du four et les laissez refroidir.

Prenez trois blancs d'œufs bien fermes, mêlez-y quatre onces de sucre en poudre. Remuez bien ce mélange afin d'amollir le blanc d'œuf, et qu'il soit plus facile à travailler. Garnissez le milieu des fanchonnettes avec le reste de la crême à la vanille, et masquez légèrement cette crême de blancs d'œufs. Sur chaque fanchonnette, vous placez en couronne sept méringues (que vous formez avec la pointe du petit couteau, en prenant au fur et à mesure du blanc d'œuf que vous avez placé sur la lame du grand couteau), grosses comme des amandes d'avelines. Placez encore au millieu de la couronne une petite méringue. Lorsque vous aurez cinq à six fanchonnettes de perlées, vous les masquerez le plus également possible, avec du sucre en poudre passé au tamis de soie; puis, à mesure que vous perlez et glacez votre entremêts, vous le mettez au four, chaleur douce. Lorsqu'il est d'un beau méringué rougeâtre, vous le servez.

Détail de l'appareil. Une gousse de vanille, deux verres de lait, trois onces de sucre, une de farine, trois jaunes d'œufs, un grain de sel, trois blancs d'œufs, quatre onces de sucre en poudre.

Fanchonnettes au lait d'amandes.

Pilez une demi-livre d'amandes douces, émondées, et une once d'amères; lorsque vous n'appercevez plus aucun fragment d'amandes, vous les déliez dans trois verres de lait presque bouillant. Pressez fortement ce mélange dans une serviette, afin d'exprimer la quintescence du lait d'amandes. Le reste du procédé est le même que ci-dessus, avec cette différence cependant, que vous employez le lait d'amandes en place de l'infusion de vanille.

Détail de l'appareil. Huit onces d'amandes douces, une d'amandes amères, trois de sucre, un grain de sel, une de farine, quatre jaunes d'œufs, trois blancs d'œufs fouettés, quatre onces de sucre en poudre.

Fanchonnettes au café Moka.

Mettez dans un poêlon d'office, quatre onces de vrai café Moka, torréfiez-le sur un feu modéré, en le sautant continuellement, afin qu'il prenne couleur égale. Lorsqu'il est d'un rouge clair, vous le versez dans trois verres de lait en ébullition. Couvrez parfaitement l'infusion, afin que l'arome du café ne s'évapore pas. Après un quart-d'heure d'infusion, vous passez ce liquide à la serviette, puis vous terminez l'opération de la manière accoutumée.

Détail de l'appareil. Quatre onces de café, trois verres de lait, trois onces de sucre, une de farine, quatre jaunes, trois blancs d'œufs fouettés, quatre onces de sucre en poudre, un grain de sel.

Fanchonnettes au chocolat.

Vous faites l'appareil comme le premier de ce chapitre, en y joignant quatre onces de chocolat râpé à la vanille. Vous supprimerez deux onces de sucre seulement; voilà toute la différence.

Fanchonnettes au raisin de Corinthe.

Vous préparez seulement la moitié de l'appareil ordinaire, puis vous y joignez trois onces de bon raisin de Corinthe bien lavé. Faites cuire cette crème comme de coutume, et finissez l'opération à l'ordinaire.

Vos fanchonnettes étant perlées, et prêtes à mettre au four, vous placez entre chaque petite un grain de raisin de Corinthe (vous en laverez quatre onces, dont trois dans l'appareil, et vous en aurez une once pour perler), ainsi qu'un grain sur chaque perle. Mettez au four chaleur molle, afin que les méringues sèchent sans prendre couleur. Donnez des soins à cette cuisson, pour que les perles conservent leur blancheur, ce qui distingue cet entremets d'une manière toute particulière.

Fanchonnettes aux pistaches.

Après avoir émondé quatre onces de pistaches, vous en choisissez les plus vertes (une once à-peu-près) et pilez le reste avec une once de cédrat confit ; lorsqu'il est parfaitement pilé, vous joignez ce mélange dans la moitié de la crême ordinaire, et vous garnissez légèrement vos fanchonnettes avec le reste de la crême blanche, que vous aurez faite selon la première recette de ce chapitre. Lorsque vos fanchonnettes sont cuites et froides, vous les garnissez de nouveau avec la crême de pistaches, puis vous les méringuez comme de coutume. Après avoir été masquée de sucre en poudre, vous mettez entre chaque perle la moitié d'une pistache conservée, que vous coupez en travers. Donnez-leur la même cuisson que ci-dessus, et servez-le chaud ou froid.

Je ne mets pas la crême aux pistaches au four, afin de lui conserver tout le fruit des pistaches ; et sur-tout leur tendre couleur verdâtre ; autrement cette crême, par l'action de la chaleur, perdrait bientôt ses avantages.

Fanchonnettes aux avelines.

Après avoir pilé quatre onces d'amandes d'avelines émondées, vous les mêlez dans la moitié de la crême décrite dans le premier article de ce chapitre : vous suivrez l'opération selon les mêmes procédés.

Fanchonnettes d'abricots.

Foncez vos fanchonnettes selon la règle, et garnissez-les légèrement de marmelade d'abricots. Lorsqu'elles sont cuites et refroidies, vous les remplirez de la même marmelade : vous les finirez ensuite de la manière accoutumée.

On les fait également de marmelades de pommes, de poires, de pêches, de coings et d'ananas.

CHAPITRE XIV.

DES TARTELETTES DE FRUITS EN GÉNÉRAL.

Tartelettes d'abricots.

Mettez dans un moyen poêlon d'office quatre onces de sucre, deux verres d'eau, puis ajoutez-y douze moitiés de beaux abricots de plein-vent et de bonne maturité. Lorsque vos abricots ont jeté une douzaine de bouillons, vous les retirez du sucre avec une fourchette, et les mettez sur une assiette : vous remettez ensuite douze moitiés cuire dans le même sirop. Après les avoir retirés du poêlon, vous en séparez la peau : passez le sucre dans un coin de serviette, et remettez-le dans le poêlon pour le faire réduire en un sirop un peu lié. Vous détrempez ensuite une demi-livre de farine, de pâte fine à dix livres (*Voyez* cet article), un peu ferme, que vous abaissez très-mince, c'est-à-dire d'une bonne ligne d'épaisseur. Ployez-la en deux (sur elle-même), et coupez-en vingt-quatre petites bandes très-étroites. Vous déployez ensuite la pâte, et la coupez avec un coupe-pâte rond de deux pouces de diamètre : beurrez légèrement vingt-quatre petits moules à tartelettes, et foncez-les avec soin, afin qu'il n'y ait pas d'air entre la pâte et le moule. Vous roulez entre vos doigts et le tour les petites bandes, que vous ployez en deux pour en former une espèce de corde (en pain de sucre), que vous faites facilement, en roulant un bout de la bande à droite et l'autre à gauche. Mouillez légèrement le bord de la tartelette pour y placer la bande roulée, de manière qu'elle l'encadre. Toutes vos tartelettes étant ainsi enjolivées, vous dorez la petite bande seulement, et mettez dans chacune d'elles une bonne pincée de sucre en poudre, ensuite une moitié d'abricot, dont vous mettez le côté du noyau sur la pâte.

Placez vos tartelettes sur un grand plafond, et mettez-les au four chaud. Lorsque le dessous des tartelettes à atteint une belle couleur jaunâtre, vous les retirez, puis vous mettez une demi-cuillerée du sirop d'abricot sur chaque tartelette, et au milieu la moitié d'une amande d'abricot.

Tartelettes de pêches.

C'est la même manière de procéder que ci-dessus. Vous employez douze pêches au lieu d'abricots.

Tartelettes de prunes de reine-claude.

Séparez en deux, ôtez le noyau de trente-six moyennes prunes de reine-claude, et faites-leur jeter cinq à six bouillons dans un petit sirop comme le précédent. Vos tartelettes étant bandées comme celles d'abricots, vous mettez dans chacune d'elles trois moitiés de prunes, et les faites cuire selon la règle. Faites réduire le sucre du fruit en un sirop un peu lié, puis vous en masquez le dessus des tartelettes.

Tartelettes de prunes de mirabelle.

Retirez les noyaux à cent cinquante petites prunes vraies mirabelle : faites-les cuire comme les précédentes ; mettez-en huit dans chaque tartelette. Le reste du procédé est le même que ci-dessus.

Tartelettes de cerises.

Après avoir ôté les queues et les noyaux à une livre et demie de belles cerises douces, faites-leur jeter quelques bouillons avec quatre onces de sucre en poudre. N'y mettez point d'eau ; égouttez les cerises, et finissez l'opération de la manière accoutumée.

Avec le sirop réduit, masquez vos tartelettes.

Tartelettes de groseilles vertes ou rouges.

Epluchez deux litrons de bonnes groseilles vertes (vulgairement appelées *groseilles à maquereaux*) : mettez-les à l'eau froide sur le feu ; aussitôt que l'eau est prête à bouillir, retirez-les du feu et égouttez-les dans un tamis. Ensuite vous les roulez dans une terrine avec quatre onces de sucre en poudre, et en garnissez les tartelettes, qui seront disposées selon la règle. Mettez au four chaud. Au moment du service, masquez le dessus des tartelettes avec un peu de sirop ou de gelée de groseilles blanches, que vous rendez légères par un peu d'eau bouillante.

Tartelettes de groseilles rouges ou blanches.

Egrenez une livre de belles groseilles rouges, que vous roulez dans une terrine avec un quarteron de sucre en poudre ; étant parfaitement mêlées, vous en garnissez vos tartelettes comme de coutume. Lorsqu'elles sont cuites de belle couleur, vous les masquez légèrement avec de la gelée de groseilles, faite en écrasant quatre onces de groseilles que vous pressez à la serviette pour en exprimer le suc, que vous mêlez avec deux onces de sucre en poudre. Vous faites cuire ce mélange en une petite gelée légère.

Tartelettes de fraises.

Epluchez un moyen panier de fraises, que vous roulez dans un quarteron de sucre en poudre, dont vous garnissez vos tartelettes; ensuite faites une petite gelée d'une poignée de fraises, que vous ferez infuser dans un peu de sirop. Passez cette gelée à la serviette, et masquez-en les tartelettes.

Pour les tartelettes de fraises, ananas et de framboises, c'est absolument la même manière de procéder que ci-dessus.

Tartelettes de pommes de rainettes.

Tournez douze petites pommes de rainettes bien saines; après en avoir ôtez le cœur, vous les coupez en travers comme pour les beignets, vous les faites cuire dans un poêlon d'office avec un verre d'eau, un quarteron de sucre et le jus d'un citron. Lorsqu'elles sont cuites à point, vous les faites égouter sur un tamis. Vous garnissez légèrement le fond des tartelettes avec un peu de marmelade d'abricots, et par dessus, vous placez une moitié de pomme, dont vous garnissez le milieu de marmelade d'abricots; ensuite vous les mettez au four chaud.

Vous faites réduire la cuisson de pommes en une petite gelée, pour en masquer les tartelettes. Lorsqu'il en est temps, vous mettez sur le milieu de vos pommes une belle cerise, ou bien un beau grain de verjus confit.

Vous procéderez de la même manière pour les tartelettes de pommes d'api, de poires, de coings, ainsi que celles de petits abricots verts, et au verjus.

Vous pouvez également faire vos tartelettes d'abricots, de pêches, de prunes, de cerises, sans faire blanchir ces fruits dans le sirop. Pour cet effet, vous placerez vos fruits étant roulés dans quatre onces de sucre en poudre. Mais la manière du sirop est préférable sous tous les rapports.

CHAPITRE XV.

DES TIMBALES ET GATEAUX AU RIZ DE NOUILLE, DE VERMICELLE, DE SÉMOULE, DE SAGOU ET DE POMMES DE TERRE.

Timbales de riz au lait d'amandes.

Lavez à plusieurs eaux tièdes trois quarterons de riz Caroline. Mettez-le à l'eau froide sur le feu ; aussitôt qu'il commence à bouillir, vous le versez dans une passoire pour s'y égoutter ; pilez ensuite trois quarterons d'amandes douces (émondées) une et demie d'amandes amères ; lorsqu'elles sont parfaitement broyées, vous les délayez dans une casserole avec six verres de lait presque bouillant. Vous passez ce liquide par la serviette, en le pressant fortement, afin d'exprimer la quintessence du lait d'amandes.

Mêlez ensuite dans une casserole le riz, le lait d'amandes, six onces de sucre en poudre, six de beurre d'Isigny et un grain de sel. Lorsque ce mélange est en ébullition, vous placez la casserole sur des cendres chaudes ; remuez-le de temps en temps avec une spatule, afin que le riz se crève également. Après une heure de cuisson, l'appareil doit former une espèce de pâte un peu ferme ; et si les grains de riz sont doux et faciles à s'écraser sous le doigt (dans le cas contraire, vous y joindrez un demi-verre de lait), alors vous y mêlez quatre onces de macarons amers en poudre, deux œufs et quatre jaunes ; le tout bien amalgamé, fouettez les deux blancs d'œufs, et mêlez-les avec quatre cuillerées de crême fouettée dans le riz, que vous versez ensuite dans la timbale. Mettez au four gai, donnez une heure et demie de cuisson, et servez-le en sortant du four.

Manière de foncer la timbale. Faites un demi litron de pâte fine, à dix livres (*Voyez* cet article, 1re partie), et abaissez-le un peu mince. Pliez-la sur elle-même, et coupez-la par bandes étroites, que vous roulez ensuite un peu plus fine que la corde (1) à pain de sucre. Puis à mesure que vous les placez, vous les sondez au bout les unes des autres, afin qu'elles ne forment qu'une seule et même bande. Ensuite beurrez légèrement un moule d'entremets en forme de dôme, du diamètre de sept pouces; placez au milieu le bout de la bande, et faites-le tourner en forme de colimaçon à l'entour de l'intérieur du moule jusqu'à bord, et garnissez-la de l'appareil de riz. Mettez au four chaleur modérée; donnez une heure et demie à une heure trois-quarts de cuisson.

Ce travail est un peu long, mais lorsque l'on manque de temps, on fonce simplement le moule d'une abaisse très-mince.

Détail de l'appareil. Douze onces d'amandes, douze de riz, six verres de lait, six onces de sucre, six de beurre, quatre œufs, quatre cuillerées de crême fouettée, une once et demie d'amandes amères, un grain de sel, quatre onces de macarons amers.

On peut faire ce riz au lait d'amandes douces seulement; puis on le parfumera à la vanille, à la fleur d'orange pralinée, au zeste de cédrat, de citron, de bigarade et à l'orange.

Timbales de riz au lait d'avelines.

Vous procédez de la même manière que ci-dessus : vous pilerez trois quarterons d'amandes d'avelines en place d'amandes douces; voilà la seule différence.

Timbale de riz à la moelle.

Hachez très-fin huit onces de moelle de bœuf, et faites-la fondre dans une petite casserole, sur un feu doux. Lorsqu'elle est parfaitement dissoute, vous la passez à la serviette et la mêlez dans l'appareil, en place de beurre. Le

---

(1) Grace à l'industrie de nos épiciers du jour, ces sortes de cordes ont pris une certaine grosseur et longueur qui les rendent infiniment plus pesantes qu'elles ne l'étaient il y a quelques années. J'eus un jour la fantaisie de peser une de ces cordes; elle donna *une once six gros*. Je ne parlerai pas du gros papier gris qui enveloppait le pain de sucre, qui pesait trois grosses onces. Le sucre coûtait alors 6 fr. 50 c. !

reste de l'opération est absolument de même que ci-dessus.

Timbale de riz au café Moka.

Torréfiez quatre onces de vrai café Moka, et aussitôt qu'il est d'une belle couleur rougeâtre, vous le versez dans cinq verres de lait presque bouillant. Couvrez parfaitement l'infusion, afin que le café ne perde pas son parfum. Lavez et faites blanchir trois quarterons de riz Caroline, ensuite passez l'infusion de café à la serviette : mettez ce liquide avec le riz, six onces de sucre en poudre, six onces de beurre fin, un grain de sel. Lorsque le riz est cuit selon la règle, vous y joignez quatre onces de macarons doux écrasés, deux œufs et quatre jaunes. Remuez ce mélange, fouettez les deux blancs d'œufs, et mêlez-les dans l'appareil avec quatre cuillerées de crème fouettée. Lorsqu'il est parfaitement amalgamé, vous en garnissez la timbale, qui sera foncée comme de coutume. Mettez à four gai, et servez de belle couleur.

Détail de l'appareil. Quatre onces de café Moka, six verres de lait, douze onces de riz, six de sucre, six de beurre, quatre œufs, quatre onces de macarons doux, quatre cuillerées de crème fouettée, un grain de sel.

Timbale de riz au cédrat confit.

Faites cuire, comme de coutume, trois quarterons de riz avec six verres de lait, six onces de sucre, autant de beurre fin et un grain de sel ; ensuite deux onces de cédrat confit, et coupez en petits filets le zeste d'un cédrat haché très-fin, deux onces de macarons en poudre, deux œufs et deux jaunes ; le tout bien mêlé, fouettez les deux blancs, et joignez-les à l'appareil avec quatre cuillerées de crème fouettée, puis vous garnissez la timbale comme de coutume, et la cuisez de même.

Timbale de riz au raisin de Corinthe.

Lorsque votre riz (douze onces) est cuit comme de coutume, avec six verres de lait, six onces de beurre, quatre de sucre et un grain de sel, vous y mêlez six onces de raisin de Corinthe bien lavé, quatre de macarons amers, le zeste d'un citron, coupé en petits filets, deux œufs et deux jaunes. Remuez l'appareil; ensuite vous mêlez les deux blancs fouettés et quatre cuillerées de crème à la Chantilly. Garnissez, faites cuire, et servez la timbale de la manière accoutumée.

Timbale de riz au raisin muscat.

Vous la marquez de la même manière que ci-dessus; mais au lieu d'y mettre des raisins de Corinthe, vous épluchez six onces de beau raisin muscat, dont vous séparez chaque grain en deux parties, et en ôtez les pepins. Après l'avoir lavé, vous le mêlez dans l'appareil.

Timbale de riz aux pistaches.

Votre riz étant cuit selon la règle, avec six verres de bon lait, six onces de beurre, six de sucre en poudre, et un grain de sel, vous y mêlez quatre onces de belles pistaches (émondées), que vous laissez entières; puis une demi-once de fleur d'orange pralinée, une de cédrat confit, coupé en petits filets, quatre onces de macarons amers pulvérisés, deux œufs, quatre jaunes. Ensuite vous fouettez les blancs, et les joignez à l'appareil avec quatre cuillerées de crème fouettée.

Suivez le reste du procédé comme de coutume.

Timbale de riz aux marrons.

Faites cuire au four ou dans les cendres trente-six beaux marrons de Lyon; et après les avoir épluchés et parés des parties noircies par le feu, vous séparez chaque marrons en quatre parties égales, et les mêlez dans l'appareil que vous aurez disposé selon la règle, mais moins volumineuse que de coutume, à cause des marrons. Vous les marquerez ainsi : huit onces de riz, quatre verres de lait, quatre onces de sucre, quatre de beurre fin, un grain de sel, quatre jaunes d'œufs, deux onces de macarons amers, quatre gros de fleur d'orange pralinée, hachée menue, les quatre blancs fouettés, et quatre cuillerées de crème à la

DES ENTREMETS DE PATISSERIE.

Chantilly. Versez l'appareil dans la timbale, que vous faites cuire de la manière accoutumée.

Timbale de nouilles à l'orange.

Après avoir détrempé huit jaunes d'œufs de pâte à nouilles, vous les détaillez selon la règle (*Voyez* à cet effet cette détrempe). Lorsque votre pâte est ainsi disposée, vous la versez dans une casserole, dans laquelle vous aurez quatre verres de lait bouillant. Après quelques minutes d'ébullition, vous y joignez six onces de sucre, sur lequel vous avez râpé le zeste de deux belles oranges douces, six onces de beurre fin et un grain de sel : faites mijoter à petit feu. Lorsque l'appareil est bien renflé, que les nouilles sont bien moelleuses, vous y mêlez deux œufs et quatre jaunes, puis les deux blancs fouettés et quatre cuillerées de crème à la Chantilly. Le tout étant bien amalgamé, vous en garnissez la timbale, qui sera foncée selon la règle (*Voyez* le premier article de ce chapitre), et mettez-la au four gai.

Vous masquerez et parfumerez cet appareil, selon les mêmes procédés décrits à chaque article des timbales de riz, ainsi que pour une timbale de nouilles au raisin de Corinthe (*Voyez* la timbale de riz au raisin de Corinthe et ainsi de suite). Les nouilles seules font toute la différence : on y met moins de lait que dans le riz, attendu qu'il renfle davantage.

Timbale de vermicelle aux citrons.

Versez dans une casserole quatre verres de lait. Dès l'instant qu'il commence à bouillir, vous y mettez dix onces de vermicelle (que vous brisez légèrement), six de sucre, sur lequel vous aurez râpé le zeste de deux beaux citrons, six onces de beurre fin et un grain de sel. Le vermicelle étant parfaitement renflé, vous y joignez quatre onces de macarons pulvérisés, deux œufs et quatre jaunes. Remuez légèrement ; ensuite vous y mêlez les deux blancs d'œufs fouettés, avec quatre cuillerées de crème à la Chantilly.

Versez l'appareil dans la timbale, qui doit être foncée comme les précédentes. Faites cuire, et servez selon les procédés décrits plus haut.

Pour les gâteaux de vermicelle, vous panerez le moule; voilà la seule différence.

Détail de l'appareil. Huit onces de vermicelle, quatre verres de lait, six onces de beurre, de sucre, quatre de macarons, deux zestes de citron, quatre œufs, quatre cuillerées de crême à la Chantilly, un grain de sel.

Pour la timbale de semoule, c'est absolument la même manière de procéder que ci-dessus. Vous emploierez dix onces de semoule au lieu de vermicelle.

Pour les timbales de sagou, de farine de pommes de terre, c'est encore la même manière de procéder. Vous emploierez dix onces de sagou.

Timbale de pommes de terre, et au zeste de bigarades.

Après avoir épluché une vingtaine de belles pommes de terre cuites dans les cendres, vous les parez pour ôter la peau rougeâtre, afin de n'employer que le cœur de la pomme de terre. Vous en peserez deux livres que vous pilerez avec six onces de beurre fin, six de sucre en poudre, quatre de macarons amers et un grain de sel. Lorsque le tout est parfaitement pilé, vous y joignez deux œufs, quatre jaunes, une once de fleur d'orange hachée, les deux blancs fouettés, et quatre cuillerées de bonne crême à la Chantilly. Amalgamez bien ce mélange et retirez-le du mortier pour le mettre dans la timbale. Mettez au four gai, donnez une heure et demie de cuisson. Servez chaud.

Pour le gâteau de pommes de terre, vous glacez le moule au lieu de le foncer en timbale.

On pourra faire des timbales de vermicelle, de semoule, de sagou et de pommes de terre aux raisins de Corinthe et muscat, aux pistaches, aux amandes amères, aux avelines, au zeste d'orange, de citron, de bigarade et de cédrat, ainsi qu'à la vanille, aux rognons et à la moelle. On suivra, à cet égard, les procédés décrits à chacune des timbales de riz.

Gâteau de riz aux rognons.

Prenez un rognon (rôti) de veau, et, après en avoir ôté

les petits fibres qui s'y trouvent intérieurement, vous le hachez menu et le mêlez dans l'appareil, que vous aurez d'ailleurs disposé de même que celui des timbales précédentes. Vous supprimerez, si vous le voulez, les raisins muscat, si c'est l'appareil de la timbale au raisin muscat que vous aurez marqué, ainsi que les pistaches, si vous faites l'appareil des pistaches. Ces sortes de fruits se lient parfaitement avec les petites parties du rognon; et leur réunion rend cet entremets plus aimable. Vous beurrez légèrement le moule d'entremets, et le masquez intérieurement de mie de pain passée au tamis de crin; après cela, vous y versez l'appareil, et faites cuire ce gâteau de la même manière que les timbales.

Au lieu de paner le moule comme ci-dessus, on le glace avec du sucre fin; ainsi que les moules à biscuits de Savoie. (*Voyez* cet article à la quatrième partie.)

Je préfère cette manière. La couleur des gâteaux est infiniment plus claire; mais elle est plus susceptible à la cuisson.

Il est facile de voir que ce qui distingue le gâteau au riz de la timbale est simplement de ce que l'on masque le moule avec de la mie de pain très-fine, au lieu qu'on fonce la timbale de pâte fine. Voilà la différence.

Ainsi donc on pourra faire des gâteaux au riz avec l'appareil des timbales, comme l'on pourra faire une timbale aux rognons.

CHAPITRE XVI.

DES GATEAUX FOURRÉS DE CRÊME-PATISSIÈRE ET DE FRUITS.

Gâteau de Pithiviers aux avelines.

Après avoir entièrement pilé huit onces d'amandes d'avelines (émondées), vous y joignez six onces de sucre fin, quatre de beurre d'Isigny, deux de macarons amers, quatre jaunes d'œufs et un grain de sel. Le tout étant bien broyé, vous y ajoutez quatre cuillerées de crême fouettée; ensuite vous faites un demi-litron de feuilletage (*Voyez* cet article première partie). Lorsqu'il a huit tours, vous le séparez en deux, en donnant les deux tiers de son volume à l'une des parties, puis vous l'abaissez assez grand pour pouvoir le couper rond de neuf pouces de diamètre. Vous moulez les parures de cette abaisse, rondes, dans le feuilletage qui vous reste, puis vous en formez une abaisse de sept pouces de diamètre, que vous placez sur un plafond.

Vous mouillez ensuite légèrement les bords de cette abaisse, et versez dessus l'appareil. Vous l'étalez également à un doigt près du bord de la pâte; ensuite vous couvrez avec soin l'appareil de l'abaisse de feuilletage, que vous appuyez sur l'autre abaisse, afin de les souder ensemble, pour empêcher l'appareil de fuir à la cuisson : cannelez le bord du gâteau, en découpant (avec la pointe du couteau) la pâte à huit lignes de distance de l'appareil. Dorez légèrement le dessus, puis découpez-y une palmette ou une rosace, ou simplement une jolie rayure. Mettez au four gai. Lorsqu'il est coloré, vous le mettez plus près du côté de la bouche du four, afin que le feuilletage puisse sécher sans prendre plus de couleur. Après trois-quarts d'heure de cuisson (il est de rigueur que les abaisses de pâte doivent se trouver très-croustillante; autrement ces sortes de gâteaux ne sont pas agréables à manger), vous le masquez également avec du sucre fin pour le glacer à une petite flamme vive que vous faites à la bouche du four, ou le glacer à blanc.

Détail de l'appareil. Huit onces d'avelines, six de sucre, quatre de beurre, deux de macarons, quatre jaunes d'œufs, quatre cuillerées de crème fouettée, un demi-litron de feuilletage et un grain de sel.

Gâteau de Pithiviers aux amandes amères.

Pilez sept onces d'amandes douces et une d'amères avec un peu de blanc d'œuf, pour les empêcher de tourner à l'huile; ajoutez aux amandes six onces de sucre fin, quatre de beurre et deux de macarons amers, quatre jaunes d'œufs et un grain de sel. Broyez bien ce mélange. Mettez de plus quatre cuillerées de crème fouettée; finissez ensuite l'opération comme je l'ai décrite précédemment.

Ne glacez pas ce gâteau au four : attendez qu'il soit refroidi pour le saupoudrer ensuite à blanc avec du sucre passé au tamis de soie.

Gâteaux de Pithiviers au cédrat.

Vous pilez une demi-livre d'amandes douces, puis vous y joignez cinq onces de sucre (sur lequel vous aurez râpé le zeste d'un cédrat), quatre onces de beurre fin, deux de cédrat confit, coupé en petits filets, deux onces de macarons, un grain de sel, quatre jaunes d'œufs et quatre cuillerées de crême à la Chantilly. Le reste du procédé est le même que ci-dessus.

Gâteaux de Pithiviers à la fleur d'orange pralinée.

Pilez huit onces d'amandes douces ; mêlez-y six onces de sucre, quatre de beurre, deux de macarons amers, une once de fleur d'orange pralinée, un grain de sel, quatre jaunes, quatre cuillerées de crême fouettée. Vous terminez l'opération de la manière accoutumée.

Gâteaux de Pithiviers au raisin de Corinthe.

Mêlez dans une demi-livre d'amandes pilées quatre onces de sucre, quatre de beurre fin, quatre de beau raisin de Corinthe bien épluché et lavé, deux onces de macarons amers, un grain de sel, quatre jaunes d'œufs. Le tout étant bien mêlé, vous y joindrez quatre cuillerées de bonne crême à la Chantilly. Finissez le reste du procédé selon la règle.

Gâteaux de Pithiviers au raisin muscat.

Vous marquez l'appareil comme le précédent. Vous supprimez le raisin de Corinthe, et le remplacez par quatre onces de beau raisin muscat, dont vous séparez chaque grain en deux et en retirez les pepins. Suivez le procédé comme de coutume.

Gâteaux de Pithiviers aux quatre fruits.

Râpez sur un morceau de sucre le quart du zeste d'un citron, ainsi que d'une bigarade, d'un cédrat et d'une orange bien douce : pesez-en six onces, en le complettant avec du sucre en poudre. Mettez avec ce sucre huit onces d'amandes douces pilées, quatre de beurre fin, deux de macarons, un grain de sel, quatre jaunes d'œufs, et quatre cuillerées de crème à la Chantilly. Finissez selon la règle.

Gâteau de Pithiviers aux rognons.

Hachez menu la moitié d'un rognon (rôti) de veau. Vous le mêlez avec huit onces d'amandes pilées, six de sucre en poudre, quatre de beurre fin, deux de macarons, le zeste d'un citron haché, un grain de sel, quatre jaunes d'œufs, et quatre cuillerées de crème fouettée. Terminez l'opération de la manière accoutumée.

Gâteaux de Pithiviers à la moelle et à la vanille.

Hachez bien fin six onces de moelle de bœuf, que vous mêlez avec huit onces d'amandes pilées, quatre de sucre (avec lequel vous aurez pilé une demi-gousse de vanille), deux de macarons, un grain de sel, quatre jaunes d'œufs, quatre cuillerées de crème fouettée. Suivez le procédé selon la règle.

Gâteaux de Pithiviers anglo-français.

Mettez dans une casserole huit onces d'amandes pilées, quatre de moelle de bœuf hachée bien fine, deux de sucre en poudre, deux de macarons amers, deux de raisin de Corinthe, autant de raisin muscat épicé, une once de cédrat haché, une demie de fleur d'orange pralinée, un grain de sel, quatre jaunes d'œufs, ensuite un demi-verre de bon vin d'Espagne et la moitié d'une noix-muscade râpée. Remuez bien ce mélange ; foncez ce gâteau comme les précédens. Vous mettez ensuite sur le bord de l'abaisse du fond une petite bande, étroite et mince dans le genre des tourtes d'entremêts (afin de contenir le liquide de l'appareil qui, autrement, fuirait à la cuisson). Versez-y l'appareil ; couvrez le gâteau avec une abaisse de la même façon que les autres. Finissez ensuite l'appareil de la manière accoutumée.

DES ENTREMETS DE PATISSERIE.

Gâteaux anglo-français aux pistaches et aux avelines.

Après avoir parfaitement pilé six onces d'amandes d'avelines, vous y mêlez six onces de sucre en poudre, six de beurre d'Isigny, deux de macarons amers, une demie de cédrat confit, une bonne pincée de fleur d'orange pralinée, la moitié d'une gousse de vanille hachée, quatre jaunes d'œufs, un demi-verre de vin de Malaga, le quart d'une noix-muscade râpée, un grain de sel. Le tout bien broyé, vous y joignez quatre onces de pistaches entières, ensuite vous garnissez de cet appareil ce gâteau, qui sera disposé de la même façon que le précédent. La cuisson est aussi la même.

Gâteaux fourrés de crême au café Moka.

Vous le préparez comme le précédent, c'est-à-dire qu'après l'avoir foncé rond, et de sept pouces de diamètre, vous mouillez le bord de cette abaisse, et placez dessus une petite bande de feuilletage, large de six lignes et épaisse de quatre; ensuite vous y versez l'appareil, que vous aurez marqué selon la crême-pâtissière (*Voyez* cet article, 5ᵉ partie). Finissez ce gâteau de la manière accoutumée.

On pourra faire autant de sortes de gâteaux fourrés qu'il y a de genres différens de crêmes contenues dans le chapitre des *crêmes-pâtissières*.

On pourra également faire des gâteaux fourrés avec le même appareil, ainsi que des timbales de riz, de vermicelle, de semoule, de sagou, de farine de pommes de terre et de marrons; mais la moitié de l'un de ces appareils sera suffisant pour un gâteau fourré.

Gâteaux fourrés de marmelade de pêches.

Votre gâteau étant préparé de la même manière que ci-dessus (mais sans bandes), vous le garnissez de marmelade de pêches. Voilà la différence.

Les gâteaux fourrés de marmelade d'abricots, de coings, de poires, de pommes, d'ananas, de groseilles de Bar roses ou blanches, d'épines-vinettes, de verjus, de cerises de même. Toutes ces sortes de gâteaux se glacent au four ou à blanc, après qu'ils sont refroidis.

Gâteaux fourrés à la d'Artois.

Prenez quatre cuillerées de marmelade d'abricots, quatre de marmelade de pomm-s de rainettes; joignez-y deux cuillerées de beurre fin que vous aurez fait fondre. Remuez ce mélange; garnissez et finissez ce gâteau de la manière accoutumée.

CHAPITRE XVII.

DES GATEAUX FOURRÉS A LA PARISIENNE.

Gâteaux fourrés à la parisienne.

Épluchez et coupez par quartier douze pommes de rainette bien saines; faites-les cuire à moitié (et à petit feu) avec quatre onces de beurre fin, quatre de sucre en poudre, sur lequel vous aurez râpé le zeste d'un beau cédrat, ou celui d'une orange, d'un citron ou d'une bigarade. Lorsque vos pommes sont refroidies, vous faites une abaisse, et posez sur le bord une bande de la même largeur et épaisseur que celle du gâteau de crême au café : vous rangez au milieu de cette tourte toutes vos pommes, vous conservez les quartiers les plus entiers, pour mettre les autres par dessus. Ces pommes doivent former une espèce de dôme; ensuite vous faites une abaisse de parure de feuilletage. Après avoir mouillé le dessus de la bande, vous y placez l'abaisse, de manière que ce gâteau ressemble beaucoup à la tourte d'entrée. La pâte qui couvre les pommes ne doit point dépasser le bord de la bande, dont vous appuyez l'abaisse dessus, afin de les souder. Dorez légèrement la surface du gâteau avec du blanc d'œuf, pour semer dessus du gros sucre avec du sucre en poudre, afin que l'entremêts se trouve parfaitement masqué. Mettez-le au four chaleur douce, donnez-lui une heure de cuisson, afin que la pâte soit bien croustillante. Servez chaud et bien blond. Cette sorte d'entremêts est très-agréable.

Détail de l'appareil. Douze belles pommes de rainette, quatre onces de sucre, sur lequel vous aurez râpé le zeste d'un cédrat, quatre onces de beurre fin, deux de gros sucre, un demi-litron de feuilletage.

Gâteaux à la parisienne aux pommes et au raisin.

Après avoir épluché douze pommes de rainette, vous les coupez en quartier, et chaque quartier en quatre parties. Sautez ces pommes dans une casserole avec quatre onces de beurre fin, deux de sucre, sur lequel vous aurez râpé le zeste d'une belle orange de Malthe, deux cuillerées de marmelade d'abricots, et quatre onces de raisin de Corinthe (bien lavé). Après avoir sauté ce mélange trois minutes sur un feu modéré, vous le laissez refroidir. Garnissez et finissez votre gâteau de même que le précédent : vous le dorerez seulement, et le ferez cuire sans mettre du gros sucre dessus. Lorsqu'il est parfaitement ressuyé à la cuisson, vous le laissez un peu refroidir, puis vous prenez (fouettés) deux blancs bien fermes, et les mêlez avec deux onces de sucre fin, ensuite vous masquez le dessus de votre gâteau avec ce blanc d'œuf, que vous saupoudrez légèrement de sucre fin. Ce sucre, fondu bientôt par l'humidité du blanc d'œuf, vous semez, sur le dôme seulement, du gros sucre mêlé avec des raisins de Corinthe (lavés et séchés au four) ; vous placez ensuite à l'entour du dôme, ou plutôt sur la bande, une couronne de petites méringues, que vous formez avec le reste du blanc d'œuf : vous les masquez de sucre fin, et leur faites prendre une belle couleur jaunâtre. Servez en sortant du four.

Détail de l'appareil. Douze pommes de rainette, quatre onces de beurre fin, quatre de raisin, deux de sucre, le zeste d'une orange, deux cuillerées de marmelade d'abricots, deux blancs d'œufs fouettés, deux onces de sucre.

Pour le faire au raisin muscat, vous emploierez six onces de ce raisin en place de celui de Corinthe.

Gâteaux à la parisienne aux pommes et pistaches.

Epluchez et coupez douze pommes comme les précédentes, et sautez-les de même avec quatre onces de beurre fin, quatre de sucre, sur lequel vous avez râpé le zeste d'un beau citron, trois de pistaches émondées, que vous laissez entières, et deux cuillerées de marmelade d'abricots. Lorsque l'appareil est froid, vous finissez le gâteau comme ci-dessus, puis vous le masquez de blancs d'œufs, et placez sur la bande une couronne de petites méringues. Saupoudrez le tout avec du sucre très-fin : lorsque ce sucre est fondu, vous semez sur le dôme seulement du gros sucre, des pistaches (coupez en six parties chaque amande), ensuite vous placez une pistache au milieu de chaque petite méringue. Mettez au four chaleur molle, et servez-le de belle couleur blonde. Vous pouvez faire de la même manière des gâteaux de poires de toute espèce, de coings, de pommes de calville et d'api.

Vous pouvez servir ce gâteau en forme d'hérisson aux pistaches. A cet effet, vous coupez deux onces de pistaches en quatre filets; après avoir masqué le dôme avec du blanc d'œuf comme le précédent, vous le glacez avec du sucre fin, ensuite vous y piquez avec symétrie les filets de pistaches. Faites-le sécher au four de manière que le méringué conserve sa blancheur. Pour avoir une idée de cet entremets, *Voyez* les *pommes méringuées en forme d'hérisson*, 7e partie.

Gâteaux à la parisienne aux abricots.

Pelez quinze beaux abricots de plein-vent et de bonne maturité; vous les séparez ensuite par quartiers, et les sautez (sans les mettre sur le feu) dans une casserole avec quatre onces de beurre fin (fondu), quatre de sucre fin, sur lequel vous aurez râpé le zeste d'un beau citron; vous cassez les noyaux, émondez les amandes que vous séparez en deux, et les mêlez avec le fruit. Ensuite vous les placez avec attention dans le gâteau, lequel sera préparé et terminé comme les précédens; après l'avoir masqué de blancs d'œufs, vous semez dessus du gros sucre seulement.

Détail de l'appareil. Quinze abricots, quatre onces de sucre, quatre de beurre, un zeste de citron.

Gâteaux à la parisienne aux pêches.

Prenez douze belles pêches de vigne et de bon fruit, ôtez la pelure et coupez-les en quatre ; sautez-les avec quatre onces de beurre fin fondu, quatre de sucre, sur lequel vous aurez râpé le zeste d'une belle orange. Placez le fruit en forme de dôme selon la règle ; vous terminez l'opération de la manière accoutumée.

Gâteaux à la parisienne aux brugnons.

On procède de la même manière que ci-dessus, avec cette seule différence que l'on emploie des brugnons de bonne maturité au lieu de pêches.

Gâteaux à la parisienne aux prunes de mirabelle.

Ôtez les noyaux à deux cents petites prunes de mirabelle ; après les avoir sautées avec quatre onces de beurre tiède, autant de sucre en poudre, sur lequel vous aurez râpé le zeste d'un citron, suivez le reste du procédé comme je l'ai enseigné précédemment.

Gâteaux à la parisienne aux prunes de reine-claude.

Prenez un demi-cent de prunes de reine-claude de bonne maturité ; séparez-les en deux, retirez-en le noyau : ensuite vous les sautez avec le beurre tiède, le sucre nécessaire et le zeste d'une bigarade. Vous suivez le reste de l'opération selon la règle.

Gâteaux à la parisienne aux prunes de sainte Catherine.

Ayez quinze belles prunes de sainte Catherine, et après les avoir séparés en deux, vous les sautez dans quatre onces de beurre et quatre de sucre. Vous finissez l'opération de la manière accoutumée.

Gâteaux à la parisienne aux cerises douces.

Epluchez une livre et demie de belles cerises douces ;

et roulez-les dans quatre onces de beurre tiède, autant de sucre fin; puis vous suivez l'opération de la manière accoutumée.

Vous procéderez de même pour garnir votre gâteau aux merises ou aux bigarreaux.

Gâteaux à la parisienne aux fraises.

Epluchez un panier de belles fraises un peu fermes, puis vous les roulez avec le beurre et le sucre nécessaire. Le reste du procédé est le même que ci-desus. Faites ce gâteau le plus mince de pâte possible, afin qu'il ne reste qu'une demi-heure au four, par la raison que ce fruit n'a pas de cuisson.

Vous pouvez, avant de servir ce gâteau, y placer, entre chaque petites méringues, une belle fraise que vous aurez eu le soin de conserver.

C'est la même manière de procéder pour les fraises ananas et framboises.

Gâteaux à la parisienne aux groseilles rouges ou blanches.

Egrenez une livre et demie de belles groseilles rouges et bien claires; vous les sautez avec le sucre et le beurre, selon la règle. Vous terminez par les procédés décrits ci-dessus.

Gâteaux à la parisienne aux groseilles vertes et roses.

Epluchez deux litrons de belles groseilles vertes, puis un autre litron du même fruit, mais de couleur rouge. Ayez soin que ces fruits soient dans leur pleine maturité. Retirez les pépins, sautez-les dans le beurre tiède et le sucre en poudre nécessaire à l'opération. Garnissez et finissez votre gâteau selon la règle.

On peut servir ces entremets froids, mais alors on supprime le beurre des fruits.

CHAPITRE XVIII.

DES FLANS DE FRUITS DE TOUTES ESPÈCES.

Flans de pommes au beurre et au cédrat.

Épluchez et coupez en quatre douze belles pommes de rainette (d'api ou de calville); mettez-les dans une casserole avec quatre onces de beurre fin, et quatre de sucre, sur lequel vous avez râpé le zeste d'un cédrat. Faites cuire vos pommes à moitié, laissez-les refroidir. Pendant ce temps, vous détrempez un demi litron de pâte fine à huit livres (*Voyez* cet article, 1re partie) un peu ferme, puis vous la moulez et l'abaissez de onze pouces de diamètre; vous dressez cette pâte à deux pouces de hauteur, ce qui vous donnera un flan de sept pouces de largeur, vous le placez sur un petit plafond. Vous le pincez ou le décorez légèrement autour, ensuite vous le garnissez en plaçant en couronne les quartiers de pommes les plus cuites; puis vous mettez par dessus le sirop de beurre et de sucre, dans lequel vos pommes ont été passées, et avec les vingt-quatre quartiers de pommes qui doivent vous rester (c'est-à-dire que vous ne devez mettre que la moitié des quartiers dans le fond du flan), vous les placez avec soin sur l'autre couronne : mettez une bande de papier fort, et beurrez à l'entour du flan, ensuite vous le mettez au four chaleur gai. Après trois quarts-d'heure de cuisson, vous ôtez la bande de papier, et dorez légèrement la croûte. Remettez-le quelques minutes au four; ensuite vous saupoudrez la croûte avec du sucre passé au tamis de soie. Vous le glacez à la flamme d'un petit feu clair que vous faites à la bouche du four. Au moment du service, vous le masquez avec quelques cuillerées de gelée de pommes, d'abricots ou de groseilles, ou simplement avec du sirop de sucre. Servez chaud.

Si vous voulez servir ce flan froid, ne mettez pas de beurre dans les pommes.

Pour les flans de pêches, de brugnoles et d'abricots, vous procéderez de la même manière.

Flans de pommes à la portugaise.

Prenez trente pommes de rainette, coupez, avec un vide-pomme, le cœur de dix pommes d'égale grosseur. Ensuite vous les tournez et les faites cuire, un peu ferme, dans un poêlon d'office, avec un sirop léger que vous avez fait avec six onces de sucre. Epluchez le reste des pommes, et après les avoir coupées menu, vous les faites fondre dans le sirop des pommes tournées. Hachez très-fin le zeste d'une orange, et mêlez le dans les pommes, que vous remuez avec une spatule, afin qu'elles ne s'attachent pas au poêlon. Lorsqu'elles sont en marmelade un peu ferme, vous les passez au tamis de crin ; ensuite vous faites les trois quarts d'un litron de pâte fine à huit livres (*Voyez* cet article, 1re partie), un peu ferme. Vous dressez votre flan de la même manière que le précédent, mais un peu plus haut. Mêlez deux cuillerées de marmelade d'abricots dans celle de pommes, dont vous en mettez quatre dans le flan ; placez dessus vos pommes tournées, que vous avez garnies intérieurement de marmelade d'abricots, garnissez ensuite le flan avec le reste de la marmelade de pommes, mais arrangez vous de manière que la surface des pommes tournées ne soit pas masqué. Placez au tour du flan une bande de papier beurré, et mettez-le au four gai. Après trois quarts-d'heure de cuisson, vous le glacez de la même manière que le précédent. Au moment de le servir (chaud ou froid), vous le masquez avec quelques cuillerées de gelée de pommes ou de belle marmelade d'abricots, de coings, de jus de cerises ou de verjus. Au milieu de chaque pommes, vous y mettez une belle cerise ou un grain de verjus confit.

Vous procéderez de la même manière pour les flans de pommes d'api et de poires, en général.

On peut mettre dans la marmelade deux onces de beurre.

On fait de ces sortes de flans pour grosses pièces d'entre-

DES ENTREMETS DE PATISSERIE.

mets. Je les ai détaillées au chapitre des *grosses pièces de fonds*, 4e partie.

Flans aux cerises de Montmorency.

Après avoir épluché deux livres de belles cerises à courtes queues, vous les mettez dans un poêlon d'office avec huit onces de sucre en poudre, et lorsqu'elles sont presque cuites, vous les égouttez sur plusieurs assiettes; ensuite vous passez le sirop dans un tamis de soie, et le faites réduire à point, ce que vous apercevez facilement, lorsqu'il commence à s'attacher aux doigts : alors vous y versez le quart des cerises avec le suc qu'elles ont rendu en égouttant. Faites réduire encore le sirop, et retirez-le du feu lorsqu'il forme la nappe. Votre flan étant dressé selon la règle, vous y versez les cerises égouttées; ensuite vous le mettez au four gai, et après trois quarts-d'heure, vous le dorez et le glacez comme de coutume. Au moment du service, vous le masquez bien également avec le quart des cerises cuites au sucre, et y joignez le sirop par-dessus.

Les flans de merises et de bigarreaux se font de la même manière.

Flans de prunes de reine-claude.

Séparez en deux un demi-cent de belles prunes de reine-claude un peu fermes au toucher, puis roulez-en quarante dans quatre onces de sucre en poudre. Dressez votre flan de trois pouces de hauteur, et après l'avoir pincé ou décoré, garnissez-le avec soin, en plaçant le plus près possible des unes des autres, les prunes au sucre. Entourez le flan de papier beurré; mettez-le au four gai, et finissez-le de la manière accoutumée. Pendant qu'il est au four, vous faites cuire le reste des prunes dans un quarteron de sucre en poudre et un demi verre d'eau. Après les avoir égouttées, vous faites réduire le sirop de la même manière que le précédent. Ayez soin que vos prunes ne soient que blanchies dans ce sirop, afin qu'elles se conservent entières, puis ôtez-leur la peau.

Flans de prunes de mirabelle.

Prenez deux cents prunes vraies mirabelle : ouvrez-les le moins possible pour ôter leur noyaux ; puis vous en roulez les trois quarts dans quatre onces de sucre en poudre ; garnissez, et faites le flan comme les précédens. Faites cuire le reste des prunes avec quatre onces de sucre et un demi-verre d'eau. Lorsqu'elles sont cuites, et que le sirop est réduit selon la règle, vous masquez le flan, et le servez chaud.

Flans d'abricots glacés.

Séparez en deux vingt beaux abricots de plein-vent ; sautez-en douze dans quatre onces de sucre en poudre, et garnissez-en le flan, qui doit être dressé de deux bons pouces de hauteur. Faites-le cuire et glacer comme de coutume.

Mettez dans un poêlon d'office un verre d'eau et quatre onces de sucre fin ; ajoutez-y le reste du fruit, que vous faites cuire. Ensuite faites réduire le sirop à point ; ôtez la peau des abricots, placez-les avantageusement sur le flan. Au milieu de chaque moitié d'abricot, placez une amande (d'abricot) ; au moment du service, vous masquez avec le sirop : servez chaud ou froid.

Vous procédez de même que ci-dessus pour les flans de pêches et de brugnons.

CHAPITRE XIX.

DES FLANS DE CRÈME-PATISSIÈRE.

Flans de crême-pâtissière glacée.

Votre flan étant dressé comme les précédens, vous l'entourez d'une bande de papier de quatre pouces de hauteur ; ensuite vous l'emplissez d'une bonne crème-pâtissière (*Voyez* cet article, 7ᵉ partie) ; mais n'y mettez pas tout-à-fait autant de beurre, c'est la seule différence. Après trois quarts-d'heure de cuisson, ôtez la bande de papier, dorez la croûte du flan ; saupoudrez le dessus de la crème, et glacez-la avec le fer à glacer presque rouge.

Vous pouvez garnir ce genre de flans avec tous les appareils contenus dans le chapitre *des crèmes-pâtissières*, ainsi qu'avec la moitié de l'appareil qui compose les timbales de riz, de vermicelle, de semoule, de sagou, de pommes de terre : vous garnissez encore ces flans avec les appareils de talmouses, de darioles, de ramequins, de flans suisse et à la milanaise. En faisant cuire cette croustade séparément, vous pourrez après la garnir (la moitié seulement) de tous les appareils des soufflets d'entremets, et même des fondus.

CHAPITRE XX.

DES TOURTES D'ENTREMETS DE FRUITS.

Tourtes d'abricots glacés.

Après avoir foncé votre tourte de la même manière que les gâteaux fourrés, vous y placez aussi une bande de feuilletage, mais un peu plus large et plus épaisse. Ayez soin que les deux extrémités de la bande se croisent de deux bons pouces, afin qu'elle ne fasse point un mauvais effet à la cuisson. Vous devez couper en biais les deux bouts de la pâte, de manière qu'après les avoir placés l'un sur l'autre, leurs joints se trouvent d'égale épaisseur. Avant de les souder, vous les mouillez légèrement, et les appuyez pour les joindre parfaitement; appuyez de même le reste de la bande. Ensuite semez une cuillerée de sucre fin sur le fond de la tourte. Vous placez par-dessus et en couronne vingt-quatre quartiers d'abricots, que vous avez roulés dans quatre onces de sucre en poudre. Ayez l'attention de ne point laisser tomber du sucre sur la bande, cela la ferait noircir à la cuisson. Dorez le dessus de cette bande, et mettez la tourte au four gai. Après dix minutes de cuisson, regardez si la bande s'élève également, car quelquefois il arrive qu'elle est arrêtée par place : cela dépend de l'extrême chaleur du four, qui saisit et comprime l'épaisseur du feuilletage. Cela fait le même effet, lorsque le feuilletage est touré négligemment. Pour éviter cet inconvénient, vous détachez avec la pointe du couteau la partie retenue, puis vous remettez la tourte au four : cette opération doit se faire avec vitesse, car il vaudrait autant ne pas la faire. Lorsque la tourte est parfaitement ressuyée, vous la saupoudrez dessus et autour avec du sucre passé au tamis, puis vous glacez à une flamme légère, que vous placez à la bouche du four.

Vous faites cuire ensuite dans quatre onces de sucre et un verre d'eau, huit gros abricots de plein-vent, les plus rouges possibles ; ensuite vous les égouttez sur deux assiettes ; vous en retirez les peaux et faites réduire le sirop à point. Cassez les noyaux, émondez les amandes. Placez en couronne les moitiés d'abricots ; arrangez-les de manière à ce que le côté le plus rouge s'offre à la vue. Placez vos amandes, et ne masquez le tout avec le sirop qu'au moment du service.

On procédera de la même manière que ci-dessus pour les tourtes de fruits en général. On garnira seulement la tourte de la moitié du fruit que l'on se propose de mettre dedans ; ensuite on fait cuire l'autre moitié au sirop, afin afin que le dessus de la tourte soit de meilleure mine et plus séduisante à la vue.

On fait aussi ces bandes de tourtes sans soudure ; à cet effet, vous abaissez un litron de feuilletage de dix ou onze pouces carrés ; ensuite vous placez au milieu un couvercle de casserole de sept pouces de diamètre ; puis vous coupez et cannelez la pâte de la largeur du couvercle. Otez ce couvercle pour en remettre un autre en place, plus petit de deux pouces ; coupez la pâte sans la canneler, alors votre bande doit avoir un pouce de largeur. Ployez-la en deux, afin qu'elle soit plus aisée à placer.

Je préfère cette manière (c'est le genre de maison) à la précédente, attendu que celle-ci est moins susceptible de se déformer à la cuisson, et cela est sensible, puisqu'elle est sans soudure ; mais il est des circonstances où on ne peut se dispenser de les souder, comme, par exemple, dans nos boutiques, où l'on a une vingtaine de tourtes d'entremets à bander.

CHAPITRE XXI.

DES VOL-AU-VENT DE FRUITS.

Vol-au-vent garnis de pêches.

Après avoir abaissé un litron de feuilletage (à six tours) ainsi que le précédent, vous le coupez avec un couvercle de sept pouces de diamètre. Mettez-le sur une petite abaisse bien mince de pâte fine; dorez le dessus, et avec la pointe du couteau (à deux lignes de profondeur) vous marquez la largeur d'une bande ordinaire. Mettez à four gai; lorsqu'il est d'une parfaite cuisson, vous le videz et le mettez ressuyer au four quelques minutes, après quoi vous le saupoudrez dessus et autour de sucre fin; vous le glacez à la flamme selon la règle; ensuite vous prenez douze moyennes pêches de bonne maturité et les plus rouges possible. Coupez-les en deux et faites-les cuire dans un petit sirop de six onces de sucre. Après les avoir égouttés, vous en séparez les pelures, et vous placez en couronne (dans le vol-au-vent) les douze moitiés de pêches les moins colorées, et sur celle-ci vous placez de la même manière le reste du fruit et quelques amandes de pêches placées çà et là. Au moment du service, vous masquez le fruit avec le sirop, qui sera réduit de la manière accoutumée.

Cette manière de servir les fruits en vol-au-vent est plus riche, plus élégante, sans contredit, que la tourte d'entremets; mais ce vol-au-vent est bien plus difficile à la cuisson, car si on le vide avant sa cuisson parfaite, on le voit aussitôt s'abaisser, devenir de pauvre mine, et perdre ainsi en un instant cette physionomie qui le distingue d'une manière toute particulière. D'un autre côté, il n'est pas du tout aisé à glacer; enfin, malgré son élégance, je préfère l'humble tourte d'entremets, sous le rapport qu'elle est plus onctueuse, plus aimable à manger, et que la croûte s'est nourrie en s'imbibant du fruit à la cuisson.

On fait des vol-au-vent avec tous les fruits possibles, de la même manière que ci-dessus.

CHAPITRE XXII.

DES TOURTES D'ENTREMETS DE FRUITS CONFITS.

Tourtes de marmelade d'abricots pralinés.

Foncez cette tourte de la manière décrite ci-dessus. Faites une autre abaisse de feuilletage très-mince ; puis vous la découpez selon votre idée. Vous versez ensuite un pot de marmelade d'abricots, sur le fond de la tourte ; vous l'étalez à huit lignes près du bord, que vous avez légèrement mouillé. Placez l'abaisse découpée sur l'abricot. Appuyez-la, afin de souder ces deux abaisses, dorez légèrement, mais seulement la pâte qui couvre la confiture ; mettez dessus deux onces d'amandes d'avelines hachées très-fines, mêlées avec deux onces de sucre fin et la huitième partie d'un blanc d'œuf ; ensuite mouillez le tour de l'abaisse, et placez-y la bande, ainsi que vous l'avez fait aux tourtes décrites plus haut. Après avoir doré le dessus, vous la mettez au four gai : si vos amandes se coloraient trop vite, vous les masqueriez d'un double rond de papier. Lorsque la tourte est cuite à point, vous la glacez comme de coutume.

Lorsqu'on ne veut point y mettre d'amandes, on décore le dessus de la confiture de cette manière : vous faites une petite abaisse de feuilletage très-mince, que vous saupoudrez légèrement de farine ; vous la pliez en deux, et la coupez par petites bandes étroites de deux lignes. Dépliez ces petites bandes qui doivent se trouver longues de neuf à dix pouces ; ensuite la tourte étant garnie d'abricots, et mouillés à l'entour, vous posez une petite bande en travers de la marmelade, puis une autre en croix. Appuyez-les sur l'abaisse qui n'est pas masquée de confiture ; vous les placez (à deux lignes de différence, de manière qu'elle forme une espèce de mosaïque) une autre bande à droite de la première et une à gauche ; puis vous en placez deux de la même manière à l'autre bande, qui fait sa croix. Recommencez successivement à placer une bande à droite et une à gauche de chaque bande du milieu, ensorte que l'abricot se trouve masqué par l'entrelacement de ces bandes, lesquelles forment une espèce de cul de panier à jour.

Vous procédez de même pour faire une étoile, avec cette différence que vous placez trois bandes en croix; et si vous vous voulez faire l'étoile à huit pans, vous posez quatre bandes en double croix.

Les tourtes de fruits confits en général, se disposent de la même manière que celle-ci.

CHAPITRE XXIII.

DES TOURTES D'ENTREMETS DE CRÈME.

Tourtes à la moelle pralinée.

Après avoir foncé et posé la bande, ainsi que vous le pratiquez pour les tourtes de fruits, vous garnissez celle-ci d'une bonne crème-pâtissière à la moelle de bœuf. (A cet effet, opérez selon la recette décrite au chapitre des *crèmes-pâtissières*. *Voyez* la 7e partie.) Vous semez sur la crème deux onces d'amandes d'avelines, hachées et mêlées avec deux onces de sucre et un peu de blanc d'œuf; ensuite vous dorez légèrement le dessus de la bande, et mettez au four gai. Terminez l'opération de la manière accoutumée; servez chaud.

Tourtes aux rognons de veau et aux pistaches.

Hachez menu un rognon (rôti) de veau dont vous aurez retiré les parties fibreuses; mêlez-y gros comme un œuf de la graisse du rognon, que vous joignez dans la dose de crème décrite à l'article *crème-pâtissière au citron.* (*Voyez* la 7e partie.) Ensuite émondez deux onces de pistaches, et mêlez-les avec une cuillerée de sucre dans la crème dont vous garnissez la tourte; dorez légèrement, et mettez-la au four. Servez chaud.

Vous pouvez masquer cette crème avec des amandes comme la précédente.

Vous faites aussi cette tourte aux rognons, sans y mettre de pistaches.

Tourtes de crême aux épinards pralinés.

Après avoir épluchés, lavés et blanchis à fond deux grosses poignées d'épinards fraîchement cueillis, vous les hachez bien fin; puis vous les mettez dans une casserole avec trois onces de beurre fin; placez la casserole sur un feu modéré, et remuez-les avec une spatule, afin d'évaporer l'humidité. Vous y joignez ensuite quatre cuillerées de crême-pâtissière, un demi-verre de crême double, trois onces de sucre en poudre, deux de macarons amers pulvérisés, une pincée de fleur d'orange pralinée, un grain de sel. Amalgamez le tout, et versez-le dans la tourte qui sera disposée selon la règle; masquez le dessus de la crême avec des amandes avelines préparées de même que les précédentes. Suivez le reste du procédé comme de coutume. Servez chaud.

On peut faire cette tourte aux épinards à la moelle et aux rognons.

On passe quelquefois cette crême en purée par l'étamine fine. Lorsqu'on voudra faire des tourtes de crême au café, au chocolat, au cacao, à la vanille, à l'orange, au citron, à la bigarade, au cédrat, à la fleur d'orange pralinée, à la rose, au lait d'amandes d'avelines, aux pistaches, au raisin de Corinthe et de muscat, au rum et au marasquin, on procédera ainsi que ces articles sont décrits dans le chapitre des *crêmes-pâtissières*. (*Voyez* la 7e partie.)

Lorsque vous voulez faire ces tourtes soufflées, vous mêlez à l'appareil trois blancs d'œufs fouettés bien fermes; mais ces entremêts demandent à être servis en sortant du four, autrement ils perdent leur qualité.

Tourtes de crême à la manière anglaise.

Préparez votre tourte selon la coutume, et disposez ensuite la moitié, de l'appareil de la crême-pâtissière ordinaire, mais un peu plus ferme : mêlez-y deux onces de beau raisin de Corinthe bien lavé, deux de raisin muscat, dont

DES ENTREMETS DE PATISSERIE.

vous séparez chaque grain en deux et en ôtez les pépins, une once de cédrat coupé en dés, une demie de fleur d'orange pralinée, le zeste d'un citron râpé sur un peu de sucre, le quart d'une noix-muscade pulvérisée et un demi-verre de bon vin d'Espagne. Lorsque le tout est bien mêlé, vous garnissez la tourte et la faites cuire de la manière accoutumée. Servez-la chaude.

CHAPITRE XXIV.

DES ENTREMETS DÉTACHÉS, FOURRÉS DE CRÈME ET DE CONFITURE, MASQUÉS DE GROS SUCRE, PRALINÉS ET GLACÉS.

Petits gâteaux aux pistaches glacés.

Donnez quatre tours à des parures de feuilletage, si vous en avez; autrement faites un litron faible de feuilletage (*Voyez* cette détrempe, 1re partie), et donnez-lui dix tours. Abaissez-le le plus mince possible en deux parties égales (ces deux abaisses doivent avoir treize pouces de longueur sur huit de largeur). Mouillez ensuite légèrement une plaque ou un plafond assez grand pour y placer une abaisse : lorsqu'elle est y est placée, vous mettez dessus l'appareil (froid) de crème aux pistaches, décrit au chapitre *Crème-pâtissière*, 7e partie. Vous l'étalez d'égale épaisseur et à six lignes près du bord de la pâte, que vous mouillez légèrement tout au tour de la crème ; ensuite vous roulez l'autre abaisse à l'entour du rouleau, et commencez à la placer sur le bord de la pâte mouillée ; vous la déroulez avec soin, vous en masquez l'appareil, et appuyez les bords des abaisses l'un dessus l'autre, afin de contenir la crème entre elles, et par ce moyen l'empêcher de fuir à la cuisson. Dorez légèrement ; puis, avec la pointe du couteau, faites une ligne droite au milieu de l'abaisse, mais ayez l'attention de la faire très-peu profonde, afin de ne pas séparer l'abaisse, qui ensuite ferait un très-mauvais effet au four. Vous procédez avec les mêmes soins en traçant encore trois lignes de chaque côté de la première, et à dix-huit lignes de distance entre elles. Après cela, vous faites de même une ligne droite au milieu des autres, puis deux autres encore et à trois pouces de distance, de manière que toutes ces lignes vous donnent vingt-quatre petits gâteaux parfaitement semblables en longueur et en largeur. Mettez au four gai, et ne glacez cet entremets que lorsque la pâte de dessous aura atteint une belle couleur jaunâtre. Le dessus étant saupoudrez également avec du sucre passé au tamis de soie, vous le glacez à la flamme selon la règle. Lorsque vos gâteaux sont refroidis, vous les séparez en les coupant selon les lignes décrites, puis vous parez ensuite chaque petits gâteaux séparément.

On peut couper ces gâteaux en losange : à cet effet, après avoir marqué les sept lignes droites, vous tracez six lignes inclinées sur chacune d'elles, de manière qu'elles forment cinq losanges dans chaque bande ; ce qui vous donnera trente petits gâteaux.

Vous les coupez également en rond avec un coupe-pâte de deux pouces de diamètre ; puis on les coupe encore en croissant de trois pouces de long sur dix-huit lignes de large.

Vous aurez soin de cerner ces derniers avec la pointe du couteau, après les avoir tracés avec le coupe-pâte.

Si vous voulez faire ces sortes de gâteaux aux avelines ou aux amandes pralinées, vous hachez trois onces d'amandes, et les mêlez avec un peu de blanc d'œuf et une once de sucre fin. Vous les semez ensuite sur les gâteaux, après les avoir humectés avec du blanc d'œuf. Vous saupoudrez les amandes très-légèrement avec du sucre en poudre, et vous marquez vos gâteaux selon votre goût, et de la même manière que les précédens. Mettez au four chaleur modérée, et coupez-les étant froids.

Pour les faire au gros sucre, vous en semez en place d'amandes.

Vous procéderez de la même manière que ci-dessus pour garnir ces sortes de gâteaux de crême au chocolat, au café, à la vanille, à la rose, au marasquin, au rum, aux raisin de Corinthe ou de muscat, aux amandes amères, aux avelines, aux pistaches, à la fleur d'orange pralinée, au zeste de bigarade, de citron, de cédrat, d'orange, à la moelle et aux rognons de veau.

Petits gâteaux fourrés de riz au raisin de Corinthe.

Après avoir préparé deux abaisses, ainsi que vous l'avez fait pour les précédentes, vous les garnissez avec la moitié de l'appareil de la timbale de riz aux raisins de Corinthe; à cet effet, vous suivrez les procédés décrits à l'article consigné dans la 3e partie. Vous finissez ensuite vos gâteaux de la même manière que ci-dessus, glacés ou pralinés, aux avelines ou aux amandes ordinaires, ou bien au gros sucre.

Vous pouvez fourrer ces gâteaux avec toutes les sortes de riz décrits dans le chapitre des timbales de riz.

Petits gâteaux fourrés à la manière anglaise.

Lorsque vos abaisses sont disposées selon la règle, vous les garnissez avec l'appareil décrit pour la tourte à l'anglaise (*Voyez* cet article). Ensuite vous finissez l'opération de la manière accoutumée.

Petits gâteaux fourrés à la crême aux épinards.

Vous garnissez vos abaisses avec l'appareil de la tourte à la crême d'épinards qui se trouve décrite dans la 3e partie; puis vous suivez les procédés ordinaires pour glacer ces gâteaux, ou les praliner aux avelines, aux amandes douces ou au gros sucre.

Petits gâteaux fourrés de marmelade d'abricots.

Votre abaisse étant disposée selon la coutume, vous la garnissez avec un pot de marmelade d'abricots; et après avoir marqué la forme de vos gâteaux (comme je l'ai indiqué au *gâteau aux pistaches*), alors avec la pointe du couteau vous découpez le milieu de chaque petit gâteau en forme d'épi; je dis découpes, parce que vous devez percer la pâte (de dessus seulement), et y marquer avec la pointe du couteau le dessin indiqué, de manière qu'il s'entrouve à la cuisson, cela fait un très-bon effet. Vous les cuisez à four gai et les glacez (à la flamme) selon la règle.

Vous pouvez également masquer ces gâteaux avec des amandes ordinaires, avec des avelines ou au gros sucre.

Vous procéderez de la même manière que ci-dessus pour faire des gâteaux fourrés de marmelade de pommes, de poires, de coings, de pêches, d'ananas, de groseilles, d'épine-vinettes, de verjus et de cerises.

Petits gâteaux fourrés de groseilles rouges.

Ayez deux livres de groseilles rouges égrenées dont les pepins seront ôtés. Après avoir égoutté ce fruit, vous le mêlez avec huit onces de sucre en poudre; vous en garnissez aussitôt vos abaisses, lesquelles seront disposées selon la coutume; ensuite vous suivez l'opération ordinaire.

Vous procéderez de même pour faire ces gâteaux aux groseilles blanches.

Petits gâteaux fourrés de fraises ou de framboises.

Après avoir épluché un moyen panier de fraises de bon fruit, mais un peu ferme de maturité, vous les mêlez avec six onces de sucre fin. Vous terminez vos gâteaux de la manière accoutumée.

Ces entremêts sont délicieux; mais la pâte doit être extrêmement mince.

Petits gâteaux d'abricots glacés.

Faites une abaisse de la même dimension que les précédentes, puis masquez-la également avec un pot de marmelade d'abricots, dont vous en retirerez les amandes susceptibles de s'y trouver. Mettez au four chaleur modérée. Lorsque la pâte est bien ressuyée, vous retirez l'entremêts du four, et lorsqu'il est refroidi, vous coupez ces gâteaux selon les formes ordinaires, c'est-à-dire en rond, en long, en croissant et en losange. La marmelade d'abricots se colore d'un glacé rougeâtre.

Cet entremêts, à la marmelade d'abricots, est très-agréable.

Petits gâteaux de marmelade de pommes de rainette.

Faites votre abaisse comme de coutume; masquez-la de

DES ENTREMETS DE PATISSERIE.

marmelade de vingt-quatre pommes de rainette (que vous aurez préparées selon la règle) avec quatre onces de sucre et le quart d'un pot de marmelade d'abricots, le zeste d'un citron haché. Vous saupoudrez ensuite légèrement le dessus avec du sucre en poudre. Mettez au four chaleur modérée. Le reste du procédé est le même que ci-dessus.

Petits gâteaux de pommes aux pistaches.

C'est la même manière que ci-dessus. Lorsqu'ils sont cuits, vous masquez légèrement la surface des pommes avec un peu de marmelade d'abricots, puis vous semez dessus quatre onces de pistaches coupées en filets; vous remettez au four quelques minutes, afin que l'abricot se ressuie. Lorsqu'il est refroidi, vous détaillez vos gâteaux selon les formes accoutumées.

Petits gâteaux de pommes bandées.

Lorsque l'abaisse est garnie ainsi que la précédente, et que la marmelade est d'une égale épaisseur, vous y placez des petites bandes roulées, mais vous les placez en travers de l'abaisse, et à trois lignes de distance entr'elles. Marquez la forme de vos gâteaux, et mettez-les au four chaleur modérée. Lorsque la pâte de dessous est cuite, vous les coupez selon les formes décrites précédemment.

Petits gâteaux de pommes aux amandes pralinées.

La marmelade de pommes étant placée sur l'abaisse comme ci-dessus, vous couvrez ensuite la pomme avec des amandes coupées en filets. Après les avoir appuyés légèrement, vous les masquez avec du sucre en poudre, puis vous les mettez au four chaleur modérée. Lorsqu'ils seront cuits ou refroidis, vous les couperez de même que les précédens.

Petits gâteaux de Pithiviers pralinés.

Faites votre abaisse comme de coutume, et masquez-la avec l'appareil du gâteau de Pithiviers ordinaire. Ensuite semez dessus quatre onces d'amandes coupées en filets et mêlées avec deux onces de sucre en poudre; puis vous les mettez au four chaleur modérée. Lorsqu'elle est de belle couleur et refroidie, vous la coupez soit en croissant, en rond, en losange ou en long.

Petits gâteaux de Pithiviers aux avelines.

Masquez l'abaisse de l'appareil (décrit aux *gâteaux de Pithiviers aux avelines*) avec quatre onces d'avelines hachées et mêlées avec deux onces de sucre en poudre et un peu de blanc d'œuf. Suivez le reste du procédé de la manière accoutumée.

CHAPITRE XXV.

DES GIMBLETTES EN FEUILLETAGE PRALINÉES.

Gimblettes d'abricots aux avelines.

Faites deux abaisses de même que les précédentes; mais donnez-leur treize pouces carrés, ensuite versez dessus un peu de marmelade d'abricots; et, après l'avoir masqué avec l'abaisse disposée à cet effet, détaillez vos gimblettes avec un coupe-pâte rond de deux pouces de largeur, ensuite videz-les en coupant le milieu avec un petit coupe-pâte de huit lignes de diamètre. Dorez-les après légèrement, et placez-le côté doré sur quatre onces d'avelines hachées et mêlées avec deux onces de sucre fin et un peu de blanc d'œuf. Au fur et à mesure que vous masquez ainsi vos gâteaux, vous les placez sur une plaque ou sur un plafond. Lorsque vous avez terminé ce travail, vous saupoudrez vos avelines de sucre en poudre. Mettez au four chaleur modérée; servez chaud ou froid et de belle couleur.

Gimblettes de prunes aux amandes.

Vous procédez de même que ci-dessus; mais vous remplacez l'abricot par un pot de marmelade de prunes de reine-claude, puis vous hachez quatre onces d'amandes douces, et les mêlez avec deux onces de sucre et un peu de blanc d'œuf : le reste du procédé est le même que ci-dessus.

Gimblettes de pêches aux pistaches.

Préparez vos abaisses comme de coutume : garnissez-les avec un pot de marmelade de pêches, et après les avoir détaillées selon la règle, mettez dans une petite terrine quatre onces de sucre passé au tamis de soie, et presque la moitié d'un blanc d'œuf. Remuez bien ce mélange, et masquez-le avec vos gâteaux. Dans ce qui vous reste de glace, vous y joignez un peu de blanc d'œuf, et roulez dedans quatre onces de pistaches entières. Vos pistaches étant entourées légèrement de sucre, vous les placez en couronnes sur les gimblettes, que vous remettez au four, afin que le glacé se colore d'un beau blond.

Si vous voulez faire le dessus de ces gâteaux d'un beau vert printanier, vous hachez légèrement vos pistaches ; et lorsque vos gimblettes sont masquées du glacé, vous semez dessus les pistaches. Mettez au four quelques minutes, afin de sécher le glacé sans le colorer.

Pour faire ces gimblettes au gros sucre, c'est la même manière de procéder. Vous masquez le dessus du glacé avec du gros sucre au lieu de pistaches.

On masque également ces sortes de gâteaux au sucre au cassé, rose ou orange ; et si l'on veut, on sème sur ce beau glacé des pistaches hachées, du gros sucre ou du raisin de Corinthe, mêlé avec du gros sucre, ou du gros sucre mêlé avec des pistaches.

CHAPITRE XXVI.

DES ENTREMETS DE FEUILLETAGE EN GÉNÉRAL, GLACÉS AU SUCRE, AU CASSÉ, PRALINÉS, MÉRINGUÉS, AU GROS SUCRE, AUX PISTACHES ET PANACHÉS.

Petits vol-au-vent à la Chantilly et à la violette.

Après avoir donné six tours à-peu-près à un litron de feuilletage (*Voyez* cette détrempe, première partie), vous l'abaissez à une ligne d'épaisseur, puis avec un coupe-pâte cannelé de deux pouces de diamètre, vous détaillez l'abaisse en une trentaine de petites abaisses, que vous formez ensuite en anneaux, en coupant le milieu avec un coupe-pâte de quinze lignes de largeur; et avec les parures et le reste du feuilletage, vous faites une abaisse semblable à la précédente, et la coupez pareillement avec le coupe-pâte cannelé. Mouillez légèrement le dessus de ces petites abaisses, et au fur et à mesure que vous les humectez, vous placez dessus un anneau, que vous appuyez ensuite bien également, afin de souder les deux parties. Lorsque votre pâtisserie est placée sur un plafond, vous la dorez comme de coutume, et la mettez à four chaud. Lorsqu'elle est presque cuite, vous la saupoudrez également de sucre passé au tamis de soie; ensuite vous la glacez à une flamme claire, comme de coutume.

Après avoir paré vos petits vol-au-vent par dessous, si cela est nécessaire, étant prêt à les servir, vous les garnissez de crème fouettée à la violette (*Voyez* cet article, 7ᵉ partie), vous pouvez garnir ces petits gâteaux avec toutes sortes de confitures.

Petits vol-au-vent glacés au gros sucre garnis de fraises.

Vous faites de petits vol-au-vent de même que ci-dessus, mais vous ne les glacez point à la flamme; vous faites cuire quatre onces de sucre au cassé, puis vous y glacez légèrement le dessus des gâteaux, et vous semez à mesure dessus du gros sucre; ensuite vous épluchez un moyen panier de belles fraises, vous en retirez à-peu-près le quart et les plus mûres, et les pressez fortement par l'étamine fine, afin d'en exprimer le suc. Après cette opération, vous mettez trois onces de sucre avec ce qui est resté du glaçage des gâteaux; et lorsque ce sucre est cuit au petit-cassé, vous y versez le suc des fraises. Ecumez ce mélange, et aussitôt qu'il commence à s'attacher aux doigts, vous l'ôtez du feu. Lorsqu'il est prêt à servir, vous garnissez les petits vol-au-vent des fraises que vous aurez lavées, s'il est nécessaire; puis vous les masquez avec le sirop.

Vous procéderez de la même manière pour garnir cet

entremets de framboises, de groseilles rouges ou blanches, dont vous ôterez les pépins.

Petits vol-au-vent printaniers.

Vous les glacez de même que ci-dessus, au sucre (quatre onces), au cassé; puis vous les masquez de pistaches hachées (quatre onces) à mesure qu'ils viennent d'être glacés. Au moment du service vous les garnissez de crême à la Chantilly à la vanille, puis, au milieu de chaque petit vol-au-vent, vous placez sur la crême une belle fraise ananas ou autres.

On peut garnir cet entremets de crême fouettée à la rose, au marasquin, au rum, à la fleur d'orange pralinée nouvelle, aux framboises, aux fraises, au suc de cerises, de groseilles et de verjus, puis un zeste de citron, de cédrat, de bigarade, d'orange, aux amandes amères, aux avelines, aux pistaches, au café, au chocolat et au cacao.

Pour cet effet on consultera le chapitre des *crêmes fouettées*, 7e partie.

Petits vol-au-vent à la crême-plombière et au café.

Vous les glacez de même que les précédens avec du sucre cuit ou cassé; puis vous les masquez avec deux onces de gros sucre, mêlé avec deux onces de pistaches hachées menu. Au moment du service, vous les garnissez d'une crême-plombière au café (*Voyez* cet article, 7e partie); mais afin que cette crême ne perde rien de son moelleux, vous aurez soin de la laisser à la glace jusqu'au moment de la servir.

On peut garnir ces petits vol-au-vent avec toutes les sortes de crêmes-plombières décrites dans la 7e partie.

Petits vol-au-vent au fromage bavarois et aux abricots.

Après avoir épluché et lavé deux onces de petit raisin de Corinthe, vous le faites sécher quelques minutes à la bouche du four, afin qu'il perde son humidité; ensuite vous le mêlez avec deux onces de gros sucre, et vous en masquez le dessus des petits vol-au-vent à mesure que vous les glacez.

TROISIEME PARTIE.

Lorsque vous êtes prêt à les servir, vous les garnissez en pyramides avec du fromage bavarois à l'abricot. A cet effet, vous marquerez seulement la moitié de cet appareil, tel qu'il est décrit dans la 7ᵉ partie.

On procédera, pour garnir ces petits entremets avec les différens fromages bavarois, de la manière contenue dans la 7ᵉ partie.

Petits vol-au-vent garnis de crême fouettée.

Après les avoir glacés au sucre au cassé, vous les masquez légérement avec des anis de Verdun blancs ou rouges, puis vous les garnirez de gelée fouettée; mais ne faites que la moitié de cet appareil, tels que je les ai décrits au chapitre des *gelées fouettées*, 7ᵉ partie.

On pourra encore garnir ces petits vol-au-vent de crême glacée décrite dans la 7ᵉ partie, ou de gelées de fruits et liqueurs, sans négliger les crêmes à la française, de même qu'avec les crêmes-pâtissières. Mais pour rendre cette dernière garniture plus aimable encore, on ne doit faire sa crême qu'au moment du service, pour la verser bouillante dans les petits vol-au-vent, qui doivent au moins être tièdes, de manière que ces excellens entremets soient toujours mangés avec un nouveau plaisir.

Ce petit vol-au-vent est véritablement un gâteau privilégié, car si je citais toutes les friandises dont ils est susceptible d'être garni, certainement je pourrais sans exagérer, en porter la série à plus de cent cinquante, ce qui en fait un entremets autant aimable que distingué.

Je donne la préférence à ces sortes de petits gâteaux, parce que le feuilletage étant bien fait et bien cuit, il rend cette pâtisserie très-agréable à manger, attendu qu'elle est croustillante, qu'elle a l'extrême avantage d'être légère et facile à digérer. D'un autre côté, la croûte est très-mince, et son intérieur contient une plus grande quantité de garnitures (toutes plus friandes les unes que les autres), qu'aucun autre gâteau que je connaisse; cet excellent mets est un des plus délicats et des plus exquis. Nos anciens en faisaient un très-grand cas, et le servaient souvent.

Petits puits d'amour aux pistaches.

Après avoir baissé le feuilletage de la même manière que ci-dessus, vous détaillez vingt-quatre petites abaisses, avec un coupe-pâte de dix-huit lignes de largeur, rond et uni, ensuite vous les coupez au milieu avec un coupe-pâte d'un pouce de diamètre. Vous détaillez encore vingt-quatre petites abaisses avec un coupe-pâte cannelé de deux pouces de largeur, et après les avoir placés sur un plafond, vous les dorez légèrement, et placez au milieu l'abaisse en couronne. Vous l'appuyez également; vous dorez le dessus et les mettez au four chaud; lorsqu'elles sont cuites, vous les laissez réfroidir, et après les avoir paré par-dessus, vous glacez le dessus de la couronne dans du sucre cuit au cassé. Aussitôt que vous les sortez du poêlon, vous les posez sur des pistaches hachées très-fines. Cette opération terminée, vous enfoncez le fond du petit puits, afin qu'il contienne davantage de confiture. Après les avoir garnis, vous placez sur la confiture une belle fraise ananas (ou une cerise confite), laquelle par son entourage de pistaches, produit un très-bel effet.

Petits puits d'amour au gros sucre.

Vous procédez de la même manière que ci-dessus, mais vous les masquez de gros sucre au lieu de pistaches. Vous placez au milieu de la couronne un beau grain de verjus confit, une cerise ou une fraise.

On garnit ces petits gâteaux de toutes sortes de confitures et de crèmes; on les fait également en carré, en ovale ou en losange.

Vous les glacez encore au four, saupoudrés de sucre fin. Vous les masquez aussi de raisin de Corinthe mêlé avec du gros sucre, ou du gros sucre mêlé avec des pistaches hachées, ainsi qu'aux anis blancs ou roses.

Petits gâteaux en mosaïque.

On nomme ces gâteaux mosaïques; parce que c'est réellement une mosaïque à jour qui en fait l'ornement. Cette mosaïque est ronde et de deux pouces de diamètre : elle est gravée sur une petite planche de bois de noyer de trois pouces carrés; elle se compose de petites bandes d'une bonne ligne de largeur et autant de profondeur, puis elles sont séparées entre elles de deux petites lignes, et se croisent en formant un petit treillage en losange ou en carré. Enfin toutes ces petites bandes se tiennent par le moyen d'une bande circulaire qui les encadre, de deux petites lignes de largeur : ces petites bandes sont triangulaires, dont la pointe de l'angle se trouve au fond de la gravure. Je donne ces détails, afin que les personnes qui ne les connaissent pas puissent les faire graver d'après cet exposé.

Manière de s'en servir. Faites une abaisse d'une ligne d'épaisseur avec de la pâte à dresser les pâtés chauds. Détaillez-la en une trentaine de petites abaisses, avec un coupe-pâte uni de deux pouces de diamètre; saupoudrez légèrement de farine la pâte et la mosaïque; appuyez la pâte, afin de l'incruster dans la gravure, puis vous passez légèrement la lame du couteau entre la pâte et la planche; ensuite avec la pointe du couteau vous levez une partie du bord de la mosaïque, puis avec le bout des doigts vous la séparez de la planche, de manière que l'abaisse se trouve découpée de l'empreinte parfaite de la gravure. Vous procéderez de la même manière pour lever successivement toutes vos mosaïques.

Ayez un litron de feuilletage à six tours, et après l'avoir abaissé de deux bonnes lignes d'épaisseur, vous le détaillez avec un coupe-pâte cannelé de deux pouces de diamètre; vous en placez trente sur une plaque que vous aurez légèrement mouillée; ensuite vous humectez le bord des abaisses, et posez au milieu de chacune d'elles le quart d'une cuillerée de marmelade d'abricots, de pêches, d'ananas ou de coings. Arrangez également cette marmelade et masquez-la avec une mosaïque que vous appuyez ensuite sur l'abaisse, afin de les unir pour contenir entr'elles la confiture; dorez légèrement et mettez au four chaud. Lorsqu'elles sont cuites de belle couleur et prêtes à servir, vous masquez les mosaïques avec du sirop de pommes, de groseilles, de cerises ou de verjus, ou simplement du sirop ordinaire.

Mosaïques glacées au sucre rose.

Lorsque vos mosaïques ont été préparées et cuites de la même manière que les précédentes, vous faites cuire quatre onces de sucre au cassé, dans lequel vous aurez joint une petite infusion de cochenille ; vous y glacerez le dessus des mosaïques.

Mosaïques aux pistaches.

Après avoir pilé quatre onces de pistaches, vous les broyez avec le quart d'un pot de marmelade d'abricots, et garnissez de ce mélange vos mosaïques, que vous aurez préparées selon la règle. Lorsqu'elles sont cuites, vous les glacez de même que ci-dessus (vous n'y mettez point de cochenille), et au fur et à mesure que vous les sortez du poëlon, vous roulez le bord de la mosaïque sur des pistaches hachées, de sorte que cette couronne de verdure rende plus brillant encore le milieu du glacé.

Mosaïques aux avelines et au gros sucre.

Vous suivez les mêmes procédés décrits précédemment, en pesant quatre onces d'avelines grillées en place de pistaches ; après les avoir glacées de sucre au cassé, vous roulez le bord de la mosaïque sur du gros sucre, de manière que le glacé se trouve encadré du gros sucre, ce qui produit un très-bel effet.

Pour faire ces mosaïques aux amandes amères, vous pilerez une once de ces amandes, et trois de douces ; le reste de l'opération est la même chose que ci-dessus.

Tartelettes mosaïques à la marmelade de pêches.

Après avoir fait trente mosaïques pareilles aux précédentes, vous foncez trente moules à tartelettes avec de petites abaisses de feuilletage à dix tours, de deux pouces de largeur et d'une bonne ligne d'épaisseur ; vous les garnissez de marmelade de pêches, et les mouillez légèrement sur le bord; vous y placez ensuite la mosaïque, et la soudez au bord de la tartelette. Dorez et mettez au four chaud. Après être retirées du four, vous les masquez de sirop de sucre ou de confitures.

Vous procéderez de la même manière pour faire ces sortes de tartelettes à la marmelade d'abricots, d'ananas, de coings, de poires, de pommes d'api et de rainette, à la vanille; vous glacerez ces entremets au sucre au cassé rose, blanc, ou au caramel.

Tartelettes mosaïques de cerises confites.

Égouttez deux pots de cerises; foncez vos tartelettes comme de coutume, et après les avoir garnies chacune de huit ou neuf cerises, vous les masquez de même que ci-dessus avec une mosaïque. Dorez-les et mettez-les au four chaud. Lorsqu'elles sont cuites, vous les masquez légèrement du sirop de cerises.

C'est la même manière de procéder pour les faire au verjus.

Tartelettes mosaïques aux pistaches glacées.

Après avoir émondé et lavé huit onces de pistaches, vous en pesez six (hachez le reste) que vous mêlez avec presque un pot de confitures d'abricots; ensuite vos tartelettes étant terminées de la manière accoutumée, et cuites de même, vous les glacez au sucre au cassé, et à mesure vous semez dessus les pistaches hachées; mettez-en peu sur chacune d'elles, afin d'en avoir assez pour le tout.

Tartelettes mosaïques aux avelines glacées.

Pilez huit onces d'amandes d'avelines, et mêlez-les avec un pot de marmelade d'abricots; garnissez, finissez et cuisez vos tartelettes comme de coutume; puis glacez-les au sucre au cassé, et semez dessus du gros sucre.

Tartelettes mosaïques aux amandes amères glacées.

Pilez parfaitement trois onces d'amandes douces et une once d'amères; le reste de l'opération est absolument la même chose que ci-dessus.

Tartelettes mosaïques glacées au raisin de Corinthe.

Après avoir nettoyé huit onces de raisin de Corinthe, vous en mêlez six avec un pot de marmelade d'abricots, et terminez vos tartelettes selon la règle. Lorsqu'elles sont cuites, vous les glacez au sucre au cassé, et semez dessus des raisins de Corinthe lavés et séchés au four, afin de leur ôter leur humidité, et qu'ils puissent s'attacher au glacé.

Tartelettes mosaïques de pommes pralinées à la vanille.

Epluchez douze pommes de rainette, et faites-les cuire avec quatre onces de sucre et une demi-gousse de vanille hachée très-fine ; votre marmelade de pommes étant desséchée à point, vous la laissez refroidir ; ensuite vous y mêlez deux cuillerées de marmelade d'abricots. Garnissez-en vos tartelettes, lesquelles seront foncées selon la règle ; vous masquez ensuite vos trente tartelettes avec des mosaïques que vous dorez et masquez avec quatre onces d'amandes douces, hachées et mêlées avec deux onces de sucre en poudre, et le demi-quart d'un blanc d'œuf. Vous appuyez légèrement ces amandes dessus et autour des tartelettes ; vous les saupoudrez de sucre en poudre, et les mettez au four chaleur modérée. Lorsqu'elles sont colorées dessus et dessous d'une belle teinte rougeâtre, vous les ôtez du four.

Pour les praliner aux avelines, vous hacherez quatre onces d'amandes d'avelines en place d'amandes ordinaires ; voilà toute la différence.

On procédera de la même manière pour praliner aux avelines ou aux amandes les tartelettes de marmelade d'abricots, de pêches, d'ananas, de coings, de pommes d'api, de poires, de cerises, de verjus, ainsi que celles de pistaches et d'abricots, ou d'avelines et d'abricots, telles que je les ai décrites à l'article précédent.

Vous pouvez encore masquer ces sortes de tartelettes de cette manière : Lorsque votre entremêts est cuit, vous masquez un peu épais le dessus des tartelettes avec un blanc d'œuf fouetté, et y mêlez une cuillerée de sucre fin; après les avoir saupoudré de sucre, vous semez dessus du gros sucre ou des pistaches, ou des raisins de Corinthe mêlés avec du gros sucre; ensuite vous les remettez au four pour y prendre couleur.

Petits gâteaux renversés à la gelée de groseilles.

Abaissez un litron de feuilletage à sept tours (*Voyez* cet article, première partie), à une ligne d'épaisseur; puis vous le détaillez avec un coupe-pâte de deux pouces de diamètre; et après l'avoir mouillé très-légèrement, vous le pliez en deux, et appuyez dessus avec le bout des doigts. Rangez les deux parties en vingt-quatre sur un plafond un peu mouillé; mettez-les à deux pouces de distance les unes des autres; puis après les avoir dorés, vous les mettez au four chaud. Lorsqu'ils sont presque cuits, vous les saupoudrez de sucre fin, et les glacez au four à la flamme.

Au moment du service, vous placez sur chacun d'eux un filet de belle gelée de groseilles roses.

Petits gâteaux renversés glacés aux pistaches.

Faites-les de la même manière que les précédens, et ôtez-les du four sans les saupoudrer de sucre; alors faites cuire au cassé (*Voyez* cet article, 8e partie) quatre onces de sucre. Trempez-y légèrement le dessus des gâteaux; et à mesure que vous les sortez du poêlon, vous semez dessus des pistaches coupées en filets.

Vous procéderez de même pour les masquer de gros sucre, ou raisin de Corinthe mêlé de gros sucre, de même du gros sucre mêlé de pistaches hachées.

Puis vous les glacez de même avec du sucre rose au safran ou au caramel; le gros sucre fait un bel effet sur ces trois couleurs.

Canapés garnis d'abricots.

Donnez sept tours et demi à un litron de feuilletage (*Voyez* cet article, 1re partie), et en le tournant, vous le disposez comme pour une bande de tourte d'entremêts. Ce feuilletage doit avoir trois pouces de largeur sur deux petites lignes d'épaisseur ; coupez vos canapés avec la pointe du couteau, en leur donnant trois bonnes lignes de largeur ; ensuite vous les placez du côté coupé sur la plaque. Vous en rangerez cinquante, et les mettrez à deux pouces de distance les uns des autres (ces sortes de gâteaux ne se dorent point). Mettez-les à four chaud ; lorsqu'ils sont colorés bien blond, vous les saupoudrez de sucre fin, et les glacez à la flamme, et aussitôt qu'ils sont sortis du four, vous les détachez et les changez de plafond.

Lorsqu'ils sont prêts à servir, vous les masquez légèrement avec de la marmelade d'abricots, puis vous les dressez en couronnes.

Canapés aux pistaches garnis de gelée de pommes.

Vous les faites comme les précédens. Lorsqu'ils sont glacés, vous fouettez un blanc d'œuf et le mêlez avec une once de sucre fin ; vous masquez légèrement le pourtour des canapés, et les masquez ensuite de pistaches hachées très-fines. Vos gâteaux ainsi préparés, vous les mettez deux minutes seulement au four ; lorsqu'ils sont refroidis, vous les garnissez avec de la gelée de pommes. Cet entremets est très-distingué.

Vous procéderez de même pour les entourer au gros sucre : vous garnissez alors ceux-ci de gelée de groseilles roses. Vous les garnirez aussi avec toutes les sortes possibles de confitures.

Vous pouvez encore les garnir de marmelade de coings, de poires, de pommes ; vous les masquerez ensuite avec un peu de gelée de pommes.

Vous pouvez aussi masquer ces sortes de gâteaux de toutes sortes de glaces royales de couleur.

Petits gâteaux d'abricots.

Donnez sept tours à un litron de feuilletage, et, après l'avoir abaissé à une ligne d'épaisseur et de quinze pouces de longueur, placez dessus et à deux pouces près du bord de l'abaisse six fois le quart d'une cuillerée de marmelade d'abricots, c'est-à-dire à six reprises différentes et à deux pouces et demi de distance les uns des autres. Mouillez légèrement le tour de la pâte où est placée la confiture; ployez le bord de l'abaisse de deux pouces de largeur; appuyez la pâte à l'entour de la confiture, afin de souder les deux abaisses et qu'elles contiennent parfaitement entr'elles la marmelade d'abricots. Vous les détaillez ensuite avec un coupe-pâte cannelé de deux pouces et demi de diamètre; mais vous ne coupez vos gâteaux que demi-circulaires, c'est-à-dire qu'avec la moitié du coupe-pâte vos gâteaux doivent avoir deux petits pouces de largeur sur deux et demi de longueur. Vous recommencez quatre fois cette opération, ce qui vous donnera vingt-quatre gâteaux. Placez-les à deux pouces de distance les uns des autres sur une plaque légèrement mouillée, et, après les avoir dorés comme de coutume, vous les mettez à four chaud; lorsqu'ils sont presque cuits, vous les saupoudrez de sucre, ensuite vous les glacez à la flamme.

Petits livrets d'abricots.

Vous les préparez absolument de même que ci-dessus; vous les coupez avec la pointe du couteau, et leur donnez deux pouces et demi de longueur sur dix-huit de largeur. Vous suivrez le reste du procédé comme il est dit précédemment.

Si vous humectez le dessus de ces petits livrets avec du blanc d'œuf, et que vous les masquiez ensuite de sucre écrasé, vous les ferez cuire à four chaleur modérée. Ces gâteaux s'appellent alors *des feuillantines*.

Vous pouvez garnir les trois espèces de gâteaux décrits ci-dessus, avec toutes sortes de marmelades de fruits, et avec les diverses crêmes-pâtissières contenues dans la 7e partie.

Petits cannelons glacés et garnis de gelée de pommes.

Abaissez un demi-litron de feuilletage à dix tours; donnez à cette abaisse dix-huit pouces carrés, et détaillez-la en vingt-quatre petites bandes de neuf lignes de largeur:

ayéz près de vous vingt-quatre petites colonnes de bois de hêtre tourné, de six pouces de longueur sur six lignes de diamètre, et qu'ils perdent une ligne de fût d'un bout à l'autre, afin que le bout le plus petit quitte plus facilement la pâte quand elle sera cuite. Beurrez ensuite légèrement ces colonnes, puis, après avoir humecté six bandes de feuilletage seulement, vous commencez avec le bout d'une bande à masquer le bout le plus mince d'une colonne, en tournant la colonne de manière que vous formiez une espèce de vis tournante, de quatre pouces de longueur; vous suivez les mêmes procédés pour le reste des colonnes, que vous placez sur deux plaques, à deux pouces de distance entre elles. Dorez légèrement le dessus, et mettez au four chaud. Lorsque ces cannelons sont cuits de belle couleur, vous les saupoudrez de sucre fin et les glacez au four à la flamme selon la règle; aussitôt qu'ils sont sortis du four, vous ôtez les colonnes, et placez au fur et à mesure les cannelons sur un plafond froid. Au moment du service, vous les garnissez de gelée de pommes, ou de telles confitures que vous voudrez employer.

Cannelons pralinés aux avelines.

Hachez très-fin quatre onces d'amandes d'avelines, et mêlez-les avec deux onces de sucre et le demi-quart d'un blanc d'œuf; vos cannelons étant préparés de même que ci-dessus et prêts à mettre au four, vous les placez tour-à-tour du côté doré sur les avelines, afin de les masquer de ce mélange; et au fur et à mesure, vous avez soin de les replacer à la même place qu'ils tenaient sur le plafond où ils étaient rangés. Mettez au four chaleur modérée, donnez-leur une belle couleur jaunâtre, et terminez l'opération comme la précédente.

Cannelons au gros sucre.

Vous les préparez selon la règle, et après les avoir terminés, vous les posez du côté doré sur du gros sucre, et aussitôt qu'ils sont tous masqués, vous les mettez au four chaleur modérée. Étant cuits bien blonds, vous ôtez les colonnes, et finissez le reste du procédé comme de coutume.

Cannelons méringués aux pistaches.

Vous mettez vos cannelons à four chaud, lorsqu'ils sont dorés seulemens; ensuite vous les cuisez de belle couleur. Une heure après être refroidis, vous fouettez un blanc d'œuf que vous mêlez avec une once de sucre; masquez légèrement six cannelons de ce mélange : saupoudrez-les ensuite de sucre fin, et masquez-le de pistaches (quatre onces) coupées en filets. Lorsque tous vos cannelons sont ainsi préparés, vous les remettez au four quelques minutes, afin qu'ils se colorent légèrement; suivez l'opération de la manière accoutumée.

Cannelons méringués au raisin de Corinthe.

Lorsque vos cannelons sont masqués comme ci-dessus de blanc d'œuf et de sucre, vous y semez deux onces de gros sucre, mêlé avec deux onces de raisin de Corinthe, bien lavé et séché ensuite à la bouche du four. Suivez le reste du procédé comme je l'ai décrit précédemment.

Cannelons méringués.

Fouettez deux blancs d'œufs, et, après les avoir mêlés avec deux cuillerées de sucre fin, vous en masquez vos cannelons comme de coutume. Ensuite vous écrasez quatre onces de sucre pour en masquer les cannelons que vous mettez à four doux. Donnez une belle couleur blonde, et lorsqu'ils sont retirés du four, vous ôtez à l'instant les colonnes des cannelons. Au moment du service, vous les garnissez selon la règle.

Petites bouchées glacées à la pâtissière.

Après avoir donné dix tours à un litron de feuilletage, vous en faites une abaisse de l'épaisseur d'une bonne ligne; puis vous la détaillez avec un coupe-pâte rond-uni de deux petits pouces de diamètre. Vous coupez ensuite une trentaine de ces petites abaisses en forme d'anneaux avec un petit coupe-pâte de quinze lignes de largeur; puis avec toutes les parures, vous faites une abaisse pareille à la précédente, et la détaillez de même. Mouillez légèrement le dessus de ces fonds pour y placer les anneaux, et appuyez-les également; humectez (très-peu) les dessus, au fur et à mesure que vous les finissez. Lorsqu'ils sont terminés, et que leur humidité se trouve presque sèche, vous les saupoudrez alors légèrement et également de sucre en poudre. Vous les placez à distance égale sur un plafond, et les mettez au four gai.

Cette cuisson n'est pas très-aisée, en ce que le sucre se fond et se colore à mesure que la cuisson s'opère. Lorsque ces gâteaux sont d'une parfaite cuisson, leur glacé doit être d'un beau brillant rougeâtre, ressemblant, en quelque façon, au glacé du sucre cuit (au poêlon) au caramel. Vous garnissez vos petites bouchées de confitures de toute espèce, ainsi qu'avec les crèmes fouettées (*Voyez* 7e partie.)

Vous procéderez de la même manière que ci-dessus pour faire ces petites bouchées de forme carrée, ovale, en losange et en croissant.

Petites bouchées méringuées aux pistaches.

Vos gâteaux étant disposés comme les précédens, vous semez dessus du sucre fin, mais sans humecter la pâte. Mettez-les au four chaleur modérée: le dessus de ces bouchées doit être d'un beau blond.

Mêlez ensuite quatre onces de sucre fin avec trois blancs d'œufs fouettés, et masquez légèrement, avec ce mélange, le bord de six bouchées, et glacez-les de sucre fin. Ayez ensuite tout prêt quatre onces de pistaches émondées, dont vous aurez coupé chacunes d'elles en travers et en biais, de manière que chaque moitié étant posée sur le côté coupé, doive s'incliner; vous les placez ainsi en couronne sur le bord des bouchées, ensorte que la perle de pistaches se trouve penchée sur le bord extérieur du gâteau.

Votre entremets étant terminé, vous le mettez au four

quelques minutes pour que le blanc d'œuf s'y colore légèrement ; puis, après avoir remué le reste du blanc d'œuf, vous en faites trente petites méringues, que vous formez en coquille de limaçon sur du papier. Lorsque vous avez saupoudré de sucre fin, et que ce sucre est fondu par l'humidité de la méringue, vous les placez sur une planche, et les mettez au four chaleur douce. Lorsqu'elles sont de belle couleur, vous les séparez du papier, placez le côté coloré sur un plafond, et les remettez au four pour sécher intérieurement.

Au moment du service, vous garnirez vos bouchées de crême fouettée aux pistaches (*Voyez* cet article, 7e partie), puis vous couvrez chaque gâteau avec une moitié de méringue.

On peut, après avoir masqué les bords de ces bouchées de blanc d'œuf, les masquer de nouveau de gros sucre ou de pistaches hachées très-fines. Ces deux genres de bordures font un bel effet.

On peut également garnir l'intérieur de toutes les crêmes et confitures possibles.

Petites bouchées perlées.

Vos bouchées étant cuites comme les précédentes, vous prenez (fouettés) deux blancs d'œufs bien fermes, et les mêlez avec quatre cuillerées de sucre passé au tamis de soie : quand ce mélange est bien amolli, vous en masquez six bouchées seulement ; puis, avec du blanc d'œuf, vous formez, avez la pointe du couteau, des perles grosses comme un beau grain de raisin (ou plus petites), et les posez au fur et à mesure en couronnes sur le masqué et à quatre lignes de distance entre elles. Ensuite vous les saupoudrez légèrement de sucre passé au tamis de soie. Suivez de la même manière pour le reste de l'entremets, et mettez-le au four pour y sécher seulement le blanc d'œuf ; mais ayez soin qu'il conserve sa blancheur. Lorsqu'il est refroidi, vous mettez entre chaque perle une plus petite de gelée de groseilles roses ; ce qui fait le plus joli effet possible : on croit voir un petit bracelet entouré de perles et de rubis. Garnissez l'intérieur de marmelade d'abricots, de gelée de pommes, de crême aux pistaches, ou aux roses tendres.

Pour les garnir à la gelée de groseilles roses, au verjus, à la gelée de pommes, vous mettez une petite perle de marmelade d'abricots en place de la groseille rose.

Un jour j'eus la patience de glacer au sucre au cassé des grains de raisin de Corinthe bien égaux en grosseur, et que j'avais placés entre chaque petite perle. Je fus un peu long, il est vrai; mais cet entremets étant garni de belle gelée de groseilles roses, fut d'une grande beauté. On pourrait dans des momens de loisir, garnir de la même manière les entremets qui, en général, sont ornés de perles.

Petites bouchées perlées au raisin de Corinthe.

Lorsque vos bouchées sont perlées et glacées de sucre comme les précédentes, vous placez au milieu de chaque petite perle un petit grain de raisin de Corinthe, puis encore un grain entr'elles, et les mettez sécher quelques minutes au four. Après être refroidi, vous masquez les grains de raisin avec un peu de gelée de pommes. Garnissez vos bouchées de la manière accoutumée.

Petites bouchées perlées aux pistaches.

Après avoir perlé et glacé de même que ci-dessus, vous placez entre chaque perle la moitié d'une pistache coupée en long. Mettez quelques minutes au four pour y sécher le blanc d'œuf; lorsqu'elles sont froides, vous masquerez légèrement les pistaches avec un peu de gelée de pommes, puis vous garnirez selon la règle.

On peut laisser ces bouchées plus de temps au four, afin qu'elles s'y colorent d'un beau blond.

On perle encore ces bouchées d'une autre manière : on forme les petites perles ovales, puis on les place de manière que la bordure de la bouchée ressemble un peu à une vis. Glacez; et faites sécher au four comme de coutume; puis, entre chaque petites cannelures, vous mettrez un petit filet de gelée de groseilles roses ou de marmelade d'abricots, ou un petit filet de pistaches placé avant de faire sécher le blanc d'œuf.

Petites bouchées au gros sucre.

Ce sont les mêmes que ci-dessus, c'est-à-dire qu'après les avoir faites, vous les masquez légèrement avec un mélange de sucre très-fin et de blanc d'œuf un peu ferme, ensuite vous posez le côté glacé sur du gros sucre; après être masqué, vous les mettez au four, deux minutes seulement. Au moment du service, vous les garnirez de belle gelée de groseilles roses ou de marmelade d'abricots, ou de crème au chocolat, à la rose, aux pistaches ou au café.

Petites bouchées au raisin de Corinthe.

Épluchez et lavez bien deux onces de raisin de Corinthe; mettez-les quelques minutes sécher au four, et mêlez-y deux onces de gros sucre; masquez vos bouchées de même que les précédentes, et masquez-les encore avec le mélange de gros sucre et de raisin. Garnissez-les de marmelade d'abricots, d'ananas, ou de gelée de groseilles de Bar et de gelée de pommes de Rouen, de crème à la rose, à la violette, à l'orange ou aux pistaches.

Petites bouchées aux pistaches.

Après avoir émondé quatre onces de pistaches, vous les séparez en deux et en longueur; puis vous masquez les bouchées comme les précédentes, mais cinq ou six à-la-fois seulement; vous placez ensuite sur chaque bouchée douze moitiés de pistaches en forme de zig-zag ou en forme de tresse, ou vous les poserez toutes du même sens à côté les unes des autres et à trois lignes de distance entr'elles. Mettez-les au four deux minutes, et, au moment du service, vous les garnirez de crème à la vanille, au café, à la rose, au chocolat, à la marmelade d'abricots, à la gelée de groseilles rouges ou blanches, ou de gelée de pommes.

Vous pouvez hacher les pistaches pour en masquer les bouchées: cette manière fait plus d'effet.

DES ENTREMETS DE PATISSERIE.

Petites bouchées aux anis roses de Verdun.

Vous masquez vos bouchées de la manière accoutumée, et sur le masqué vous y joignez des anis roses. Garnissez de crême blanche, de gelée de groseilles blanches, de pommes ou de marmelade d'abricots.

Petites bouchées aux anis blancs.

Vous procédez de même que ci-dessus, et masquez vos bouchées d'anis blancs; vous les garnissez de gelée de groseilles roses, de verjus, d'abricots, ou de crême fouettée à la rose, à la violette, à l'orange, à la pistache et au chocolat.

Petites bouchées glacées (à la royale) au chocolat.

Vous les masquez de même que les précédentes, mais avec un glacé royal (*Voyez* la manière de le faire, 8e partie). Vous les garnissez comme de coutume.

On masque également ces bouchées à la glace royale, au café, au safran, à la violette, à la rose, à l'orange, au citron et à la pistache.

On met quelquefois sur ces sortes de glaces de couleur du raisin de Corinthe, des pistaches, des anis blancs et roses, du gros sucre; mais toutes ces bigarures sont de mauvais goût. Le gros sucre seul peut y être admis, attendu qu'il convient à toute chose; il enrichit, donne du ton et de l'élégance, et tout par lui est distingué. On les glace encore au sucre au cassé de toutes sortes de couleurs.

Petites fantaisies aux pistaches.

Donnez dix tours à un litron de feuilletage, et, après l'avoir abaissé à une ligne d'épaisseur, vous détaillez vingt-quatre petites abaisses avec un coupe-pâte large de deux pouces, rond, et à huit cannelures seulement; vous faites ensuite un pareil nombre de petites abaisses. Détaillez avec un coupe-pâte rond-uni de quinze lignes de largeur; videz ceux-ci avec un coupe-pâte de onze lignes de diamètre; mouillez légèrement le dessus de ces petites couronnes, que vous placez sur les abaisses cannelées. Appuyez-les un peu, afin de souder les deux parties ; saupoudrez-les légèrement avec du sucre en poudre, et après les avoir rangés sur un grand plafond, mettez-les au four chaleur modérée. Lorsqu'ils sont cuits bien blonds et refroidis, vous masquez le dessus des cannelures de la grande abaisse avec du blanc d'œuf mêlé de sucre ; vous semez dessus du gros sucre, et les mettez deux minutes au four seulement, afin que le blanc ait le temps de s'y ressuyer. Vous masquez encore le dessus de la couronne de blanc d'œuf ; puis vous les retournez de ce côté. Mettez dessus des pistaches hachées très-fines ; remettez deux minutes encore vos gâteaux au four. Lorsqu'ils sont prêts à servir, vous garnissez l'intérieur des couronnes aux pistaches, de gelée de pommes ou de groseilles, ou de belle marmelade d'abricots.

Petites fantaisies au gros sucre.

Vous les faites ainsi que les précédentes ; mais vous masquez la couronne au gros sucre, et dessus les cannelures vous y mettez des pistaches hachées ; voilà toute la différence. Vous garnissez ces sortes de gâteaux avec toutes les confitures possibles ou avec les crèmes à la Chantilly de toutes odeurs (*Voyez* la 7e partie.)

Vous pouvez également glacer le dessus des couronnes au sucre de couleur cuit au cassé, ou avec les glaces royales de diverses couleurs. Vous ne masquerez pas moins le dessus des cannelures comme ci-dessus, avec du gros sucre ou des pistaches.

Petits quadrilles aux quatre fruits.

Ayez un coupe-pâte de deux pouces carrés, c'est-à-dire que ce moule se compose de quatre grandes cannelures, dont chacune d'elles doit avoir un pouce de diamètre. Après avoir donné neuf tours à un litron de feuilletage, vous l'abaissez à deux petites lignes d'épaisseur ; ensuite vous détaillez vingt-quatre gâteaux avec le coupe-pâte ci-dessus : avec les parures, vous faites une petite abaisse d'une ligne d'épaisseur, que vous détaillez en quatre-vingt-seize petites abaisses avec un coupe-pâte rond-uni d'un pouce de diamètre. Vous coupez ensuite le milieu de ces petites abaisses avec un coupe-pâte rond de huit lignes de diamètre : vous mouillez ensuite légèrement quatre de ces petites couronnes, et vous en placez une sur chaque cannelure du gâteau : vous les appuyez un peu pour souder les deux abaisses. Comme cette opération est longue, lorsque vous avez six gâteaux, couverts de quatre anneaux chacun, vous les saupoudrez légèrement de sucre fin, et les rangez de suite sur un grand plafond. Vous recommencez trois fois encore la même opération, ce qui vous donnera vingt-quatre quadrilles. Mettez-les au four chaleur modérée ; lorsqu'ils sont cuits de belle couleur et refroidis, vous masquez légèrement le dessus des quatre petites couronnes de chaque gâteau avec du blanc d'œuf mêlé de sucre ; puis vous les masquez encore avec des pistaches hachées très-fines ou du gros sucre très-fin. Lorsque l'entremets est ainsi préparé, vous le remettez quelques minutes au four ; et au moment du service, vous garnissez de cette manière les quatre couronnes de chaque gâteau : dans l'une vous mettez de la gelée de pommes, à côté de celle-ci de la marmelade d'abricots ; ensuite de la gelée de groseilles blanches ; puis de la marmelade de prunes de mirabelle.

Mais pour servir ces sortes de gâteaux dans toute la beauté dont ils sont susceptibles, vous les finirez de cette manière : lorsqu'ils sont cuits, vous masquez les deux couronnes qui se trouvent en face l'une de l'une de l'autre avec de la glace blanche à la royale (*Voyez* cet article) ; puis vous semez dessus des pistaches hachées bien fines. Vous masquez ensuite les deux autres couronnes avec de la glace royale couleur pistache, et dessus du gros sucre un peu fin, de manière que vous ayez une couronne aux pistaches sur un fond très-blanc, et l'autre au gros sucre sur un fond couleur pistache : à côté de celle-ci, une aux pistaches fond blanc ; l'autre au gros sucre fond pistache. Garnissez ces jolis gâteaux d'une seule couleur de confiture, comme, par exemple, de gelée de pommes ou de groseilles roses de Bar, ou de marmelade d'abricots. Ces gâteaux, quoique de trois couleurs tranchantes, ne sont pas moins très-distingués et très-pittoresques à la vue.

Vous pourrez encore masquer les couronnes de glace rose et y semer du gros sucre, ou bien masquer de glace au chocolat et ensuite au gros sucre.

Quadrilles pralinés aux avelines.

Lorsque vos gâteaux sont préparés, ainsi que les précédens, avant d'être cuits, vous dorez légèrement le dessus des petites couronnes, et les placez de ce côté sur quatre onces d'avelines hachées fines, et mêlées avec deux onces de sucre fin et le quart d'un blanc d'œuf. Vous masquez ainsi tour à tour les vingt-quatre quadrilles. Lorsqu'ils sont rangés bien également sur un plafond, vous les mettez au four chaleur modérée, et les cuisez d'une belle couleur blonde. Au moment du service vous les garnissez de toutes sortes de confitures.

Quoique ces quadrilles ne soient point autant brillans que les précédens, ceux-ci sont pourtant plus agréables à manger ; ce sont les avelines qui leur donnent cette prééminence.

Vous les pralinez de même avec des amandes ordinaires.

Petites rosaces au gros sucre.

Après avoir abaissé un litron de feuilletage (à neuf tours) à deux lignes d'épaisseur, vous détaillez vingt-quatre petites abaisses avec un coupe-pâte rond-uni, du diamètre de deux pouces ; donnez ensuite un tour aux parures, et avec un coupe-pâte uni de quinze lignes de diamètre, détaillez des petits croissans de deux lignes de largeur ; mouillez cinq de ces croissans, que vous placez ainsi : posez le bout d'un croissant au milieu d'une petite abaisse ronde, et faites-le tourner jusqu'auprès du bord de l'abaisse, ensuite, posez la pointe d'un autre croissant encore au milieu, et faites-le tourner à un bon pouce de distance de celui déjà placé. Vous faites tourner la pointe de façon qu'elle vienne se joindre tout prêt du premier croissant ; placez encore trois croissans de la même manière, afin que ces cinq croissans forment une espèce de rosace tournante, qui masque toute la surface du gâteau. Lorsque vous avez six gâteaux terminés, vous les masquez légèrement de sucre fin, puis vous les rangez sur un grand plafond. Vos rosaces étant terminées, vous les mettez au four chaleur modérée; ensuite, avec le reste de l'abaisse, vous détaillez vingt-quatre petites abaisses avec un coupe-pâte rond de huit lignes de diamètre, dont vous coupez le milieu avec un coupe-pâte de cinq lignes de largeur. Saupoudrez ces petites couronnes de sucre fin, puis, faites-les cuire sur un plafond séparément.

Vos rosaces étant cuites et légèrement colorées, vous masquez le dessus des petits croissans avec du blanc d'œuf (un blanc fouetté et mêlé avec une once de sucre), et placez au milieu de la rosace une petite couronne. Vous masquez ensuite de gros sucre les petits croissans, et lorsque vous en avez douze de préparés, vous les mettez au four deux minutes seulement. Finissez le reste comme ci-dessus, et masquez le dessus des petites couronnes de blanc d'œuf, ensuite de pistaches hachées bien fines. Vous remettez vos gâteaux deux minutes au four. Lorsqu'ils sont prêts à servir, vous garnissez l'entre-deux des petits croissants de gelée de groseilles roses, et dans le milieu de la petite couronne de la gelée de pommes.

Vous pouvez masquer le dessus des petites couronnes au gros sucre, et les petits croissants de pistaches hachées. Vous les masquerez pareillement avec des glaces de couleur à la royale.

Petits trèfles perlés aux pistaches.

Pour former ces sortes de petits gâteaux, servez-vous d'un coupe-pâte de deux pouces de diamètre, qui se compose de trois grandes cannelures d'un pouce de largeur qui ressemblent beaucoup aux trèfles ordinaires.

Après avoir abaissé un litron de feuilletage (à neuf tours), à deux lignes d'épaisseur, vous détaillez vingt-quatre petits trèfles avec le coupe-pâte en question ; faites ensuite une petite abaisse de l'épaisseur d'une ligne, détaillez-la avec un coupe-pâte rond-uni de quinze lignes de diamètre, puis avec un coupe-pâte uni d'un petit pouce de largeur, vous coupez le milieu de ces petites abaisses pour en faire vingt-quatre petites couronnes : Mouillez légèrement le dessus de six de ces couronnes ; placez-en une au milieu de chaque trèfle, et appuyez-les afin de les souder ; lorsque tous vos trèfles sont ornés d'une couronne, vous les saupoudrez légèrement de sucre fin. Après les avoir rangés avec soin sur une plaque, vous les mettez au four chaleur modérée : lorsqu'ils sont cuits bien blanc, fouettez deux blancs d'œufs et mêlez-les avec deux cuillerées de sucre fin ; vous en masquez légèrement le dessus des trois parties qui forment le trèfle, et sur chacune de ces parties vous posez tout près du bord cinq petites perles formées de blancs d'œufs. A mesure que vous avez ainsi perlé six gâteaux, vous les saupoudrez légèrement de sucre fin, et les remettez deux minutes à la bouche du four, afin que les perles se sèchent sans prendre de couleur. Recommencez trois fois encore la même opération, ensuite vous masquerez le dessus des petites couronnes de blanc d'œuf pour les poser de ce côté sur des pistaches hachées ; remettez encore au four, une minute seulement. Au moment du service, vous garnissez ces petites couronnes avec de la gelée de pomme ou de marmelade d'abricots, puis entre chaque petite perle vous en mettez une plus petite, formée de gelée de groseilles roses.

Petits tressés perlés au gros sucre.

Vous les faites de la même manière que les précédens, mais vous donnez aux perles une belle couleur blonde, et masquez le dessus des petites couronnes de gros sucre. Garnissez-les de gelée de groseilles roses ou de marmelade d'abricots ; puis vous posez entre les perles un beau grain de raisin de Corinthe. Masquez ensuite de gelée de pommes.

Vous pouvez également masquer le dessus des couronnes de glace royale de différentes couleurs, ou au sucre de couleur cuit au cassé.

Petits tressés pralinés aux avelines.

Lorsque vos gâteaux sont préparés comme ci-dessus, vous dorez légèrement le dessus des couronnes, puis vous les posez de ce côté sur quatre onces d'amandes d'avelines hachées très-fines, et y mêlez deux onces de sucre fin et le demi-quart d'un blanc d'œuf. Votre entremets ainsi masqué, vous le mettez à four chaleur modérée, et le cuisez de belle couleur ; vous le perlez comme de coutume et le garnissez de même.

Vous pralinerez pareillement vos tressés aux amandes ordinaires.

Petites étoiles au gros sucre.

Ayez un coupe-pâte de deux pouces de diamètre formant l'étoile à cinq pans, et un autre de même forme, mais de dix-huit lignes de largeur seulement.

Donnez neuf tours à un litron de feuilletage, et abaissez-le à deux lignes d'épaisseur. Détaillez ensuite vingt-quatre étoiles ; donnez un tour aux parures, et abaissez-les d'une petite ligne. Détaillez de nouveau vingt-quatre étoiles, ensuite coupez le milieu avec le petit coupe-pâte de la même forme. Mouillez légèrement le dessus de six de ces étoiles à jour, et passez-le ensuite sur les premières abaisses, afin que les deux étoiles n'en forment plus qu'une. Appuyez les deux parties, afin de les souder ; lorsque toutes vos étoiles sont ainsi préparées, vous les saupoudrez légèrement de sucre fin, et les mettez au four chaleur modérée. Lorsqu'elles sont cuites de belle couleur, vous masquez la surface avec du blanc d'œuf ; mêlez un blanc avec une once de sucre, ensuite de gros sucre, et mettez-les au four deux minutes seulement.

Au moment du service, vous garnissez l'intérieur de gelée de groseilles de Bar (roses) ou de marmelade d'abricots.

Petites étoiles aux pistaches.

Vous procédez de même que ci-dessus, mais vous masquez celle-ci avec des pistaches hachées très-fines. Vous les garnissez de gelée de pommes, de groseilles roses ou blanches, ou de marmelade d'abricots.

Vous pouvez perler le dessus de ces étoiles ou les masquer de glace de couleur, ou au sucre de couleur cuit au cassé, ou vous le pralinez aux avelines et aux amandes douces.

Vous pouvez encore faire vos étoiles de cette façon : au lieu d'y mettre une double étoile à jour, mettez sur la première une couronne de quinze lignes de diamètre, dont le milieu aura été coupé avec un coupe-pâte d'un petit pouce de largeur. Vous les saupoudrez de sucre et les cuisez de même ; ensuite vous mettez une petite perle sur le bout des angles de l'étoile qui dépassent la couronne, et les saupoudrez de sucre. Remettez-les au four prendre couleur, ensuite masquez les couronnes au gros sucre ou aux pistaches.

Petites couronnes aux pistaches.

Ce coupe-pâte a trois pouces de longueur sur un pouce seulement de largeur ; il s'arrondit aux deux extrémités, puis au milieu, de manière qu'il forme trois espèces de coupe-pâte, ronds, parfaitement unis au bout l'un de l'autre.

Après avoir abaissé un litron de feuilletage (à neuf tours) à l'épaisseur de deux lignes, vous détaillez vingt-quatre gâteaux avec le coupe-pâte ci-dessus ; et, avec les parures, vous faites une petite abaisse d'une ligne d'épaisseur. Vous détaillez soixante-douze petites abaisses avec un coupe-pâte rond d'un pouce de largeur ; vous les coupez ensuite au milieu avec un coupe-pâte de huit lignes de largeur. Mouillez-les légèrement, ensuite posez-en trois à côté l'une de l'autre sur le gâteau qui se trouve disposé à cet effet. Appuyez-les un peu, afin de souder les parties plus intimement. Après que tous vos gâteaux sont ornés chacun de trois couronnes, vous les saupoudrez légèrement de sucre fin, et les mettez au four chaleur modéré. Lorsqu'ils sont cuits, vous masquez la couronne du milieu seulement avec du blanc d'œuf (mêlé de sucre), et la masquez encore de pistaches hachées. Remettez-les deux minutes au four, et masquez les deux couronnes (de chaque gâteau) au blanc d'œuf, ensuite au gros sucre, et remettez-les encore deux minutes à la bouche du four.

Vous garnissez les deux couronnes au gros sucre de gelée de groseilles roses; celle aux pistaches de gelée de pommes.

Vous pouvez masquer ces petites couronnes suivant les procédés décrits précédemment.

Vous masquerez, par exemple, la couronne du milieu au gros sucre, puis les deux autres aux pistaches, ou bien vous les masquerez toutes trois au gros sucre ou aux pistaches, et les garnirez d'une seule couleur de confiture. Vous pouvez encore masquer la couronne du milieu de très-petites perles, et les deux autres aux pistaches très-fines.

Petites feuilles de chêne perlées.

Ce coupe-pâte a trois pouces de longueur sur quinze lignes de largeur; sa cannelure doit représenter la forme d'une feuille de chêne. Vous détaillez ces gâteaux avec ce coupe-pâte, comme de coutume, et les faites cuire de même; ensuite vous fouettez trois blancs d'œufs, et les mêlez avec quatre onces de sucre fin. Vous masquez légèrement le dessus des gâteaux, et faites une ligne droite au milieu et en long. Vous formez avec la pointe du couteau une petite perle ovale de blanc d'œuf, que vous placez ainsi: posez-la tout près de la ligne droite en l'inclinant un peu, et terminez-la au bout de la première cannelure; ensuite posez-en une autre de la même manière et à une bonne ligne de distance. Vous en posez six de la même façon et du même côté; puis six autres du côté opposé, mais du sens contraire, de manière qu'elles forment six espèces de chevrons. Saupoudrez-les de sucre fin : lorsque vos gâteaux sont ornés, vous les mettez au four, et leur donnez une couleur légère. Mettez sur le milieu de chaque perle un petit filet de glace royale aux pistaches, et entre chacune d'elles un filet de gelée de groseilles roses ou de gelée de pommes, et un grand filet sur le milieu qui doit séparer les perles.

Petits paniers au gros sucre.

Ayez un coupe-pâte ovale et cannelé de deux pouces et demi de longueur sur dix-huit lignes de largeur. Quand votre feuilletage (à neuf tours) est abaissé à trois petites lignes d'épaisseur, vous coupez vingt-quatre petits paniers que vous saupoudrez légèrement de sucre fin, et vous les rangez sur un plafond un peu humecté; ensuite, avec la pointe du couteau, vous tracez à une ligne de profondeur une anse au milieu du panier, et d'un côté de cette anse, vous tracez une ligne circulaire qui fait la moitié du tour du gâteau et à deux lignes de distance près de la cannelure. Faites la même chose de l'autre côté, et ainsi de suite, au reste des petits paniers. Vous les faites cuire comme de coutume; ensuite vous les masquez de blanc d'œuf (mêlé de sucre) et ensuite de gros sucre. Remettez-les deux minutes au four; puis au moment du service, vous les garnissez de toutes sortes de confitures. Vous pouvez les masquer aussi aux pistaches hachées, et de toutes sortes de glaces de couleur.

Petits paniers pralinés aux avelines.

Lorsque vos gâteaux sont détaillés, vous tracez les deux compartimens; puis dorez légèrement le bord et l'anse des petits paniers, et les posez de ce côté sur quatre onces d'avelines hachées, mêlées avec deux onces de sucre et un peu de blanc d'œuf. Lorsque tous vos paniers sont ainsi masqués, vous les mettez au four chaleur modérée, et leur donnez une belle couleur blonde.

Vous les pralinez de même aux amandes douces.

Petits diadèmes aux pistaches.

Donnez neuf tours à un litron de feuilletage et abaissez-le à trois lignes d'épaisseur; ensuite, avec un coupe-pâte rond uni de trois petits pouces de diamètre, vous coupez vingt-quatre croissans de quinze lignes de largeur : au milieu,

DES ENTREMETS DE PATISSERIE.

saupoudrez-les de sucre fin. Vous posez ensuite sur le milieu un coupe-pâte rond de huit lignes de diamètre, et l'appuyez à une ligne de profondeur. Vous faites la même opération à trois lignes de distance de cette couronne avec un coupe-pâte de six lignes de largeur, et la même chose à trois lignes de distance, mais avec un coupe-pâte de quatre lignes de diamètre. Vos croissans étant ainsi marqués de cinq trous, vous les faites cuire de la manière accoutumée, puis vous enfoncez avec la pointe du couteau, les cinq petits boutons des petits trous; masquez légèrement le dessus d'un croissant : entourez-le en passant le bord sur des pistaches hachées, et masquez le reste avec du gros sucre. Lorsque vos gâteaux sont ornés de cette manière, vous les mettez deux minutes au four; puis au moment du service, vous les garnirez de jolies confitures.

Vous pouvez également les encadrer au gros sucre, et masquer le reste aux pistaches et aux glaces de couleur.

Vous pouvez encore perler le bord extérieur des croissans avec de très-petites perles formées de blanc d'œuf. Vous les saupoudrez de sucre, et les faites sécher blanches au four; puis, entre chaque perle, vous en mettez une plus petite de gelée de groseilles roses, ou bien un petit grain de raisin de Corinthe; masquez ensuite d'un peu de gelée de pommes. C'est alors que ces sortes de croissans ressemblent en quelque façon à un diadème. Cet entremets, dressé avec goût, a fort bonne mine.

Panachés en diadême au gros sucre.

Votre feuilletage ayant neuf tours (un litron), vous l'abaissez à deux petites lignes d'épaisseur. Détaillez trente croissans de quinze lignes de largeur avec un coupe-pâte rond-uni de deux pouces et demi de diamètre; saupoudrez légèrement vos gâteaux de sucre fin, et mettez-les au four selon la règle. Lorsqu'ils sont colorés blonds et refroidis, vous masquez la moitié de la largeur du croissant de blanc d'œuf, ensuite de gros sucre, de manière qu'il couvre la moitié de la largeur du croissant d'une pointe à l'autre. Remettez-les deux minutes au four; ensuite sur la partie non masquée, vous placez en travers des petites perles longues, de cette manière : formez une petite perle (avec du blanc d'œuf mêlé de sucre) de sept lignes de longueur sur trois petites de grosseur; vous placez la pointe tout près du gros sucre, de manière qu'elle vienne terminer au bord du croissant; puis vous en placez encore quatre autres de chaque côté de celle-ci, laquelle se trouve tenir le milieu du croissant ; vous les posez à une ligne de distance l'une de l'autre, puis vous les diminuez de longueur et grosseur au fur et à mesure que vous approchez de la pointe du croissant. Lorsque vous avez ainsi orné six croissans, vous saupoudrez seulement la partie perlée de sucre fin sans en mettre sur le gros sucre, ce qui ternirait son brillant. Lorsque tous vos gâteaux sont perlés et saupoudrés de sucre, vous les remettez au four seulement deux minutes.

Au moment du service, vous placez entre chaque perle un petit filet de gelée de groseilles roses.

Panachés perlés aux raisins de Corinthe.

Ce sont les mêmes que les précédens. Lorsqu'ils sont perlés, vous placez entre chaque perle du milieu cinq pètits grains de raisin de Corinthe, et entre la seconde perle quatre, ensuite trois, deux et un grain : vous diminuerez ainsi leur nombre à mesure que vous approcherez de la pointe du croissant. Lorsque tous vos gâteaux sont ornés de raisins, vous les remettez au four, et donnez le temps aux perles de se colorer légèrement. Vous pouvez mettre en place de raisin, des filets de pistaches.

Au moment du service, vous masquez le dessus des raisins avec un filet de gelée de pommes.

Panachés aux pistaches et au gros sucre.

Vous les faites de même que ci-dessus ; mais vous ne les masquez ni de gros sucre, ni de perles. Lorsqu'ils sont cuits bien blond, vous masquez l'épaisseur du croissant de blanc d'œuf (vous aurez soin de ne pas en mettre dessus ni dessous le gâteau), ensuite de gros sucre un peu fin. Vous en masquez quinze au gros sucre, et les mettez au four deux minutes; ensuite, les quinze autres aux pistaches hachées très-fines, vous les mettez pareillement au four.

Une demi-heure avant le service, vous masquez légèrement le dessus des croissans avec de la gelée de pommes que vous aurez fait dissoudre au bain marie (que votre gelée ne soit que tiède seulement ; un demi-pot suffit). Vous placez ensuite dans le même genre des perles, des petits filets d'une bonne ligne carrée, formés de gelée de groseilles roses. Lorsque vous les dresserez, vous placerez en formant la couronne, un croissant entouré de gros sucre, ensuite un aux pistaches, et ainsi de suite.

Cet entremets est d'un fort bel effet à la vue.

Vous pouvez masquer le tour seulement au gros sucre, ainsi qu'aux pistaches. Vous pouvez aussi les masquer de pistaches et de gros sucre mêlés.

Panachés ronds aux pistaches.

Après avoir abaissé un litron de feuilletage (à neuf tours) à deux lignes d'épaisseur, vous détaillez vingt-quatre petites abaisses avec un coupe-pâte rond de deux pouces de diamètre et à très-petites cannelures; donnez un tour aux parures, et abaissez-les à une petite ligne d'épaisseur ; détaillez-la en vingt-quatre petites abaisses rondes-unies de dix-huit lignes de largeur ; ensuite vous les coupez au milieu avec un petit coupe-pâte de quatorze lignes de diamètre; mouillez légèrement le dessus de ces petites couronnes : posez et appuyez-les sur les abaisses cannelées, puis vous les saupoudrez légèrement de sucre fin et les mettez au four chaleur modérée. Lorsqu'elles sont cuites de belle couleur, vous masquez légèrement de blanc d'œuf (mêlé de sucre) le dessus des petites couronnes, et vous les ornez avec de très-petites perles ovales que vous placez à une ligne de distance et un peu inclinées, de manière qu'elles doivent former sur la couronne une espèce de corde à pain de sucre, et au fur et à mesure que vous les perlez, vous les saupoudrez de sucre fin. Lorsqu'elles sont toutes terminées, vous les faites sécher au four ; mais ayez soin qu'elles ne prennent point de couleur. Vous avez tout prêt quatre onces de pistaches émondées, dont chaque amande est coupée en quatre filets d'égale grosseur ; piquez un de ces filets sur chaque cannelure qui se trouve à l'entour de la couronne : vous les enfoncez peu, et les faites pencher légèrement du haut. Au moment du service, vous placez entre chaque filet de pistaches une petite perle de gelée de groseilles roses, puis entre chaque perle de la couronne vous posez un petit filet (d'une ligne carrée) de gelée de groseilles roses, et garnissez l'intérieur des couronnes de belle marmelade d'abricots.

Panachés ronds au raisin de Corinthe.

Ce sont les mêmes que les précédens. Lorsqu'ils sont cuits vous masquez le tour et le dessus des petites couronnes et le dessus des cannelures avec de la gelée de groseilles blanches, ou avec la gelée de pommes à peine fondues au bain marie ; vous poserez sur chaque cannelure un petit grain de raisin de Corinthe, que vous masquez ensuite de gelée de pommes.

Vous faites ensuite avec de belle gelée de groseilles rouges des petits filets d'une bonne ligne carrée ; puis vous les placez droit à l'entour et dessus la couronne, de manière qu'ils touchent les raisins de Corinthe d'un bout, tandis que l'autre va se terminer dans l'intérieur de la couronne. Vous les posez à trois lignes de distance les uns des autres. Ces petits filets, ainsi disposés, rendent le tour et le dessus des couronnes comme cannelés, ce qui produit un bel effet. Vous garnissez les couronnes de belle marmelade d'abricots ou de beaux grains de verjus.

Ces sortes de panachés, ainsi décorés avec des glaces de couleur à la royale, vous les faites sécher au four. Vous masquez ensuite ces décorations avec de petites lames de gelée de pommes que vous coupez le plus mince possible ; ce masqué est d'un transparent très-brillant. Vous pouvez les garnir des crèmes fouettées de toutes sortes d'assaisonnemens.

Petits gâteaux royaux à la vanille.

Hachez très-fin un bâton de vanille que vous pilez avec

DES ENTREMETS DE PATISSERIE. 265

six onces de sucre ; passez le tout au tamis de soie, et mêlez-le dans une petite terrine avec du blanc d'œuf : remuez ce mélange avec une cuillère d'argent pendant quelques minutes pour en former un glacé un peu mollet. Vous abaissez ensuite un litron de feuilletage de l'épaisseur de deux lignes; puis vous détaillez trente gâteaux avec un coupe-pâte ovale de deux pouces et demi de longueur sur dix-huit lignes de largeur. Cette forme ovale doit se terminer en pointes aux deux extrémités, au lieu d'être arrondie. Mettez le quart d'une cuillerée de glace sur un gâteau, et, avec la lame du couteau, vous étalez cette glace afin que toute la surface du gâteau se trouve parfaitement masquée, et sur-tout d'égale épaisseur : cette épaisseur doit être au moins d'une ligne. Lorsque tous vos gâteaux sont masqués, vous attendez une demi-heure avant de les mettre au four chaleur modérée. Cet espace de temps est pour que le glacé se hâte par l'action de l'air. Cette opération est très-nécessaire pour que le masqué conserve son glacé lisse et uni, ce qui fait toute la beauté de ces sortes de gâteaux; au lieu qu'en les mettant au four après les avoir masqués, le glacé se ride, se ratatine et se fond par places, et, par ce triste résultat, ce bon entremets devient de pauvre mine.

La couleur de ces gâteaux doit être rougeâtre et le dessus légèrement coloré.

En les ôtant du four, vous aurez soin d'appuyer le glacé des gâteaux sur lesquels il aurait fait trop d'effet à la cuisson, ce qui arrive presque toujours ; si l'on n'a pas cette attention (et ce glacé est très-fragile), lorsqu'il se trouve brisé, cela dépare singulièrement cet entremets.

Ces gâteaux réclament beaucoup de soins, mais particulièrement à la cuisson ; car, si le four agit avec trop de vitesse sur le glacé, alors celui-ci se fond tout à l'entour et prend la couleur du caramel ; et si, pour empêcher qu'il ne se colore davantage, on les retire avant qu'ils ne soient cuits à point, alors votre entremets est manqué complètement, attendu que le feuilletage manquant de cuisson, s'aplatit et devient tout-à-fait galette.

Mais lorsque cet entremets est fait selon la règle, ces petits gâteaux sont infiniment agréables, par la raison que le feuilletage et le glacé sont croustillans et fondans dans la bouche, et y laissent au palais le parfum embaumé de la vanille.

Petits gâteaux royaux à la fleur d'orange.

Pilez une once de fleur d'orange avec six onces de sucre; passez le tout au tamis de soie. Le reste du procédé est le même que ci-dessus.

Petits gâteaux royaux au cédrat.

Râpez sur un morceau de sucre du poids de six onces le zeste d'un cédrat; écrasez ce sucre et mettez-le quelques minutes à la bouche du four. Lorsqu'il est bien sec, vous le pilez et le passez au tamis de soie. Finissez l'opération de la manière accoutumée.

Vous procéderez de même pour les parfumer de zestes de bigarade, de citron et d'orange.

Petits gâteaux royaux aux avelines.

Emondez deux onces d'amandes d'avelines et pilez-les parfaitement, en les mêlant peu à peu avec le quart d'un blanc d'œuf, afin qu'elles ne tournent pas à l'huile. Vous les passez au tamis de crin bien fin, de manière qu'aucun fragment d'amandes ne soit aperçu. Mêlez ces amandes dans une terrine avec six onces de sucre passé au tamis de soie et un blanc d'œuf; le tout bien amalgamé pendant quelques minutes, vous en masquez le dessus des gâteaux et terminez le procédé selon la règle.

Vous tenez le glacé de ceux-ci un peu plus épais que de coutume par rapport aux avelines.

Petits gâteaux royaux aux amandes amères.

Pilez six gros d'amandes amères, passez-les par le tamis de crin, mêlez-les avec six onces de sucre et presque un blanc d'œuf. Terminez l'opération comme de coutume.

Petits gâteaux royaux au chocolat.

Râpez trois onces de chocolat à la vanille, et mêlez-le

avec quatre onces de sucre fin passé au tamis de soie ; délayez ce mélange avec un blanc d'œuf : peut-être serez-vous obligé d'en ajouter encore un peu, afin que le glacé se trouve mollet, comme de coutume ; vous finissez vos gâteaux selon les procédés décrits précédemment, mais vous mettez ceux-ci à four un peu plus modéré.

Lorsque ces gâteaux sont soignés à la cuisson, leur glacé, quoique de couleur brune, n'en a pas moins d'éclat que les autres.

Vous faites ces sortes de gâteaux dans toutes les formes possibles, comme rondes, longues, carrées, en losange ou en croissant.

Petits gâteaux royaux aux abricots.

Faites deux abaisses de feuilletage de quatorze pouces carrés, vous en masquez une avec un pot de marmelade d'abricots ; puis vous couvrez la confiture avec l'autre abaisse. Vous détaillez vos gâteaux comme de coutume, et les terminez selon les procédés indiqués précédemment.

Vous pouvez garnir ces sortes de gâteaux de marmelade de pêches, de prunes et d'ananas.

Petites bouchées royales à la gelée de pommes.

Abaissez un litron de feuilletage (à neuf tours) à une bonne ligne d'épaisseur, détaillez vingt-quatre petites abaisses avec un coupe-pâte rond-uni de deux pouces de diamètre ; puis faites-en vingt-quatre autres, mais un peu plus minces. Vous coupez ces dernières au milieu avec un coupe-pâte de quinze lignes de diamètre : mouillez légèrement le dessus de ces couronnes, que vous posez sur les autres abaisses ; ensuite vous masquez les autres couronnes de même que les gâteaux précédens. Lorsqu'elles sont cuites de belle couleur, vous garnissez (au moment du service) l'intérieur des couronnes de gelée de pommes, ou de groseilles rouges ou blanches.

Ces sortes de bouchées sont fort croustillantes et très-aimables.

Petits gâteaux pralinés aux avelines.

Hachez quatre onces d'avelines; mêlez-les avec deux onces de sucre en poudre, et le demi-quart d'un blanc d'œuf. Lorsque le feuilletage est abaissé à deux bonnes lignes d'épaisseur, vous détaillez vingt-quatre croissans larges de quinze lignes et de trente de longueur. Dorez légèrement le dessus, puis masquez-les avec des amandes. Vous les appuyez un peu, afin de les rendre d'égale épaisseur; ensuite vous semez dessus du sucre fin. Mettez au four chaleur modérée, et donnez-leur une belle couleur blonde. Lorsqu'ils sont refroidis, vous pouvez les dresser.

Vous procéderez de même pour les amandes ordinaires. Vous pouvez faire ces gâteaux de toutes sortes de formes.

Petits gâteaux pralinés à la marmelade de prunes, de mirabelle.

Faites une abaisse d'une bonne ligne d'épaisseur, et de quatorze pouces carrés; masquez cette abaisse avec un pot de marmelade de mirabelle; ensuite faites-en une autre pareille à la première, mais abaissez-la le plus mince possible. Vous en masquez la marmelade, et détaillez vos gâteaux en croissant de même que ci-dessus. Dorez-les légèrement, et masquez-les ensuite d'avelines, comme je l'ai indiqué pour les gâteaux précédens. Mettez au four chaleur modérée, et servez-les de belle couleur.

Petites couronnes de feuilletage aux pistaches et au gros sucre.

Abaissez un litron de feuilletage (à neuf tours) à deux lignes d'épaisseur, puis, avec un coupe-pâte rond-cannelé, et de deux pouces de largeur, vous détaillez vingt-quatre petites abaisses, dont vous coupez ensuite le milieu avec un coupe-pâte uni de dix lignes de diamètre. Humectez légèrement le dessus avec du blanc d'œuf seulement; placez y ensuite en zig-zag des filets de pistaches, puis vous posez la couronne sur du gros sucre, afin d'en masquer les parties qui se trouvent entre la pistache. Mettez au four doux, et donnez-leur une légère couleur.

Petites couronnes de feuilletage pralinées à la vanille.

Hachez une gousse de vanille, pilez aussi trois onces de sucre. Passez le tout au tamis de soie, et mêlez-y quatre onces d'amandes hachées très-fines, puis le peu de blanc d'œuf nécessaire à cette opération. Dorez légèrement les couronnes que vous aurez détaillées comme les précédentes ; masquez-les ensuite avec les amandes, puis vous les cuisez selon la règle. Ces petites couronnes sont extrêmement aimables. Pour les faire à l'orange, vous râperez le zeste d'une orange sur un morceau de sucre de trois onces, puis vous l'écraserez et le mêlerez avec quatre onces d'amandes. Vous procéderez de même pour les faire au cédrat, à la bigarade ou au citron. Vous pouvez vous servir de ces sortes d'amandes pour tous vos gâteaux pralinés.

Petites bouchées pralinées au sucre de couleur.

Après avoir abaissé votre feuilletage comme de coutume, vous détaillez trente petites abaisses avec un coupe-pâte rond-uni de vingt-lignes de diamètre ; ensuite vous donnez un tour aux parures. Faites-en une abaisse d'une petite ligne d'épaisseur ; détaillez-la comme la précédente. Vous les coupez au milieu avec un coupe-pâte de quatorze pouces de largeur ; mouillez légèrement ces petites couronnes, et posez-les sur les autres abaisses : dorez-les et mettez-les au four chaleur modérée. Lorsqu'elles sont cuites de belle couleur, vous masquez le dessus des petites bouchées de blanc d'œuf (mêlé de sucre), et ensuite avec des amandes hachées très-fines, mais n'y mettez point de sucre. Remettez-les quelques minutes au four, afin d'y sécher les amandes ; ayez soin qu'elles conservent leur blancheur, et ensuite vous semez par-dessus du sucre rose passé au tamis. Mettez très-peu de sucre, afin de ne point masquer les amandes entièrement.

Vous mettrez pareillement sur ces amandes du sucre en poudre rouge, jaune, violet, et aux pistaches. (*Voyez* la manière de faire ce sucre de couleur, 4e partie).

Vous garnissez ces bouchées avec toutes les confitures et crêmes possibles.

Vous pouvez praliner de la même manière toutes les formes de gâteaux susceptibles de se garnir de confitures et de crême à la Chantilly.

Ici se termine la description des entremets détachés et autres.

Cette série pourrait être beaucoup plus longue, quoique, cependant, elle décrit presque quatre cents entremets divers. Ceux que j'ai omis sont des formes bizarres, qui ne conviennent ni au goût, ni à l'élégance de la pâtisserie moderne. D'ailleurs, ce nombre m'a paru suffisant, pour mettre les jeunes praticiens à même de varier selon les goûts et les circonstances qui, quelquefois nous forcent de simplifier notre travail, et de le rendre prompt afin d'arriver à l'heure prescrite pour le service. C'est le premier devoir de l'ouvrier; et je me rappelle que M. Avice, qui a joui long-temps d'une réputation fort distinguée, comme excellent pâtissier de fonds et parfait décorateur, avait la manie de toujours faire attendre son service au moment où il devait paraître sur la table. J'ai plusieurs fois entendu dire à ces Messieurs qui l'ont employé dans leurs grands travaux, que, sans ce défaut, M. Avice aurait été le premier pâtissier du monde.

CHAPITRE XXVII.

DES SUCRES ODORIFÉS.

Les pâtissiers de boutiques emploient des essences distillées, telles que de citron et de bergamotte, de l'eau de rose et de fleur d'orange, de la poudre d'iris; voilà ce qui compose l'assaisonnement de leurs biscuits et entremets.

Mais le vrai pâtissier de maison doit rejeter ces sortes d'odeurs, et parfumer ses entremets et ses grosses pièces de fonds de l'aimable arome de l'orange, du cédrat, de la bigarade, du citron, de la fleur d'orange, du café, de la vanille, des anis verts et du safran.

Il doit avoir alors ces diverses odeurs toutes préparées dans de petits flacons de verre ou dans de petits boucauts qui se ferment hermétiquement, ou bien les préparer au fur et à mesure qu'il en a besoin.

Sucre au zeste d'orange.

Ayez des oranges de Malte douces, dont l'écorce se raffine; vous râpez alors le zeste sur un morceau de sucre, mais légèrement, afin de ne pas anticiper sur la peau blanchâtre qui se trouve immédiatement sous le zeste, attendu qu'elle contient beaucoup d'amertume qui dénaturaliserait l'arome du fruit.

A mesure que la surface du sucre se colore, vous le ratissez avec un couteau, pour en séparer l'esprit du zeste qui s'y attache par le frottement réitéré. Vous recommencez l'opération avec les mêmes soins; ensuite vous faites sécher ce sucre à l'étuve ou à la bouche du four doux, et, après l'avoir écrasé, vous le passez au tamis de soie.

Pour les sucres de bigarade, de citron et de cédrat, on procédera de la même manière que ci-dessus.

Sucre de vanille.

Coupez en deux une gousse de vanille bien grosse et bien givrée. Divisez-la en petits filets très-minces; ensuite hachez-la en y joignant une cuillerée de sucre en poudre; après cela, vous pilez le tout avec une seconde cuillerée de sucre. Passez-la ensuite par le tamis de soie; pilez de nouveau avec une cuillerée de sucre la vanille qui n'a pas pu passer au tamis, et faites-la passer après.

Sucre de café Moka.

Mettez dans un petit poêlon d'office une tasse de café bien forte; vous y mêlez assez de sucre en poudre pour le rendre un peu épais. Mettez-le sur un feu modéré, et remuez-le continuellement avec une petite spatule; aussitôt qu'il commence à bouillonner, vous l'ôtez du feu, en y mêlant deux cuillerées de sucre en poudre. Remuez le tout avec une cuillère d'argent, en graissant le sucre le long des parois du poêlon; à mesure qu'il se refroidit, vous le voyez se ternir en s'épaississant, et devenir absolument en cassonade. Vous le mettez sécher à l'étuve, et le faites passer ensuite par le tamis de soie.

LE PATISSIER ROYAL PARISIEN.

QUATRIÈME PARTIE,

CONCERNANT LES GROSSES PIÈCES DE FONDS.

CHAPITRE PREMIER.

OBSERVATIONS PRÉLIMINAIRES.

Nous avons deux genres bien distincts de grosses pièces de pâtisserie; le premier comprend les pièces de fonds, et le second les pièces montées ou colifichets.

Nous entendons par pièces de fonds, toutes pièces de pâtisserie susceptibles de former une grosse pièce entière, soit par la composition de leur détrempe ou appareil, et surtout par une physionomie particulière qui les caractérisent, comme, par exemple, les pâtés froids, les biscuits de Savoie, les grosses brioches, les babas, les gâteaux de Compiègne à la française, à la parisienne, à la royale; les couglauffles, les poupelins, les gâteaux de mille feuilles, les croque-en-bouche, les nougats, les croquantes de pâte d'amandes, la belle sultane, les flans à la portugaise et les soufflés.

Ici finit la série des pièces de fonds, tandis que le nombre

SUJETS DE LA PLANCHE VIII.

Le n° 1 représente un gros pâté froid dressé et garni à la moderne.

Le n° 2, un buisson de petits pâtés à la gelée garnis de cailles.

Le n° 3, un pâté chaud-froid, garni de perdreaux rouges aux truffes.

Le n° 4, un carton pour soutenir les gros pâtés à la cuisson.

des pièces montées est au moins cinq fois plus considérable.

De l'assaisonnement.

Je vais essayer de décrire la cause de l'assaisonnement de haut goût et parfait ; d'abord il dépend non-seulement du tact fin et précis de celui qui assaisonne, mais particulièrement de la qualité des épices.

Voilà en partie la cause la plus généralement reconnue, qui constitue le bon assaisonnement ; car tous les soins et toutes les combinaisons possibles seront toujours vains, puisque nous ignorons la composition de ces mauvaises épices qui n'ont aucune saveur, et qui font échoir les talens les plus parfaits.

C'est par cette raison qu'il serait de notre devoir de confectionner nous-mêmes des épices qui fussent toujours de la même qualité. Cette vérité est assez importante pour être prise en considération par nos confrères. Le pâtissier de maison, jaloux de sa réputation, devrait avoir avec lui une petite boîte remplie de ces épices ; voici la description et la manière de les faire.

Mettez dans un mortier quatre gros de muscade râpée, quatre de clous de gérofle râpés, deux de poivre blanc concassé, deux de piment, deux de macis concassé, deux de laurier franc, deux de basilic et deux de thym. (Le thym, le laurier et le basilic, doivent être séchés au four).

Après avoir pulvérisé le tout en poudre impalpable, vous le faites passer par le tamis de soie ; ensuite le mettez dans une boîte de fer-blanc, que vous tenez fermée le plus possible, afin que vos épices ne perdent point, par l'évaporation, une grande partie de leur esprit aromatique.

Voilà assurément des épices telles que devrait nous les fournir le commerce ; mais il en est bien autrement ! Nos épiciers considérant la cherté de ces sortes de denrées coloniales, ne mettent point de muscade dans leurs épices, fort peu de gérofle, mais en revanche, beaucoup d'herbes aromatiques.

Maintenant, il me faut donner une idée raisonnée et

DES GROSSES PIÈCES DE FONDS.

pratique sur la manière d'employer ces épices. Pour arriver à ce but, voici ce que j'ai fait : D'abord, j'ai réglé un sel épicé qui pût seul donner un assaisonnement reconnu généralement bon. Dire qu'il plaira à tout le monde, ce serait faire plus que mon art ne peut; car telle personne aime l'assaisonnement qui stimule l'appétit, tandis que telle autre ne peut souffrir que les choses fades : ainsi donc je n'ai point cette vaine prétention.

Je procède à la manière de préparer mon sel épicé.

Pesez une livre de sel blanc séché au four ou à l'étuve, et après l'avoir parfaitement pilé, passez-le au tamis de crin, puis mêlez-le avec une once de vos épices : le tout étant bien amalgammé, vous le serrez dans une boîte de fer-blanc qui se ferme hermétiquement. Vous vous en servirez de cette manière : Pour une livre de veau désossé, vous mettez quatre gros (une demi-once) de sel épicé. Pour m'assurer de ce procédé, j'ai répété la même expérience dans différentes occasions, et toujours mon sel épicé a eu les mêmes résultats.

Je vais donner des détails plus substantiels, en décrivant la manière de confectionner de gros pâtés froids, façon ancienne et moderne.

CHAPITRE II.

PÂTÉS FROIDS DE JAMBON.

Faites six litrons de pâte à dresser de la manière indiquée dans la première partie. Couvrez-la d'une serviette légèrement mouillée; ensuite parez une belle noix de veau bien blanc, c'est-à-dire, ôtez-en les peaux et les nerfs; parez de même une partie de la sous-noix, et pesez-en une livre que vous hachez avec une livre et demie de lard gras. Cette farce étant parfaitement hachée, vous la mettez dans un mortier, et vous y joignez cinq gros de sel épicé, deux échalottes hachées très-fines, que vous blanchissez en les jetant dans l'eau bouillante et en les pressant dans un linge. Ajoutez une cuillerée à bouche de persil, puis le double de champignons et autant de truffes, le tout bien haché. Broyez ce mélange avec deux œufs et une cuillerée à ragoût de velouté ou d'espagnole. Otez cette farce du mortier pour la mettre dans une terrine ; faites nettoyer le mortier et le hachoir aussitôt après. Ensuite coupez une livre de lard en lardons menus et de trois pouces de longueur : vous les mêlez avec une bonne cuillerée de fines herbes désignées ci-dessus pour la farce, et quatre gros de sel épicé. Alors vous piquez votre noix de veau, en plaçant avec une lardoire ces lardons à travers le fil de la viande, c'est-à-dire droit dans l'épaisseur de la noix. Vous coupez tout près du veau le bout des lardons qui excède des deux côtés.

Coupez à-peu-près le quart de votre pâte à dresser ; et après avoir moulé la plus forte partie, vous l'abaissez ronde et à un pouce d'épaisseur. Vous dressez votre pâté de huit pouces de diamètre et de huit à neuf pouces de hauteur. N'y faites point de pieds : cette bordure de pâte noircit à la cuisson (Pour la forme, *Voyez* le dessin n° 1 de la planche 8e). Voilà, par exemple, de ces choses que des commentaires ne sauraient démontrer ; car, quand je dirai à une personne qui n'a jamais touché de pâte à dresser : Appuyez la pâte de la main droite sur le tour, en la tournant peu-à-peu : elle deviendra ronde et unie à sa surface ; voilà qui est impossible, et cela est facile à concevoir. La pratique a des prérogatives qu'on ne peut atteindre sans elle ; il en est de même de tous les arts et métiers qu'il faut exercer pour en connaître les difficultés ; car, que pourrait faire une personne qui n'a jamais dressé, lorsque je lui dirais : Abaissez cette pâte ; imprimez avec le bout des doigts, sur le milieu de l'abaisse, un rond de six pouces de diamètre pour marquer le fond du pâté ; ensuite montez cette pâte, en relevant le bord et la foulant par la pression des doigts sur elle-même, afin qu'elle se tienne droite. Malgré ces indications, comment arriver jamais à la monter à six ou neuf pouces de hauteur ? Je le répète encore, c'est la chose impossible sans la pratique.

Je dois dire aussi aux apprentis (1) de s'habituer à tenir

---

(1) J'avais l'habitude de faire dresser mes apprentis dès les premiers

DES GROSSES PIECES DE FONDS.

leurs doigts étendus en dressant, et d'avoir toujours les mains près l'une de l'autre en montant la pâte, afin de ne pas la plisser, et sur-tout de dresser d'égale épaisseur. Avec ces soins, de l'adresse et du goût, ils pourront, après des années de pratique, arriver à dresser un gros pâté de cette forme, tout-à-la-fois mâle et élégant. (*Voyez* les dessins de ce chapitre). Tels nous les dressons aujourd'hui dans nos grandes maisons ; mais il ne faut pas s'y tromper, ces sortes de gros pâtés sont infiniment plus difficiles à bien dresser que nos pâtés de boutique, et cela est tout simple : ces derniers demandent de l'apparence, tandis que les autres exigent de l'élégance, qu'on ne peut obtenir que par l'élévation.

Enfin, lorsque le pâté est dressé selon la règle, vous parez un jambon de Bayonne que vous aurez fait cuire la veille (1), c'est-à-dire que vous en ôtez la couenne et les parties du gras qui pourraient être jaunes, plus les parties du dessous qui se trouveraient noircies par le hâle. Conservez le gras de dessus le plus épais possible ; ensuite vous coupez la noix de forme ronde, et égale au diamètre de l'intérieur du pâté. Après cela, vous coupez en dés toutes les parures qui restent du jambon, mais le maigre seulement : alors vous mêlez ces dés dans la farce avec les parures des lardons de la noix de veau. Cela fait, vous mettez la moitié de cette farce dans le pâté ; vous en garnissez légèrement le tour de la hauteur de cinq à six pouces, puis vous égalisez celle du fond. Pesez la noix de veau, et si elle pesait trois livres, vous metteriez une once et demie

---

mois qu'ils étaient avec moi ; ils faisaient leur pâte eux-mêmes et à leur frais ; lorsqu'ils avaient un moment à eux, c'était pour dresser un petit pâté froid ; ils le garnissaient de farine, le finissaient, le pinçaient et le décoraient comme s'il eût été pour servir ; ensuite ils ôtaient la farine de l'intérieur, mouillaient légèrement la surface du pâté, le déformaient et moulaient la pâte pour resservir le lendemain. S'il en était ainsi dans nos boutiques, les apprentis seraient meilleurs ; car qu'est-ce qu'un pâtissier qui ne sait pas dresser un pâté ?

(1) A l'eau tout simplement pendant six heures. Lorsque le jambon est de primeur, vous le dessalez un jour seulement ; autrement vous le laissez tremper deux jours à l'eau fraîche.

d'assaisonnement ; mais on doit la peser avant de la piquer. Ensuite vous la parez de même que la noix de jambon, et la posez dans le pâté. Ayez soin qu'elle soit parée bien ronde, afin qu'elle ne déforme pas la pâte. Avec les parures, vous garnissez les parties inégales de la noix de veau ; vous mettez à l'entour un cordon de farce, ensuite vous la masquez avec son sel épicé.

Recouvrez la noix de veau d'un pouce de farce, et posez dessus la noix de jambon, qui doit entrer avec facilité. Mettez de la farce à l'entour, afin que la surface du pâté se trouve également garnie, quoique bombée dans le milieu, sur lequel vous posez deux feuilles de laurier. Maniez une livre de beurre d'Isigny pour masquer le jambon ; couvrez le tout de bardes de lard très-minces, ou avec le gras du jambon conservé, que vous aurez coupé en rond, du diamètre du pâté. Alors, avec la lame du couteau, vous détachez bien la farce des contours du pâté.

Moulez les trois quarts du reste de la pâte, que vous abaissez tout juste de la largeur du pâté. Mouillez légèrement la bordure qui est à l'entour de la garniture ; mouillez pareillement l'abaisse, et posez-la de ce côté sur ce pâté ; appuyez le bord sur celui de l'abaisse pour les souder parfaitement, afin de contenir le jus que l'ébullition va donner au pâté ; ensuite faites un trou au milieu du couvercle, afin que l'air qui se trouve comprimé dans le pâté puisse s'évaporer. Vous coupez droit le bord de l'abaisse et donnez un peu d'évasement. (*Voyez* le dessin). Ensuite, vous pincez la crête, c'est-à-dire le bord, et décorez le dessus d'une jolie rosace ; enfin vous pincez le tour, et le décorez à votre idée, ou comme le dessin.

Vous préparez un carton de la même forme que je l'ai indiquée sur la planche de ce chapitre, sous les n°s 4 et 5. A cet effet, ayez une grande feuille de carton lissé, que vous coupez au milieu de sa largeur. Coupez le bord, de la largeur d'une moitié de ce carton ; cousez-la au bout de l'autre moitié, en les doublant l'une et l'autre de deux pouces seulement. Alors vous tracez sur le bord de leur longueur une ligne droite (*Voyez* le n° 1er du carton des-

DES GROSSES PIECES DE FONDS. 279

siné); vous tracez une autre ligne un peu circulaire, qui doit se terminer à vingt-quatre pouces de longueur. Ces deux lignes doivent se joindre à leur extrémité, comme le n° 2 du carton l'indique; elles doivent se trouver écartées à leur milieu de deux pouces, comme le décrit la ligne du carton, sous le n° 3. Ensuite vous tracez au-dessous de la ligne circulaire une autre ligne pareillement circulaire, et à huit pouces de distance, si le pâté se trouve avoir huit pouces de hauteur. Si le pâté n'a que six pouces de hauteur, vous devez tracer la seconde ligne circulaire à six pouces de distance de la première : cette seconde ligne doit avoir vingt-six pouces de longueur, telle qu'elle est marquée sous le n° 4 du carton.

Vous coupez ensuite avec des ciseaux le carton, en suivant le tracé des lignes circulaires; mais vous lui donnez deux pouces de longueur de plus, en le coupant carrément aux deux extrémités, comme je l'ai indiqué par le n° 5. Vous coupez droit le haut du carton à deux pouces de profondeur, et à six lignes de distance l'une de l'autre : elles sont désignées sous le n° 6 ; puis vous faites courber ces espèces de petites handes, en les appuyant sur un rouleau ordinaire.

Entourez le pâté avec ce carton, qui doit parfaitement l'emboîter; vous devez vous apercevoir que les petites ciselures courbées du haut du carton sont disposées ainsi, pour conserver l'évasement du pâté, ce qui fait une grande partie de sa beauté. Ensuite il faut coudre quatre cordons d'un pied de longueur à chaque bout du carton, mais à trois pouces près du bord, comme je l'ai indiqué par le n° 7. Ce carton est une des bonnes idées que j'aie eu pour l'amélioration de mon état; car sa forme soutient tellement le pâté au four, qu'il ne peut faire aucun effet à la cuisson ; alors, par ce nouveau procédé, je conserve aux pâtés leur belle forme mâle et élégante.

On pourrait facilement faire faire cette forme en ferblanc. Ce moule s'ouvrirait en deux par le moyen d'une charnière; on le fermerait par des agrafes; et au lieu d'être ciselé par le haut, comme le carton, on l'évaserait au marteau : mais pour le bien faire, il faudrait dresser le pâté de sa parfaite largeur et hauteur.

Revenons à notre opération. Après avoir parfaitement doré le pâté, vous faites une petite bande de papier beurré, que vous placez à l'entour du bord de la crête; vous la faites tenir, en posant par dessus celle-ci une autre petite bande de papier imbibé de dorure. Vous mettez votre pâté au four gai; et, dix minutes après, vous l'ôtez pour l'entourer du carton avec promptitude; vous le remettez au four de suite, et lorsque le dessus est coloré d'un beau blond, vous le couvrez avec quatre feuilles de papier double.

Donnez au pâté quatre heures de cuisson, et en le sortant du four, versez dedans quatre verres de bon consommé clarifié au vin de Madère; bouchez aussitôt avec un peu de pâte l'ouverture du milieu du couvercle. Lorsque le pâté est un peu refroidi, vous dénouez et ôtez le carton, que vous serrez afin de vous en servir dans pareille occasion; je me suis servi du même jusqu'à huit fois.

Ces sortes de gros pâtés ont la belle couleur blonde des pâtés de Strasbourg; mais elle est plus luisante, et leur tournure est infiniment plus distinguée.

En emploiera les mêmes procédés pour faire de ces sortes de carton à entourer des pâtés froids et chauds de toute grandeur et hauteur.

CHAPITRE III.

TIMBALE GARNIE D'UNE DINDE EN GALANTINE TRUFFÉE.

Ces sortes de gros pâtés sont très-agréables pour les parties de campagne ou de chasse, et sur-tout pour les grands déjeûnés, où une grosse pièce solide est si nécessaire.

Manière d'opérer. Flambez deux moyens dindonneaux bien en chair, épochez-les; coupez l'abattis; ressuyez votre volaille et posez-la sur une serviette du côté de l'estomac. Vous séparez la peau du dos; vous glissez la pointe du couteau le long des os pour en détacher les chairs. Etant arrivé à l'estomac, vous coupez la peau à la moitié de la longueur du cou, pour séparer avec soin les filets.

Lorsque vous êtes aux cuisses, vous détachez bien la chair du solilème; vous rompez le joint des cuisses, en les renversant sur le dos; vous détachez le reste de la peau, ainsi que tous les petits os du bréchet, des ailerons et des cuisses, et sur-tout les chairs nerveuses. Vous ôterez aussi la couronne du boyau d'où sortent les déjections.

Vous séparez la peau de l'estomac de l'autre dindonneau; vous glissez la pointe du couteau le long du bréchet, afin d'en séparer les filets; ensuite vous déjoignez les cuisses, en les renversant sur le dos; et, après avoir désossé les filets et les cuisses, vous ôtez toutes les parties nerveuses; vous retirez la chair des cuisses du dindonneau qui est désossé en entier, et substituez à la place la chair blanche des deux filets détachés.

Cette opération terminée, vous pesez la chair des quatre cuisses pour completter une livre et demie, que vous hachez parfaitement avec deux livres quatre onces de lard gras. Pilez cette farce, et passez-la ensuite au tamis à quenelle.

Vous pilez et passez au tamis à quenelle une demi livre de panade au consommé de volaille. Vous la pilez avec la farce; le tout étant parfaitement mêlé, vous y joignez douze gros de sel épicé, quatre jaunes d'œufs, deux grandes cuillerées de velouté ou de béchamel. Vous relevez cette farce dans une terrine : ajoutez-y une cuillerée d'échalottes hachées et blanchies, deux de persil, quatre de champignons, quatre de truffes, le tout haché bien fin. Après cela, vous coupez en petits dés de cinq lignes carrées douze onces de langue de bœuf à l'écarlate, dont vous aurez ôté les peaux. Coupez de même trois quarterons de tétine de veau que vous aurez fait cuire d'avance. Lorsqu'on n'a pas de tétine, on met ce même poids de lard gras que l'on fait blanchir quelques minutes à l'eau bouillante.

Cette opération terminée, vous mettez dans une grande terrine d'eau tiède quatre livres de truffes du Périgord. Vous les brossez et lavez bien, afin que leur surface brisematique soit dégagée de toute la terre et du gravier; et, après les avoir épluchées, vous coupez chaque truffe en deux parties. Vous en coupez quelques-unes en dés, comme ci-dessus, que vous mêlez ensuite dans la farce.

Coupez une livre de lard gras en petits lardons de trois lignes carrées et de trois pouces de longueur. Remuez-les bien avec quatre gros de sel épicé et une bonne cuillerée de fines herbes, comme les précédentes. Ensuite pesez le dindonneau désossé, et pesez après quatre gros de sel épicé, par livre de chair. Vous étalez les chairs, et les piquez de quelques lardons; vous coupez les parties les plus élevées, afin d'en garnir les places de la peau qui se trouvent peu charnues. Semez ensuite la moitié du sel épicé qui a été pesé selon le poids de la chair sur la galantine; ajoutez la moitié des truffes que vous placez çà et là; mettez par-dessus le quart de la farce, que vous étalez un peu; placez dessus quelques truffes, puis remettez la moitié de la farce restante. Vous formez une espèce de ballon en enveloppant votre farce dans le dindonneau, que vous posez ainsi dans une moyenne terrine, afin qu'il ne se dérange pas. Parez une belle noix de veau; et, après en avoir ôté les peaux et les nerfs, vous la piquez avec les lardons préparés à cet effet. Coupez le bout de ces lardons qui dépassent le veau, que vous placez ensuite sur une assiette.

Après avoir ainsi préparé toutes vos garnitures, vous mettez sur le tour six litrons de farine tamisée, que vous détrempez. Tels sont les procédés décrits pour la pâte à dresser à huit livres. Ensuite vous beurrez un grand moule à côte; ce moule doit avoir huit pouces de largeur et autant de hauteur. Coupez le quart de la pâte, moulez la plus forte partie; et, après l'avoir abaissée à un pouce d'épaisseur, vous commencez à la dresser de cinq ou six pouces de hauteur, comme pour un gros pâté. Posez-la ensuite dans le moule; et, avec le reste de la pâte que vous moulez, vous la faite monter en l'appuyant contre le moule. Ayez soin qu'elle soit montée d'égale épaisseur, et sur-tout évitez qu'il ne s'y trouve des petits globules d'air comprimés entr'elle et le moule. Lorsque vous en voyez, vous devez piquer la pâte avec la pointe du couteau, pour en dégager l'air.

Masquez le fond et le tour de la timbale de bardes de lard très-minces. Ajoutez sur le fond la moitié du reste de la farce; enfoncez dedans le reste des truffes; mettez par-dessus la galantine, que vous posez du côté de l'estomac; élargissez-la par le haut pour lui faire prendre la forme du moule; mettez dessus un cordon de farce, et le reste du sel épicé de la chair du dindonneau. Parez la noix de veau convenablement, et mettez-la par-dessus la galantine; masquez-la ensuite avec le sel épicé que vous aurez pesé selon le poids de la chair de la noix de veau; mettez le reste de la farce dans les endroits où elle sera nécessaire, afin d'égaliser la garniture. Recouvrez le tout avec une livre de beurre d'Isigny manié. Mettez deux feuilles de laurier et des bardes de lard bien minces; moulez les trois quarts du reste de la pâte, et abaissez-la de la largeur du moule; mouillez ensuite le bord de la pâte de la timbale et le dessous de l'abaisse, que vous placez pour servir de couvercle; appuyez parfaitement le bord sur la pâte de la timbale, afin de les souder. Coupez le bord de la timbale à un pouce au-dessus du niveau du couvercle, que vous mouillez légèrement; puis, avec la pointe du couteau, détachez le bord de la timbale, que vous ployez et appuyez sur le couvercle; faites avec le reste de la pâte une abaisse. Mouillez le couvercle de la timbale et masquez-le avec l'abaisse, que vous appuyez dessus pour les souder; coupez le bord, en suivant la forme du moule; faites un trou au milieu du couvercle; dorez-le, et rayez-le légèrement; mettez au four gai, et donnez quatre heures de cuisson; couvrez la timbale de quelques feuilles de papier, lorsqu'elle aura atteint une belle couleur blonde; en la retirant du four, vous y versez le consommé que vous aurez marqué ainsi : Mettez dans une petite marmite les ossemens des volailles, un jaret de veau et les parures de la noix, trois cuillerées à pot de bon bouillon, deux carottes, deux oignons, dans l'un desquels vous piquez trois clous de gérofle, un bon bouquet de persil et de ciboules, avec deux feuilles de laurier, une branche de thym et autan de basilic, le tout lié d'une ficelle; ensuite, une poignée de parure de champignons, les débris des truffes. Après l'avoir écumé, vous mettez le consommé mijoter pendant deux heures, et le passez à la serviette. Vous faites réduire un bon verre de vin de Madère; vous y joignez le consommé en le tirant à clair; puis, lorsque ce mélange est réduit à trois bons verres, vous le versez bouillant dans la timbale que vous bouchez de suite avec un peu de pâte mise de côté. Quand la timbale est à peu près refroidie, vous retournez le moule sur un moyen plafond où vous aurez mis un rond de papier; enfin vous ôtez le moule et mettez la timbale dans un lieu froid.

Ces sortes de timbales sont d'un goût exquis; la croûte est plus délicate et plus moelleuse que celle du pâté froid; et cela est tout simple, puisqu'elle est plus fine en beurre.

On procédera de la même manière pour faire cette timbale avec toutes sortes de volailles et de gibier.

Lorsqu'on sera jaloux de servir quelque chose d'agréable pour des petits déjeûners, on pourra confectionner, dans le même genre que celle-ci, une petite timbale garnie seulement de deux beaux perdreaux rouges désossés et garnis en galantine, avec une bonne farce de gibier rehaussée d'une livre de truffes bien mûres, de la réduction de vin de Madère, et du fumet de gibier truffé. Voilà assurément un plat de pâtisserie qui sera toujours savouré avec plaisir.

On procédera de même que ci-dessus pour préparer et foncer les timbales, que l'on pourra garnir ensuite de la manière indiquée ci-après dans les *Garnitures des gros pâtés* dont je vais parler successivement.

On pourra pareillement garnir des gros pâtés froids avec toutes sortes de volailles et de gibiers, que l'on prépare de la même manière que je l'ai décrite ci-dessus pour la timbale de dindonneaux en galantine et aux truffes.

CHAPITRE IV.

PETITS PATÉS A LA GELÉE GARNIS DE CAILLES, n°. 3.

OBSERVATION. Ce buisson de petits pâtés à la gelée est une grosse pièce de fonds du plus riche effet. Son élégance et ses formes lui donnent une physionomie toute particulière ; mais aussi quel temps, quelle patience elle réclame ! Pour former cette grosse pièce, il faut au moins trente-six de ces petits pâtés, et chacun d'eux doit être dressé, garni, fini et décoré séparément : à coup sûr, ce laps de temps ne peut réellement s'obtenir qu'en passant une partie de la nuit ; tel est le sort des pâtissiers modernes. Nous avons amélioré, embelli notre état aux dépens de notre repos ; mais tout homme, jaloux de faire briller les beautés de son art, doit se conduire ainsi.

Pour moi, j'aimais mieux passer une partie des nuits, afin d'avoir le temps de finir mes travaux ; aussi ai-je toujours eu le plaisir de ne jamais faire attendre mon service, point d'honneur de nos opérations.

Mais revenons à nos petits pâtés à la gelée.

Manière d'opérer. Commencez par faire six litrons de pâte à dresser à six livres (*Voyez* cette détrempe, 1re partie) ; ensuite enveloppez-la dans une serviette légèrement mouillée, et mettez-la de côté.

Flambez trente-six belles cailles de vigne et bien en chair. Vous les épluchez, et leur coupez les pattes et le cou. Vous les désossez de la même manière que ci-dessus, avec cette différence que ces petits oiseaux réclament plus d'attention, eu égard à leur délicatesse.

Lorsque cette partie de l'opération est terminée, vous levez les chairs de deux lapereaux de garenne ; et, après en avoir ôté les nerfs, vous en pesez une livre et demie, que vous hachez avec deux livres quatre onces de lard gras. Etant bien hachée, vous pilez cette farce, en y joignant huit gros de sel épicé (*Voyez* cet article), un œuf et deux jaunes, et passez-la ensuite au tamis à quenelle : vous la mêlez dans une terrine avec deux cuillerées à bouche de persil, le double de champignons et une échalotte ; le tout bien haché. Vous y joignez une livre de truffes, lavées comme ci-dessus, épluchées et coupées en petits dés, et une grande cuillerée de velouté ou d'espagnole.

Vous coupez et moulez la pâte en quatre parties ; vous en abaissez trois à une bonne ligne d'épaisseur : coupez-les ensuite par bandes de six pouces huit lignes de largeur ; mettez quatre de ces bandes l'une sur l'autre, et coupez-les en travers, en leur donnant de hauteur deux pouces quatre lignes, ce qui vous donnera quatre petites bandes longues de six pouces huit lignes, sur deux pouces quatre lignes de largeur. Coupez ainsi trente-six petites bandes pareilles en longueur et largeur; posez en neuf l'une sur l'autre; couvrez-les avec la serviette qui a servi à la pâte à dresser. Faites une abaisse des parures d'une bonne ligne d'épaisseur ; détaillez-la avec un coupe-pâte rond-uni de deux pouces deux lignes de diamètre : vous rangez alors trente-six de ces petites abaisses, neuf par neuf, et les placez sous la serviette; ensuite vous rassemblez les parures avec quelques gouttes d'eau : après cela, vous prenez sous la serviette une petite abaisse ronde avec une bande ; vous mouillez légèrement l'épaisseur, c'est-à-dire le tour de l'abaisse, et posez de suite la bande droite à l'entour. Mouillez les deux bouts de la bande, que vous amincez avec le bout des doigts, afin qu'elle se croise davantage ; soudez-la en l'appuyant sur elle-même. Vous l'appuyez de même à l'entour de l'abaisse. Mettez cette petite croustade sur un petit rond de papier de trois pouces de diamètre, dont vous en aurez fait trente-six.

Faites ensuite une petite bande roulée de six pouces six lignes de longueur sur deux lignes de diamètre : mouillez légèrement cette bande, et posez-la dans la croustade, en l'appuyant sur la soudure qui réunit les deux abaisses au pied de la croustade. Finissez votre croustade en la serrant du haut pour lui donner la grâce et l'évasement d'un gros pâté froid ordinaire.

Vous finissez tour à tour, et de la même manière, les trente-six petits pâtés. Au fur et à mesure que vous les dressez, vous les placez en ligne et les couvrez d'une serviette, afin que l'action de l'air ne les hâle point : vous garnissez ensuite le fond de chacune d'elles avec une cuillerée de farce, et pesez les cailles. Si elles pèsent quatre livres, alors vous peserez deux onces de sel épicé. Elargissez vos cailles sur le tour, en les plaçant tout près les unes des

DES GROSSES PIÈCES DE FONDS.

autres; puis vous semez dessus, et le plus également possible, la moitié du sel épicé (les deux onces); ensuite vous employez le reste de la farce, en la mettant par parties égales sur chacune des cailles, que vous formez en petits ballons, dans lesquels la farce est contenue; et à mesure que vous disposez ainsi vos cailles, vous en placez une dans chaque petit pâté, mais vous la placez de manière que l'estomac soit dessus. Lorsque toutes vos petites crousfades sont garnies, vous les assaisonnez en employant le reste du sel épicé; puis vous versez doucement sur chaque caille une cuillerée à bouche de beurre fin, que vous aurez à peine fait tiédir; et pendant que ce beurre se fige, vous abaissez le reste de la pâte à une ligne d'épaisseur, et la détaillez avec le coupe-pâte rond-uni de deux pouces huit lignes de diamètre. Mettez ces petites abaisses, neuf par neuf, l'une sur l'autre : rassemblez et moulez le reste des parures; ensuite étalez sur le tour des bardes de lard très-minces, et coupez-les en rond avec un coupe-pâte de deux pouces de diamètre. Mettez sur chaque caille une de ces petites bardes rondes; mouillez légèrement le bord de la pâte en dedans du pâté; placez dessus une petite abaisse ronde pour servir de couvercle, et appuyez-la sur le bord du pâté, afin de les souder.

Étant montés également, vous coupez droit le bord de la crête, et la pincez. Lorsque tous vos petits pâtés sont ainsi couverts, vous en dorez un et le décorez à petites palmettes (*Voyez* le dessin); puis vous en dorez et décorez un autre après celui-là, et ainsi de suite.

Lorsqu'ils sont tous décorés, vous les redorez avec attention, afin qu'ils prennent une couleur bien égale. Placez-les sur plusieurs plaques, et à quatre pouces de distance l'un de l'autre; ayez soin que la crête ne soit point trop évasée; mettez-les à four gai, et aussitôt que la crête commence à se colorer, vous les couvrez de plusieurs feuilles de papier. Après une demi-heure de cuisson, vous retirez les plaques à la bouche du four, afin de retourner les petits pâtés qui se trouvent près du bord de la plaque;

lesquels sans cela prendraient plus de couleur d'un côté que de l'autre.

Lorsque vos pâtés ont subi une heure de cuisson, vous les ôtez du four et les placez sur des plafonds, pour les mettre ensuite dans le garde-manger, comme étant un lieu frais. Le lendemain, lorsqu'il est temps de dresser votre grosse pièce, vous ôtez le couvercle des petits pâtés, pour le remplacer ensuite avec de la bonne gelée (*Voyez* la manière de la faire, 6ᵉ partie) savoureuse et bien transparente, que vous hachez menu, afin qu'elle ait plus de brillant.

Ployez proprement une belle serviette damassée, et placez-la sur le plat. Ayez soin que cette serviette soit élevée du dessous, afin qu'elle soit à la hauteur des bords du plat. Vous dressez ensuite ce buisson comme le représente le dessin n° 2.

Petits pâtés à la gelée, garnis de mauviettes.

Flambez et épluchez soixante-douze mauviettes, que vous désossez avec soin. Vous en mettez deux dans chaque petit pâté; voilà ce qui les distinguent des précédens. Le reste du procédé est absolument le même; cependant vous mettrez leur déjection dans la farce.

Petits pâtés à la gelée, garnis de bécassines.

Ayez dix-huit belles bécassines, et après les avoir flambées, épluchées et désossées, vous les séparez en deux parties, afin de garnir deux petits pâtés avec chaque bécassine; puis vous terminez l'opération comme ci-dessus. Mettez leur déjection dans la farce.

Vous procéderez de même pour les faire aux perdreaux rouges : vous en désosserez dix-huit pour trente-six petits pâtés.

On procédera de même pour garnir ces pâtés de petits pigeons innocens, de ramereaux, de cailletaux, de bécots, de grives, de gélinottes, de rouge-gorges, de guignards, de vanneaux, de pluviers, de merles, de bec-figues et d'ortolans.

Petits pâtés à la gelée garnis de filets de lapereaux.

Après avoir levé les filets à dix-huits lapereaux de garenne, vous ôtez les peaux nerveuses, puis vous les tapez doucement avec la lame du couteau, afin de leur donner plus de largeur; vous les assaisonnez comme de coutume. Commencez ensuite à rouler un filet par le bout le plus mince : roulez-le sur lui-même, de manière qu'il se trouve ramassé en une pelotte; alors vous le placez droit dans le pâté, en l'entourant de farce pour l'arrondir. Vous préparez la farce comme de coutume, avec une partie de la chair des cuisses des lapereaux.

Vous suivrez les procédés décrits précédemment pour dresser ces petits pâtés, pour les garnir, les assaisonner et les cuire.

Petits pâtés à la gelée garnis de filets de volaille.

Lorsque vous avez flambé dix-huit petits poulets à la Reine, vous levez les filets comme pour une fricassée; vous continuez à lever la peau, que vous séparez au milieu du dos, afin que vous puissiez envelopper la farce dedans, et ensuite le formez en petit ballon. Vous faites la farce avec la chair des cuisses; puis vous suivez l'opération de la manière accoutumée.

Petits pâtés à la gelée garnis de foies gras aux truffes.

Faites dégorger vingt-quatre beaux foies gras de chapons dans de l'eau froide; vous les égouttez au bout de trois heures, puis vous coupez chaque foie en deux, et en séparez les parties qui touchent l'amer, ainsi que les fibres. Ensuite vous coupez une livre de truffes en lardons de deux lignes carrées et de deux pouces de longueur; vous coupez chaque lardon au milieu, mais un peu en biais, afin de les rendre pointus de ce côté; ensuite vous piquez droit, avec la pointe d'un atelet, un morceau de foie gras, et à mesure que vous faites un trou, vous mettez dedans un lardon de truffe. Lorsque vous avez ainsi garni de

I.

truffes les trente-six plus beaux morceaux de foie gras, vous les mettez dans une casserole, dans laquelle vous aurez mis une livre de beurre fin, autant de lard râpé, deux échalottes hachées et blanchies, une cuillerée de persil, deux de champignons et autant de truffes, le tout parfaitement haché, et du sel épicé autant qu'il sera nécessaire, afin que l'assaisonnement soit d'un bon sel. Posez la casserole sur un feu modéré, et laissez mijoter vos foies gras pendant quelques minutes, après quoi vous les versez sur un grand plafond. Lorsqu'ils sont refroidis, vous parez les morceaux de foie en rond; vous pilez les parures et le reste des foies gras, et lorsqu'ils sont bien broyés, vous y joignez l'assaisonnement dans lequel vous les avez passés; ensuite vous ajoutez le reste des lardons de truffes que vous coupez en dés, une cuillerée de velouté et deux jaunes d'œufs. Mettez cette farce fine dans une terrine.

Dressez vos petits pâtés comme de coutume, et garnissez de même. Mettez un peu de farce sur le foie, et peu d'assaisonnement; finissez l'opération en suivant les procédés indiqués pour les petits pâtés de cailles.

Ces pâtés de foie gras sont les moins longs à faire, attendu qu'il ne faut point désosser.

Cela n'empêche pas que, pour faire ce buisson de petits pâtés, il faille encore plus de quatre heures à deux hommes adroits et habiles, pour l'exécuter.

CHAPITRE V.

GROS PATÉ CHAUD-FROID DE PERDREAUX ROUGES ET AUX TRUFFES, N° 3.

Cette espèce de gros pâté est infiniment aimable pour les rendez-vous de chasse, les parties de campagne que l'on fait en société pendant les beaux jours de l'été, et pour les grands déjeûners modernes, sur-tout pour ces gastronomes amateurs de pâtés; car celui-ci doit à l'avenir jouer un grand rôle dans les réunions gastronomiques.

DES GROSSES PIECES DE FONDS.

Manière d'opérer. Faites six litrons de pâte à dresser, que vous enveloppez dans une serviette légèrement mouillée. Après cela, vous flambez et épluchez cinq perdreaux rouges, que vous désossez comme de coutume. (*Voyez* la timbale de dindonneaux aux truffes). Pesez la chair de ces perdreaux, et ensuite quatre gros de sel épicé par livre du poids qu'ils vous auront donné; levez les chairs de deux lapereaux de garenne, pesez-en une livre et demie, que vous hachez avec deux livres quatre onces de lard gras. Lorsqu'elle est bien hachée, vous pilez cette farce en y joignant huit gros de sel épicé, un œuf et deux jaunes, une échalotte hachée et blanchie, une cuillerée (à bouche) de persil, le double de champignons et autant de truffes, le tout bien haché. Passez cette farce au tamis à quenelle, mêlez-la dans une terrine, avec une livre de truffes que vous aurez coupée en petits dés de deux lignes carrées, et une cuillerée de velouté ou d'espagnole. Coupez une livre de lard gras en petits lardons, que vous mêlez avec quatre gros de sel épicé et deux cuillerées de fines herbes, comme ci-dessus. Parez ensuite une noix de veau; piquez la chair des perdreaux de quelques lardons, mais ayez soin qu'ils ne percent pas la peau; après cela, vous piquez la noix de veau avec le reste des lardons.

Moulez les trois-quarts de la pâte, pour dresser votre pâté de huit pouces de largeur et huit de hauteur. Mettez environ la moitié de la farce dedans, garnissez-le avec, à cinq à six pouces de hauteur; égalisez celle du fond, élargissez vos perdreaux sur le tour, et semez dessus la moitié de leur sel épicé. Mettez dans chacun d'eux une cuillerée de farce, et formez-les en ballon. Piquez çà et là le dessus de la peau avec la pointe du couteau; placez-les ensuite dans la pâte, en leur donnant la forme d'un cœur, afin qu'ils garnissent parfaitement le fond du pâté. Garnissez de farce l'entre-deux des perdreaux, puis vous semez dessus le reste de leur sel épicé. Pesez la noix de veau, et, selon son poids, vous peserez le sel épicé (quatre gros de sel par livre) nécessaire pour son assaisonnement: parez-la bien ronde, et posez-la sur les perdreaux. Garnissez le tour avec le reste de la farce, et semez dessus son sel épicé : couvrez-la ensuite avec une livre de beurre fin arrangé de manière que le dessus du pâté soit bombé. Masquez le tout de bardes de lard et de deux feuilles de laurier.

Moulez les trois-quarts du reste de la pâte, et abaissez-la à onze pouces de diamètre. Mouillez légèrement l'intérieur du bord du pâté : posez l'abaisse dessus. Faites un trou au milieu, ensuite finissez l'opération en suivant les procédés décrits dans les détails du pâté de jambon. Donnez quatre heures de cuisson. En retirant le pâté du four, bouchez avec un peu de pâte le trou du couvercle.

Lorsqu'il est bien refroidi, vous coupez le couvercle avec soin, et découvrez le pâté pour en ôter la noix de veau, que vous remplacez par un salmi chaud-froid de cinq perdreaux rouges aux truffes, dont vous aurez travaillé la sauce avec le fumet des carcasses du gibier. (*Voyez* la manière de préparer le salmi chaud-froid, 6e partie). Vous placez avec ordre le nombre de perdreaux dans le pâté, puis vous versez par-dessus la sauce et les truffes, que vous masquez ensuite en recouvrant le pâté de son couvercle.

Servez votre pâté sur une serviette, ou bien enveloppez le bien de papier, et placez-le droit, si vous le destinez pour un voyage.

On procédera de la même manière pour faire des pâtés chauds-froids de toutes sortes de volailles, de faisans, de bécasses et de filets de levreaux au sang.

Pour les petits déjeûners on pourra faire de même des petits pâtés chauds-froids, garnis seulement d'un perdreau aux truffes, et d'un perdreau rouge en salmi.

CHAPITRE VI.

GROS PATÉ FROID DE POULARDE AUX TRUFFES.

Faites, de la manière accoutumée, six litrons de pâte à dresser à cinq livres (*Voyez* cet article, 1re partie); enveloppez-la dans une serviette un peu humide.

DES GROSSES PIECES DE FONDS.

Mettez trois livres de truffes dans une grande terrine pleine d'eau tiède, brossez-les parfaitement pour en séparer la terre et le gravier; épluchez-les avec attention, afin de couper le moins de chair possible : parez ensuite celles qui sont les plus difformes, et hachez les parures pour les mettre dans la farce.

Flambez et épluchez un belle poularde du Mans, que vous désossez selon la règle (*Voyez* à cet effet la timbale de dindonneaux aux truffes); parez ensuite une noix de veau bien blanche, et une partie de la sous-noix, dont vous pesez une livre, que vous hachez avec une livre et demie de lard gras, et douze onces de jambon de Bayonne. Etant bien hachée, vous y joignez huit gros de sel épicé, un œuf, deux jaunes, une cuillerée de velouté ou d'espagnole, deux échalottes hachées et blanchies, une cuillerée de persil, deux de champignons et autant de truffes, le tout bien haché. Lorsque cet assaisonnement est bien incorporé dans toutes les parties de la farce, vous la mettez dans une terrine; vous coupez en lardons menus une livre et demie de lard gras, que vous mêlez avec six onces de sel épicé et deux cuillerées de fines herbes. Pesez la poularde; pesez ensuite son assaisonnement, c'est-à-dire, quatre gros de sel épicé par livre de chair. Mettez ce sel de côté; pesez de même la noix de veau, et mettez son sel à part. Après cela, vous piquez de lardons la poularde et la noix de veau; coupez tous les bouts des lardons qui dépassent les chairs.

Lorsque cette partie de l'opération est terminée, vous moulez, ovale, plus que les trois-quarts de la pâte, et l'abaissez en une bande longue de vingt-huit pouces sur dix de largeur. Parez carrément cette abaisse, en la coupant droite, et donnez-lui vingt-deux pouces de longueur sur neuf de largeur; moulez les parures pour en faire une abaisse à un pouce d'épaisseur, que vous coupez ronde, et de sept pouces de diamètre; puis vous la montez un peu à l'entour, en pressant son épaisseur, ce qui doit la diminuer de six lignes de largeur. Placez cette abaisse sur un plafond légèrement beurré au milieu seulement; ensuite vous passez la lame du grand couteau en travers d'un bout, et à deux pouces près du bord de la bande ; puis vous inclinez le couteau, afin de couper seulement l'épaisseur de la pâte en pente, mais sans cependant diminuer sa longueur. Retournez l'abaisse sens dessus dessous, puis vous coupez l'autre bout de la même manière que le précédent. Présentez cette abaisse à l'entour de la ronde, ce qui doit faire bon effet. Vous avez dû vous apercevoir qu'il était nécessaire d'amincir en pente les bouts de la bande, qui doivent ensuite se croiser de deux bons pouces ; alors, vous ôtez cette bande, et mouillez légèrement les deux extrémités, ainsi que l'épaisseur de l'abaisse ronde. Placez de nouveau la bande à l'entour ; soudez celle-ci sur elle-même en l'appuyant assez, pour que le joint ne soit pas visible. Vous la soudez ensuite pareillement en l'appuyant sur l'épaisseur de l'abaisse du fond. Faites une bande roulée de vingt-un pouces de longueur, sur six lignes de diamètre. Mouillez cette bande, et mettez-la dans le pâté. Vous soutenez la bande en dehors, tandis que vous l'appuyez en dedans. Serrez un peu la pâte du haut, et donnez-lui de l'évasement afin que le pâté ait de la grâce.

Vous élargissez ensuite la poularde sur le tour, et semez dessus la moitié de son sel épicé. Placez-y, çà et là, sept truffes que vous coupez en deux, et par-dessus une livre de farce, dans laquelle vous enfoncez par place trois truffes coupées en deux. Formez une espèce de ballon de la poularde, et piquez-la sur la peau avec la pointe du couteau. Mettez dans le pâté le tiers de la farce, que vous égalisez ; parez ensuite la noix de veau bien ronde, et tout juste du diamètre de l'intérieur du pâté, afin qu'elle ne le déforme pas. Mettez-la dans le pâté avec attention ; et entourez-la d'un cordon de farce et de ses parures, que vous placez sur les parties faibles, afin de la rendre d'égale épaisseur. Semez dessus son sel épicé (que vous avez pesé d'avance) et deux truffes coupées en lame, c'est-à-dire chaque truffe en quatre parties. Placez par-dessus la poularde, mais de manière que l'estomac se trouve dessus. Couvrez-la ensuite de son assaisonnement ; masquez-la du reste de la farce.

Coupez en deux les dernières truffes, et incrustez-les dans la farce, en laissant voir leur plus large côté. Mettez dessus deux feuilles de laurier; couvrez le tout avec une livre de beurre d'Isigny (manié) et de bardes de lard; ayez soin que la garniture soit bombée au milieu, afin de donner plus de grace au couvercle du pâté. Détachez un peu avec la lame du couteau la farce qui se trouve près de la pâte du haut du pâté; moulez les trois quarts du reste de la pâte, que vous abaissez de onze pouces de diamètre. Cette abaisse doit avoir trois lignes d'épaisseur; ensuite vous mouillez intérieurement la pâte du haut du pâté. Placez dessus l'abaisse pour servir de couvercle; faites un trou au milieu, appuyez-la sur le bord du pâté, pour les souder parfaitement; coupez le plus droit possible le bord du pourtour de la crête (le bord du pâté); évasez-le un peu, afin de donner de la grâce au pâté. Pincez le bord, faites dessus le couvercle une jolie rosace (*Voyez* les dessins de ce chapitre); puis vous décorez le tour du pâté, ou le pincez un peu gros; dorez-le parfaitement; faites une bande de papier de la largeur d'un pouce; beurrez-la légèrement, et posez-la à l'entour du haut du pâté, pour soutenir le bord de la crête. Vous faites tenir cette bande de papier, par le moyen que vous en mettez une autre imbibée de dorure par-dessus; et, après avoir ôté de dessus le plafond la dorure qui s'est égouttée du pâté, vous le mettez au four gai dix minutes. Vous le retirez du four pour l'entourer avec le carton décrit dans les détails du pâté de jambon (*Voyez* le premier article de cette partie). Lorsque le dessus du pâté est légèrement coloré, vous le couvrez avec quatre feuilles de papier les unes sur les autres; mais vous piquez au milieu une petite cheville de bois, que vous placez ensuite dans le trou du couvercle : cette cheville sert à fixer le papier, afin qu'il ne se dérange pas, en remettant ou en mouvant le pâté dans le four. Donnez quatre heures de cuisson. En le retirant du four, vous versez dedans quatre verres de bon consommé clarifié au vin de Madère, et bouchez le couvercle aussitôt avec un peu de pâte, que vous aurez mis de côté à cet effet. Vous préparez le consommé comme je l'ai décrit pour la timbale de dindonneaux en galantine (*Voyez* cet article).

Observation. Cette manière de dresser le pâté, détaillé ci-dessus, par le moyen d'une bande qui en fait l'élévation et le tour, et par l'abaisse ronde qui en fait le fond, est infiniment simple et facile pour les personnes peu habituées à dresser ces sortes de grosses pièces, et je garantis que sur vingt pâtissiers, dix-neuf au moins pourront aisément dresser un gros pâté avec grâce; tandis que dans le même nombre, on n'en trouverait pas deux capables de dresser, par la pression des doigts, un pâté de grosse pièce comme nous les dressons aujourd'hui, attendu que ces sortes de pâtés doivent au moins avoir huit ou neuf pouces de hauteur. Ce genre de talent n'appartient qu'aux artistes modernes, car nos anciens dressaient assurément avec beaucoup moins de grâce et d'élégance que nous; mais en toute chose, nous les avons surpassés pour l'élégance de notre travail.

En donnant cette manière de dresser, je crois rendre à mon état un service important; car réellement ce procédé a l'avantage d'être facile et commode pour tous les hommes de bouche peu au fait de ces sortes d'opérations. En outre cette manière est prompte dans sa manipulation, et cela est infiniment agréable dans un moment pressé, et surtout dans de grandes affaires, où, quelquefois, le même homme a cinq à six de ces gros pâtés à dresser.

Les pâtés de chapons, de poulets, et autres volailles, se préparent et s'assaisonnent de même que les précédens.

Gros pâté froid de cannetons de Rouen.

Faites six litrons de pâte à dresser de la manière accoutumée; ensuite vous flambez, épluchez et désossez deux beaux cannetons de Rouen (ou de ferme). Vous parez une belle noix de veau bien blanc, et préparez la farce telle qu'elle est indiquée pour le pâté de poularde aux truffes. Vous finissez l'opération de même que ci-dessus.

Pâté froid de levreaux aux truffes.

Après avoir paré trois livres de truffes, vous désossez trois levreaux, et les piquez comme de coutume. Pesez une livre et demie de chair des épaules et des foies, que vous hachez avec deux livres de lard gras et douze onces de bon jambon de Bayonne, dix gros de sel épicé, un œuf et deux jaunes, quatre cuillerées (à bouche) de fines herbes, et une de velouté ou d'espagnole; parez une noix de veau, et piquez-la parfaitement. Dressez et garnissez votre pâté comme de coutume; donnez quatre heures de cuisson. En retirant le pâté du four, vous aurez soin d'y verser un bon consommé, que vous aurez marqué selon la règle avec les ossemens des levreaux et les parures du veau, ainsi que de bon bouillon.

Les pâtés de lièvres, de lapins et de lapereaux de garenne, se font de même.

CHAPITRE VII.

PATÉS FROIDS GARNIS D'UNE NOIX DE BŒUF AU VIN DE MADÈRE.

FAITES six litrons de pâte à dresser selon la règle (*Voyez* cet article, 1re partie); vous parez ensuite une belle noix de bœuf et de bonne qualité. Coupez, en lardons de six pouces de longueur et de quatre lignes carrées, une livre de vrai jambon de Bayonne; mais vous n'employez que le maigre et à cru. Coupez de même en lardons deux livres de lard gras; mêlez ces derniers avec une once de sel épicé et deux cuillerées de fines herbes hachées très-fines; ensuite vous pesez la noix de bœuf; et, selon son poids, vous mettez quatre gros de sel épicé par livre de chair. Mettez ce sel de côté; commencez à piquer la noix de bœuf de cette manière : vous entremêlez successivement un lardon de jambon entre deux de lard, en les écartant à six lignes les uns des autres, afin que la noix se trouve parfaitement garnie; vous placez vos lardons un peu inclinés, et en traversant l'épaisseur de la chair. Ficelez ensuite cette pièce de bœuf sur son épaisseur seulement, afin de lui donner plus de hauteur, et de la tenir de forme ronde, autant qu'il sera possible. Placez au fond et autour d'une casserole à sauce (attendu que leur hauteur convient pour cette cuisson) des bardes de lard, puis une livre de chair de jambon coupée par lames. Mettez ensuite la noix de bœuf dans cette casserole, entourée de deux carottes, quatre oignons piqués de quelques gérofles, deux bouquets de persil, ciboules, laurier, thym, basilic; ajoutez-y trois cuillerée à pot de bonne graisse de volaille, ou du derrière de marmite, un verre de blond de veau ou de consommé, une bouteille de bon vin de Madère sec, un demi-verre d'eau-de-vie, et le sel épicé que vous avez pesé selon le poids de la noix. Couvrez le tout d'un rond de papier beurré.

Après une demi-heure d'ébullition, vous placez la casserole sur la paillasse avec du feu dessus et dessous. Laissez ainsi mijoter votre noix de bœuf pendant cinq grandes heures; ayez le soin que l'ébullition ne cesse point.

Vous mettez ensuite la casserole dans un lieu frais, et laissez refroidir la noix de bœuf dans sa cuisson, après quoi vous la placez sur un grand plat. Passez le fond de la cuisson à la serviette; mettez sur une assiette le jambon, pesez deux livres de lard gras, dans lesquelles vous comprenez les bardes cuites avec la noix de bœuf. Hachez ce lard avec une livre de ruelle de veau, et la livre de jambon cuit avec la noix; le tout bien haché. Vous y joignez douze gros de sel épicé, quatre cuillerées de fines herbes, un œuf, deux jaunes, et une cuillerée de velouté.

Mettez cette farce dans une terrine; mêlez-y une langue de bœuf à l'écarlate, que vous aurez parée et coupée en petits dés.

Votre opération terminée, vous dressez votre pâté selon la règle. Mettez la moitié de la farce dedans, et étendez-la à l'entour et au fond; ensuite vous parez la noix de bœuf bien ronde, afin qu'elle ne déforme pas la pâte. Mettez les parures sur la farce du fond du pâté. Placez par-dessus la noix de bœuf, semez dessus une once de sel épicé, que vous masquez ensuite avec le reste de la farce ; couvrez le tout d'une livre de beurre d'Isigny et de bardes de lard. Ayez le soin que cette garniture soit un peu bombée au milieu, afin de donner plus de grace au couvercle du pâté, que vous finissez de la manière accoutumée (*Voyez*, à cet effet, le pâté de jambon). Mettez à four gai, et donnez quatre heures de cuisson.

En sortant du four, vous versez dans le pâté le fond de la cuisson de la noix de bœuf. Ce liquide ne doit pas excéder trois verres ; autrement vous le faites réduire convenablement. Bouchez hermétiquement le pâté avec un peu de pâte, que vous avez eu le soin de conserver.

Une bonne noix de bœuf ainsi préparée, est un manger délicieux ; ces sortes de pâtés sont infiniment agréables pour un voyage, pour une partie de campagne, un rendez-vous de chasse, et sur-tout pour les grands déjeûners à la fourchette, où cette pièce de bœuf en pâté doit être appréciée, attendu l'appétit que tout bon convive doit ressentir à cette heure du jour. Ce repas, créé et perfectionné depuis vingt-cinq ans, doit immortaliser à jamais les gastronomes français du 19e siècle.

On procédera de la même manière que ci-dessus pour confectionner de gros pâtés garnis de cuisses de sangliers, de chevreuils, de biches, de faons, de daims, de cerfs et marcassins. On réglera la cuisson de ces sortes de viandes, selon leur âge et leur tendreté.

Ces sortes de pâtés de gros gibiers ne paraissent jamais sur nos tables parisiennes ; mais on en confectionne quelquefois pour des cadeaux que l'on fait dans les provinces, pour célébrer une grande partie de chasse.

CHAPITRE VIII.

GROS PATÉ FROID DE FILETS DE BŒUF AUX TRUFFES.

Ayez deux beaux filets de bœuf de bonne qualité. Après les avoir bien parés de tous leurs nerfs ; vous les lardez dans leur épaisseur de la même manière que la noix de bœuf décrite précédemment : vous faites également le même farce que ci-dessus. Lorsque votre pâté est dressé et garni de farce, vous coupez le bout des lardons de lard et de jambon qui excèdent l'épaisseur des filets. Vous semez dessus le sel épicé, à raison de quatre gros par chaque livre du poids que les filets vous auront donné avant de les avoir piqués. Ensuite vous émincez huit truffes (chaque truffe en quatre), et vous masquez les filets, que vous roulez sur eux-mêmes de cette manière : Commencez par le gros bout, afin que le filet soit plus rond : vous le placez de suite dans le pâté, et mettez dessus çà et là quatre truffes coupées en deux parties. Assaisonnez le tout avec la moitié du sel épicé, mais mettez-en une bonne pincée de plus non pesé pour les truffes. Mettez le tiers du reste de la farce par-dessus ; ensuite vous roulez de même le second filet, et le placez sur l'autre. Masquez-le du reste du sel épicé et de la farce sur laquelle vous incrustez sept ou huit truffes entières. Semez par-dessus une bonne pincée de sel épicé : recouvrez le tout avec une livre de beurre d'Isigny, avec des bardes de lard et du laurier. Terminez votre pâté comme de coutume, et donnez-lui quatre heures de cuisson. En le sortant du four, vous versez dedans un verre de vin de Madère sec. Bouchez parfaitement le pâté, afin qu'il conserve tout le fumet des truffes.

Ce pâté est d'un manger exquis, et ne laisse rien à désirer au palais friand et connaisseur du vrai gastronome.

On peut faire pareillement des pâtés garnis de filets de porc frais, de noix ou de filets de veau et de filets de mouton.

CHAPITRE IX.

GROS PATÉS DE FAISANS GARNIS A LA MANIÈRE ANCIENNE.

Désossez trois beaux faisans un peu mortifiés, afin qu'ils aient plus de fumet. Vous les piquez de petits lardons, et les élargissez sur le tour ou la table. Vous les assaisonnez

DES GROSSES PIÈCES DE FONDS.

de sel épicé; vous posez sur chacun deux cuillerées de farce et quelques truffes, et en formez des ballons en serrant les bords de la peau avec l'aiguille à brider et de la ficelle. Vous placez vos trois faisans dans une grande casserole ronde du diamètre du pâté, après l'avoir foncée et entourée de bardes de lard et de jambon, et d'une belle noix de veau piquée selon la règle. Elle doit être ficelée, afin qu'elle ne se dérange pas à la cuisson; vous ajoutez le sel épicé nécessaire à l'assaisonnement, les parures de veau, les carcasses de faisans, les parures de truffes avec quatre oignons piqués de trois clous de gérofle, deux belles carottes, et un fort bouquet de persil, de ciboules, de laurier, de basilic et de thym : vous y joignez un verre de bon vin d'Espagne, deux cuillerées à pot de bon consommé, le double de bon dégraissé de volaille ou autre. Il faut observer que la surface des viandes doit être couverte par le mouillement contenu dans la casserole, sinon vous seriez contraint d'ajouter un peu de consommé.

Couvrez le tout de papier beurré; et, après quelques minutes d'ébullition, vous placez la casserole sur la paillasse avec feu dessus et dessous, et la laissez ainsi mijoter pendant une bonne heure; ayez soin dans cet intervalle que l'ébullition ait toujours lieu; laissez refroidir cette cuisson, après quoi vous en séparez la noix de veau, les faisans, les bardes de lard et le jambon que vous mettez dans la farce qui aura été marquée comme il est indiqué pour le pâté de perdreaux rouges aux truffes. (*Voyez* cet article.)

Lorsque votre pâté est dressé comme de coutume, vous mettez dedans le quart de la farce, puis vous ôtez la ficelle de la noix de veau que vous parez ronde, et la placez dans le pâté. Vous semez dessus un peu de sel épicé, le tiers du reste de la farce, et quatre truffes coupées en deux; ensuite, vous détachez la ficelle des faisans, et les parez un peu pour les faire tenir dans le pâté sans le déformer. Placez entr'eux quelques truffes et une bonne pincée de sel épicé; recouvrez le tout du reste de la farce; enfoncez par-dessus quelques truffes coupées en deux, puis vous y joignez une livre de beurre fin, deux feuilles de laurier et des bardes de lard, le tout placé avec soin, pour que la garniture se trouve un peu bombée au milieu ; alors, vous finissez votre pâté comme les précédens, et vous lui donnez trois heures et demie de cuisson. En le sortant du four, vous y versez le consommé que vous aurez passé à la serviette et tiré à clair, et bouchez le trou du pâté avec un peu de pâte.

D'autres personnes aiment mieux faire revenir les viandes dans du beurre tout simplement, et le laisser ainsi mijoter deux heures.

Cette manière de faire revenir les viandes a pour objet, selon les anciens, d'empêcher que le pâté ne fasse mauvais effet à la cuisson, attendu qu'autrement les chairs, pendant qu'elle a lieu, se retirent sur elles-mêmes, et laissent ainsi de grands vides dans la pâte, qui, de son côté, s'élargit toujours un peu. Sans doute cet inconvénient arrive quelquefois ; mais, par mon nouveau procédé de serrer les pâtés avec le carton, il doit disparaître à l'avenir, puisque cette caisse de carton contient le pâté d'une telle manière qu'il lui est impossible de faire aucun mauvais effet.

D'autres personnes prétendent qu'en faisant cuire les viandes avant de les mettre en pâté, elles perdent une partie de leur essence, tandis qu'à la manière moderne, les viandes étant placées à cru dans le pâté, doivent conserver tous leurs sucs nutritifs et avoir plus de goût et plus d'onction. Cela est très-probable ; car on ne peut se dissimuler que la volaille et le gibier perdent une partie de leur essence et fumet par l'évaporation de l'ébullition. Cette opinion est fondée sur un fait incontestable, puisque, de l'aveu de tous les gastronomes, les viandes cuites à la broche ou grillées ont plus de goût et de tendreté que lorsqu'elles sont bouillies. Lorsqu'un amateur veut savourer un bon perdreau, il le fait cuire à la broche, et non pas braiser. Que peut-on manger de plus succulent et de plus parfait qu'un bon poulet gras sortant de la broche ? de même aussi rien est-il plus exquis à manger en quittant la broche, qu'un bon chapon de la Flèche, ou une bonne poularde du Mans ?

Voilà pourquoi nous sommes fondés à croire que les pâtés garnis à la moderne doivent être plus onctueux et d'un goût plus exquis.

Cependant je ne puis m'empêcher d'avancer que j'ai mangé certains pâtés confectionnés à la manière ancienne, qui étaient véritablement excellens. Cela est si vrai, que j'estime autant ces deux manières l'une que l'autre, lorsqu'elles sont suivies par un praticien habile et de bon goût; car de telle manière que ce puisse être, pourvu que le résultat soit le même, et qu'il n'y ait point de différence dans la qualité, c'est là le point essentiellement nécessaire dans nos travaux.

Néanmoins, j'ai toujours pratiqué la manière moderne, parce qu'elle est plus accélérée dans l'opération.

CHAPITRE X.

GROS PATÉS DE FOIES GRAS AUX TRUFFES.

Ayez six beaux foies gras de Strasbourg; laissez-les dégorger deux heures à l'eau froide; ensuite vous les mettez dans une casserole d'eau froide sur le feu; et, dès qu'elle commence à bouillonner, vous retirez les foies et les versez dans une grande terrine pleine d'eau fraîche. Les foies étant refroidis, vous les parez en ôtant les fibres et les parties qui se trouvent avoir touché à l'amer. Séparez-les ensuite en deux parties; prenez trois des plus petits morceaux; coupez-les en escalope, et mettez-les dans une casserole avec deux livres de lard blanchi, pilé et passé au tamis à quenelle; ajoutez-y deux cuillerées à bouche d'échalottes hachées et blanchies, autant de persil, le double de champignons, autant de truffes, le tout haché très-fin, et douze gros de sel épicé. Mettez ce mélange sur un fourneau modéré pendant un quart-d'heure; versez-le ensuite sur un grand plafond, et laissez-le refroidir. Après cela, vous épluchez trois livres de belles truffes du Périgord; vous les mettez dans la balance avec les foies; vous pesez du sel épicé selon leur poids, c'est-à-dire quatre gros de sel épicé par livre de foie et de truffe; mettez le sel de côté; coupez six belles truffes en filets semblables aux lardons ordinaires; faites une cheville de bois de leur même grosseur et pointue, avec laquelle vous piquez les foies, et au fur et à mesure, vous mettez un filet de truffes. Lorsque vos neuf morceaux de foies sont bien garnis de truffes, vous dressez votre pâté comme les précédens. Commencez à broyer dans un mortier les escalopes de foies passées aux fines herbes; vous y joignez le reste de leur cuisson; le tout bien mêlé, mettez quatre jaunes d'œufs et deux truffes coupées en petits dés; mettez le tiers de cette farce dans le pâté; placez par dessus trois morceaux de foies, que vous saupoudrez de sel épicé; masquez-les de farce; mettez dessus deux truffes coupées en deux, et encore trois parties de foies gras, que vous assaisonnez de sel épicé; couvrez-les de la moitié du reste de la farce et de plusieurs truffes entières. Posez par dessus les trois derniers morceaux de foies, qui doivent aussi être les plus beaux; entourez-les du reste des truffes, qui doit être au moins d'une douzaine; semez dessus le reste du sel épicé; puis vous les masquez du reste de la farce, que vous placez bien également. Recouvrez le tout avec une livre de beurre d'Isigny, deux feuilles de laurier et de bardes de lard. Vous terminez le pâté de la manière accoutumée; donnez quatre heures de cuisson, et en sortant le pâté du four, vous versez dedans un verre de bon vin d'Espagne, et le bouchez hermétiquement avec un peu de pâte.

CHAPITRE XI.

GROS PATÉS D'ESTURGEON AUX TRUFFES.

Ayez six livres d'esturgeon bien frais, et, après l'avoir bien lavé, vous ôtez la peau et toutes les arêtes, et le ressuyez avec une serviette. Vous en pesez la chair, et à chaque livre du poids qu'elle vous aura donné, vous peserez quatre gros de sel épicé (*Voyez* cet article). Ensuite vous levez les filets d'une belle anguille de Seine, que vous coupez en lardons comme à l'ordinaire, et les assaisonnez de même. Coupez pareillement six belles truffes en lardons; alors vous en piquez la chair de l'esturgeon, en mettant un lardon d'anguille, un de truffe, et ainsi de suite, afin que la chair de l'esturgeon se trouve bien garnie de ces lardons. Vous pilez une livre de chair de brochet ou de carpe, et la passez au tamis à quenelle; puis vous la pilez de nouveau avec quatre onces de panade; vous y joignez une livre et demie de beurre fin, ou de tétine de veau, ou de lard râpé. Le tout étant bien mêlé, ajoutez-y quatre jaunes, quatre cuillerées de fines herbes, huit gros de sel épicé, et une cuillerée de velouté. Vous mêlez cette farce dans une terrine, puis vous dressez votre pâté de la manière accoutumée. Garnissez le fond et le tour avec le quart de la farce; placez par-dessus la moitié de l'esturgeon, que vous avez paré convenablement; semez dessus la moitié du sel épicé, et masquez-le de six truffes coupées en deux, que vous recouvrez de farce; parez ensuite le reste de l'esturgeon, et placez-le dans le pâté. Mettez par dessus le reste du sel épicé, une douzaine de truffes et le reste de la farce; masquez le tout avec une livre de beurre et de bardes de lard : suivez l'opération de la manière accoutumée, donnez quatre heures de cuisson. En retirant le pâté du four, vous le remplissez de beurre tiède mêlé de fines herbes, et vous bouchez bien parfaitement le trou du couvercle.

On procédera absolument de la même manière que ci-dessus pour des gros pâtés garnis de saumon ou de saumoneaux, de truite, de cabillaud ou morue fraîche, et autres gros poissons de mer.

CHAPITRE XII.

GROS PATÉS GARNIS DE LAITANCES DE CARPES ET DE FILETS DE TURBOTS.

Ayez une vingtaine de belles laitances de carpes de Seine, puis un turbot bien frais; levez-en les filets et les peaux : faites une farce comme la précédente; mais ajoutez dans celle-ci un quarteron de filets d'anchois, le tout bien pilé ; pesez la chair du turbot et les laitances, et pesez ensuite le sel épicé selon leur poids. Faites tiédir à peine deux livres de beurre fin avec deux cuillerées à bouche d'échalottes, le double de persil, de champignons et autant de truffes, le tout parfaitement haché.

Vous dressez votre pâté comme de coutume : garnissez le fond et le tour de farce ; parez les quatre filets de turbots bien ronds ; mettez les parures dans le fond du pâté, assaisonnez-les légèrement de sel épicé, masquez-les d'une cuillerée de beurre aux fines herbes et d'un peu de farce ; placez par dessus cinq laitances que vous saupoudrez de sel épicé, d'une bonne cuillerée de beurre aux fines herbes et d'un peu de farce ; passez dessus un filet de turbot (paré rond), et masquez-le de sel épicé, d'une cuillerée de beurre aux fines herbes et d'un peu de farce. Vous mettez par dessus cinq laitances de carpes, et les assaisonnez ; enfin vous garnissez ainsi votre pâté, en remettant dessus les laitances, ensuite du turbot, et ainsi successivement, en les assaisonnant de même que ci-dessus. Vous masquez le tout avec le reste du sel épicé, du beurre aux fines herbes et toute la farce, puis des bardes de lard. Finissez le pâté selon la règle ; donnez trois heures et demie de cuisson, et quand le pâté est sorti du four, vous le remplissez de beurre fondu mêlé de fines herbes.

On peut mettre des lames de truffes dans cette garniture de pâté, qui est d'un manger délicieux.

On peut également y ajouter des huîtres bien fraîches et bien grasses.

On suivra les mêmes procédés pour faire de gros pâtés de filets de soles, de perches, de brochets, de lottes, d'anguilles, de saumoneaux, de truites et de barbus.

On peut mettre dans la farce de ces sortes de pâtés, du thon mariné coupé en dés.

CHAPITRE XIII.

GROS PATÉS GARNIS D'ANGUILLES, EN GALANTINE ET AUX TRUFFES.

Après avoir désossé trois belles anguilles de Seine, vous les élargissez dans toute leur longueur sur le tour; vous les assaisonnez selon la règle, et les masquez ensuite à peu près d'un demi-pouce de farce, que vous préparez de la même manière que celle du pâté d'esturgeon; mais vous ajoutez dans celle-ci une livre de truffes coupées en petits dés, et autant de thon mariné coupé également en dés; ensuite vous relevez les peaux de chaque anguille sur la farce, afin de leur donner la même forme qu'elles ont naturellement; et lorsque votre pâté est dressé, et garni de farce comme de coutume, vous roulez une anguille en couronne dans le pâté, et mettez, dans le milieu de cette couronne, un peu de farce et quelques truffes entières. Masquez le tout de sel épicé, en suivant les procédés décrits précédemment: remettez par dessus encore une anguille; placez-la et assaisonnez-la de même que la première; vous placez la troisième anguille en suivant les procédés indiqués ci-dessus.

Recouvrez le tout avec une livre de beurre fin et de bardes de lard.

Terminez l'opération de la manière accoutumée: donnez quatre heures de cuisson; aussitôt que le pâté sort du four, vous le remplissez de beurre tiède mêlé de fines herbes.

Les pâtés en terrine ne diffèrent en rien des pâtés décrits ci-dessus, parce que c'est la même manière d'apprêter et d'assaisonner les viandes; mais on doit avoir l'attention, avant de les mettre au four, de luter parfaitement le joint du couvercle avec un cordon de pâte. On leur donne moins de cuisson, parce que les grosses viandes sont en partie cuites d'avance; et après une demi-heure qu'ils sont sortis du four, on les remplit de lard fondu ou de sain-doux.

Cette série de pâtés froids de différens genres n'appartient assurément qu'à la haute cuisine; car un gros pâté chaud-froid, par exemple, ou froid bien dressé, bien garni, bien décoré et bien cuit, est, à coup-sûr, la grosse pièce de fonds qui réclame le plus de soins et d'adresse, enfin tout le savoir d'un vrai praticien; et, c'est précisément par cette raison là, que la théorie la plus claire ne peut la décrire d'une manière satisfaisante; car ce degré de talent et de combinaisons ne peut réellement s'obtenir que par une longue pratique.

CHAPITRE XIV.

DES GROS BISCUITS DE FÉCULE DE POMMES DE TERRE ET AUTRES.

OBSERVATIONS. Cette grosse pièce de fonds est des plus épineuses pour la parfaite réussite de sa cuisson. Cela provient de ce que nos moules modernes ont plus d'élévation que de largeur, et se terminent volontiers en pointe; alors par ce résultat, la pâte à biscuit, qui est extrêmement légère d'elle-même, devient par cette même raison très-susceptible de se décomposer, lorsqu'elle manque par la chaleur de l'âtre du four. Cet inconvénient est presqu'inévitable, parce que nos moules modernes présentent une très-petite surface à la chaleur de l'âtre. (*Voyez* leur forme au n° 1). Cette chaleur qui est l'ame du four, ne pouvant agir assez vite sur la pâte à biscuit, celle-ci se décompose, tourne en sirop qui se précipite dans le fond du moule, et dès qu'on croit le biscuit d'une belle cuisson, on est étonné, en le sortant du moule, de le voir s'abaisser en formant des plis qui le font toujours pencher plus d'un côté que de l'autre. Sa couleur n'est point égale; celle du haut du biscuit est grisâtre et molle au toucher. C'est alors que

SUJETS DE LA PLANCHE IX.

Le n° 1 représente un grand moule à la moderne.
Le n° 4, un moule à l'ancienne.
Les n°s 2, 3, 5 et 6 sont quatre moules du jour.

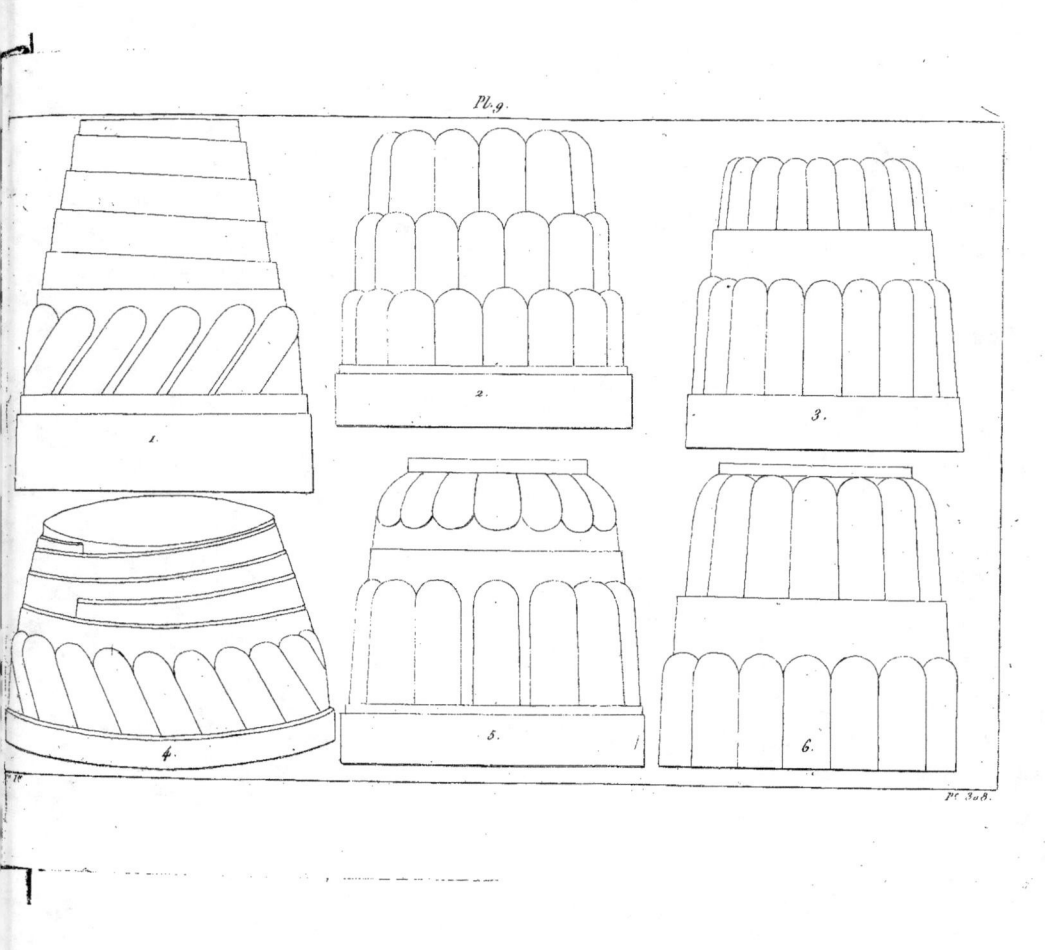

cette grosse pièce est de triste figure ; voilà des faits qui sont incontestables, et qui arrivent trop souvent à notre désavantage. Ce n'est pourtant pas faute de goût de notre part, mais bien de celle des ouvriers qui fabriquent ces grands moules qu'ils appellent *élégans*; cependant il est très-facile de remédier à cet inconvénient, d'abord en laissant à Messieurs les fabricans de mauvais goût leurs moules à haute taille, et de forme bizarre ; puis, en nous habituant à leur commander nous-mêmes des moules de forme propice à notre travail, et sur-tout à cilindre. Pour cela, nous devons prendre le juste milieu entre les moules modernes et les moules anciens ; car réellement ces derniers sont par trop matériels (*Voyez* le dessin du n° 4), attendu qu'ils sont plus larges que hauts, et nos moules modernes sont infiniment trop élevés. Je voudrais encore qu'ils ne fussent plus terminés en forme de pain de sucre, c'est-à-dire que le fond du moule conservât à deux ou trois pouces près la même largeur que le diamètre de son ouverture, comme le représentent les moules des n°ˢ 2, 3, 5 et 6. Nos anciens avaient bien senti cette importante observation : leurs moules portent l'empreinte de cette vérité. Ils savaient que la chaleur de l'âtre du four est l'ame de la parfaite cuisson des grosses pièces de fonds qu'ils faisaient toujours bien ; mais il faut le dire, ces Messieurs mettaient plus d'importance que nous n'en mettons aujourd'hui dans nos travaux ; car dès qu'une grosse pièce entrait au four, ils avaient la bonne habitude et la facilité de tenir les bouchoirs fermés autant qu'ils le croyaient nécessaire, tandis que nous sommes forcés d'agir autrement, et cela parce que notre genre de travail diffère singulièrement de celui de nos anciens, qui ne connaissaient pas nos pièces montées du jour. Ce genre mâle et élégant honore le plus notre pâtisserie moderne qui, sous ce rapport, est infiniment plus difficile que celle de nos anciens. Cependant ils étaient grands amateurs de croquantes ; mais Dieu merci, ce genre de grosses pièces a disparu pour jamais de notre manière de faire.

Je ne parlerai point de ces sortes de grosses pièces de

colifichets, je craindrais de m'émanciper involontairement envers nos anciens, que j'estime bien parfaitement: et lorsque je me rappelle les noms distingués des Feuillets, des Constantin, des Tiroloy et des Avice, assurément ces pâtissiers fameux ont fait par leurs aimables productions les délices de la cour somptueuse et splendide du plus galant de nos rois; car le règne long et tranquille de Louis XV, et sur-tout la longue paix du traité d'Utrecht, fut le siècle de l'âge d'or pour le triomphe de la grande cuisine française; elle se répandit bientôt dans toutes les cours de l'Europe.

Mais revenons à notre opération.

Gros biscuits de Savoie au zeste d'oranges.

Détail de l'appareil. Cinquante-six beaux œufs, quatre livres de sucre, le zeste de quatre oranges, et vingt-huit onces de fécule de farine de pommes de terre.

Manière d'opérer. Râpez sur un morceau de sucre le zeste de quatre belles oranges de Malte, et au fur et à mesure que le sucre se colore du zeste, vous le ratissez avec le couteau; vous faites sécher ce sucre à la bouche du four; après l'avoir écrasé, vous le passez au tamis; ensuite vous prenez une grande terrine et un grand bassin. Cassez vos œufs, un par un, dans une petite terrine, c'est-à-dire que vous mettez le blanc seulement dans la petite terrine, et le jaune dans la grande. Ayez le soin de les flairer tour-à-tour, afin d'éviter les mauvais œufs à la paille, qui ont quelquefois la physionomie des œufs frais du jour, et qui pourtant portent une odeur qui infecte. C'est par cette raison qu'on doit avoir le soin de les casser séparément; et à mesure que vous les cassez, vous mettez les jaunes dans la grande terrine, et les blancs dans le bassin. Lorsque tous vos œufs sont ainsi préparés, vous pesez quatre livres de sucre en poudre, dans lequel vous comprenez le sucre du zeste d'orange. Ce sucre doit être parfaitement sec, sinon son humidité contribue beaucoup à rendre compact ce biscuit, qui sera d'une mauvaise cuisson.

Mettez la moitié du sucre dans les jaunes, et mêlez-les

de suite avec une spatule, afin qu'il ne soit pas grumeux. Ajoutez le reste du sucre, et travaillez bien ce mélange pendant vingt minutes. Vous fouettez les blancs pour les rendre bien fermes; mais pour les empêcher de tourner en neige (1), vous y joignez une bonne pincée d'alun calciné et pulvérisé.

Lorsque vos blancs sont assez pris (fouettés), ce que vous voyez facilement en séparant le fouet du bassin, les blancs doivent alors former de petites pointes où le fouet a quitté; et si elles se soutiennent bien droites, vous prenez une partie des blancs sur le foie, et les mêlez dans les jaunes; mais vous continuez toujours à travailler vos blancs pendant ce temps, autrement ils tournent rapidement en neige; puis vous faites verser les jaunes doucement sur les blancs, que vous remuez en les tournant avec le fouet, afin de les mêler; ensuite vous faites passer au tamis, et au-dessus de l'appareil, une livre douze onces de farine de fécule de pommes de terre; mais vous aurez soin de l'amalgamer au fur et à mesure qu'on la passe. Votre appareil alors doit avoir une physionomie veloutée et un peu molette; elle doit, en quittant la spatule, couler aisément en formant une espèce de cordon bien lisse et délié. Amollissez encore quelques cuillerées de pâte que vous versez dans le fond du moule, afin que le biscuit n'ait pas de petites globules d'air à sa surface lorsqu'il sera cuit; versez douce-

---

(1) Nos auteurs cuisiniers (ils ne sont ni l'un ni l'autre) recommandent dans leurs livres de prendre les blancs d'œufs jusqu'à ce qu'ils tournent à la neige. Cela ne m'étonne pas de leur part; mais ces principes n'appartiennent qu'à eux: car les artistes ont grand soin d'éviter cet inconvénient qui nuit singulièrement à la parfaite liaison de la pâte, qui est toute grumeleuse et passe rapidement à sa décomposition. Pour éviter cet accident, nous avons l'habitude d'ajouter aux blancs un peu d'alun calciné et en poudre.

Ces Messieurs recommandent encore de les fouetter avec un balai de branche d'osier, ce qui ne convient nullement à cette opération, parce que ces sortes de fouets sont trop compactes et absorberaient indubitablement la légèreté des blancs; mais telles sont les manières de ces Messieurs; tandis que nous autres, nous avons grand soin de ne nous servir que de fouets formés de rameaux de buis blanchi, et dont les branches sont très-écartées les unes des autres, afin qu'ils soient plus propices à ce travail.

ment le reste de la pâte dans le moule, que vous placez de suite sur un plafond de dix pouces de diamètre ; vous aurez mis sur ce plafond un pouce d'épaisseur de cendres ; vous enfournez le biscuit au milieu du four, chaleur modérée, et tenez les bouchoirs entr'ouverts pendant une heure. Observez le biscuit sans le toucher, et si vous remarquez que le dessus se colore trop vîte, alors avec la pelle vous portez sur le moule quelques feuilles de papier. Lorsque votre grosse pièce a subi trois heures de cuisson, vous la retirez doucement du four ; et si le biscuit paraît avoir une belle couleur à l'entour, et que le dessus soit un peu ferme au toucher, alors vous passez sur le moule un plafond, et retournez de suite le biscuit sens dessus dessous ; puis vous enlevez le moule. Si par hasard il quitte difficilement, vous tapez légèrement ça et là dessus le moule en le levant.

Vous serrez ensuite le bas du biscuit avec une large bande de papier double, que vous faites tenir avec une ficelle ; puis vous remettez la grosse pièce. Ressuyez un petit quart-d'heure à la bouche.

Mais si, au contraire, le dessus du biscuit se trouve flexible au toucher après trois heures de cuisson, alors vous le laissez encore quelques quarts-d'heures au four, et le retirez lorsqu'il en sera temps. Je ne puis réellement pas donner une heure fixe à la cuisson d'aucune grosse pièce de fonds, et même de la petite pâtisserie. J'en ai démontré les causes dans mes observations sur les connaissances du four, consignées dans la 1re partie.

On emploiera les mêmes procédés pour odorifer ce biscuit au zeste de cédrat, de bigarade, de citron et de fleur d'orange pralinée ; on mettra deux onces de cette dernière, que l'on aura soin de pulvériser. Pour la faire à la vanille, on en pilera deux gousses, que l'on passera au tamis de soie.

Lorsque l'on ne peut se procurer de fécule de pommes de terre, n'importe par quelle cause, on doit alors la faire soi-même (*Voyez* à cet effet la manière de procéder pour faire cette fécule, consignée dans la 10e partie).

On peut remplacer la fécule de pommes de terre par de la farine de froment, que l'on fera sécher pendant une heure dans un four très-doux, puis on l'écrase et on la passe ensuite dans un tamis ; alors on doit peser trente-six onces de cette farine, ce qui remplacera parfaitement les vingt-huit décrites dans l'appareil ci-dessus. Vous beurrez le moule au beurre clarifié ou épongé : je préfère cette dernière manière, elle est moins susceptible pour la cuisson du biscuit. A cet effet, vous pressez dans le coin d'une serviette un quarteron de beurre d'Isigny, afin d'en extraire le peu de lait qu'il contient ; alors, avec ce beurre, vous masquez légèrement et bien également la surface de l'intérieur du moule avec le bout des doigts : ayez soin qu'on n'aperçoive aucun coups de doigt, car le beurrage doit être d'un glacé très-uni. Au moment d'emplir le moule, vous y versez une livre de sucre passée au tamis de soie, et en masquez parfaitement l'intérieur, en tournant et en tapant le moule entre les mains pendant une petite minute. Au bout de quelques minutes, vous recommencez la même opération, afin que le sucre puisse s'imbiber dans le beurre pour former un beau glacé à la cuisson. Pendant les chaleurs de l'été, on beurre ces moules dans un lieu frais, pour éviter que le beurre ne tourne à l'huile.

Pour beurrer les moules au beurre clarifié, vous faites fondre dans une petite casserole six onces de beurre fin ; vous avez le soin de l'écumer, et dès qu'il ne pétille plus, vous le laissez reposer un moment ; vous le tirez à clair dans une autre petite casserole, et lorsqu'il est assez refroidi pour y endurer le doigt aisément, alors vous le versez dans le moule que vous tournez, en le penchant, afin que le beurre puisse aller jusqu'au bord. Vous renversez le beurre dans sa casserole, et laissez le moule égoutter. Lorsqu'il est refroidi, vous le glacez comme le précédent, en passant dedans, et à deux reprises, du sucre en poudre passé au tamis de soie. Pendant l'hiver, on doit avoir l'attention de tenir le moule dans un lieu d'une chaleur tempérée, afin que le beurre puisse s'égoutter facilement du moule; autrement, lorsque le froid arrête son égouttement, le moule contient trop de beurre, prend par cette raison trop de sucre, et ensuite une couleur brune à la cuisson.

Biscuits de Savoie aux amandes.

Détail de l'appareil. Soixante œufs, quatre livres de sucre, vingt-huit onces de farine et huit d'amandes amères.

Jetez vos amandes dans l'eau bouillante; émondez-les de suite, afin qu'elles s'imbibent le moins possible; lavez-les à l'eau fraîche, et égouttez-les dans un tamis. Après quelques minutes, vous les pressez dans une serviette pour les ressuyer; vous les pilez, en les mouillant peu à peu, avec la moitié d'un blanc d'œuf, afin qu'elles ne tournent pas à l'huile. Lorsqu'elles sont parfaitement pilées, vous les passez au tamis de crin, et les délayez ensuite dans une petite terrine, avec trois ou quatre jaunes (des soixante); ensuite vous les mettez dans les jaunes et le sucre.

Vous préparez et terminez cet appareil en suivant les mêmes procédés décrits précédemment.

Biscuits de Savoie aux avelines.

Emondez et lavez huit onces d'amandes d'avelines, et après les avoir épongées dans une serviette, vous les torréfiez en les mettant dans un poêlon d'office sur un feu modéré, et les remuez continuellement, afin qu'elles se colorent d'une belle teinte jaunâtre. Lorsqu'elles sont refroidies, vous les pilez de même que les amandes amères.

On procédera selon les détails des recettes contenues dans ce chapitre, pour faire des petits biscuits de Savoie pour entremets.

Les biscuits à la crème, au chocolat, en caisse et à la cuillère, seront décrits dans la partie qui concerne les petits fours en général, pour le dessert (8e partie).

Observation. Voici une expérience singulière dont je ne puis m'empêcher de donner la cause, les effets et les bons résultats qu'elle a eus.

DES GROSSES PIECES DE FONDS.

Lorsque j'eus quitté la maison Gendron pour suivre mes extraordinaires, ce qui ne m'empêchait pas cependant d'y aller faire de temps en temps quelques grosses pièces montées pour la maison, et quelquefois pour mon compte, un jour j'y allai pour y faire un gros biscuit qu'un ami m'avait demandé. Je cassai cinquante œufs, et fis peser trois livres de sucre. Je marquai mon appareil à seize œufs pour une livre de sucre (cela se fait très-souvent); j'y ajoutai deux œufs, parce qu'ils étaient très-petits. Je fis prendre les jaunes par les jeunes gens, et je fus prendre mes blancs dans une cave voisine, qui est plus fraîche et plus propice, par conséquent, à ce travail.

Un apprenti, qui n'avait vu peser que trois livres de sucre pour les cinquante œufs, se persuada qu'il en manquait deux livres, attendu que l'usage de la maison pour les petits biscuits de fécule (c'est dans cette boutique que M. Gendron fit le premier des biscuits de farine de pommes de terre, qui lui procurèrent une grande renommée) était de marquer cette sorte d'appareil à dix œufs par livre de sucre; ainsi donc il pesa deux livres de sucre, et les mêla dans l'appareil s'en m'en prévenir.

Lorsque mes blancs furent prêts, j'en pris plein mon fouet, et les fis mêler dans les jaunes; pendant ce temps, je continuai de travailler les blancs.

Enfin, ce ne fut qu'en les mêlant dans les jaunes, que je m'aperçus que l'appareil se trouvait plus ferme qu'il ne devait l'être; j'en demandai la cause, l'apprenti me l'expliqua; dans cette circonstance critique, je demandai l'avis du bourgeois sur cette aventure, il me répondit très-positivement que mon biscuit était perdu sans retour, et que je ne pourrait le réchapper qu'en mettant l'appareil dans des tourtières. Ce conseil ne pouvant me conveuir, je commençai à être inquiet sur le sort de mon opération. Je ne savais que résoudre; d'un côté, je craignais que mon biscuit ne se décomposât à la cuisson, ou qu'il ne prît trop vite couleur; dans ce cas, mon biscuit devait être noir ou décomposé. Enfin, je crus prévenir ce dernier et très-mauvais effet, en ajoutant cinq onces de plus de farine de pommes de terre (ce qui faisait sept onces par livre de sucre); cela, me disais-je, resserrera la pâte, et peut-être l'empêchera de tourner à la décomposition, car je craignais réellement qu'elle ne tournât en sirop, eu égard à son extrême quantité de sucre.

Enfin, mon biscuit entra au four doux, et je priai le fournier de tenir son four fermé. Après quatre heures de cuisson, notre biscuit nous étonna tous, tant il était beau : il avait une belle couleur vive et rougeâtre; son glacé était d'un lisse, d'un poli parfait. Enfin, je n'en vis jamais de plus beau, et le bourgeois ne pouvait se lasser de l'admirer.

Voilà une expérience qui prouve clairement combien l'habitude et le préjugé peuvent être nuisibles à la découverte des nouvelles choses, en n'osant pas enfreindre la routine.

CHAPITRE XV.

GROSSES MÉRINGUES A LA PARISIENNE.

Cette grosse pièce est du plus bel effet; sa jolie physionomie lui donne un caractère tout particulier, ce qui la distingue des autres grosses pièces. Mais il faut le dire, que de soins et de temps elle réclame! et c'est ce dont nous manquons toujours, attendu les détails de ces sortes de travaux; mais nous ne devons pas nous en plaindre, puisque ce sont ces mêmes détails qui honorent notre pâtisserie moderne, et la distingue d'une manière si éclatante de l'ancienne.

Faites deux litrons de pâte d'office selon les procédés décrits dans la 1re partie. Coupez cette pâte en quatre parties; et, après les avoir moulées et abaissées de deux bonnes

---

SUJETS DE LA PLANCHE X.

Le n° 1 représente une grosse méringue à la parisienne.

Le n° 2, une croquante de pâte d'amandes historiée de petits anneaux à blanc et de feuilles de biscuits aux pistaches.

Le n° 3, un gâteau de mille feuilles méringuées, au gros sucre et aux pistaches.

DES GROSSES PIECES DE FONDS.

lignes d'épaisseur, vous en placez une sur un grand plafond légèrement beurré, et la coupez ronde, de quinze pouces de diamètre; puis vous en placez une autre sur un moyen plafond beurré, et la coupez ronde de dix pouces de largeur; ensuite vous masquez avec les deux autres abaisses, deux moules pareils formant le dôme, dont les deux réunis doivent former une boule parfaite de huit pouces de diamètre : ces moules doivent être légèrement beurrés. Vous aurez le soin de couper la pâte tout autour et à trois lignes près du bord de l'ouverture du moule. Piquez parfaitement la pâte avec la pointe du couteau, afin que les petites globules d'air qui se trouvent comprimées entr'elles et le moule puissent s'évaporer à la cuisson. Placez ces deux dômes sur deux plafonds; ensuite faites encore une abaisse ronde de six pouces de diamètre et de deux lignes d'épaisseur; et, après avoir rassemblé les parures des abaisses, vous roulez cette pâte en grosses bandes de six bonnes lignes de diamètre, vous les coupez par petites colonnes de treize pouces de longueur, et les placez sur un plafond beurré. Dorez ensuite les trois abaisses, et piquez-les de même que la pâte des dômes. Mettez le tout au four chaleur modérée; dès que les dômes commencent à se colorer, vous les retirez du four, puis vous retournez les trois abaisses, afin qu'elles prennent une belle couleur égale et jaunâtre; alors vous les ôtez du four, et retirerez de même les montans lorsqu'ils seront bien secs.

Ensuite vous faites trente gaufres aux pistaches, que vous préparez selon les détails de cet article. Vous donnez à celle-ci trois pouces de longueur sur trois pouces trois lignes de largeur, et les ployez comme les autres sur le rouleau à gaufre. Ensuite vous faites vingt-quatre petits pains à la duchesse (*Voyez* cet article, 3e partie) de deux pouces de longueur seulement; ayez soin que vos gaufres et les petits pains soient bien blonds; après cela, vous parez le bord des dômes, puis avec la pointe du petit couteau, vous faites une ouverture d'un pouce de largeur sur le milieu de l'un d'eux et sur le milieu de l'autre; vous faites aussi une ouverture, mais de deux pouces six lignes; ensuite vous fouettez six blancs d'œufs bien fermes, et les mêlez avec huit onces de sucre, après l'avoir bien amolli avec la cuillère, comme pour les méringues ordinaires ; alors vous mettez la moitié de ce blanc d'œuf sur chaque dôme, vous l'étalez avec la lame du couteau, afin que ce masqué se trouve parfaitement d'égale épaisseur, et le saupoudrez de sucre fin. Mettez-les au four chaleur molle, et donnez-leur une heure de cuisson ; pendant ce temps, vous glacez les petits pains au sucre au cassé, puis, après avoir paré le bord des trois abaisses, vous mouillez légèrement l'épaisseur avec du blanc d'œuf, et les masquez ensuite en passant le bord des abaisses sur des amandes vertes ou roses hachées très-fines.

Les dômes étant bien séchés, vous fouettez de nouveau six blancs, et les mêlez comme les précédens, avec huit onces de sucre en poudre ; et, après les avoir bien maniés avec la cuillère, vous couchez trente petites méringues d'un pouce de largeur et autant de hauteur ; vous les masquez de sucre fin passé au tamis de soie ; aussitôt que ce sucre est fondu, vous semez dessus du gros sucre, et les mettez au four de suite. Placez-les avant sur une planche, après cela, faites une méringue de la grosseur ordinaire, mais de forme ronde : vous la masquez de sucre fin, ensuite de gros sucre, puis vous la mettez au four à côté des autres.

Ayez tout prêt une demi-livre de belles pistaches émondées bien vertes, dont vous aurez séparé chacune d'elles en deux filets seulement ; puis avec la moitié du blanc d'œu restant, vous masquez bien également le dôme au plus petit trou, et le saupoudrez un peu épais de sucre fin : ce blanc d'œuf est pour tenir les filets de pistaches, que vous piquez sur le dôme avec soin et symétrie ; vous les enfoncez peu, et les placez la pointe en l'air, comme je l'ai marqué sur le dessin, afin que vous ne mettiez point de pistaches où vous devez poser les petites méringues, ainsi qu'elles sont indiquées sur le dessin ; c'est-à-dire que vous laissez six côtes de blanc d'œuf à distances égales et d'un pouce de largeur où vous ne mettez point de filets de pistaches : ensuite vous

DES GROSSES PIECES DE FONDS. 319

semez du gros sucre sur la partie seulement masqué de pistaches : mettez au four de suite.

Disposez l'autre dôme de la même manière que celui-ci, avec cette différence que vous placez les pistaches dans le sens contraire, c'est-à-dire la pointe en bas. Lorsque vos petites méringues sont cuites, et qu'elles quittent facilement le papier, vous en placez trois sur le dôme au petit trou; vous posez la première sur le blanc non pistaché, et tout près du bord du dôme; puis la seconde à trois lignes au-dessus de la première, et la troisième à trois lignes au-dessus de la seconde. Vous posez ensuite trois méringues de la même manière sur les cinq côtes restantes où vous n'avez point mis de pistaches. Remettez au four, afin que le tout ne fasse qu'une seule et même méringue, et lorsqu'elle est colorée bien également, vous l'ôtez du four.

Au second dôme, vous placez les six méringues sur les placés de blancs d'œufs non pistachés, mais à trois lignes de distance du bord du dôme, et les autres trois lignes au-dessus de celle-ci. Mettez au four, et donnez belle couleur.

Vous faites ensuite cuire dans un petit poêlon d'office quatre onces de sucre avec le quart d'un verre d'eau; et au moment qu'il commence à se colorer légèrement, vous le versez aux trois-quarts sur un couvercle de casserole légèrement beurré, puis vous masquez en partie le fourneau avec de la cendre, afin que le feu soit absorbé et conserve néanmoins assez de chaleur pour maintenir le sucre en sirop. Alors vous placez la grande abaisse sur une double feuille de papier qui doit être placée sur un plafond retourné : mettez le côté doré de la moyenne abaisse sur la grande; puis vous trempez un peu le bout d'une gaufre dans le poêlonet, la placez de suite sur la moyenne abaisse et à six lignes près du bord. Vous trempez encore une gaufre dans le sucre au caramel, et la placez tout près de l'autre et à six lignes près du bord de l'abaisse. Placez ainsi vos gaufres, en suivant le même procédé : ayez soin de les poser bien droites et bien également éloignées de six lignes à l'entour du bord de l'abaisse, afin que votre socle soit parfaitement rond ; trempez ensuite le bout de six montans dans le caramel, et placez-les droit sur le bord d'un plafond où est l'abaisse, afin que le caramel qui est après, s'élargisse. Remettez le tiers du sucre conservé dans le poêlon, et remuez-le avec une petite spatule à sucre : lorsqu'il est fondu, vous y trempez le bout des trois montans (déjà trempés dans le caramel), et les placez de suite au milieu de l'abaisse et à deux pouces de distance l'un de l'autre, puis vous trempez les trois autres dans le sucre, et les placez sur l'abaisse tout près des gaufres, et sur-tout à distance égale. Le sucre étant bien chaud, vous en mettez un peu sur le bout des montans disposés à cet effet par le sucre qu'ils contiennent déjà de ce côté. Retournez bien vite le socle sur le milieu de la grande abaisse ; appuyez le dessus afin que les montans se collent plus également. Vous collez ensuite le reste des gaufres sur la petite abaisse, et de la même manière que les précédentes ; puis vous trempez les montans dans le caramel, et les placez sur le plafond. Trempez de nouveau l'autre côté, et placez-le de suite sur l'abaisse et tout près des gaufres : faites chauffer le sucre, et versez-en quelques gouttes sur le bout des montans. Retournez de suite le socle sur le milieu du premier, et appuyez-le légèrement.

Vous placez ensuite vos garnitures de petits pains à la duchesse, comme je l'ai indiqué sur le dessin. Collez légèrement vos garnitures avec un peu de caramel, ensuite placez la moitié de la méringue au grand trou sur la petite abaisse, de manière qu'elle fasse l'effet d'une coupe, puis avec huit macarons ou huit croquignoles à la Reine, que vous trempez d'un côté dans le caramel ; placez-les de suite sur le fond intérieur de la méringue et de l'abaisse, de manière à les coller ensemble : après cela, vous placez encore huit macarons au haut du bord de même que ceux du bas ; mais ceux-ci doivent excéder la hauteur du bord de la méringue. Enfin vous passez le doigt dans le petit trou du second dôme, afin d'avoir plus de facilité de l'enlever pour le placer sur la moitié collée à l'abaisse. Les macarons placés au haut du premier dôme, sont pour

DES GROSSES PIECES DE FONDS.

empêcher celui-ci de vaciller et en même temps le tenir fixe; puis vous placez sur le petit trou la plus grosse des petites méringues. Au moment du service, vous ôtez la moitié de la grosse méringue de la même manière, que vous l'avez placée; ensuite vous garnissez l'autre partie de la méringue formant coupé, avec de la crême à la Chantilly, assaisonnée de vanille et de sucre fin; puis vous posez sur cette crême, qui doit former la pyramide et dominer le bord de la méringue, de belles fraises ananas ou autres. Recouvrez la méringue, et garnissez également de crême la petite méringue, que vous posez sur la grosse méringue, comme le dessin l'indique. Faites porter cette grosse pièce par un valet de pied adroit; mais pour être plus sûr, portez-la vous-même à sa destination, car cette grosse pièce est un peu fragile.

La personne chargée de la servir devra enlever la moitié de la méringue; et après l'avoir cassée par partie, on servira une cuillerée de crême, puis à côté un fragment de la méringue.

CHAPITRE XVI.

CROQUANTES EN PATE D'AMANDES A L'ANCIENNE, N° 2.

OBSERVATION. Ce dessin représente une croquante ornée de feuilles de biscuit aux pistaches et de petites couronnes de pâtisserie blanche : cette croquante est ce que nos anciens avait de mieux après la brillante sultane, qu'ils faisaient, m'a-t-on dit, aussi brillante et aussi élégante que nous : cela est probable.

Mais, je le répète encore, je regrette bien sincèrement que le fameux Tiroloy ne nous ait pas laissé quelques détails sur sa manière de procéder dans ses travaux; car je l'ai toujours entendu citer par ses contemporains comme l'un des bons pâtissiers de fonds de son temps, et comme le plus parfait et le plus adroit pour le pastillage, qui était le plus bel ornement du service de la pâtisserie du siècle dernier.

Cela ne m'étonne pas du tout, attendu que ce fameux Tiroloy était bon dessinateur, et ce talent a sans doute contribué beaucoup à le faire briller d'une manière éclatante au-dessus de tous les pâtissiers justement renommés du temps passé.

Mais, il faut le dire, ces Messieurs étaient trop heureux pour s'occuper d'un ouvrage qui eût réclamé leurs loisirs et leur application; cela ne pouvait leur convenir en aucune manière; et aussitôt que leurs travaux de table étaient faits, ils ne pensaient plus qu'aux plaisirs de la société, où ils jouaient un très-grand rôle : par-tout ils étaient estimés, recherchés même par leur amabilité, leur bonne tenue. Cela n'est pas étonnant, l'extrême bon ton de la cour de Louis XV a singulièrement influé sur la civilisation de toutes les classes de la société, mais particulièrement sur les hommes de bouche, qui, à cette époque, étaient justement considérés des grands : aussi il n'existait pas un cuisinier de seigneur qui n'eût lui-même la tournure et les manières d'un homme de bon ton : l'habit brodé, les manchettes de dentelles et les boucles à diamans étaient leur parure; l'épée était leur armement, et ils savaient la porter.

Lorsque toutes ces belles choses me passent par la tête, j'oublie volontiers la pénible tâche que je me suis imposée(1).

Croquantes de pâte d'amandes d'avelines.

Après avoir émondé et lavé à l'eau fraîche deux livres d'amandes d'avelines, vous les égouttez dans un tamis, et les pressez ensuite dans une serviette, afin de les éponger autant que possible; mettez le quart de ces amandes dans le mortier et pilez-les en les mouillant peu à peu d'une demi-cuillerée d'eau, afin qu'elles ne tournent pas à l'huile. Lorsqu'elles sont parfaitement pilées, vous passez cette pâte par le tamis de crin à passer la farine, et vous recommencez trois fois encore la même opération. Mettez vos amandes dans une grande bassine d'office (poêle à confitures), avec vingt-quatre onces de sucre cristallisé et passé au tamis de soie. Remuez ce mélange avec une grande spa-

---

(1) Cet article fut écrit en 1813.

tule. Posez la poêle sur un grand fourneau d'une chaleur tempérée et bien égale ; remuez la pâte sans discontinuer : aussitôt qu'elle commence à s'échauffer, ayez l'attention de remuer également partout la surface de la bassine, afin que la pâte d'amandes ne s'y attache pas, sinon elle se trouve remplie de petites parties gratinées, dures et jaunâtres qui lui ôtent tout son mérite, et lui donnent un goût d'empyreume fort désagréable. Après avoir travaillé ainsi votre pâte pendant à peu près trois quarts d'heure, vous posez le bout du doigt dessus, et si la pâte s'y attache, alors vous continuez de la dessécher ; mais si, au contraire, elle n'est pas collante au doigt, vous versez de suite la pâte dans le mortier, et, après avoir ôté le peu qui tient nécessairement au fond et à l'entour de la bassine, vous le mettez dans le mortier avec deux gros de gomme adragant, trempée selon la règle, et passée à la serviette. Vous y ajoutez le suc d'un citron ; pilez parfaitement le tout ensemble, ce qui donnera du corps à la pâte d'amandes et l'affermira en même temps, attendu qu'elle se refroidit. Vous l'ôtez du mortier pour la placer sur le tour que vous saupoudrez de sucre passé au tamis de soie ; moulez cette pâte, coupez-en le quart, et couvrez le reste avec une moyenne terrine, afin qu'elle ne se hâle pas par l'action de l'air, faites une abaisse de deux lignes d'épaisseur, avec le quart de la pâte. Ayez soin de la disposer selon la forme du moule que vous aurez légèrement beurré intérieurement. (Je préfère les grands moules unis, ou à côtes du haut en bas). Vous y placez l'abaisse et l'appuyez avec précaution par un peu de pâte d'amandes, afin de lui donner les formes du moule ; mais vous ne pouvez foncer un moule de grosse pièce que par parties, c'est-à-dire, qu'après avoir masqué une partie de ces moulures bien également, vous parez l'abaisse de cette manière : si, par exemple, vous foncez une partie cannelée, alors vous coupez (ou parez) les bords de l'abaisse dessus l'arête qui sépare deux côtes ; de même vous coupez l'abaisse sur l'arête d'un filet qui sépare le moule dans sa hauteur ; mais vous foncez cette espèce de croustade de manière que les joints de l'abaisse ne soient pas sensibles à la vue ; ensuite vous mettez le moule sur le four ou dans l'étuve pendant trois ou quatre heures, afin que la pâte d'amande s'affermisse en se séchant peu à peu. Vous mettez le moule au four chaleur molle, et le retournez de temps en temps afin que la pâte d'amandes se colore bien également. Lorsqu'elle a atteint une belle couleur blonde, vous ôtez le moule du four, et lorsqu'il n'est plus que tiède, vous détachez légèrement la croquante. Dès qu'elle est détachée du moule, vous la laissez encore dedans, et ne l'ôtez que quand vous êtes prêt à finir cette grosse pièce.

Avec les parures de pâte d'amandes, vous masquez un dôme de deux pouces, moins large que le moule de la croquante ; vous donnez également une jolie couleur blonde à ce dôme, et au moment du service, vous renversez ce dôme sur une grande abaisse de pâte d'office, qui doit avoir un pouce de largeur de plus que le diamètre du moule de la grosse pièce ; vous collez ce dôme avec un peu de sucre, afin qu'il se trouve fixé ; vous le garnirez de crème fouettée à la vanille et en pyramide ; puis vous placez çà et là sur cette crème, de belles fraises ananas ou autres. Vous placez par-dessus ce dôme la croquante, ce qui rend la crème invisible. Servez de suite.

Vous devez avoir décoré votre croquante avant de la servir. A cet effet, vous renversez le moule sur un grand plafond ; vous historiez la grosse pièce de différentes manière, d'abord, dans le genre du dessin du n° 2 de la planche X[e], avec de petits anneaux de petite pâtisserie blanche, et des feuilles découpées avec du biscuit vert aux pistaches ; mais après avoir placé ces décorations, que vous collez légèrement avec un peu de sucre au cassé, vous masquez le reste de la croquante avec de jolies confitures bien transparentes. Si le moule se trouve être à côtes, vous masquez légèrement une côte avec de la gelée de pomme ; puis vous masquez la côte qui suit avec du sirop de cerises réduit, ou de la gelée de groseilles rouges, ensuite la côte suivante avec de la gelée de pommes, ce qui vous donnera une côte blanche et une rose, et ainsi de suite, comme le bas du dessin le représente. Lorsque votre croquante se trouve ainsi masquée de confitures, ce qui lui donne une physionomie brillante, et d'un beau glacé, vous la servez; mais on peut servir ces sortes de grosses pièces non masquées de confitures, et sans être même décorées; on pourrait également les décorer avec des guirlandes ou des rosaces de sucre filé. Lorsque ces ornemens sont placés à propos et avec goût, il en résulte le plus joli effet possible.

On peut faire pareillement cette croquante de pâte d'amandes ordinaire; alors, au lieu d'employer deux livres d'amandes d'avelines, vous faites la pâte avec deux livres d'amandes douces : c'est la seule différence; mais si vous voulez faire votre pâte d'amandes bien blanche, il faut, après avoir émondé les amandes, les laisser tremper une demi journée dans de l'eau fraîche, alors elle s'imbibe et blanchit singulièrement. Vous les pilez en les mouillant avec le suc de plusieurs citrons.

~~~~~~

CHAPITRE XVII.

Gâteaux de mille feuilles pour grosse pièce ordinaire, n° 3.

OBSERVATION. La moitié de ce dessin représente d'un côté un gâteau méringué de mille feuilles, et de l'autre un gâteau à la moderne.

Cette grosse pièce appartient encore à nos anciens; mais elle n'a rien d'agréable dans sa préparation, et sa physionomie n'est pas distinguée. Je n'en dirai pas davantage, et je vais procéder de suite à sa description.

Après avoir donné douze tours à trois litrons de feuilletage (*Voyez* cette détrempe, 1re partie), vous coupez chaque citron en quatre parties égales, que vous moulez, abaissez et posez sur des plafonds, et vous coupez quatre de ces abaisses de huit pouces de diamètre. A cet effet, vous posez dessus un couvercle de casserole de huit pouces de diamètre, et coupez ainsi vos abaisses bien rondes, en suivant le pourtour du bord du couvercle. Vous coupez ensuite de la même manière quatre autres abaisses, mais de six lignes plus étroites que les premières : vous en coupez encore quatre plus petites de six lignes, c'est-à-dire, de sept pouces de diamètre. Vous coupez le milieu de toutes ces abaisses avec un coupe-pâte de deux pouces de largeur ; vous moulez toutes ces petites abaisses avec les parures, pour en faire encore quatre abaisses de six pouces et demi de diamètre ; vous les videz pareillement au milieu avec le coupe-pâte : ensuite faites une dernière abaisse avec le reste des parures ; vous la coupez du diamètre de six pouces et demi, mais ne la coupez pas au milieu. Lorsque tous vos gâteaux sont dorés, vous les rayez légèrement, et les piquez çà et là. Mettez-les tous au four chaleur modérée, et retirez-les lorsque le feuilletage sera bien séché.

Lorsqu'elle est refroidie, vous posez une grande abaisse de feuilletage sur une abaisse de pâte d'office du diamètre de neuf pouces ; ensuite vous masquez, avec un demi-pot de marmelade d'abricots, le dessus de l'abaisse du feuilletage ; vous posez dessus une seconde grande abaisse, que vous masquez d'un demi-pot de gelée de groseilles roses de Bar, ou autres ; mettez par dessus une troisième grande abaisse, que vous masquez d'un demi-pot de gelée de pommes de Rouen. Recouvrez cette gelée de la dernière grande abaisse, que vous masquez ensuite d'un demi-pot de marmelade de prunes de mirabelle ; enfin placez ainsi tour à tour les douze abaisses restantes, en commençant par les plus grandes, pour terminer le haut du gâteau par les quatre abaisses de six pouces et demi de diamètre. Mais à mesure que vous les placez, vous les masquez successivement de confitures de tous les fruits possibles : ayez soin que le trou du milieu ne soit pas masqué de confitures, de même que l'épaisseur des abaisses.

Cette opération terminée, vous fouettez six blancs d'œufs, et les mêlez avec huit onces de sucre passé au tamis de soie ; alors vous masquez avec ces blancs d'œufs le pourtour du gâteau de mille feuilles, c'est-à-dire, du haut en bas de son extérieur ; mais vous le masquez le plus vite et le plus également possible : saupoudrez les blancs d'œufs de sucre écrasé seulement, sans le passer au tamis. Après cela, faites une petite flamme claire à la bouche du four, comme pour glacer du feuilletage ; présentez le gâteau à un pied de distance de cette flamme, retournez-le doucement et sans discontinuer ; mais tenez le gâteau sur le bouchoir de la bouche du four seulement, c'est-à-dire, qu'il ne doit pas entrer dans le four pour recevoir sa couleur ; car si l'on mettait ce gâteau dans le four, sa chaleur agissant par gradation sur l'intérieur du gâteau, celui-ci s'amollit et s'abaisse singulièrement, par la fragilité des abaisses de feuilletage qui le composent. Par ce triste résultat, cette grosse pièce perd une partie de son élégance ; car au lieu d'avoir un pied d'élévation, elle n'aura plus que sept à huit pouces de hauteur, tandis que par mon procédé de n'employer que la flamme pour colorer le gâteau, on obtient tout le succès désirable, cette flamme légère n'ayant pas le temps d'agir assez profondément pour atteindre le cœur du gâteau.

Je donne cette manière de procéder comme la plus convenable à la réussite de l'opération ; elle est le résultat de différentes expériences qui m'ont fait reconnaître sa validité.

Vous méringuez le dessus de l'abaisse conservée (la dernière faite et qui n'a pas de trou) ; puis vous placez, à l'entour du bord, une couronne de petites méringues de la grosseur d'une aveline ; et sur le milieu de l'abaisse, vous placez avec du blanc d'œuf une jolie rosace : saupoudrez le tout de sucre passé au tamis de soie, et mettez l'abaisse dans le four ; aussitôt qu'elle a la même teinte de couleur que le tour du gâteau, vous l'ôtez. Lorsque le gâteau est refroidi, vous décorez le dessus avec goût, en employant des confitures de gelée de pommes, de groseilles, d'abricots, de belles cerises et de verjus.

Au moment du service, vous garnissez de crême fouettée à la vanille l'intérieur du gâteau ; vous placez par dessus l'abaisse historiée : elle doit avoir la même largeur que le dessus du gâteau.

Pour la garniture de cette grosse pièce, on emploie au moins six pots de confitures d'une livre chaque, ce qui rend cette grosse pièce fort coûteuse.

Ce gâteau de mille feuilles méringué a la physionomie représentée dans la moitié du dessin du n° 3. Maintenant je vais procéder au gâteau de mille feuilles à la moderne.

Les anciens faisaient ce gâteau de forme octogone, et incrustaient, dans chaque face, une petite niche, pour en faire une fontaine. Ils masquaient la surface de ce gâteau de pâte d'amandes de diverses couleurs.

Gâteaux de mille feuilles à la moderne.

Lorsque toutes vos abaisses de feuilletage sont préparées et cuites de même que ci-dessus, vous masquez le dessus d'une grande abaisse d'un demi-pot de marmelade d'abricots, vous la recouvrez avec une seconde; ensuite vous masquez l'épaisseur de ces deux abaisses avec du blanc d'œuf préparé comme le précédent. Vous roulez ce gâteau sur des pistaches hachées bien fines, ce qui encadre le gâteau d'une bordure de verdure. Après l'avoir mis dix minutes au four chaleur molle, vous le retirez et le mettez de côté; mais pendant qu'il est au four, vous masquez encore une grande abaisse de confiture de groseilles de Bar, et la couvrez. Vous masquez aussi l'épaisseur de ces deux abaisses avec du blanc d'œuf, et vous les roulez ensuite sur du gros sucre bien égal en grosseur; vous les mettez au four de suite, afin que le gros sucre n'ait pas le temps de se fondre par l'humidité du blanc d'œuf; et, après dix minutes, vous le retirez du four, pour que le blanc d'œuf n'ait que le temps de sécher sans prendre couleur.

Ainsi donc, vous suivrez les mêmes procédés que ci-dessus, pour unir les deux abaisses deux par deux, par le moyen des confitures qu'elles contiennent entr'elles. Au fur et à mesure que vous en avez deux de mariées, vous masquez leur épaisseur de blancs d'œufs, et les roulez tour à tour sur des pistaches et sur du gros sucre, ce qui vous donne réellement, à la fin de cette opération, huit gâteaux fourrés de deux abaisses chaque, dont quatre seront entourés de pistaches, et les quatre autres de gros sucre.

Lorsque tous ces gâteaux sont bien refroidis, vous commencez à placer sur une abaisse de pâte d'office un gâteau, dont le tour sera masqué de pistaches (mais vous posez les plus grandes les premières, et finissez par les plus petites). Masquez la superficie de gelée de groseilles blanches : placez par dessus le second grand gâteau, dont le bord doit être au sucre ; vous enlevez ces gâteaux par le milieu, afin que leurs bordures fragiles ne soient pas déflorées par le toucher des doigts, en les plaçant les uns sur les autres. Après avoir masqué la superficie du second gâteau, vous en placez un troisième par dessus, dont le tour doit être aux pistaches. Masquez la superficie de confitures ; recouvrez-le d'un quatrième gâteau entouré de gros sucre. Terminez votre gâteau de mille feuilles, en plaçant successivement un gâteau aux pistaches masqué de confitures, un au gros sucre masqué de confitures, un aux pistaches masqué de même, et ainsi de suite ; enfin placez le dernier qui doit être entouré de gros sucre, et qui sera masqué encore de confitures ; vous posez par dessus la dernière abaisse que vous aurez méringuée, perlée et décorée de confitures comme la précédente.

Je ne mets point de crême dans l'intérieur de ce gâteau, et je trouve que cela vaut mieux ; car cette crême n'a rien d'agréable au palais parmi tant de sortes de confitures.

Ce genre de finir son gâteau est plus facile et infiniment plus riche que le précédent ; sa physionomie est plus pittoresque et plus attrayante à la vue ; car les rangs de pistaches et de gros sucre font le plus bel effet possible.

CHAPITRE XVIII.

DES GROSSES BRIOCHES EN CAISSE, AU FROMAGE, AU RAISIN DE CORINTHE ET A LA CRÊME DE VANILLE.

Avant d'entrer en matière, je vais donner une idée de la manière de faire ces sortes de caisses, pour cuire une grosse brioche.

Pour une brioche de grosse pièce ordinaire, du poids de huit livres, vous donnez à la caisse huit pouces de diamètre et neuf de hauteur; mais, pour une brioche de grosse pièce du poids de douze livres, vous donnez à la caisse dix pouces de diamètre et douze de hauteur.

Pour faire cette dernière caisse, vous procédez ainsi: Vous coupez une bande de carton lissé, de la même manière que je l'ai décrit pour les gros pâtés froids de jambons; mais vous donnez à celle-ci trente pouces de longueur, du côté du haut de la caisse; elle doit avoir deux pouces de plus dans le bas: c'est pour donner plus de grâce à la caisse. Ensuite, vous collez cette bande de carton à l'entour d'un rond de carton de dix pouces de diamètre, par le moyen de bandes de papier fort, masqué de colle de farine et d'eau, dont vous posez moitié de la longueur sous le fond de la caisse. Vous relevez l'autre partie de ces bandes sur le tour de la caisse; mais pour lui donner plus de solidité, vous remettez encore autant de bandes de papier placées de même. Vous réunissez les deux extrémités de la bande de carton qui fait le tour de la caisse, en collant sur leurs joints des bandes de papier; vous en collez au dedans comme au dehors de la caisse; lorsqu'elle est terminée, vous la mettez sécher au four quelques minutes, et, en la retirant, vous la beurrez intérieurement, mais très-légèrement; alors vous pouvez vous en servir de suite.

Grosses brioches au fromage.

Lorsque votre brioche (*Voyez* cette détrempe, première partie), est prête à mettre au four, vous élargissez la pâte sur le tour, et semez dessus du fromage de Gruyère coupé en petits dés de six signes carrées (un quarteron de fromage par livre de pâte); ensuite, vous commencez à rouler la pâte par le bord, et continuez à la rouler sur elle-même; coupez à peu près le huitième de cette pâte, et moulez la plus forte partie que vous placez de suite dans sa caisse; dorez légèrement le tour et le dessus, moulez le reste de la pâte, et placez-la sur l'autre partie, de manière qu'elle forme la tête de la brioche ; après l'avoir dorée légèrement, vous coupez la pâte qui est à l'entour de la tête ; puis, vous coupez de même l'épaisseur de la tête : mais pour bien faire ces ciselures, appuyez légèrement, et mettez la brioche au four.

Après deux petites heures de cuisson, vous la retirez doucement du four, pour observer si la tête est bien détachée du reste de la masse, autrement, vous y posez la main pour la détacher; vous la couvrez de plusieurs feuilles de papier, et la remettez bien vîte; mais, vous la placez un peu plus au milieu du four, et ne la touchez plus que pour la retirer. Ayez soin que le fond de ses grignes soit légèrement coloré, tandis que la tête et le reste de la brioche se trouve d'une belle teinte rougeâtre. Cette différence de couleur fait la beauté de cette grosse brioche.

Grosses brioches au raisin de Corinthe.

Pour une brioche de huit livres de pâte, vous employez une livre huit onces de beau raisin de Corinthe, ce qui fait trois onces par livre de pâte. Lorsque votre raisin est parfaitement bien épluché, lavé et ressuyé dans une serviette, vous le semez sur la pâte, et terminez l'opération de même que ci-dessus.

Vous procédez de la même manière pour faire une brioche au raisin muscat, avec cette différence que vous employez une livre et demie de muscat, dont vous aurez séparé chaque grain en deux parties et ôté en même temps les pépins.

Grosses brioches à la crême de vanille.

Faites infuser dans quatre verres de crême bouillante, quatre gousses de bonne vanille; après une demi-heure d'infusion, vous passez cette crême à la serviette ; vous la joignez dans la détrempe en supprimant à peu près six œufs. Vous procédez, pour faire cette détrempe, selon la recette décrite au chapitre concernant la pâte à brioches, et pour mouler et cuire celle-ci, vous employez les mêmes procédés indiqués précédemment.

Toutes ces sortes de brioches au fromage, au raisin, ne font pas le même effet à la cuisson que la pâte ordinaire, et cela est tout simple, attendu que ces sortes d'accessoires sont des corps matériels qui ne prennent aucune part à la fermentation, ce qui rend la pâte un peu plus pesante.

Ces sortes de brioches sont agréables pour les thés, et pour servir de grosses pièces dans un déjeûner dînatoire à la moderne.

CHAPITRE XIX.

GROS GATEAU DE MILLE FEUILLES A LA PARISIENNE.

Après avoir beurré légèrement un moule pour grosse pièce, vous le foncez le plus mince possible avec de la pâte fine à dix livres (*Voyez* cet article, 1re partie). Ayez le soin que les soudures ne soient pas apparentes ; masquez de papier beurré le dessus de la pâte, et garnissez ensuite le moule de farine. Mettez cette croustade au four chaleur gaie, et retirez-la de belle couleur : videz-la bien parfaitement, et ôtez toutes les petites bandes de papier beurré ; laissez-la dans le moule que vous mettez de côté. Ensuite faites une livre et demie de biscuit de cette manière : cassez trente œufs, en mettant les jaunes dans une grande terrine, et les blancs dans un bassin ; vous travaillez les jaunes avec une livre et demie de sucre, et prenez les blancs bien fermes ; vous les mêlez avec les jaunes, en y joignant dix-huit onces de farine ordinaire séchée au four et passée au tamis. Lorsque cette pâte est bien molle, vous en placez quatre grandes cuillerées sur une feuille de papier fort, puis vous élargissez cette pâte du diamètre de la croustade. Après avoir préparé six de ces abaisses de pâte à biscuit, vous les mettez au four chaleur modérée, et les cuisez bien blond. Pendant leur cuisson vous préparez de la même manière le reste de l'appareil, que vous cuisez de même. Lorsque toutes ces abaisses de biscuit sont refroidies, vous parez celle qui serait trop grande pour entrer dans la croustade ; ensuite vous préparez quatre fois l'appareil décrit pour le fromage bavarois aux fraises (*Voyez* cet article, 7ᵉ partie). Une heure avant le service, vous masquez le fond et les côtés de la croustade avec cette espèce de crême qui doit exhaler l'agréable odeur des fraises; vous placez sur le fond de la croustade une abaisse de biscuit (ces abaisses de biscuit doivent avoir la même couleur dessus que dessous, ce qui doit les rendre un peu sèches et cassantes); vous les masquez ensuite de fromage bavarois : mettez par dessus une abaisse de biscuit que vous masquez encore du même fromage, enfin emplissez ainsi la croustade, en y plaçant tour à tour une abaisse de biscuit et un lit de fromage bavarois. La dernière abaisse, qui doit se trouver de niveau avec les bords de la croustade, n'a pas besoin d'être masquée; vous lutez le moule d'un grand rond de papier fort, vous enterrez la croustade dans la glace. Pendant que le fromage bavarois reprend un peu le frais, vous faites une demi-livre de sucre filé. Lorsqu'il est prêt à servir, vous renversez le gâteau de mille feuilles sur un plat, que vous avez couvert auparavant d'une belle serviette damassée : masquez légèrement le dessus et le tour du gâteau avec de la marmelade d'abricots bien claire; placez avec promptitude huit côtes, que vous formez avec le sucre filé; mais placez-les à partir du milieu du dessus du gâteau, et à distance égale, pour qu'elles se terminent au pied du gâteau servi de suite.

Si ce gâteau est servi par un maître-d'hôtel amateur de de son service, il servira en un moment cette grosse pièce, qu'on mange avec autant de plaisir qu'un soufflé; car ce gâteau de mille feuilles ne laisse rien à désirer ni pour le coup-d'œil ni pour le palais fin et délicat des amateurs.

Voici encore une grosse pièce qui doit à l'avenir faire un grand honneur à notre pâtisserie du jour; je la fis, pour la première fois, à l'Elysée-Bourbon. Elle produisit bon effet; car on n'a desservi de cette grosse pièce que quelques petits fragmens de la croustade.

On peut également garnir cette grosse pièce au fromage bavarois, à l'abricat, aux framboises, à la vanille, au chocolat, au café, à l'orange, au cédrat, au citron, aux pistaches, au marasquin ou au rum; mais ne mettez jamais qu'une seule et même crème pour cette garniture de grosses pièces. On peut pareillement garnir ce gâteau avec toutes sortes de crèmes plombières, de crèmes fouettées, et de même avec les crèmes-pâtissières; mais de préférence on doit employer les crèmes colorées, comme par exemple, au café à l'eau, au chocolat, aux pistaches, à la vanille, parce qu'elle est bien blanche, puis à l'abricot, aux fraises ou aux framboises.

CHAPITRE XX.

GROS GATEAU DE MILLE FEUILLES A LA FRANÇAISE.

FAITES une croustade pareille à la précédente, dans un grand moule uni; mais faites celle-ci en pâte d'amandes, et cuisez-la de même que la croquante décrite ci-dessus : puis vous faites une livre et demie de génoise (*Voyez* cet article), que vous couchez sur de petits plafonds du diamètre de la croustade de pâte d'amandes. Vous leur donnez assez de cuisson afin qu'elles soient bien cassantes et de belle couleur. Ayez le soin, en les sortant du four, de les parer, s'il est nécessaire : une heure avant le service, vous terminez votre gâteau de même que le précédent, avec la même préparation de fromage bavarois.

Ce gâteau de mille feuilles a beaucoup de ressemblance avec celui à la parisienne; cependant il diffère par les génoises et la croûte de pâte d'amandes.

Pour terminer cette grosse pièce d'une manière convenable, vous tracez dessus douze parties d'égale largeur; vous suivez les mêmes divisions le long des côtes du gâteau; mais au lieu de les faire droites, vous les faites inclinées de quatre pouces. Ensuite vous masquez, à partir du dessus jusqu'au pied du gâteau, une de ces côtes avec un peu de marmelade d'abricots, et vous semez dessus des pistaches hachées très-fines. Vous en faites encore cinq pareilles, en laissant entr'elles une côte non masquée; mais vous les masquez ensuite de sucre filé, comme ci-dessus, de manière que cette côte aux pistaches, se trouve au milieu de deux côtes de sucre plus brillantes que des filets d'argent. Cette petite coquetterie donne à ce gâteau de mille feuilles un caractère bien distingué.

CHAPITRE XXI.

GROS GATEAU DE MILLE FEUILLES A LA ROYALE.

Préparez trois fois autant d'appareils qu'il y en a de décrits pour les génoises à la Dauphine (*Voyez* 3ᵉ partie); mais lorsqu'elles sont cuites, vous les détaillez par losanges de cinq pouces de longueur. Prenez vos dimensions pour que cinq de ces losanges, placés à côté les unes des autres, puissent faire une étoile parfaite. Il faut, au moins, quatre-vingt de ces losanges; ensuite vous en posez cinq sur une abaisse de pâte d'office formant l'étoile. Alors vous masquez le dessus des cinq losanges avec de la marmelade d'abricots, vous posez par dessus cinq gâteaux, que vous masquez de marmelade d'abricots; enfin, vous continuez à poser ainsi de suite toutes vos losanges les unes sur les autres, en ne formant qu'une seule et même étoile à cinq pans; mais vous avez soin de les masquer dessus au fur et à mesure que vous les posez en place. Vous emploierez à peu près quatre pots de marmelade d'abricots.

Vous collez sur chaque côté des angles de l'étoile des parties de feuilles de pain à chanter, que vous faites tenir par le moyen d'un peu de marmelade d'abricots; et, lorsque le dessus et le tour de l'étoile sont parfaitement masqués de pain à chanter, vous masquez légèrement, et le plus également possible, le dessus du pain à chanter avec une glace royale d'un beau rose très-léger en couleur. Vous décorez le dessus (qui doit être masqué de glace rose) avec des pistaches, des raisins de Corinthe et d'angélique confite.

Ce gâteau de mille feuilles, par sa jolie tournure et son joli teint de rose, a une physionomie qui le caractérise d'une manière éclatante.

On peut également le glacer avec une glace royale aux pistaches d'un vert très-tendre, ou bien au chocolat, au zeste d'orange couleur orange, ou au zeste de citron et de cédrat couleur citron, puis d'un glacé bien blanc au marasquin.

On peut encore garnir l'intérieur du gâteau avec de la marmelade de pêches, de prunes, de gelée de pommes, de groseilles de Bar et autres.

Quoique je n'aie pu encore exécuter cette grosse pièce pour en voir le résultat, il est présumable qu'elle sera bien accueillie des gastronomes, attendu qu'elle se compose de génoises à la Dauphine, qui sont très-agréables au palais.

CHAPITRE XXII.

POUPELINS HISTORIÉS DE FEUILLES DE BISCUIT AUX PISTACHES.

Cette grosse pièce de fonds est encore fort difficile à bien faire; sa cuisson est très-ingrate, et son appareil n'est pas aisé; en voici la description :

Pour un poupelin de grosse pièce ordinaire, vous mettez dans une casserole huit verres d'eau et huit onces de beurre. Dès que ce mélange est en ébullition, vous l'ôtez de dessus le fourneau; vous remplissez ce liquide avec de la farine tamisée, pour en faire une pâte à choux un peu ferme. Vous remettez l'appareil sur le feu, en le remuant continuellement avec la spatule pendant quelques minutes, afin de le dessécher. Vous recommencez une fois encore le même appareil; et, après l'avoir desséché, vous le mettez avec le premier fait dans le mortier. Vous y joignez trois quarterons de sucre, deux onces de fleur d'orange et six œufs tour-à-tour. Enfin, lorsque cette pâte se trouve mouil-

---

SUJETS DE LA PLANCHE XI.

Le n° 1 représente un croque-en-bouche de divers genres.

Le n° 2, un poupelin historié de feuilles de biscuit aux pistaches.

Le n° 3, un croque-en-bouche à la parisienne.

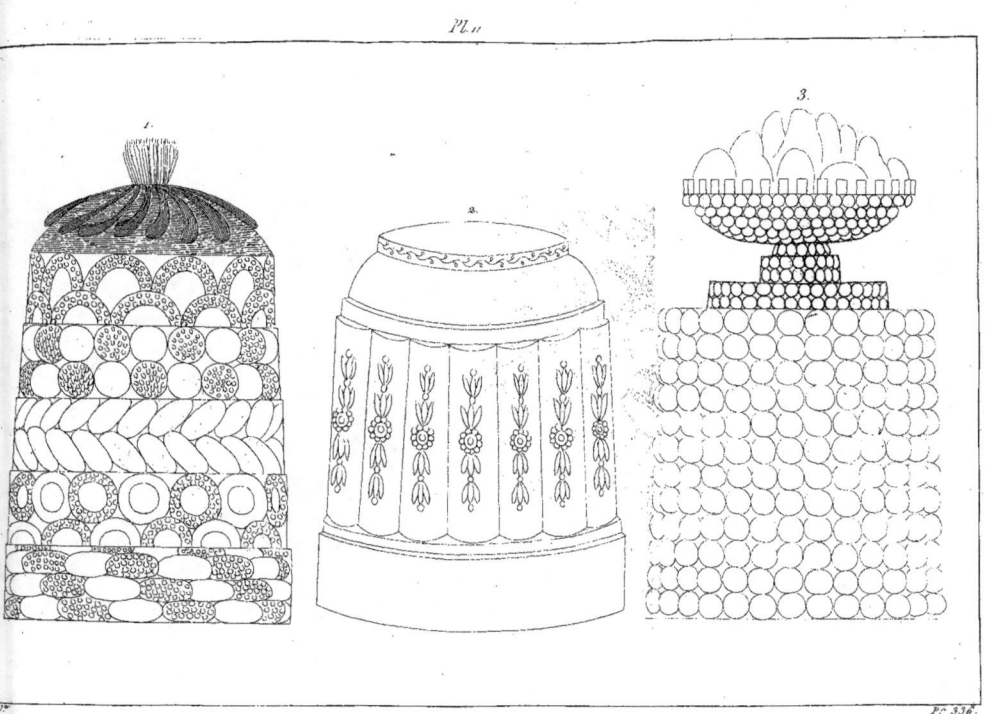

DES GROSSES PIÈCES DE FONDS.

lée par cinquante à soixante œufs, elle doit se trouver plus molle que la pâte à choux ordinaire, sans cependant être liquide. Alors vous la versez dans un grand moule que vous aurez bien légèrement beurré, et vous la mettez au four chaud. Après deux heures de cuisson, vous voyez la pâte qui s'élève au-dessus du moule, et qui bientôt s'en sépare. Il ne faut pas s'étonner si l'on voit tomber de fortes parties de pâte dans le four; c'est inévitable, à cause de l'extrême quantité de pâte que contient le moule. Mais, je le répète encore, cette quantité de pâte superflue en apparence, est réellement nécessaire à l'opération.

Après trois heures et demie de cuisson, vous retirez le moule à la bouche du four, et si le tour du poupelin se trouve de belle couleur, vous coupez le tour du dessus, que vous enlevez aussitôt; puis, avec une grande cuillère, vous séparez la pâte de l'intérieur du moule, de manière qu'il n'y reste plus qu'une croustade parfaite, que vous laissez dans le moule quelques minutes à la bouche du four pour la sécher encore.

Si, dans le cas contraire, le poupelin demandait une demi-heure de cuisson de plus, et, qu'avant ce temps, on l'eût vidé dans la persuasion d'une cuisson parfaite, il résulte qu'aussitôt qu'il est ouvert dessus pour le vider, il s'abaisse de quelques pouces en formant des plis, qui donnent à cette grosse pièce une bien mauvaise mine : elle fait honte à celui qui l'a cuite. Voilà précisément ce qui rend cette grosse pièce difficile, et sur-tout aujourd'hui, parce que nous sommes forcés de cuire toutes sortes de petites pâtisseries pendant la cuisson de nos grosses pièces de fonds, tandis que ces grosses pièces devraient très-souvent se cuire seules, et sur-tout à four fermé.

Mais, je l'ai déjà dit précédemment, ce genre de cuire à four fermé, est incompatible avec nos travaux modernes.

Lorsque votre grosse pièce est presque refroidie, vous la masquez intérieurement avec trois pots d'une livre de marmelade d'abricots, que vous masquez ensuite, en semant par dessus une livre de macarons doux écrasés. Vous retournez le moule sur une abaisse de pâte d'office de six lignes plus larges que la grosse pièce. Le moule étant retiré aussitôt, l'extérieur du poupelin doit avoir une belle couleur blonde, et aussi unie que le biscuit de Savoie.

Vous faites dissoudre au bain marie un pot de gelée de pommes et un de gelée de groseilles roses ; alors, avec un pinceau de plumes, vous masquez de cette gelée de pommes le dessus des six côtes du poupelin, s'il se trouve être à douze. Vous masquez les six autres côtes avec de la gelée de groseilles ; mais ces côtes doivent se trouver masquées de manière qu'il y en ait une blanche (gelée de pommes) et une rose (gelée de groseilles), et ainsi de suite. Masquez le reste du poupelin avec de la gelée de pommes, dans laquelle vous joignez la moitié du reste de la gelée de groseilles, afin que ce mélange soit d'un beau rose légèrement coloré ; et, si vous voulez décorer un peu les côtes du poupelin, comme je l'ai indiqué sur le dessin du n° 2 de la planche précédente, vous coupez des petites feuilles de biscuit vert où des pistaches en filets, puis des raisins de Corinthe, bien lavés ; et, pour les faire tenir, vous masquez un peu le côté que vous posez dessus le poupelin, avec de la marmelade d'abricots. Lorsqu'il est décoré, vous le servez de suite, comme étant dans sa fraîcheur. Car, s'il se trouve être garni long-temps d'avance, sa croûte s'amollit et perd par là une partie de sa qualité, puisque toute la bonté de ce gâteau est d'être croustillant : sa beauté dépend de son éclat, qui se trouve terni lorsqu'il attend.

Cette grosse pièce étant bien terminée, est assez agréable à manger, attendu qu'elle est croquante sous la dent. Pour le service, elle est extrêmement volumineuse, et en elle-même elle n'est presque rien, ce qui fait qu'elle est toujours mangée entièrement.

On peut mettre encore, entre chaque côte, un filet de sucre filé, gros comme le pouce, ce qui fait un effet distingué.

On peut également garnir cette grosse pièce de crème à la Chantilly ; mais je préfère l'agréable fromage bavarois, ou bien la crème plombière (*Voyez* ces articles 7e partie).

CHAPITRE XXIII.

CROQUE-EN-BOUCHE ORDINAIRE, n° 1.

Ce croque-en-bouche (n° 1) se compose de cinq gradins de différens genres ; mais je ne fis jamais cette grosse pièce de cette manière, parce que ce genre serait bisarre et ridicule. Mon intention a été de tracer par ce dessin, les formes diverses que j'ai données aux petits choux qui composent nos croque-en-bouche, c'est-à-dire que si, par exemple, on veut faire un croque-en-bouche en forme d'écailles de poisson, comme le représente le premier gradin, on doit disposer tout l'appareil en petites gimblettes de deux pouces de diamètre, dont le milieu sera de quinze lignes d'ouverture. Lorsqu'elles sont cuites, vous séparez en deux parties chaque petite gimblette ; vous les glacez tour-à-tour dans du sucre cuit au cassé ; et, à mesure que vous les sortez du poêlon, vous semez dessus du gros sucre ; ensuite vous les trempez légèrement dans le sucre au cassé, et vous les placez aussitôt dans un grand moule uni ; mais vous les posez en formant l'écaille renversée (*Voyez* le dessin); alors vous ne trempez dans le sucre que le côté nécessaire pour les coller les unes sur les autres. Lorsque le moule est bien garni de croque-en-bouche, vous le renversez sur une grande abaisse de pâte d'office, de la même largeur que le moule, et vous servez la grosse pièce sur le champ.

On masque également le dessus des demi-gimblettes, aux pistaches hachées, ou bien avec des petits grains de raisin de Corinthe lavés et séchés au four, mêlés avec du gros sucre, ou du gros sucre mêlé avec des pistaches.

Ces sortes de croque-en-bouche sont du plus riche effet ; mais on ne fait que les glacer au sucre au cassé, que l'on teint quelquefois en rose, avec une petite infusion de graine de cochenille, ou bien au safran.

Au-dessous du premier gradin du dessin, ce sont de petits croque-en-bouche ronds, d'un pouce de diamètre, dont la moitié est glacée au sucre au cassé, et l'autre moitié aux pistaches hachées très-fines. Vous formez une espèce de damier, en montant le croque-en-bouche, comme l'indique le dessin du second gradin.

Au-dessous de ce second gradin, ce sont de petits pains (en forme de pains à la duchesse) de dix-huit lignes de longueur. Vous les glacez au sucre au cassé, et les posez au fur et à mesure dans le moule, en forme de tresse.

Au-dessous du troisième gradin, ce sont de petites gimblettes de vingt lignes de diamètre sur dix lignes d'ouverture. Vous en glacez la moitié au sucre au cassé rose, et l'autre moitié au gros sucre, également glacé au sucre rose, ce qui produit un joli effet, sur-tout lorsque le sucre est légèrement coloré, et qu'il ne change pas de couleur pendant qu'on l'emploie.

Le dernier gradin se compose de petits pains à la duchesse de dix-huit lignes de longueur. Vous en glacez la moitié au sucre au cassé, et l'autre moitié aux pistaches; vous les placez en les collant dans le moule, ainsi que le dessin le représente, de manière que cela forme une espèce de vis; car ce genre donne absolument des côtes tournantes, dont l'une sera aux pistaches, et l'autre glacée, et ainsi de suite. J'aime beaucoup cette manière de monter les croque-en-bouche : je les montais souvent de cette façon, quoiqu'avec des croque-en-bouche ronds ou des écailles; les gimblettes sont indiquées de cette manière sur le dessin.

Voici la manière de faire l'appareil pour toutes ces sortes de croque-en-bouche.

Mettez dans une grande casserole dix verres d'eau et douze onces de beurre fin. Lorsque ce mélange est bouillant, vous l'ôtez de dessus le feu, pour le remplir en une pâte un peu ferme par l'addition de farine, que vous remuez avec une spatule; puis vous remettez cet appareil sur le feu; et, après l'avoir desséché pendant quelques minutes, vous la versez dans un mortier, en y joignant une livre d'amandes d'avelines ou d'amandes douces. Pilez douze onces de sucre en poudre, un grain de sel et six jaunes d'œufs, remuez ce mélange avec la spatule; ensuite vous

DES GROSSES PIECES DE FONDS.   341

ajoutez assez d'œufs pour rendre cette pâte de la consistance de la pâte à choux ordinaire, mais un peu plus ferme que molle.

Si vous voulez faire le croque-en-bouche avec des petits pains à la duchesse, vous couchez cette pâte par petites parties, grosses comme une belle noix-muscade, sur le tour qui sera légèrement saupoudré de farine; et à mesure que vous les formez, vous les placez à un pouce de distance les uns des autres, sur des plaques bien légèrement beurrées. Vous les dorez également, et les mettez au four chaleur douce, afin qu'ils se sèchent, sans cependant prendre trop de couleur. Lorsqu'ils sont refroidis, vous les glacez, et les groupez comme je l'ai décrit ci-dessus.

On fera un quart moins de cette recette lorsqu'on voudra faire le croque-en-bouche en petites gimblettes ou en écailles.

Si vous voulez, avant de sortir le croque-en-bouche du moule, vous masquez l'intérieur avec de la marmelade d'abricots ou autres, et semez dessus du macaron écrasé.

Vous retournez le moule sur une abaisse de pâte d'office, et le retirez de suite. Mettez cette grosse pièce dans un lieu d'une chaleur modérée, si vous ne pouvez le servir de suite.

Il est important de remarquer qu'on ne doit pas beurrer le moule pour y monter le croque-en-bouche, comme on pourrait se l'imaginer; on doit seulement s'assurer que le moule ne soit pas humide, et cela est facile, en le ressuyant fortement.

CHAPITRE XXIV.

CROQUE-EN-BOUCHE A LA PARISIENNE, N° 5.

CETTE grosse pièce est, ce me semble, celle qui est la plus digne de paraître dans nos menus, sous la dénomination de *croque-en-bouche*, attendu que sa composition diffère entièrement de celle des précédents croque-en-bouche: elle est plus aimable, et sur-tout plus croustillante.

J'ai composé cette grosse pièce de croquignoles à la Reine (ou de patience), et cela n'est pas sans raison, parce que je me suis aperçu combien elle était en faveur auprès des personnes qui se piquent de connaître les bonnes friandises; et depuis que cette composition est venue enrichir les petits fours de nos boutiques, que nous ne connaissions pas il y a quelques années, je me sais bon gré d'avoir donné cinquante francs à un faiseur de bonbons, qui voulut bien me rendre le service de venir dans mon établissement me montrer à les faire. Je l'en remercie bien sincèrement, puisque ces croquignoles à la Reine me procurent l'avantage d'en avoir su composer une grosse pièce charmante, et plus croquante que toutes les croquantes de nos anciens.

Lorsque j'exécutai cette grosse pièce pour la première fois, ce fut pour la table du prince Berthier.

Manière de procéder. Après avoir fait et cuit une livre et demie (de sucre) de croquignoles à la Reine, vous aurez le soin de les coucher le plus également possible, et d'un pouce seulement de diamètre; puis vous en coucherez le quart plus petit de moitié. Lorsqu'elles sont cuites et refroidies, vous montez ce croque-en-bouche de cette manière : Après avoir fait cuire dans un petit poêlon d'office huit onces de sucre au cassé, un peu serré (c'est-à-dire que vous le retirez du feu lorsqu'il commence à se colorer légèrement d'une petite teinte jaunâtre), vous en versez la moitié sur un couvercle de casserole à peine beurré; puis vous masquez le feu du fourneau de cendres rouges, afin de maintenir le sucre du poêlon assez chaud pour vous en servir, et en même temps pour l'empêcher de prendre davantage de couleur; alors vous y glacez légèrement le dessus et l'épaisseur des croquignoles, que vous placez de suite dans un grand moule uni, parfaitement bien essuyé; mais pour tremper vos croquignoles dans le sucre, vous devez les piquer à la pointe du petit couteau; vous les posez avec symétrie, comme le dessin du n° 5 le représente. Lorsque le sucre du poêlon est diminué des trois quarts, vous y joignez alors la moitié du sucre au cassé

DES GROSSES PIECES DE FONDS. 343

conservé, et quand cette partie se trouve employée, vous ajoutez le reste du sucre ; mais dès qu'il commence à se colorer, vous le versez sur le couvercle de la casserole où vous en avez déjà mis.

Ensuite vous faites cuire comme ci-dessus huit onces de sucre dans un petit poêlon d'office bien propre ; puis vous l'employez de même que le précédent, et après celui-là vous recommencez la même opération, lorsque le moule se trouve garni de croque-en-bouche. Vous n'aurez pas garni le fond, attendu que vous le remplacez par une abaisse de pâte d'office, du même diamètre, que vous aurez parée bien ronde, ainsi que deux plus petites, dont une de six pouces de diamètre, et une de quatre pouces ; alors vous les glacez sur leur épaisseur, c'est-à-dire tout au tour ; puis avec les petites croquignoles que vous glacez dans le reste du sucre que vous faites fondre dans le même poêlon comme les précédens, vous les placez en deux ronds l'un sur l'autre, à l'entour et sur le bord des deux petites abaisses, pour en former deux petits socles, comme le représente le dessin du n° 3. A cet effet, vous collez la grande abaisse sur le croque-en-bouche, et dessus cette abaisse, vous collez le plus grand socle par dessus le second, sur lequel vous collez un rang seulement de croquignoles ; puis vous collez par dessus une espèce de coupe que vous formez dans un moule en dôme, encore avec des croquignoles glacées, et à l'entour du haut vous ajoutez un double rond de croquignoles glacées, et dessus, pour servir de couronnement, vous y collez des denticules formées de croquignoles que vous avez parées carrément (*Voyez* le dessin) ; puis au moment du service, vous garnissez la coupe de crème fouettée à la vanille.

CHAPITRE XXV.
CROQUE-EN-BOUCHE A LA REINE.

Vous faites l'appareil de même que pour le croque-en-bouche ordinaire ; vous tenez celle-ci un peu plus ferme. Mettez-la par petites parties sur le tour, qui sera masqué de farine. Roulez chaque partie de pâte en bandes de six lignes de grosseur; lorsque vous avez quatre de ces bandes roulées ainsi, vous les mettez les unes contre les autres, puis vous les détaillez de six lignes carrées et les mettez dans un grand tamis avec une poignée de farine, après vous mouvez le tamis de manière que les petites croque-en-bouche, par ce moyen, en roulant les uns contre les autres, s'arrondissent singulièrement; et lorsque toute la poignée de farine est passée par le tamis, vous versez doucement les petits choux sur un couvercle de casserole, et au fur et à mesure que vous les roulez, vous les placez de la même manière. Cette opération doit se faire avec promptitude. Lorsque toute la pâte est détaillée, vous la versez dans une grande casserole pleine d'eau bouillante, puis avec la spatule vous remuez doucement la surface de l'eau, et lorsque tous les petits croque-en-bouche ont quitté le fond de la casserole pour nager sur l'eau, et qu'ils sont fermes au toucher, vous les égouttez dans une grande passoire ou dans un tamis. Lorsqu'ils sont presque refroidis, vous versez dessus quatre œufs battus, et les sautez afin de les dorer également. Laissez-les s'égoutter de la dorure superflue pendant quelques minutes, et rangez-les ensuite sur des plaques, et à six lignes de distance les uns des autres : mettez-les au four chaleur douce. Lorsqu'ils sont cuits bien blonds et bien croustillans, vous mettez ces petits croque-en-bouche dans deux cloches de fer-blanc, et les laissez à la bouche du four.

Faites cuire dans une moyenne poêle d'office deux livres et demie de sucre au cassé; puis vous en versez la moitié sur un grand couvercle légèrement beurré; vous laissez le reste sur le feu. Aussitôt qu'il est coloré d'une belle teinte jaunâtre, vous l'ôtez du feu et versez dessus une cloche de croque-en-bouche, que vous remuez légèrement avec une spatule, afin qu'il soit parfaitement masqué de sucre; alors vous en mettez la moitié (et le reste à la bouche du four) dans un moule de grosse pièce que vous aurez à peine beurré, et le montez comme un nougat, mais avec plus de légèreté, attendu que ces petits croque-en-bouche sont

DES GROSSES PIÈCES DE FONDS.

très-cassans. Vous les montez avec le plus de vitesse possible, et sur-tout ayez soin de vous mettre dans un lieu chaud, afin de monter cette grosse pièce avec plus de facilité. A mesure que vous le montez, vous vous faites donner par partie le reste du croque-en-bouche, qu'une autre personne doit vous placer à mesure sur un petit couvercle (de casserole) chaud, afin que le croque-en bouche ne puisse pas se refroidir pendant le peu de temps qu'il se trouve dessus.

Lorsque la poêle se trouve débarrassée, vous placez dedans le reste du sucre, et le faites fondre sur un feu modéré. Ayez soin de le remuer avec la spatule, à mesure qu'il se colore; et dès qu'il se trouve de la même couleur que l'autre, vous versez dedans le reste du croque-en-bouche, et le remuez de même que ci-dessus; puis vous finissez de monter le croque-en-bouche comme vous l'avez commencé. Lorsqu'il est refroidi, vous retournez le moule sur une abaisse de sa même largeur; puis vous enlevez le moule et placez le croque-en-bouche dans un lieu qui ne soit pas humide.

Ce genre de croque-en-bouche est d'une physionomie qui le caractérise, et les petits choux qui le composent sont très-aimables à croustiller.

Mais je le répète encore, cette grosse pièce réclame beaucoup de prestesse dans son montage; car autrement le moindre courant d'air la refroidit assez promptement pour empêcher que les parties chaudes que l'on monte sur celle déjà placée dans le moule, ne puissent plus s'unir assez fortement entr'elles pour ne faire qu'une seule et même partie; de manière que par cet inconvénient, en sortant cette grosse pièce du moule, on voit des parties qui se détachent; qu'il faut aussitôt coller avec un peu de sucre au cassé. Cela n'empêche pas que ce croque-en-bouche sera toujours très-fragile; d'un autre côté, il résulte qu'en montant cette grosse pièce promptement, le sucre n'a pas le temps de changer de couleur, ce qui est très-important, afin d'obtenir son croque-en-bouche de la même couleur, tandis qu'autrement le sucre se noircit; alors ce croque-en-bouche sera marbré de plusieurs couleurs, et n'aura pas la solidité convenable.

On fait encore ce croque-en-bouche de cette manière : vous mettez cinq quarterons de sucre en poudre dans la bassine, que vous placez sur un feu modéré, et à mesure qu'il se fond, vous remuez seulement l'endroit qui bouillonne, et bientôt vous remuez la masse entière avec la spatule. Lorsqu'il est fondu entièrement, vous le laissez tranquille un moment ; aussitôt que le milieu du caramel est en ébullition, et que ses bouillons se colorent d'un beau rouge clair, vous ôtez la poêle de dessus le feu ; puis vous y versez la moitié des croque-en-bouche, que vous finissez comme ci-dessus. Lorsqu'on veut teindre le croque-en-bouche en rose, on ajoute, soit dans le sucre en poudre comme le précédent, ou dans celui cuit au cassé, une petite infusion de cochenille, qui cependant perdra un peu de sa couleur vive, attendu que le sucre est obligé de subir la cuisson du caramel ; cela est inévitable.

J'ai fait, avec ce même croque-en-bouche à la Reine, des grosses pièces montées fort jolies et très-distinguées, comme des grottes, des ruines, des chaumières, des ponts, des rochers, des rocailles, des vases, des corbeilles, des arbustes, des gradins, et même des temples antiques et des colonnades.

Je parlerai de quelques-unes de ces grosses pièces montées dans la partie suivante.

CHAPITRE XXVI.

GROS NOUGAT A LA TURQUE, N° 1.

J'AI dénommé ce nougat *à la turque*, parce qu'il est rayé en travers de deux couleurs, dans le genre des belles rayures.

SUJETS DE LA PLANCHE XII.

Le n° 1 représente un nougat à la turque, orné de sucre filé.

Le n° 2, un gros nougat à la française, orné de gros sucre et de pistaches.

Le n° 3, un gros nougat à la parisienne, orné de sucre filé.

Pl. 12.

des étoffes turques ; et pour le caractériser davantage, je l'ai couronné de quatre grands croissans portés par quatre boules de sucre filé.

Manière d'opérer. Vous émondez, lavez et coupez en filets quatre livres d'amandes douces, et vous les mettez au four doux, afin qu'elles se sèchent sans prendre couleur : alors vous les séparez en deux, et donnez à la moitié la couleur des amandes ordinaires; c'est-à-dire que vous les retirez du four dès qu'elles sont d'un beau blond-clair ; ensuite vous pesez les amandes blanches, et si elles sont du poids d'une livre et demie, vous en mettez la moitié à la bouche du four : vous mettez aussitôt sept onces de sucre cristallisé passé par le tamis de soie, dans une petite poêle d'office, que vous placez sur un feu modéré ; et lorsque ce sucre fait le moindre bouillon, vous le remuez seulement dans cet endroit avec une spatule, afin qu'il se fonde bien également sans prendre de couleur. Dès qu'il est devenu d'un beau luisant, vous y versez les amandes blanches, que vous remuez légèrement avec la spatule ; mais ne laissez pas la poêle sur le feu. Aussitôt que les amandes sont devenues bien brillantes, vous versez le nougat sur le tour à peine beurré. Vous étalez le nougat, avec vitesse, de trois pouces de largeur sur vingt-cinq de longueur (1) ; mais vous l'appuyez légèrement, afin de ne pas briser les amandes, que vous parez de suite, en posant dessus une bande de carton de dix-huit lignes de largeur sur vingt-quatre pouces de longueur. Vous coupez le nougat en deux bandes, semblables à celle de carton, parce que le nougat doit avoir trois pouces de largeur. Ayez soin de le couper bien droit en suivant le bord du carton : placez une de ces deux bandes de nougat dans un moule uni bien élevé (douze pouces) du diamètre de neuf pouces à son ouverture et de huit à son fond. Vous racourcissez un bout de cette bande, afin qu'elle se joigne bien parfaitement en formant un cercle. Vous formez

---

(1) Si le moule se trouve avoir huit pouces de diamètre ; mais si le moule a neuf pouces de largeur, vous donnez à la bande de nougat vingt-sept pouces de longueur ; de même vous ne lui donnez que vingt-deux pouces si le moule n'a que sept pouces de diamètre.

l'autre cercle de nougat, en posant droite l'autre bande à l'entour de l'extérieur du bas du moule : vous mettez cette bande ainsi ceintrée sur un plafond que vous placez à la bouche du four pour une minute seulement ; car pendant que vous vous êtes occupé de ces deux bandes de nougat, vous devez avoir une autre personne qui aura préparé la moitié des amandes colorées avec sept onces de sucre pareil au nougat blanc ; aussitôt que le sucre se colore d'un blond rougeâtre, vous y versez les amandes colorées, que vous préparez bien vite de même que le premier nougat. Puis vous placez une de ces bandes sur le cercle du nougat blanc qui est dans le moule. Lorsque cette bande est placée avec l'attention que son joint soit le moins visible que possible ; vous posez par-dessus, et de la même manière, une seconde bande blanche. Par-dessus celle-ci, vous placez la deuxième de nougat coloré. Tandis que vous faites cette opération, on doit avoir nettoyé la poêle, et fait le reste du nougat blanc. Vous l'employez en deux bandes comme le précédent, et, pendant ce temps, on doit disposer le reste du nougat coloré, que vous placez en deux bandes.

Il est de rigueur d'être deux pour faire cette grosse pièce, sinon elle serait susceptible d'être manquée dans sa couleur, qui en fait la beauté ; il faut encore y apporter beaucoup de promptitude, sans quoi l'opération serait imparfaite.

Vous mettez au four toutes les parures des bandes de nougat ; vous faites fondre dans la poêle qui vous a servi quatre onces de sucre fin, avec lequel vous collez les cercles de nougat en une seule partie. A cet effet, vous prenez de ce sucre avec une petite spatule à sucre ; puis vous le posez sur le bord d'un cercle blanc et d'un cercle coloré, afin de les coller ensemble ; enfin vous collez de cette manière tous vos cercles de nougat et à cinq endroits différens à chaque cercle. Vous versez les amandes qui sont au four dans le peu de sucre que contient encore la poêle, et, après les avoir bien mêlées, vous les versez dans le moule pour fermer le dessus du nougat. Lorsqu'il est refroidi, vous retournez le moule sur une abaisse de pâte d'office de la même largeur que le nougat. Après avoir enlevé le moule, vous voyez un joli nougat, qui est véritablement original en son genre; et quoique la rayure du nougat blanc ne soit pas précisément blanche (car cela est impossible), elle fait pourtant un bel effet à côté des rayures du nougat coloré, qui, pour bien faire, doit être d'une belle teinte rougeâtre.

Pour finir cette grosse pièce, vous faites en nougat (les amandes hachées) quatre boules de trois pouces de diamètre; je les préfère en sucre filé. Vous faites pareillement les quatre croissans en sucre filé.

On peut néanmoins servir ce nougat sans ce couronnement; il n'en sera pas moins une grosse pièce fort jolie.

On pourrait encore faire ce me semble, les rayures de ce nougat droites, au lieu d'être en travers.

CHAPITRE XXVII.

GROS NOUGAT A LA FRANÇAISE, N° 2.

Cette grosse pièce est du plus riche effet, et ne laisse rien à désirer.

Manière d'opérer. Ayez un grand moule pour grosse pièce, en forme de melon, et essuyez-le bien parfaitement. Vous faites sécher à la bouche du four six onces de pistaches bien vertes, dont chacune doit être coupée en cinq parties égales (l'amande en travers); ensuite vous faites six onces de gros sucre, que vous mêlez dans une petite terrine avec les pistaches, lorsqu'elles ne sont plus humides.

Vous émondez quatre livres d'amandes douces, dont vous coupez chacune en deux, et chaque moitié en cinq filets bien égaux en grosseur. Lorsque toutes vos amandes sont coupées, vous les faites sécher au four doux; aussitôt qu'elles commencent à se colorer d'une teinte jaunâtre, vous les retirez du four. Pesez-en une livre et demie, que vous remettez au four. Mettez dans une moyenne poêle d'office douze onces de beau sucre en poudre, que vous placez sur un feu modéré. Lorsque ce sucre commence à bouillonner, vous avez le soin de remuer les parties bouillantes seulement avec une spatule, et vous le remuez plus en grand à mesure qu'il se fond. Du moment que tout ce sucre est dissous, vous ôtez la spatule, afin qu'il ne soit plus troublé dans sa cuisson. Aussitôt que vous le voyez bouillir de six pouces de largeur à-peu-près, que ses bouillons se colorent d'un beau rouge-clair, vous retirez la poêle, et vous versez de suite dans le sucre les amandes bien chaudes : vous les remuez légèrement avec la spatule; alors le nougat doit avoir une belle couleur rouge-jaune. Vous en versez le tiers sur un moyen plafond un peu chaud; vous faites mettre le reste du nougat à la bouche du four. Mettez sur une assiette la moitié du gros sucre et des pistaches. Prenez une partie du nougat du plafond, que vous étalez, et posez de suite sur le mélange de gros sucre, et de-là dans le moule. Placez de la même manière le reste du nougat du plafond, que vous moulez en l'appuyant légèrement avec un citron, afin de ne pas écraser le gros sucre qui se trouve entre le moule et le nougat. Ensuite, vous vous faites donner par parties le reste du nougat, que l'on doit poser sur un couvercle chaud. Mettez ce nougat sur le gros sucre et sur le champ dans le moule. Montez-le de même, et joignez-le à l'autre. Au fur et à mesure qu'on vous l'apporte, vous le posez sur le mélange de gros sucre, et de-là dans le moule. Mais ces trois temps doivent être faits en un clin-d'œil, car il est important que le nougat conserve toute sa chaleur, afin que le gros sucre et les pistaches puissent s'y attacher; autrement il serait inutile d'en mettre. La personne qui donne les amandes doit avoir l'attention de les remuer de temps en temps, afin que leur sucre ne dépose pas au fond de la poêle; mais bien légèrement, attendu que ces filets d'amandes sont très-fragiles. Vous ne devez monter le nougat qu'à la moitié de la hauteur de la dernière côte, afin que, lorsque vous réunissez les deux nougats en un, ils forment un melon bien rond; ce qui ne pourrait avoir lieu si vous montiez le nougat jusqu'au haut du moule. Cela est facile à concevoir, puisque cette côte se trouverait avoir réellement le double de la largeur des autres.

On peut également former ce nougat à la française dans toutes les formes de moules quels qu'ils soient.

DES GROSSES PIÈCES DE FONDS. 351

Pendant que le nougat se refroidit dans le moule, on doit peser une livre des amandes, et les remettre au four chauffé. Vous faites chauffer la bassine pour en ôter le nougat qui y reste; ensuite vous versez dedans une casserole d'eau bouillante pour en détacher le sucre plus promptement. Aussitôt que le peu de sucre qu'elle contient se trouve dissous, vous en versez l'eau, et ressuyez la poêle avec soin. Vous mettez dedans dix onces de sucre, que vous faites fondre de même que ci-dessus; et lorsque les amandes y sont jointes, tâchez qu'elles se trouvent avoir la couleur du nougat déjà fait, que vous sortez du moule. Vous procédez de la même manière pour mouler ce nouveau nougat en prenant les précautions données au précédent. Pendant qu'il se refroidit, vous faites chauffer la poêle pour en détacher les amandes. Vous pesez le reste des amandes, et les mettez au four; vous prenez la moitié de leur poids de sucre, que vous faites fondre. Lorsque les amandes seront assez chaudes, vous finirez le nougat comme de coutume. Vous le mettez dans de petits moules cannelés, où vous formez dix-huit petits nougats.

Vous faites cuire au cassé, un peu serré, quatre onces de sucre. Vous collez ensemble les deux moitiés du gros nougat pour en former un melon parfait. Vous posez ce melon presque droit sur un petit socle de deux pouces de hauteur et de trois pouces de diamètre que vous aurez formé de toutes les parures et débris du gros nougat; vous aurez collé ce socle sur une abaisse un peu forte de pâte d'office; et, pour coller d'une manière convenable le gros nougat, vous y versez au moins une bonne cuillerée de sucre bien chaud; vous placez à l'entour quelques fragmens de nougat, que vous trempez dans le sucre; ensuite vous placez près du bord de l'abaisse les petits nougats, pour en former la garniture du gros; semez sur la surface de l'abaisse, le reste du gros sucre et des pistaches, mais ayez le soin, pour rendre les joints du melon peu sensibles à la vue, de coller sur cette partie de petits fragmens de nougat, et même du gros sucre et des pistaches.

QUATRIEME PARTIE.

Pour couronner cette grosse pièce, vous y collez une petite gerbe de pâtisserie blanche ou de sucre filé.

Le gros sucre et les pistaches qui ornent la surface de cette grosse pièce, la rendent d'une grande beauté.

Voici quelques détails plus exacts sur le dessin du n° 2 :

Cette grosse pièce diffère fort peu de celle que je viens de décrire ci-dessus, puisque c'est la même forme et la même manière de faire.

Cependant, celle-ci est d'un meilleur goût, par l'idée que j'ai eu de détacher en partie une côte du melon. (*Voyez le dessin*) ; elle s'incline comme pour exciter les désirs des gourmands. Pour rendre cette coupe plus naturelle encore, j'ai garni l'intérieur de la côte détachée et les deux côtés de la coupe, avec du sucre filé, placé de manière à imiter la chair du melon. Pour représenter ses graines, j'employais (comme la nature l'indique) des amandes douces bien blanches, que je glaçais au sucre au cassé.

Ce gros nougat à la française, est infiniment riche et distingué ; et lorsqu'un pâtissier de maison le reproduira dans toute sa beauté, il peut être persuadé que cette grosse pièce de fonds sera toujours vue avec un nouveau plaisir par les Amphitryons amateurs du beau.

Je vais donner une idée de la manière de finir cette grosse pièce. Vous procédez absolument comme ci-dessus ; et, lorsque vous en êtes à la deuxième partie du nougat, vous y faites une côte de moins ; vous montez une côte séparément et de quatre lignes d'épaisseur. Lorsque le nougat est monté comme le précédent, sur un petit socle de nougat placé sur une abaisse de pâte d'office du diamètre de quatorze pouces, et, lorsqu'il est garni à l'entour de petits nougats à côte comme le représente le dessin, vous faites quatre onces de sucre filé bien blanc. Vous le pliez en plusieurs parties pour lui donner plus d'épaisseur, sur un pied de longueur. Vous en coupez dans cette longueur à-peu-près le tiers, avec quoi vous garnissez l'intérieur de la côte détachée, imitant la chair du melon naturel ; vous séparez le reste du sucre filé en deux parties, et cette moitié encore en deux, mais toujours dans sa longueur. Vous collez chaque partie sur le bord de l'intérieur de la coupe du gros nougat; vous glacez, dans le reste du sucre au cassé, une douzaine de belles amandes douces bien blanches, que vous aurez d'avance fait sécher quelques minutes au four pour ôter leur humidité seulement, et quand elles sont glacées, vous les collez du côté de la pointe, sur le sucre filé de la côte détachée. (Pour cette opération, voyez le dessin de ce chapitre). Vous observez en même temps la manière dont vous devez placer la côte détachée que vous collez avec du sucre bien chaud; et avec le reste du sucre filé, vous formez une espèce de couronne sur le haut du melon (*Voyez* le dessin); ou, si vous l'aimez mieux, vous faites ce couronnement avec des feuilles de biscuits aux pistaches, ou de pâte d'amandes vertes aux pistaches.

CHAPITRE XXVIII.

GROS NOUGAT À LA PARISIENNE, N° 3.

Ce gros nougat ne le cède en rien aux précédens, tant par son élégance que par sa physionomie originale. Il se compose d'amandes d'avelines entières, ce qui le rend même plus friand et plus riche que les autres nougats en général.

Manière d'opérer. Après avoir émondé quatre livres d'amandes d'avelines, vous les faites sécher au four doux; dès qu'elles sont légèrement colorées blond, vous les ôtez du four; vous en pesez une livre et demie que vous laissez à la bouche du four; ensuite, vous faites fondre dans une moyenne poêle d'office, quatorze onces de sucre cristallisé passé au tamis de soie. A mesure qu'il se fond, vous le remuez doucement, et quand le tout se trouve dissous et teint d'un beau jaune-clair, vous y joignez les amandes, que vous mêlez légèrement avec une spatule. Retirez la poêle de dessus le feu, afin que ce nougat se trouve coloré d'un beau blond; versez-en le tiers dans un moule cannelé (selon le n° 3 de la planche 12). Vous faites mettre le reste à la bouche du four, pour le maintenir chaud pendant le temps que vous montez le nougat : vous l'appuyez légèrement sur les côtes du moule. Pour cette opération, vous vous servez d'un petit moule à madelaines ; et, quand il est trop chaud, vous en prenez un autre. Ayez l'attention, en montant ce nougat, que les amandes ne soient pas les unes sur les autres. Au fur et à mesure que vous le montez, vous vous faites donner le reste des avelines par parties. Lorsque le moule est garni jusqu'au bord, vous détachez le reste des amandes de la bassine que vous placez sur le feu ; et, après l'avoir nettoyée avec de l'eau bouillante, vous la ressuyez avec soin. Mettez dedans sept onces de sucre comme ci-dessus, que vous faites fondre avec les mêmes précautions ; vous y joignez douze onces d'amandes, que vous avez mis d'avance chauffer à la bouche du four ; vous en versez presque la moitié dans un moule parfaitement demi-circulaire, formant le dôme du diamètre de six pouces. Vous montez ce nougat comme le précédent, et vous le faites bien égal de hauteur, en suivant précisément le bord du moule. Lorsqu'il est presque refroidi, vous l'ôtez du moule dans lequel vous formez une seconde demi-boule. Lorsqu'elles sont toutes deux froides, vous les collez avec un peu de sucre au caramel pour en former une boule parfaitement ronde. Avec le reste et les parures des nougats, vous faites un petit socle de deux pouces de diamètre, et de deux d'épaisseur ; ensuite, vous pesez un peu fort la moitié du poids de sucre que le reste des amandes vous aura donné. Mettez ce sucre dans la poêle, et faites-le fondre selon la règle ; quand il est bien blond, vous versez dedans les amandes que vous aurez mis chauffer d'avance au four ; versez ce nougat sur une feuille d'office (feuille de cuivre rouge) ; semez dessus du gros sucre que vous appuyez légèrement. Donnez à ce nougat deux avelines d'épaisseur, quatre pouces de largeur et six de longueur. Lorsqu'il se trouve presque refroidi, vous le coupez au milieu sur sa longueur ; vous coupez chaque partie en travers, en donnant six lignes de largeur

DES GROSSES PIECES DE FONDS. 355

a chaque petite bande, ce qui doit fournir douze petits nougats de même longueur et largeur. Coupez la seconde partie de la même manière ; ensuite, vous posez et collez le gros nougat à côté sur une abaisse de pâte d'office du diamètre de quatorze pouces ; collez sur le milieu du nougat, le petit socle de deux pouces de largeur, sur lequel vous fixez avec du caramel la boule de nougat (*Voyez* le dessin du n° 3 de la planche 12) ; je la plaçais de manière que la soudure fut en travers, afin de la masquer. A cet effet, faites cuire quatre onces de sucre cristallisé pour filer. (*Voyez* cette cuisson). Lorsqu'il est préparé, vous donnez dix-huit pouces de longueur à ce sucre filé, en le ployant sur lui-même en deux ou en trois. Coupez-en une bande de deux pouces de largeur que vous posez à l'entour du milieu de la boule pour en cacher la soudure ; ensuite coupez une seconde bande de sucre d'un pouce de largeur ; appuyez-la avec la lame du grand couteau, afin que ce sucre ait plus de consistance. Quand il est préparé de cette manière, vous le coupez d'un pouce carré ; vous séparez chaque carré par une ligne transversale angulaire, ensorte que ces deux parties forment le triangle. Alors, vous les posez comme les dessins l'indiquent ; mais, pour les fixer sur le bord du sucre qui ceint la boule, vous avez au bout d'une petite pince, un charbon ardent auquel vous présentez, à quelques lignes de distance, l'un des côtés de chaque triangle, que vous posez promptement sur l'épaisseur du sucre qui entoure la boule ; puis, avec une partie du reste du sucre filé, vous formez une espèce de panache de trois pouces de hauteur, que vous fixez sur le milieu de la boule, comme le dessin le représente. Formez, avec le reste du sucre, autant de petites boules de sucre filé que le gros nougat se trouve avoir de côtes ; et, après les avoir collées sur chaque côte, placez ensuite sur le bord de l'abaisse les nougats au gros sucre. (*Voyez* le dessin pour les disposer de même). Servez cette grosse pièce, qui est véritablement d'une grande beauté.

La couleur de ce nougat doit, de rigueur, être d'un beau blond-clair, afin que cette teinte légère le distingue d'une manière marquée de la couleur ordinaire des autres nougats.

CHAPITRE XXIX.

GROS NOUGAT A LA CHANTILLY, n° 4.

Après avoir émondé quatre livres d'amandes douces, vous séparez chaque amande en deux parties (comme elles se détachent naturellement), et les faites sécher au four doux. Lorsqu'elles sont bien blondes, vous les retirez. Pesez-en une livre et demie, que vous remettez à la bouche du four. Mettez dans une moyenne poêle d'office quatorze onces de beau sucre en poudre avec un verre d'eau. Lorsque ce sucre est en ébullition, vous en séparez le peu d'écume qui monte à sa surface, et vous le laissez cuire au caramel. Sitôt qu'il se colore d'un beau blond-rougeâtre (1), vous ôtez la poêle de dessus le feu, et versez dedans les amandes qui sont à la bouche du four. Remuez-les légèrement avec la spatule; lorsqu'elles sont bien mêlées, mettez le tiers du nougat sur un petit plafond qui doit être chaud. Vous posez ce nougat, par parties, sur du gros sucre mêlé (quatre onces de chaque,) avec des petits grains de raisin de Corinthe, parfaitement lavés et séchés au four.

---

(1) Le sucre cuit de cette manière a plus de brillant que ceux ci-dessus décrits; mais si cette cuisson a plus d'éclat, elle offre aussi plus d'écueils, attendu qu'elle est infiniment susceptible de faire manquer le nougat. Cela n'arrive jamais avec la simple manière de faire fondre le sucre en poudre; tandis que par l'addition de l'eau que l'on y joint, (ce qui donne il est vrai plus de luisant aux amandes), cette cuisson, si elle n'est pas faite à point, tourne au gras quatre ou cinq minutes après que les amandes y sont mêlées. Par ce résultat, le nougat perd sa couleur glacée, blanchit, devient grenu, et par conséquent ne peut plus être employé, à moins de le mettre au four et de faire fondre de nouveau du sucre pour y mêler ensuite le nougat qui sera toujours de pauvre mine. Cependant tous les sucres ne tournent pas au gras: on peut prévenir cet effet en tenant cette cuisson un peu rougeâtre; mais si l'on ne prend pas les soins nécessaires, le sucre passe rapidement de cette couleur au caramel noir. Afin d'éviter ce désagrément, sur-tout pour les personnes peu habituées à ce travail, on doit de préférence employer le sucre en poudre sans mouillement, attendu que par sa cuisson on ne craint pas les mêmes risques de manquer l'opération.

Posez-le de suite dans un grand moule uni de neuf pouces de diamètre et de neuf de hauteur, formant trois gradins. Pour monter ce nougat, vous suivez les mêmes procédés que j'ai décrits précédemment à l'article du gros nougat à la française ; ensuite vous pesez le reste des amandes, et les mettez au four. Faites cuire comme ci-dessus la moitié de leur poids de sucre ; mais pesez le sucre un peu plus fort. Lorsque les amandes y sont jointes, vous finissez de garnir le moule à gradin que vous aurez mis à la bouche du four, afin que le nougat s'y maintienne chaud ; puis vous prenez un moule en forme de dôme, de sept pouces de diamètre sur deux pouces de hauteur, dans lequel vous formez une coupe en nougat de la même manière que vous avez monté le gros à gradin, c'est-à-dire avec du gros sucre et des grains de raisin de Corinthe. Vous formez avec le reste du nougat le pied de cette coupe.

Vous collez le gros nougat sur une abaisse de pâte d'office, de douze pouces de diamètre ; sur le milieu du nougat, vous collez le pied de la coupe, que vous fixez ensuite dessus. Ayez soin que cette coupe soit collée bien droite ; ce qui en fait la beauté.

Cette opération terminée, vous faites en sucre filé la même coupe que vous avez faite en nougat ; vous vous servez du reste du sucre pour coller, à l'entour du bord de la coupe de nougat, une bordure de petites perles de feuilletage blanc ; et, sur le bord de la même coupe, vous placez un rang de petites couronnes, d'un pouce de diamètre, aussi de feuilletage blanc. Posez par dessus le petit dôme de sucre filé. Placez au milieu du dôme une petite boule également de sucre filé ; et, pour orner le bord de l'abaisse de pâte d'office, vous placez et collez à l'entour, et à deux lignes près du bord, une couronne de petits anneaux de feuilletage blanc. Ensuite vous semez sur l'abaisse des amandes-pistaches ; et, au moment du service, vous garnissez l'intérieur de la coupe de nougat avec de la crème fouettée à la vanille ; mais vous en mettez peu, afin qu'elle ne touche pas le dôme de sucre filé que vous mettez par dessus.

Cette grosse pièce se distingue encore des précédentes, autant par sa tournure que par son effet; la petite coupe enrichie de sucre filé, la rend infiniment élégante, les amandes entières, sur-tout ornées de gros sucre mêlé de raisin de Corinthe, lui donnent un caractère distingué.

Les quatre gros nougats décrits ci-dessus, sont assurémet, par leur forme et leur élégance, des grosses pièces de fonds qui sortent de la cathégorie des nougats ordinaires.

CHAPITRE XXX.

SULTANE A COLONNES, COURONNÉES D'UN DÔME FORMANT ARCHIVOLTE, n° 1.

OBSERVATION. Ce chapitre est le plus riche, le plus beau et le plus éclatant de tous ceux qui composent notre grande pâtisserie moderne; il est indépendant de tous les autres chapitres.

Oui, certes, ce genre de travailler le sucre est le plus beau fleuron de la couronne des pâtisseries à réputation; et j'engage fortement nos jeunes praticiens à apporter à ce travail minutieux et joli, toute l'application et tous les soins qu'il réclame : il ne souffre point la médiocrité. Ce talent suffit seul pour donner de la renommée.

Je vais donc essayer de le décrire, d'après les règles que j'ai puisées dans la pratique et l'expérience, et ce sera un nouvel hommage rendu aux anciens qui ont, je l'ai ouï dire, travaillé le sucre comme nous le faisons aujourd'hui; quoique pourtant ils n'aient jamais fait, je pense, avec le sucre filé, des cascades, des rivières, des palmiers, des

---

SUJETS DE LA PLANCHE XIII.

Le n° 1 représente une sultane à colonnes couronnées d'un dôme formant archivolte.

Le n° 2, sultane en surprise ornée d'abaisses de pâte d'amandes.

Le n° 3, sultane formant le turban couronné.

gerbes, du chaume pour la toiture des chaumières, des ailes de moulins, des voiles de petites gondoles, des temples, des ruines, des ballons, des globes célestes et terrestres, des cordes pour orner la lyre et la harpe élégante, et sur-tout pour former les panaches et les crinières des casques antiques et modernes, ainsi qu'une infinité d'autres choses charmantes que je démontrerai dans les chapitres subséquens.

Voilà assurément un genre qui appartient à la pâtisserie du jour, puisque je l'ai composé et perfectionné depuis douze ans que je fais des pièces montées; ici je n'avance rien de trop, mes travaux antérieurs l'ont prouvé d'une manière honorable pour moi; ils sont le fruit de quinze années d'études; et cet ouvrage doit, à l'avenir, le prouver d'une manière plus évidente encore.

Il n'est pas étonnant, me dit certain confrère, que vous ayez fait toutes ces belles choses: vous avez un secret pour travailler le sucre; et ce secret est dans une petite boîte que vous cachez à tout le monde (1)!

En effet, j'ai une petite boîte qui renferme une poudre qui n'a rien d'extraordinaire; elle est pourtant bien enviée par certains pâtissiers qui ne veulent pas se donner la peine de rien approfondir, et qui sont avides des connaissances des autres. Cette poudre, il est vrai, influe un peu sur la sûreté de ce travail; mais elle ne donne pas au sucre la cuisson qu'il doit avoir, point essentiel de l'opération, et et qui ne peut réellement s'obtenir que par l'expérience, de même que pour filer le sucre. Ce tact n'appartient qu'à la pratique; car non-seulement il faut qu'une sultane soit blanche pour être brillante, mais son sucre doit encore être filé lisse, sans gouttes et sans nuances de couleur. Voilà véritablement ce qui constitue la sultane d'un beau fini, et ce

---

(1) Oui beau secret, qui est connu de tous les officiers qui travaillent le sucre avec quelque succès; mais il suffit de faire un mystère de la chose pour que le vulgaire croie à un secret. Voilà positivement ce que j'ai fait, et ce qui me prouve aujourd'hui le bon plaisir de communiquer mon soi-disant secret à mes confrères impatiens; mais doucement, il n'est pas temps encore.

que je vais tâcher de démontrer. D'abord, tous les sucres ne sont pas propices à ce genre de travail, quoiqu'ils soient cristalisés et bien blancs : le point essentiel est d'avoir du sucre qui soit naturellement neuf, cristallisé et d'une bonne pâte, ce qui n'est pas aisé de se procurer aujourd'hui (1).

Le beau sucre se reconnaît ordinairement lorsqu'il est léger et d'une parfaite blancheur, égale depuis le sommet du pain jusqu'à sa base. Il doit se casser franc; son grain doit être brillant et non poreux; il doit se fondre à l'eau aisément, et ne laisser aucune marque de dépôt au fond du vase.

Tout cela n'empêche pas que j'aie rencontré des pains de sucre d'une physionomie avantageuse, et qui pourtant au travail ne valaient rien; j'en ai eu qui, après avoir reçu la cuisson nécessaire, ne pouvaient se filer que d'une grosseur extrêmement volumineuse, puis s'élargissaient, et ne pouvaient se soutenir étant refroidis, tant ils étaient d'un corps gras; alors je les laissais sur le feu une seconde après la cuisson au cassé, pour m'en assurer au travail; mais ils passaient rapidement à une couleur rougeâtre, tandis que du bon sucre se serait coloré d'un blond à peine sensible à la vue.

J'en ai rencontré d'autres qui, après avoir subis une bonne cuisson, en se refroidissant, devenaient grenus, et ne pouvaient plus se filer.

Voilà précisément les causes pour lesqu'elles les sucres ne sont point aussi aisés à filer qu'on se l'imagine. Je vais indiquer quelques causes qui caractérisent le mauvais sucre à la cuisson.

---

(1) On m'a assuré que cela dépendait des procédés qu'on emploie maintenant pour raffiner le sucre, procédés infiniment plus prompts que les anciens; mais les sucres y perdent singulièrement pour notre travail. Peut-être que s'ils n'étaient employés par nous que cinq à six mois après leur fabrication, ils auraient la même qualité qu'anciennement, puisqu'autrefois on mettait cinq et six mois pour cristalliser le sucre terré, tandis que, par les nouveaux procédés, on obtient en moins d'un mois du sucre de même blancheur et qualité, en se servant des cassonades blanches au lieu de sucre brut.

DES GROSSES PIECES DE FONDS.

Lorsque le sucre approche de la cuisson du cassé, et que ses bouillons montent serrés, moutonnés, en se roulant les uns contre les autres, on peut être persuadé que ce sucre sera gras au travail; mais, pour prévenir ces mauvais effets, on doit, lorsque cela arrive, donner un peu plus de cuisson à ce sucre, c'est-à-dire que, lorsqu'il a atteint la cuisson du cassé, au lieu de l'ôter de suite, on le laisse sur le feu pour y jeter encore une douzaine de bouillons seulement; mais il ne doit pas s'y colorer, du moins sa couleur blonde doit être presqu'invisible.

Il est d'autres sucres qui, au moment où ils sont prêts à recevoir la cuisson à point (au cassé), présentent à la surface de leur ébullition des taches ternes tellement petites, qu'on a peine à les apercevoir; alors ce signe dénote encore un sucre gras et difficile à travailler; mais pour se l'assurer, on doit employer les mêmes procédés que ci-dessus pour lui donner un peu plus de cuisson.

Il en est d'autres qui donnent une cuisson franche, et qui, en se refroidissant, donnent à leur surface, comme le précédent, de petites taches ternes étoilées. Alors on doit, sans plus attendre, le remettre sur le feu, et lui donner la cuisson comme précédemment.

D'après cet exposé, il est facile de concevoir que la cuisson réelle ne peut s'obtenir qu'avec des soins minutieux et des connaissances qu'on ne peut recueillir qu'à force d'étudier les choses, et d'être à même de les pratiquer souvent, afin d'en reconnaître les bons et les mauvais effets. Ici la poudre secrète ne peut donc réellement rien, puisque c'est la pratique seule qui peut et qui fait tout.

Mais pour s'assurer la belle cuisson blanche du sucre filé, il est essentiellement nécessaire d'avoir des ustensiles (1) propres à cette opération; car cela influe tellement,

---

(1) Pour bien faire on doit avoir deux petits poêlons d'office de quatre pouces et demi de diamètre, sur deux et demi de hauteur; ils doivent avoir un manche rond de cuivre de quatre pouces de longueur, sur un de diamètre; ce manche doit être placé presque droit et être fixé à six lignes près du bord du poêlon. On doit observer que le goulau soit placé à deux pouces près du manche, attendu que, de cette manière, ils

qu'avec du beau sucre on obtient difficilement du sucre blanc de cuisson, lorsqu'il sera inconsidérément cuit dans un poêlon d'office trop épais en cuivre, attendu que celui-ci, après être retiré de dessus le feu, par son extrême chaleur, donne inévitablement de la couleur au sucre, lors même qu'il n'en avait pas avant. Pour empêcher cet inconvénient, il n'y a qu'un moyen, c'est de présenter le fond du poêlon dans une assiette pleine d'eau; mais cela nuit encore à la parfaite réussite de l'opération.

J'ai cru toutes ces observations nécessaires pour faciliter aux jeunes praticiens la connaissance des différentes qualités de sucres cristallisés qui composent la plus belle partie de l'état; et, par ce moyen, les prévenir contre leur mauvais effet à la cuisson, afin qu'ils en observent eux-mêmes les résultats, et que, dans l'occasion, ils emploient les mêmes soins et procédés que j'ai décrits ci-dessus.

Maintenant je vais démontrer l'opération.

Manière d'opérer. Ayez trois livres de sucre cristallisé de première qualité, et après l'avoir cassé par petits morceaux (un peu plus gros que pour prendre le café), vous le placez dans une casserole ou dans une terrine, que vous couvrez. Vous devez avoir un dôme de cuivre ou de fer-blanc du diamètre de huit pouces, et formant six archivoltes, comme le dessin le représente : chaque archivolte doit avoir trois pouces d'ouverture et un pouce d'écartement entr'elle, à partir de la naissance du ceintre; puis vous devez avoir un autre moule uni, du diamètre de dix pouces et de trois de hauteur. Le fond de ce moule ne doit avoir que neuf pouces de diamètre, attendu qu'il se trouve séparé du grand socle par un second socle d'un pouce de hauteur qui les unit tous deux, de manière que le moule se trouve réellement avoir quatre pouces de hauteur. Le dessin en donnera une idée

---

sont plus propices pour filer le sucre. Chaque poêlon doit peser seulement douze onces de cuivre; je crois rendre service aux jeunes praticiens en leur donnant les détails de ces deux poêlons, que j'ai fait faire exprès pour ce travail, et dont le fréquent usage m'a fait connaître qu'ils étaient véritablement les plus convenables à ce genre d'opération sous tous les rapports.

DES GROSSES PIECES DE FONDS.   363

plus précise. Vous devez avoir deux petits poêlons semblables à ceux que j'ai décrits précédemment. Vous placez dans l'un huit petits morceaux de sucre, sur lesquels vous versez trois cuillerées (cuillère à bouche) d'eau filtrée de rivière. Vous laissez imbiber le sucre une seconde, et placez le poêlon sur un feu de charbon ardent, contenu dans un fourneau de sept à huit pouces de largeur; mais on doit observer que ce fourneau ne doit servir qu'à la cuisson du sucre; car lorsqu'il se trouve entouré de quelques autres cuissons, cela suffit pour faire prendre couleur au sucre du côté où le poêlon serait susceptible d'approcher des autres cuissons. Lorsque le sucre se trouve dans une parfaite ébullition, vous versez dedans une pincée de poudre secrète (1) (car il faut bien lui donner un nom), ce qui lui fait faire quelques bouillonnement blanchâtres : dès que vous voyez que le sucre devient brillant à la surface, et que ces bouillons sont moins nombreux et plus épais, vous trempez dedans la pointe du petit couteau, et la plongez de suite dans un peu d'eau fraîche, qui doit se trouver tout près du poêlon. Vous pressez ce sucre entre les doigts, que vous devez mettre dans l'eau aussitôt que le sucre; et s'il se casse franc, en quittant la pointe du couteau (mais ces trois temps doivent se faire avec prestesse), alors il est cuit au cassé; pour en être assuré d'une manière convenable, vous le laissez jeter encore une douzaine de bouillons, puis vous ôtez bien vite le poêlon de dessus le feu, et le placez sur le champ dans un lieu frais.

Vous devez passer un peu d'huile dessus et à l'entour du moule-uni (mettez le moins d'huile possible). Vous observez le sucre en penchant le poêlon, et en faisant tourner le sucre sur lui-même. Aussitôt qu'il devient très-épais (2),

---

(1) Cette poudre secrète n'est autre chose que de l'alun calciné et de la crême de tartre; pour se la procurer, il n'en coûte que 20 cent. A cet effet, vous demandez chez l'apothicaire pour 10 cent. d'alun calciné, pulvérisé et impalpable; vous le faites mêler avec de la crême de tartre en poudre aussi pour 10 cent. Mettez ce mélange dans une petite boîte qui se ferme parfaitement.

(2) Voilà, par exemple, le point essentiel du filage; et, bien sûre-

vous entourez le manche du poêlon avec une feuille de papier ployée en deux. Vous placez la main gauche dans le moule uni, et de la main droite vous prenez le poêlon, que vous panchez doucement, afin que le sucre vienne au bout du gouleau : alors vous avancez le bras de six pouces ; vous le retirez de suite en arrière de six pouces en faisant filer le sucre de la grosseur du gros fil ordinaire ; et par ce mouvement continuel et précipité (1), vous avez, en moins de quelques minutes, masqué une partie de la surface du moule. Lorsque le sucre est assez refroidi pour ne plus se filer, vous le remettez sur le bord du fourneau en présentant le gouleau du poêlon du côté du feu pour en détacher le sucre qui s'y sera fixé pendant le filage. Aussitôt que le sucre commence à s'échauffer, vous détournez doucement le poêlon : pour l'empêcher de bouillonner, et sur-tout de se colorer lorsqu'il est liquide, vous recommencez le filage comme ci-dessus. Ce sucre étant employé, vous remettez le poêlon sur le feu pour en détacher le peu qui y reste. Vous le versez sur un grand plafond que vous posez

---

ment, la poudre secrète ne peut rien dans cette importante partie de l'opération, dont je fais autant de cas que de la parfaite cuisson du sucre.

Car si réellement une sultane se trouve être d'un beau sucre bien blanc, et que ce sucre soit mal filé et plein de gouttes, assurément cette grosse pièce perd au moins la moitié de son éclat et de son mérite ; de même que si elle se trouve être bien filée avec un sucre de mauvaise cuisson (coloré), il est de rigueur d'apporter toute son attention sur ces deux points importans, qui sont inséparables l'un de l'autre.

Il est facile de s'apercevoir quand le sucre est bon à filer ; car lorsqu'il est trop chaud, il fait, en filant, une infinité de gouttes plus ou moins grosses. On doit alors l'attendre encore quelques secondes. Lorsqu'il est refroidi à point, on le fait filer avec beaucoup d'aisance et parfaitement égal de grosseur, sans qu'aucune goutte ne s'échappe du poêlon.

(1) Et aussi régulier que le mouvement d'une pendule ; mais cet acte si nécessaire ne peut réellement s'obtenir qu'à force de pratique. J'ai compté que, dans l'espace d'une minute, je donnais deux cents mouvemens de bras tant en avant qu'en arrière ; mais ce qui n'est pas plus aisé, c'est de régler l'épanchement du sucre à mesure qu'on le file, afin qu'il n'éprouve pas d'interruption pendant cette opération ; et, d'un autre côté, d'empêcher qu'il ne vienne en trop grande quantité à la fois.

Voilà encore une partie du travail du sucre, où la poudre secrète ne peut rien. Le plus beau des secrets, dans tous les arts et métiers, c'est la saine pratique : c'est elle qui porte naturellement aux secrets des découvertes.

DES GROSSES PIECES DE FONDS.

par terre, et au-dessus duquel vous vous mettez pour filer la sultane.

On doit observer que la main gauche qui porte le moule soit tenue à la hauteur de la ceinture, et que la droite soit élevée à la hauteur de la poitrine.

Cette distance du moule au poêlon a pour objet de faciliter le développement du filage du sucre.

Il est important de remarquer que, pour filer le sucre avec aisance et succès, on doit se mettre dans un lieu d'une chaleur douce et tempérée, et sur-tout avoir soin que l'air n'y pénètre pas ; car, en raison de son extrême délicatesse, un souffle peut arrêter son travail. Puis, par cette précaution, on est plus sûr de sa couleur blanche ; tandis qu'autrement, on est forcé de remettre plus souvent le sucre réchauffer, ce qui contribue assurément à lui donner une teinte légère, mais jaunâtre, et c'est ce qu'il faut éviter. De même on doit rigoureusement observer les détails et les soins donnés à cette première cuisson de sucre, parce qu'elle doit servir de guide pour les cuissons suivantes.

Vous mettez dans le second poêlon autant de sucre que dans le premier ; vous le mouillez et le cuisez de même, en y apportant les soins indiqués ci-dessus. Dès que ce sucre est cuit à point, et pendant qu'il se refroidit, vous mettez l'autre poêlon plein d'eau sur le feu pour le nétoyer ; ensuite vous observez et filez le sucre comme le précédent. Lorsqu'il est assez refroidi pour ne plus filer, vous le remettez fondre sur le bord du fourneau. Vous continuez à le filer ; vous faites recurer le poêlon dans lequel est l'eau bouillante, que vous versez dans une grande casserole pleine d'eau en ébullition, destinée à nétoyer les poêlons à mesure que vous vous en servez.

On doit avoir l'attention d'entretenir le fourneau chargé de charbon, afin de ne pas être obligé de l'attendre. Pendant que vous filez le sucre, vous devez tenir sur le feu la casserole à l'eau bouillante.

Enfin, après avoir masqué le moule avec huit à neuf

cuissons de sucre comme la première fois, ainsi qu'on l'a décrit ci-dessus, vous avez le soin que le bas de la sultane soit garni plus épais de sucre qu'ailleurs. Placez sur le fond du moule la pointe de deux petits couteaux; faites les tenir droits par une autre personne, tandis que vous posez légèrement les deux mains sur le bas de la sultane, et la remuez doucement pour la détacher du moule. Lorsqu'elle a quitté, vous la laissez sur le moule en attendant que vous puissiez la finir; ensuite vous masquez le dôme, qui doit être légèrement huilé, avec trois cuissons de sucre comme les précédentes; mais ayez le soin de garnir un peu épais le bas du ceintre des archivoltes, afin de leur donner plus de consistance. Détachez la sultane des dômes de la même manière que la précédente; et à mesure que vous vous servez d'un poêlon, vous devez toujours faire recurer l'autre pour ne jamais attendre après.

Lorsque ces deux sultanes sont terminées, vous mettez dans un petit poêlon huit à neuf morceaux de sucre, que vous mouillez avec quatre cuillerées à bouche d'eau filtrée (1).

Vous faites cuire ce sucre de la manière accoutumée, sans oublier l'addition de la pincée de la poudre secrète. Pendant sa cuisson, vous enveloppez avec une demi-feuille de papier le manche de deux fourchettes d'argent, que vous placez l'une sur l'autre, que vous aurez soin de serrer fort, en ficelant le tour par-dessus le papier du manche, dans sa longueur. Vous employez à moitié une moyenne casserole de cendres rouges; dès que le sucre se trouve assez refroidi pour filer comme le précédent, vous placez le poêlon dans la casserole où est la cendre pour le maintenir chaud; mais vous l'y placez en penchant la queue du poêlon en l'air, afin que le sucre soit plus épais : alors vous trempez dedans la moitié de la hauteur des pointes de fourchettes disposées à cet effet; et, en levant les fourchettes

---

(1) On doit, avant de se mettre en besogne, avoir toute prête sur la table où l'on travaille, une casserole pleine d'eau filtrée, et la tenir couverte, afin d'éviter que la poussière du charbon ne tombe pas dedans; vous y tenez une cuillère d'argent.

DES GROSSES PIECES DE FONDS. 367

en l'air, le sucre doit former un fil délié et non interrompu.

Vous placez le poêlon sur le bord du fourneau, au bas duquel vous mettez tout près les uns des autres cinq grands plafonds ou plaques : vous placez le pied droit sur celui du milieu. Prenez ensuite de la main gauche le grand couteau, que vous tenez levé et la pointe au-dessus du poêlon ; avec la main droite, vous prenez les fourchettes de même qu'une plume pour écrire. En les séparant du poêlon, vous commencez à filer le sucre, en donnant doucement deux ou trois mouvemens de poignet; aussitôt que vous avez levé les fourchettes au-dessus (1) de la lame du couteau, vous agitez le poignet avec une telle vivacité, qu'il serait difficile d'en compter les mouvemens, puisqu'en une minute j'en donne deux cent cinquante, ce qui produit au moins cinq cents aunes de sucre filé (2). A mesure que le sucre manque à la fourchette, vous trempez celle-ci dans le sucre chaud ; mais vous observez de ne pas toucher le fond du poêlon, afin de ne pas disposer le sucre à devenir gras et grenu, ce qui arriverait sans ce soin.

Lorsque le sucre n'est plus assez chaud pour se filer, vous placez le poêlon sur l'angle du fourneau, en présentant le gouleau du côté du feu : quand il est assez liquide pour filer, vous recommencez l'opération, et tout le sucre se trouvant employé, vous le séparez de la lame du couteau, en prenant celui-ci de la main droite, et en penchant le haut du sucre sur la main gauche que vous levez au moins d'un pied. Ce sucre que vous obtenez est plus volumineux que la plus belle chevelure du monde, et plus éclatant que les filets d'argent les plus brillans. Coupez le bas du sucre, afin d'en séparer les parties qui se trouvent inévitablement remplies de quelques gouttes. Passez la lame du couteau par-dessous le bas de la masse du sucre, que vous couchez

---

(1) On doit tenir sa main gauche à la hauteur de la poitrine, afin que le sucre filé ait au moins quatre pieds de longueur ; la main droite doit agir étant à la hauteur du front, ce qui rend ce travail un peu pénible.

(2) Voilà encore un tact qui, à coup sûr, est indépendant de la poudre secrète. La pratique seule peut le donner ; puis ce n'est pas la même manière d'agir que pour filer au poêlon ; car ici le poignet seul doit se mouvoir, tandis qu'au poêlon c'est le bras.

aussitôt sur la table ou le tour ; mais ayez soin que l'endroit où vous le poserez soit bien sec. Coupez-le alors en deux, et placez la partie la moins épaisse sur l'autre. Posez ce sucre sur une plaque ou plafond.

Après avoir filé trois fois encore la même quantité de sucre, et l'avoir disposée de la même manière, vous commencez à grouper cette grosse pièce ainsi qu'il suit :

Vous coupez trois masses de ce sucre filé de la longueur de sept pouces ; mais vous tâchez que ces six parties soient aussi volumineuses les unes que les autres. Avec la lame du grand couteau, vous appuyez une partie de ce sucre, que vous roulez ensuite dans sa longueur, en ployant le bord et le roulant sur lui-même, afin d'en former une espèce de colonne de sept pouces de longueur sur un pouce de diamètre du bas ; vous lui donnez deux lignes de fût, de manière que la colonne ne se trouve avoir que dix lignes de diamètre dans sa hauteur. Vous procédez de même pour faire encore cinq colonnes de la même longueur et grosseur ; ensuite, avec le sucre de ces trois parties, vous formez six tailloirs d'un pouce quatre lignes carrés et de deux lignes d'épaisseur ; mais vous avez soin, avant de parer ainsi ce sucre, de l'appuyer, afin qu'il soit plus épais, et par ce moyen plus de consistance. Vous faites pareillement six bases carrées d'un pouce quatre lignes et de trois lignes d'épaisseur ; et, avec le reste du sucre filé, vous faites de petites bandes de trois lignes de largeur, que vous posez sur le bord des archivoltes du dôme. Sur le milieu de chacune de ces archivoltes, vous placez une petite boule de sucre filé, et une septième boule plus volumineuse dessus et au milieu du dôme. Pour disposer ces ornemens, *Voyez* le dessin n° 1 de la planche de ce chapitre.

Après cela, vous coupez une partie de sucre filé de quatre pouces de longueur sur six de largeur. Ployez ce sucre en deux sur sa longueur ; roulez-le légèrement sur lui-même, et s'il se trouve ne pas être de trois pouces de grosseur, joignez du sucre de deux pouces de longueur à l'entour.

Vous placez sur un plafond un double rond de papier

DES GROSSES PIECES DE FONDS.

de quinze pouces de diamètre, sur lequel vous posez une abaisse ronde de pâte d'office de douze pouces de largeur. Au milieu de cette abaisse, vous placez et collez, avec du sucre bien chaud, sens dessus dessous, un grand dôme plat de pâte d'amandes coloré au four, de huit pouces de diamètre sur trois seulement de hauteur. Lorsqu'il est collé bien droit, vous le garnissez à rase avec de la crême à la vanille; vous enlevez la grande sultane du moule uni, et la placez par-dessus ce grand dôme, en la posant bien également dessus et près du bord de l'abaisse. Vous la fixez à l'abaisse, en versant un peu de sucre chaud sur le bas de la sultane.

Vous prenez avec une pince (1) un charbon ardent (2), devant lequel vous présentez le haut d'une colonne; aussitôt que le sucre commence à se fondre, en formant de petites boules comme la tête d'une épingle, vous posez la colonne droite de ce côté sur un tailloir; mais vous la mettez bien parfaitement au milieu de ce petit carré de sucre filé; et, après avoir ainsi collé les cinq tailloirs sur les colonnes, vous placez ensuite tout près du bord du petit socle, les six bases des colonnes; mais sur-tout ayez l'attention de les disposer à une distance parfaitement égale les unes des autres : vous en ôtez une dont vous présentez le dessous à la chaleur du charbon ardent; dès que le sucre commence à se fondre, vous la reportez à sa même place. Vous collez de la même manière les cinq autres petits carrés de sucre, et vous mettez droit, au milieu de ces bases de colonnes, la grosse masse de sucre filé, au milieu de laquelle vous placez une petite gerbe de sucre filé, de deux pouces de hauteur, afin que cela forme une espèce de cascade.

---

(1) Cette petite pince est faite dans le genre des pinces à pâté; mais celle-ci est plus étroite, toute unie et de six pouces de longueur.

(2) Voilà encore une bonne idée que la pratique m'a donnée; car je trouvais d'un mauvais effet de coller avec du sucre chaud et liquide, du sucre filé sur du sucre filé; et comme je cherchais toujours de nouveaux moyens de perfectionner ou de simplifier les détails de mes opérations, j'ai trouvé qu'un charbon ardent convenait infiniment a ce travail brillant, et qui réclame tant de soins.

Vous présentez le dessous d'une colonne à la chaleur du charbon ardent ; vous la collez droite sur le milieu d'une base. On doit observer, en la posant, que les angles du tailloir doivent correspondre perpendiculairement aux angles de la base ; il faut poser les six colonnes avec les mêmes précautions et le plus droit possible ; ensuite vous enlevez doucement, et avec légèreté, la sultane du dôme ; puis vous la posez de manière que les archivoltes portent bien d'aplomb sur les six colonnes.

Mais pour grouper cette sultane avec succès, on doit étudier le dessin ; les détails en sont plus précis.

Pour fixer le dôme, vous mettez sur chaque tailloir un petit filet de sucre filé, que vous faites chauffer au charbon, et vous le placez de suite, afin qu'il s'attache au dôme et au tailloir. Après cela, vous semez sur le bord de l'abaisse de pâte d'office, des pistaches hachées, et servez cette grosse pièce aussitôt.

Elle est assurément la reine des sultanes, et des pièces montées en général anciennes et modernes. Sa tournure a toute la légèreté et l'élégance désirables ; son éclat est d'un effet et d'une richesse dont rien n'approche : elle réclame beaucoup de temps, de soins, d'adresse et de sucre.

On pourrait, ce me semble, en employant les mêmes procédés, faire des sultanes montées représentant les colonnades des grandes ruines seulement, telles que je les ai dessinées et consignées dans la 5e partie.

Il est important d'observer de ne pas déposer les sultanes en général, ainsi que le sucre filé, dans des lieux humides, et cela parce que leur extrême fragilité ne peut résister à l'influence de l'humidité qui, en moins de quelques heures, ternit leur brillant de telle manière, qu'elles ne sont plus reconnaissables. Souvent même elle les fait fondre au point qu'il est impossible qu'elles se soutiennent pour être servies : alors il faut recommencer l'opération, et nous n'en avons pas toujours le temps.

Ces inconvéniens arrivent dans des jours pluvieux, lors même que la sultane serait déposée dans un lieu d'une chaleur tempérée, à moins cependant que l'air n'y pénètre pas ; et pour cela on doit tenir les croisées et les portes fermées, car, sans cette attention, l'air chargé de vapeurs humides influera encore sur la sultane.

Mais, pour opérer plus sûrement, on doit, dans un temps où l'atmosphère se trouve chargée, ne filer sa sultane qu'au dernier moment du service, au lieu que dans les beaux jours de l'été, et généralement dans un temps sec, on peut filer cette grosse pièce le matin pour la servir le soir, sans qu'elle éprouve la moindre altération. J'en ai conservé même plusieurs jours, et je me rappelle en avoir filé une à Neuilly, que l'on a conservée quinze jours parfaitement brillante.

Je crois m'être aperçu qu'en mouillant le sucre quinze à vingt minutes avant de le mettre en cuisson, on lui donne de l'humidité, lors même que le temps se trouve propice à ce travail ; alors j'avais l'habitude de mouiller mon sucre, et de le mettre sur le feu une seconde après.

J'ai remarqué aussi que le nouveau procédé de filer au poêlon convenait infiniment mieux aux sultanes, auxquelles il donne beaucoup plus d'éclat que le procédé des fourchettes. Ce dernier procédé cependant n'est pas à dédaigner, puisque c'est par lui que nous obtenons le beau sucre filé, qui est un autre genre que celui des sultanes ; et cela est facile à concevoir. D'abord le sucre étant filé plus gros par le procédé au poêlon, que par celui des fourchettes, acquiert plus de brillant ; puis, d'un autre côté, le sucre gagne encore beaucoup à être filé sur le moule, car on ne peut se dissimuler qu'en le filant dedans, ce moule doit nécessairement être un peu huilé, et que ce peu d'huile se trouve précisément ternir la surface de la sultane, ce qui est très-visible en la sortant du moule.

Les détails, les remarques, les observations que j'ai tracés dans l'opération de cette sultane, doivent être rigoureusement suivis, attendu qu'ils serviront de guide dans les chapitres subséquens, mais particulièrement les procédés pour filer le sucre filé, qui jouera un grand rôle dans la description de mes pièces montées dont il fait l'ornement.

CHAPITRE XXXI.

SULTANE EN SURPRISE, n° 2.

La première fois que je fis ce globe de sucre filé, j'avais groupé légèrement, dans son intérieur, un beau bouquet de jolies fleurs printanières, composé de violettes, de roses, d'œillets, de muguets et de jasmin, ce qui fit un bel effet, parce qu'à travers la sultane, qui faisait transparent, on distinguait parfaitement les nuances et les vives couleurs des fleurs. Sur le milieu du globe j'avais placé plusieurs petites branches de mirthe et de muguet, et au milieu une petite branche bien garnie de fleurs d'orange.

Mais, par le dessin de ce chapitre, j'ai tracé dans le ballon une coupe de pâte d'amandes garnie de crême fouettée à la vanille.

Manière de procéder. Faites trois abaisses de pâte d'office (*Voyez* cette détrempe 1re partie), l'une de treize pouces de diamètre, l'autre de huit pouces, et la troisième de trois pouces de largeur; ensuite vous faites pareillement de pâte d'office une espèce de colonne de six pouces de longueur sur trois pouces de diamètre, le tout cuit de belle couleur.

Vous faites dix-huit petites abaisses de pâte d'amandes, de deux pouces de diamètre sur deux pouces de hauteur; ensuite, avec les parures de pâte d'amandes, vous foncez un dôme de sept pouces de diamètre sur trois de hauteur. Mettez au four doux vos dix-huit abaisses et le dôme, et donnez-leur une belle couleur blonde.

Vous donnez douze tours à un demi-litron de feuilletage (*Voyez* cette détrempe 1re partie); et, après l'avoir abaissé à une bonne ligne d'épaisseur, vous en détaillez douze fleurons formant palmette, de trois pouces de hauteur, et vous les faites cuire bien blancs.

Cette opération terminée, vous faites un socle de nougat de sept pouces de diamètre sur deux de hauteur; tous les détails de cette grosse pièce étant préparés, vous aurez un

DES GROSSES PIECES DE FONDS. 373

dôme de huit ou neuf pouces de diamètre. Ce moule doit former une demi-boule bien ronde ; et, après l'avoir légèrement huilé intérieurement, vous le ressuyez avec une serviette ; puis vous filez dedans, et au poêlon, une sultane très-blanche : vous procéderez de même que ci-dessus, mais vous la filerez un peu épaisse, afin que le ballon se soutienne bien. Lorsque cette sultane est refroidie, vous la sortez du moule dans lequel vous filez encore une sultane toute pareille à la première.

Filez à la fourchette, si vous en avez le temps, dix-huit petits dômes de deux pouces de diamètre, sinon vous faites trois cuissons de sucre filé ; vous formez avec ce sucre, en le pelottant, neuf boules de deux pouces six lignes de grosseur ; et, pour les former très-rondes, vous les roulez près de la chaleur du fourneau. Lorsqu'elles sont ainsi préparées, vous coupez chacune de ces boules au milieu avec un couteau mince et tranchant ; par ce moyen vous avez bientôt les dix-huit petits dômes en sucre filé. Vous mettez sur leur milieu une petite boule de six lignes de diamètre ; vous les collez par le procédé du charbon ardent. Après cela, faites avec du sucre filé une espèce d'aigrette de deux pouces de hauteur sur un pouce de largeur : vous lui donnez plus de largeur du haut que du bas, vous présentez le dessous au charbon, et la collez droite sur le milieu d'un grand dôme de sucre filé.

Voici la manière de grouper cette sultane : Après avoir paré rondes les trois abaisses de pâte d'office, vous les masquez sur l'épaisseur avec du blanc d'œuf, et les roulez sur des amandes vertes hachées très-fines ; ensuite vous masquez avec soin et légéreté les bouts des fleurons avec du blanc d'œuf, et les posez doucement de ce côté sur les amandes vertes. (*Voyez* le bout des fleurons du dessin de ce chapitre).

Coupez d'un pouce de longueur un bout de la grosse colonne de pâte d'office ; commencez à coller au milieu de la grande abaisse le socle de nougat ; et, au milieu de ce socle, vous collez droite la colonne de cinq pouces de hauteur : vous posez la moyenne abaisse, en mettant la colonne au milieu, sur le socle du nougat; et, après l'avoir collée, vous attachez droits, le long et autour de la colonne, les douze fleurons que vous placez ainsi : vous séparez le diamètre de la colonne par quatre fleurons qui forment la croix, et, entre chaque fleuron, vous en collez deux autres, de manière que le tout produit l'effet d'une tête de palmier; ensuite vous collez de nouveau la petite abaisse sur le haut de la colonne : vous renversez le grand dôme de sucre filé dessus, de manière qu'il représente une coupe. Ayez soin qu'il soit placé droit, et, pour le fixer, vous trempez, dans le sucre chaud, le bout du petit socle de pâte d'office que vous avez séparé de la colonne ; vous le posez droit dedans et dessus le fond du dôme : ensuite vous collez sur ce petit socle le dôme de pâte d'amandes. Vous le posez droit ; et, formant la coupe que vous garnissez de crême fouettée à la vanille, vous enlevez légèrement la seconde sultane, en la prenant par le bas de l'aigrette, et vous la placez bien droit sur le pourtour de la coupe de sucre filé, afin que les deux sultanes, ainsi réunies, figurent une boule parfaite de sucre filé. Après avoir garni de crême légèrement les abaisses de pâte d'amandes, comme ci-dessus, vous posez sur chacune d'elles un petit dôme de sucre filé, et les placez à mesure pour garnir le pourtour de la grande abaisse : servez de suite.

On doit observer les détails du dessin, afin de grouper cette grosse pièce plus sûrement.

CHAPITRE XXXII.

SULTANE FORMANT LE TURBAN.

M<small>ANIÈRE</small> D'OPÉRER. Ayez un moule de neuf pouces carrés, formant une espèce de coussin. (*Voyez* le dessin). Vous masquez le dessus de ce moule avec une abaisse de pâte d'amandes, et la mettez au four doux, afin qu'elle s'y colore légèrement. Ce coussin doit se former en deux parties. Lorsqu'il est refroidi, vous le collez sur une grande abaisse (ronde ou carrée) de pâte d'office, de douze à quatorze pouces de diamètre.

DES GROSSES PIECES DE FONDS.

Ensuite vous filez (au poêlon), de couleur d'or, une sultane sur un dôme (1) élevé de neuf pouces sur neuf de largeur. Vous filez à la fourchette, et séparément, quatre cuissons de sucre bien blanc; vous en drapez deux à l'entour du bas de la sultane, pour former le turban. (*Voyez* le dessin). Au milieu de ce turban, vous placez un grand croissant sur lequel vous groupez une aigrette légère, et, sur le dôme, vous mettez une couronne élégante : tous ces ornemens doivent être de sucre filé, et bien blanc. Pour les grouper, *voyez* le dessin.

Lorsque votre sultane se trouve ainsi ornée, vous l'enlevez de dessus le moule pour la placer légèrement sur le coussin, dont vous aurez garni le milieu de crême à la Chantilly. Vous placez aux quatre coins un gland de sucre filé, ce qui fait bon effet.

Cette sultane est d'une grande beauté, et ne le cède en rien aux précédentes.

CHAPITRE XXXIII.

SULTANE EN CASCADE.

MANIÈRE D'OPÉRER. Faites une abaisse de pâte d'office de douze pouces de diamètre, et une grosse colonne de neuf pouces de hauteur sur deux de diamètre; ensuite vous filez au poêlon (et bien blanche) une sultane sur un moule de dix pouces de diamètre sur trois de hauteur. Filez-en une seconde sur un moule de six pouces de diamètre, et de trois de hauteur. Après avoir filé pareillement un dôme de six pouces de diamètre sur deux de hauteur, vous faites deux ou trois cuissons de sucre, que vous filez à la fourchette.

Ensuite vous placez sur l'abaisse une grande abaisse de

---

(1) Au lieu de masquer ce dôme d'une sultane, on peut le masquer d'une abaisse de pâte d'amandes rose ou bleu de ciel, de manière que les ornemens étant de sucre filé, doré ou argenté, font plus d'effet encore qu'étant posés sur une sultane; mais cette dernière a plus de légèreté et de délicatesse. Néanmoins elles sont toutes deux du plus riche effet et du meilleur ton.

pâte d'amandes de huit pouces de diamètre sur deux de hauteur. Le milieu doit être percé de deux pouces quatre lignes de largeur. Vous y collez droite la colonne de pâte d'office ou d'amandes. Vous garnissez l'intérieur de l'abaisse de crème fouettée au café; vous percez la grande sultane au milieu de deux pouces quatre lignes; vous la placez sur l'abaisse de pâte d'office, de manière qu'elle masque l'abaisse de pâte d'amandes, et, après avoir enlevé la seconde sultane, vous la mettez par dessus la grande, ce qui forme gradin (1); alors vous collez légèrement la sultane formant la coupe. Au milieu de cette sultane, vous placez droit une espèce de jet d'eau de sucre filé, de six pouces de hauteur sur deux de diamètre. A l'entour et à quatre pouces de hauteur, vous placez du sucre filé pour former des nappes d'eau, comme le dessin l'indique; posez pareillement des nappes de sucre filé à l'entour du bord de la coupe, de manière qu'elles fassent l'effet d'une cascade. Ensuite vous disposez, dans le même genre, du sucre filé à l'entour du second gradin de la sultane, et vous servez de suite.

Les trois sultanes contenues dans ces chapitres, sont assurément le type de l'effet éclatant du sucre filé. On emploiera les procédés décrits dans le premier de ces articles, pour filer des sultanes de toutes sortes de formes et de grandeur; de même, pour l'opération du sucre filé.

CHAPITRE XXXIV.

FLAN A LA PORTUGAISE.

Lorsque cette grosse pièce est traitée par des mains habiles, elle est une des bonnes pièces de la pâtisserie chaude; aussi les vrais gourmands l'estiment beaucoup.

Manière d'opérer. Ayez cent pommes de rainettes; choisissez trente-six des plus belles, que vous videz selon la

---

(1) On pourrait, au lieu de faire ces deux gradins en sultane, les faire de pâte d'amandes bien blanche, ou rose, ou bleu de ciel, ou vert pistache.

règle (avec le vide-pomme); et au fur et à mesure que vous les tournez, vous les placez dans une grande casserole, avec assez d'eau pour mouiller la pomme entièrement. Vous aurez mis dans cette eau le suc de deux citrons et deux cuillerées de sucre en poudre, afin de conserver la blancheur des pommes à mesure que vous les tournez. Lorsque vous en avez dix-huit de préparées, vous les mettez dans une bassine d'office, avec trois quarterons de sucre, le zeste de deux citrons levé bien mince, et assez d'eau pour que les pommes s'y cuisent aisément. Pendant leur cuisson, vous tournez le reste des pommes, en observant celles qui sont sur le feu, et dès qu'elles sont à-peu-près cuites, vous les égouttez sur un grand plat. Vous remettez dans la bassine les autres pommes tournées. Pendant qu'elles cuisent, vous coupez le reste des pommes par quartier; vous les pelez et en ôtez le cœur. Vous avez soin de retirer les pommes un peu fermes de cuisson, et dans leur sirop. Vous versez les quartiers de pommes que vous faites fondre en les couvrant, et les laissant mijoter à petit feu pendant vingt minutes. Ensuite vous les remuez avec une spatule, en les posant sur un grand feu, afin de les dessécher promptement; dès que la marmelade est un peu ferme, vous y joignez un pot de marmelade d'abricots, et quatre onces de beurre d'Isigny. Vous passez cette marmelade par un tamis de crin.

Ensuite vous dressez une croustade de neuf pouces de diamètre sur cinq à six de hauteur. Vous ne la faites pas plus épaisse qu'un pâté chaud, et de la même pâte. Cette croustade doit être placée sur un plafond très-uni. Vous masquez le fond du flan avec le quart de la marmelade de pommes, sur laquelle vous posez douze pommes entières, dont vous aurez garni l'intérieur de marmelade d'abricots. Masquez-les avec le tiers de la marmelade de pommes; placez par dessus douze pommes garnies comme les précédentes : recouvrez-les de la moitié de la marmelade restante. Placez encore dessus les douze pommes tournées fourrées d'abricots; puis avec le reste de la marmelade, vous masquez bien également la surface des pommes. Vous décorez ou pincez la croûte du flanc; vous l'entourez avec un carton semblable à celui des gros pâtés froids. (*Voyez* le premier article de la 4ᵉ partie.)

Mettez cette grosse pièce au four gai, et couvrez-la une heure après, afin que le dessus se trouve glacé d'une belle teinte rougeâtre. Donnez trois heures de cuisson; puis vous glissez un grand couvercle de casserole par dessous le flan, que vous ôtez de dessus le plafond. Vous masquez le tour de la croûte, avec de la marmelade d'abricots bien transparente; vous glacez le dessus du flanc avec un pot de gelée de pommes que vous coupez en lames, ce qui donne un beau brillant à la surface de cette grosse pièce, que vous posez de suite sur une serviette damassée qui sera préparée sur un plat : servez de suite.

On sert aussi ces sortes de flans méringués; à cet effet, vous ferez la moitié de la grosse méringue à la parisienne, décrite dans le chapitre 15ᵉ de cette partie. Au moment du service, vous masquez de ce dôme méringué le flan, qui est absolument le même que ci-dessus.

Il m'est arrivé de masquer ce flanc d'un dôme en sultane, ce qui fait un riche effet; mais alors le flan doit être servi froid.

On décore aussi le dessus des pommes avec des grains de verjus et des cerises confites, de l'angélique, des pistaches et des grains de raisin de Corinthe.

Mais je préfère ce flan servi tout simplement glacé, ou méringué et en sultane.

On glace encore la croûte à la flamme du four; mais je je trouve que le masqué d'abricots est préférable sous plus d'un rapport; car la couleur du glacé à la flamme est presque toujours inégale, et le glacé du dessus fait le même effet.

CHAPITRE XXXV.

FLAN A LA SUISSE.

Cette grosse pièce est fort agréable pour les amateurs de fromage; elle l'est encore davantage pour le service, car ce flan, quoique soufflé, à l'avantage de pouvoir attendre quel-

DES GROSSES PIECES DE FONDS. 379

ques minutes, tandis que les soufflés ne le peuvent sans perdre une partie de cette physionomie qui les caractérise et en fait la bauté et la bonté.

Manière d'opérer. Versez dans une grande casserole, neuf verres de bon lait, et huit onces de beurre d'Isigny. Lorsque ce mélange commence à bouillir, vous l'ôtez de dessus le feu; puis, vous y joignez dix-huit à vingt onces de belle farine tamisée, que vous délayez avec une grande cuillère de bois. Cette pâte doit être mollette et sans grumeaux; alors vous la desséchez sur un feu modéré pendant quatre à cinq minutes. Changez la pâte de casserole; mêlez-y six onces de beurre d'Isigny, une livre de bon fromage de Gruyère râpé, et un petit fromage de Viry; ensuite, vous ajoutez une petite cuillerée à bouche de mignonette (gros poivre blanc concassé), le double de sucre en poudre et quatre œufs; joignez-y encore quatre œufs, six jaunes et huit onces de fromage de Gruyère coupé en petits dés. Le tout étant bien amalgamé, doit donner une pâte de la consistance mollette de la pâte à choux ordinaire, sinon, vous ajoutez un œuf ou deux; fouettez six blancs très-fermes, et mettez-les dans l'appareil avec six cuillerées à bouche de bonne crème à la Chantilly. Versez cet appareil tout chaud encore (car il doit l'être), dans une grande croustade toute pareille à celle du flan à la portugaise (*Voyez* le chapitre précédent); mais vous entourez celle-ci avec trois feuilles de papier beurré, afin de lui donner par ce moyen, au moins dix pouces de hauteur. Pour que le flan puisse faire son effet avec sûreté, mettez au four chaleur modérée, et donnez deux heures à deux heures et demie de cuisson. Cet appareil fait un très-bel effet à la cuisson; il jette des grignes semblables à la pâte à brioche. Servez cette grosse pièce en la sortant du four.

CHAPITRE XXXVI.

FLAN A LA MILANAISE.

Mettez dans une grande casserole, neuf verres de bon lait et huit onces de beurre d'Isigny. Ce liquide étant en ébullition, vous en faites bientôt une petite pâte mollette en y mêlant assez de farine de crême de riz, pour en former une espèce de crême-pâtissière un peu ferme.

Après avoir desséché cette crême cinq minutes, vous la changez de casserole pour y mêler six onces de beurre d'Isigny, un petit fromage de Viry et une livre et demie de bon fromage de Parmesan râpé, ensuite quatre œufs, une cuillerée de mignonette, deux de sucre en poudre, plus quatre œufs et quatre jaunes. Le tout étant bien mêlé, doit donner une pâte de la consistance d'une pâte à choux mollette ; alors, vous fouettez six blancs bien fermes, et les joignez dans l'appareil avec six cuillerées de crême fouettée. Le tout étant bien parfaitement mêlé, vous le versez dans une croustade semblable à la précédente. Mettez au four chaleur modérée, et donnez deux heures à deux heures et demie de cuisson. Servez tout bouillant.

CHAPITRE XXXVII.

FLAN A LA PARISIENNE.

Coupez par quartier cinquante pommes de rainette bien saines, et après les avoir épluchées, vous les sautez dans une grande casserole avec huit onces de beurre, quatre de sucre en poudre, et un pot de marmelade d'abricots. Placez la casserole sur un feu modéré, couvrez-la d'un couvercle chargé de feu. Vous faites suer ainsi les pommes quelques minutes seulement, afin qu'elles ne soient qu'un peu amolies, attendu qu'elles doivent se conserver entières.

Ayez tout prêt un appareil composé d'une livre de riz (Caroline), de huit onces de beurre fin, huit de sucre, sur lequel vous aurez râpé le zeste de quatre beaux citrons, une pincée de sel, et huit à neuf verres de lait. Pour la cuisson de cet appareil, vous suivez les mêmes procédés que j'ai décrits dans les détails de la timbale de riz. (*Voyez* cet article, 3ᵉ partie). Le riz étant cuit, vous le liez avec dix jaunes d'œufs.

Vous dressez une croustade pareille à celle du flan à la portugaise ; alors le riz doit être froid. Vous en mettez le quart sur la surface du fond de la croustade ; et par dessus ce riz, vous rangez avec ordre quarante-huit quartiers de pommes (qui doivent aussi être froides). Vous les masquez ensuite avec le tiers du riz, sur lequel vous rangez de nouveau quarante-huit quartiers de pommes. Enfin, vous recommencez deux fois la même opération, mais vous devez avoir l'attention de conserver les quarantes-huit plus beaux quartiers de pommes pour masquer la surface du flan, dont la croûte doit être pincée ou décorée ; vous l'entourez d'un carton, comme de coutume, et le mettez au four gai. Ayez le soin de le couvrir après une heure de cuisson, afin que le dessus se trouve coloré d'une belle teinte jaunâtre. Après deux heures à deux heures et demie de cuisson, vous retirez le carton du flan, et si la croûte est un peu mollette au toucher, vous le remettez au four une demie-heure, ou plus ou moins, selon comme il sera à propos.

Le flan étant prêt à servir, vous masquez le dessus avec de la gelée de pommes, de groseilles ou de marmelade d'abricots. Vous masquez de marmelade d'abricots le pourtour de la croûte, et vous servez le flan de suite.

Flan parisien aux abricots.

Séparez en deux soixante beaux abricots plein-vent bien rouges en couleur, de bon fruit, et sur-tout pas trop mûrs, vous les blanchissez par parties dans une demi-livre de sucre et quatre verres d'eau ; aussitôt que la peau s'enlève aisément, vous avez le soin de les égoutter sur des assiettes. Au fur et à mesure vous remettez des abricots dans le sirop : tout le fruit étant dégarni de ses pelures, vous passez le reste du sirop dans un tamis, et le faites réduire comme la confiture ordinaire.

Vous faites un appareil de riz tout semblable au précédent ; mais dans celui-ci vous mettez douze onces de bon raisin muscat.

Le reste du procédé est absolument le même que ci-dessus, avec cette seule différence que chaque fois que vous mettez un rang d'abricots dans le flan, vous y joignez par dessus deux ou trois cuillerées de sirop, ou bien vous le conservez pour masquer le flan au moment de le servir; mais je préfère mêler le sirop avec le fruit, qui a besoin de son suc.

On peut également le garnir de pêches ou de prunes, et même de cerises de Montmorency.

On pourrait recouvrir ces flans avec une grosse méringue, comme je l'ai indiqué pour le flan à la portugaise.

Flan à la turque.

Après avoir lavé à plusieurs eaux tièdes une livre et demie de riz Caroline, vous le faites blanchir en le mettant à l'eau froide sur le feu; aussitôt qu'elle est en parfaite ébullition, vous égouttez le riz dans un tamis. Vous le versez ensuite dans une grande casserole, où vous avez mis douze verres de bon lait, une livre de beurre, une de sucre en poudre, sur lequel vous aurez râpé le zeste de quatre oranges ou cédrats, et un grain de sel. Placez la casserole sur un feu modéré, afin que le riz crève peu-à-peu. On doit observer de le tenir un peu ferme, c'est-à-dire que cet appareil demande un peu moins de cuisson que les autres, parce que les grains de riz doivent se conserver parfaitement entiers. Remuez peu cet appareil : le riz cuit, vous y joignez deux livres de beau raisin de Corinthe bien lavé et égoutté dans une serviette; vous y mêlez douze jaunes d'œufs et quelques cuillerées de crème à la Chantilly, ce qui doit rendre l'appareil un peu mollet; sinon vous ajoutez un peu de crème, après quoi vous y mêlez les douze blancs fouettés. Vous versez le tout dans une croustade du diamètre de neuf pouces, préparée de même que les précédentes. Mettez au four chaleur modérée, et donnez deux heures et demie de cuisson. Le riz étant prêt à servir, vous le glacez avec la pêle rouge, et le faites partir promptement.

On le fait également sans y joindre de raisin de Corinthe.

Flan de pommes de terre.

Faites cuire dans les cendres une trentaine de belles vitelottes; et après les avoir épluchées, vous les parez de toute leur partie rougeâtre, afin de n'employer que le cœur des pommes de terre, dont vous pesez trois livres. Vous les pilez avec une livre de beurre d'Isigny. Lorsqu'elles sont bien broyées, vous ajoutez douze jaunes d'œufs, une livre de sucre en poudre, deux onces de fleur d'orange pralinée et pulvérisée, plus une bonne pincée de sel et quelques cuillerées de crême à la Chantilly. Pour rendre cet appareil de consistance un peu mollette, vous y mêlez les douze blancs d'œufs fouettés bien fermes; et après avoir versé l'appareil dans une croustade comme les précédentes, vous mettez le flan au four chaleur modérée. Donnez-lui deux heures à deux heures et demie de cuisson, et plus, si cela est nécessaire. Servez glacé.

Flan de marrons.

Faites cuire dans les cendres de beaux marrons de Lucques. Pesez-en trois livres : après les avoir parfaitement parés de toutes les parties susceptibles de s'être colorées au feu, vous les pilez avec une livre de beurre fin. Le tout bien amalgamé, vous y joignez douze onces de sucre en poudre, douze jaunes d'œufs et une pincée de sel, quelques cuillerées de crême fouettée ppur amollir l'appareil comme de coutume. Les douze blancs étant pris bien fermes, vous les mêlez à l'appareil, et terminez l'opération de la manière accoutumée.

Flan de nouille à la vanille.

Faites infuser dans douze verres de lait, quatre gousses de vanille; et après que l'infusion a mijoté vingt minutes sur l'angle du fourneau, vous la passez à la serviette, et vous la remettez sur le feu. Lorsqu'elle est en ébullition, vous y versez les nouilles, dont vous aurez préparé douze jaunes d'œufs, comme je l'ai indiqué à cette détrempe (*Voyez* la 1re partie); quelques minutes après, vous ajoutez une livre de beurre, une de sucre fin et une pincée de sel. Remuez le tout avec une spatule; placez la casserole sur des cendres rouges, et laissez ainsi mijoter l'appareil, afin que les nouilles se renflent, et deviennent par ce moyen bien moelleuses; ce qui doit vous donner un appareil de la consistance ordinaire. Vous y joignez douze jaunes d'œufs et quelques cuillerées de crème fouttée ; ensuite vous prenez les douze blancs, et les mêlez dans les nouilles. Pour le reste du procédé, on opère comme précédemment.

Flan de vermicelle aux citrons.

Râpez sur un morceau de sucre du poids d'une livre, le zeste de quatre citrons bien jaunes et bien sains : mettez ce sucre dans douze verres de lait bouillant : ensuite vous y versez peu-à-peu une livre huit onces de bon vermicelle. Après quelques minutes d'ébullition, vous y joignez douze onces de beurre, et placez la casserole sur des cendres rouges, afin que le vermicelle se renfle convenablement. Lorsqu'il est cuit, vous y mêlez une pincée de sel, douze jaunes d'œufs et plusieurs cuillerées de crème fouettée pour rendre l'appareil moelleux. Ensuite vous fouettez les douze blancs, et terminez l'opération comme de coutume.

Flan de crême-pâtissière au chocolat.

Jetez dans douze verres de lait bouillant une gousse de vanille et douze onces de bon chocolat. Après un quart d'heure d'infusion, vous passez le lait à la serviette : alors le chocolat reste entier, quoique dissous, au fond de la casserole. Vous le délayez avec quelques cuillerées de l'infusion, puis vous le transvasez dans une petite terrine ; ensuite vous délayez dans une grande casserole trois quarterons de farine, avec quatre œufs entiers et douze jaunes. Vous y versez peu-à-peu l'infusion et une pincée de sel. Mettez la casserole sur un feu modéré, et remuez sans discontinuer l'appareil avec une spatule. Dès que la crème commence à s'épaissir, vous l'ôtez de dessus le fourneau pour la lier sans grumeaux ; vous y joignez huit onces de sucre en poudre, six de beurre fin, et vous la desséchez pendant quinze minutes en la remuant sans cesse, afin qu'elle ne s'attache pas au fond de la casserole. Quand elle est un peu refroidie, vous y joignez le chocolat et six onces de macarons doux écrasés. Cet appareil doit être de la consistance de la crême-pâtissière ordinaire, sinon vous y ajoutez quelques cuillerées de crême fouettée. Les douze blancs d'œufs étant pris bien fermes, vous les amalgamez dans la crême. Vous versez le tout dans la croustade, et suivez le reste du procédé de la manière accoutumée. On procédera de même que ci-dessus pour faire des flans avec toutes les sortes de crêmes-pâtissières décrites dans chapitre qui les concernent (*Voyez* la 7ᵉ partie).

Flans anglo-français.

Faites une crême-pâtissière comme la précédente, mais sans aucun assaisonnement que l'infusion de vanille. Quand elle est desséchée, vous y joignez six onces de beurre fin, six de sucre en poudre, six de macarons amers écrasés, quatre de beau raisin de Corinthe bien lavé, quatre de muscat, dont chaque grain sera séparé en deux, et dont les pépins seront ôtés. Joignez-y deux onces de cédrat confit coupé en filets, quatre gros de fleur de d'orange pralinée, la moitié d'une noix muscade râpée, une pincée de sel et un demi-verre de vin d'Espagne. Cet appareil doit être mou comme le précédent. Fouettez les douze blancs, et mêlez-les parfaitement dans la crême, que vous versez de suite dans la croustade. Finissez l'opération comme de coutume.

CHAPITRE XXXVIII.

OBSERVATION PRÉLIMINAIRE SUR LES SOUFFLÉS EN GÉNÉRAL.

La cuisson de cette grosse pièce est très-épineuse, d'abord à cause de l'extrême délicatesse de son appareil qui exige réellement un temps fixe pour la cuisson à point, ensuite, parce que cette cuisson à point ne peut s'obtenir que très-difficilement, attendu que tous les fours ont une influence différente dans la manière d'opérer.

C'est donc à nous d'y remédier par des attentions : mais que peuvent nos soins contre ces sortes de circonstances ? Quand un soufflé se trouve parfaitement cuit cinq minutes avant qu'on ne puisse le servir, ces cinq minutes suffisent pour lui ôter cette bonne mine appétisante qui seule les caractérise, qui en fait le mérite et la qualité; tandis qu'au contraire, si le four ne peut donner la parfaite cuisson que cinq minutes après que le soufflé doit être servi, et que le maître-d'hôtel veuille le mettre sur table (comme cela arrive quelquefois) afin de ne pas faire attendre; alors ce soufflé n'étant pas atteint à fond par le four, perd encore, en un moment, cette physionomie qui excite la gourmandise.

D'un autre côté, nous avons encore contre nous (ce à quoi nous ne pouvons rien) la distance du premier service au second, qui est plus ou moins longue, selon la volonté des amphytrions, et cela influe beaucoup sur nos soufflés. J'ai vu quelquefois le second service parti de la cuisine de vingt à vingt-cinq, de trente à trente-cinq minutes après les entrées, ce qui fait une différence de quinze à vingt minutes; et certes ce laps de temps fera toujours manquer les soufflés sans que nous puissions y remédier. Si nous précipitons la cuisson par une couronne de braise ardente, sur-tout par-dessous, (car c'est de l'âtre que les soufflés doivent particulièrement recevoir leur cuisson); assurément l'appareil se boursoufflant avec trop de vitesse, n'a plus la même consistance, et perd plus promptement encore cette bonne mine qui séduit au premier coup-d'œil.

Mais pour éviter toutes ces contrariétés, nos grands cuisiniers ne servent jamais de gros soufflés que pour relever une grosse pièce d'entremets, c'est-à-dire que le second service doit être complet sans le soufflé. Alors cette grosse pièce peut recevoir sa parfaite cuisson, attendu que nous pouvons la lui donner un quart d'heure de plus ou de moins, selon le besoin, sans que cela nuise à la beauté du service; car, sitôt que le soufflé sort du four, on enlève une grosse pièce de pâtisserie, que l'on remplace par ce délicieux soufflé, qui sera savouré étant servi de suite.

Quelquefois il ne paraît même pas sur la table. Le maître-d'hôtel le sert promptement en assiettes volantes.

Il en est de même des soufflés d'entremets qui doivent remplacer un entremets de douceur.

Par ce procédé, on servira toujours les soufflés parfaitement moelleux.

Cependant voici encore une remarque importante qu'on ne doit pas perdre de vue, puisqu'elle influe singulièrement sur la parfaite réussite de cette grosse pièce, c'est que nos croustades ont trop d'élévation, et pas assez de largeur. Si, au lieu de leur donner huit pouces de largeur et six à sept de hauteur, nous ne leur donnions, au contraire, que douze pouces de largeur, et trois à quatre pouces de hauteur, les soufflés cuits dans de semblables croustades, seraient toujours beaux; car l'appareil recevant une plus grande partie de chaleur du dessous, est plutôt cuit. Ceci est déjà important; mais ce qui l'est davantage encore, c'est que le soufflé est beaucoup moins susceptible de s'abaisser, et conserve par-là sa légèreté.

Mais, me dira-t-on, ce soufflé est sans grâce et sans élégance; eh! qu'importe, pourvu qu'il soit mangé avec plaisir! Cette considération est plus forte, et ne peut être balancée par l'élégance qui altère la qualité de cette grosse pièce, qui fait les délices d'une table splendide, et constitue incontestablement ce que le four produit de plus moelleux.

Ainsi nous devons renoncer à l'élégance pour les soufflés seulement; c'est ce que je vais faire, en décrivant cette grosse pièce qui, assurément, est la reine de la pâtisserie chaude, ancienne et moderne.

Lorsque le four manque de chaleur, sur-tout de l'âtre, ou quand le soufflé est en retard, pour accélérer sa cuisson, on procède de cette manière : Placez la grosse pièce sur une grande chevrette; après l'avoir mise au milieu du four, vous passez sous la chevrette quelques pelletées de cendres rouges et de petites braises; la bonne cuisson du soufflé réclame réellement plus de chaleur de l'âtre que de la chapelle.

J'ai observé encore qu'il est important de ne pas marquer ces appareils trop fin en beurre, attendu que ce corps gras est très-pesant, et ne sert qu'à précipiter l'affaissement du soufflé; puis le moelleux de cette grosse pièce ne dépend pas du beurre, mais bien de l'amalgame des différens corps qui le composent.

C'est ce que je vais décrire avec le plus de précision qu'il me sera possible.

CHAPITRE XXXIX.

DES SOUFFLÉS FRANÇAIS.

Soufflé français à la vanille.

Ayez douze verres de bon lait bouilli, dans lequel vous jetez deux gousses de vanille. Le lait étant réduit d'un quart, vous le passez à la serviette dans une grande casserole, et, pendant que l'infusion se fait, vous lavez à plusieurs eaux tièdes une livre de riz Caroline. Ensuite vous le mettez dans une casserolée d'eau froide sur le feu, et, après quelques minutes d'ébullition, vous ajoutez le riz dans un tamis. Vous le versez dans l'infusion de vanille, et le remettez sur le feu. Lorsqu'il est bien bouillant, vous placez la casserole sur des cendres rouges, afin que ce riz se crève doucement : ne mettez pas de feu sur le couvercle. Après trois quarts-d'heure de cuisson, vous y joignez une livre de sucre en poudre, douze onces de beurre fin et une pincée de sel : remuez le tout parfaitement. Remettez de la cendre rouge dessous la casserole, pour faire mijoter le riz, sans discontinuer, pendant encore une bonne heure, après quoi les grains de riz doivent être doux et moelleux à la pression des doigts. Alors vous le passez promptement à l'étamine fine, comme une purée. Vous mettez ensuite cette crème de riz dans une grande casserole, que vous placez sur des cendres rouges, afin qu'elle se maintienne chaude ; pendant ce temps, vous fouettez seize blancs d'œufs. Dès qu'ils sont presque assez fermes, faites ôter la crème du feu, et mêler-y les seize jaunes d'œufs. L'appareil doit être de la consistance d'une crème-pâtissière ordinaire, sinon vous ajoutez un peu de crème fouettée au liquide, afin de la rendre mollette convenablement. Vous y mêlez le quart des blancs, ensuite le reste. Vous mêlez cet appareil avec légèreté, comme on mêle la pâte à biscuit. Le tout étant bien amalgamé, vous versez l'appareil dans une croustade (1) préparée à cet effet. Vous mettez le soufflé au four chaleur modérée, et lui donnez de deux heures à deux heures et demie de cuisson. Quand il est prêt à servir, vous mettez de la cendre rouge sur un grand plafond. Vous ôtez le soufflé du four pour le mettre dessus, afin de le soutenir. Pendant ce temps, vous le masquez de sucre en poudre, que vous faites glacer avec la pelle rouge; puis vous le portez bien vite auprès de la salle à manger, où alors vous enlevez le soufflé avec un couvercle de casserole. Vous le posez sur son plat, qui doit être recouvert d'une belle serviette damassée. Otez les feuilles de papier qui soutiennent le soufflé, et servez-le promptement.

Ce soufflé servi de suite par l'amphitryon, est d'un moelleux parfait, et qui ne laisse rien à désirer au palais le plus délicat.

Cette crème de riz convient infiniment mieux aux soufflés, parce qu'elle a plus de consistance et qu'elle se soutient plus que la fécule de pommes de terre, et même que la farine de crème de riz et de marrons. Cependant ces farines sont aimables, sous le rapport qu'en un court espace de temps on peut marquer l'appareil du soufflé, tandis que, pour préparer la crème de riz, il faut au moins deux heures. Cela n'empêche pas que l'on doit donner la préférence à cette dernière.

Détail de l'appareil. Douze verres de lait réduit à neuf, deux gousses de vanille, une livre de sucre, une livre de riz Caroline, douze onces de beurre d'Isigny, une pincée de sel, seize jaunes et seize blancs fouettés.

On observera les mêmes détails et les mêmes soins pour marquer tous les appareils des soufflés qui suivent. Je vais

---

(1) Cette croustade doit avoir onze pouces de diamètre sur trois pouces six lignes de hauteur; vous l'entourez avec trois feuilles de papier beurré. On fait cuire cette croustade d'avance, comme une croustade de pâté chaud à la financière, cependant en la dressant très-mince. On peut la faire cuire en même temps que le soufflé; elle réussit tout aussi bien, mais le soufflé demande alors un peu plus de cuisson. Je préfère la croustade cuite d'avance.

donner une idée seulement des infusions et des odeurs qui les distinguent les uns des autres.

Soufflé français au café moka.

Faites torréfier douze onces de café Moka; aussitôt qu'il est coloré d'un blanc rougeâtre, vous le versez dans neuf verres de lait en ébullition. Vous couvrez la casserole et laissez l'infusion se faire pendant une petite demi-heure, après quoi vous la passez à la serviette. Vous terminez l'opération de même que ci-dessus, avec cette différence que vous n'employez point de vanille.

Soufflé français au cacao.

Mettez dans un grand poêlon d'office huit onces de cacao. Posez-le sur un feu modéré, et sautez-le de temps en temps, afin de le torréfier de même que le café. Versez-le dans dix verres de lait tout bouillant, où vous ajoutez une gousse de vanille et le double de canelle fine. Couvrez l'infusion, et, une demi-heure après, vous la passez à la serviette. Vous terminez le reste du procédé comme de coutume.

Soufflé français au chocolat.

Jetez dans neuf verres de lait en ébullition, une gousse de vanille et douze onces de beau chocolat, par tablettes. Après une demi-heure d'infusion, vous passez le lait à la serviette. Alors le chocolat reste entier au fond de la casserole; vous le remuez un peu avec une spatule, ce qui en fait bientôt une pâte mollette, que vous délayez avec l'infusion; après quoi vous finissez l'opération de la manière accoutumée.

Ce soufflé est plus vétilleux et plus susceptible à la cuisson que les autres, et demande, en sortant du four, à être servi sans délai, sinon il devient compacte, et perd en un moment cette physionomie qui fait la qualité et la beauté de cette délicieuse grosse pièce.

Soufflé français au thé heyven-shine.

Ayez tout bouillant neuf verres de lait, dans lequel vous

jetez six gros de thé heysven-skine. Couvrez et laissez faire l'infusion pendant un quart-d'heure. Pour terminer l'opération (*Voyez* le premier article de ce chapitre.)

Soufflé français au punch.

Faites une infusion de thé comme ci-dessus; et, lorsque l'appareil est marqué selon la règle, au moment d'y mêler les jaunes vous ajoutez un demi-verre de bon rac ou de rum, puis le suc de quatre citrons bien sains. Finissez ce soufflé de la manière ordinaire.

Soufflé français à fleur d'orange nouvelle.

Lorsque votre lait (neuf verres) est en ébullition, vous jetez dedans deux onces de fleur d'orange épluchée et fraîchement cueillie. Couvrez l'infusion; et, après vingt minutes, vous la passez à la serviette. Vous continuez l'opération comme de coutume.

Soufflé français à la fleur d'orange pralinée.

Vous avez neuf verres de lait tout bouillant, dans lequel vous jetez deux onces de fleur d'orange pralinée. Couvrez l'infusion pendant vingt bonnes minutes: passez-la à la serviette, et employez-la selon la règle.

Soufflé français à la fleur d'orange grillée.

Mettez huit onces de sucre en poudre dans un poêlon d'office, que vous placez sur un feu modéré. Faites fondre ce sucre comme pour du nougat, c'est-à-dire que vous le remuez à mesure qu'il se fond; aussitôt que ses bouillons commencent à devenir rougeâtres, vous ôtez le poêlon du feu; puis vous jetez dedans deux onces de fleur d'orange pralinée, que vous amalgamez comme le nougat. Lorsque ce mélange est refroidi, vous y joignez un verre de lait bouillant. Vous placez le poêlon sur des cendres rouges, afin de faire dissoudre peu à peu le sucre à la fleur d'orange. Ensuite vous le passez à la serviette; vous les mêlez dans l'appareil, que vous aurez marqué comme de coutume, avec cette différence que vous ne mettez que huit onces de sucre, à cause des huit onces que vous avez fait fondre au caramel, ce qui fait réellement une livre de sucre pour ce soufflé comme pour les autres.

Soufflé français au caramel anisé.

Vous faites cuire, comme ci-dessus, une demi-livre de sucre au caramel ; vous y mêlez deux onces d'anis vert étoilé. Le sucre étant refroidi, vous le faites dissoudre de même que le précédent. Vous terminez l'appareil, en suivant encore les mêmes procédés.

Soufflé français aux macarons amers.

Après avoir écrasé douze onces de macarons amers, vous les jetez dans neuf verres de lait en ébullition. Vous couvrez l'infusion pendant une petite demi-heure ; vous la passez à la serviette, et l'employez comme de coutume, avec cette différence que vous comptez les macarons pour six onces de sucre, que vous mettez de même dans l'appareil.

Soufflé français aux macarons d'avelines.

Vous procédez absolument de même que ci-dessus, avec la seule différence que vous écrasez douze onces de macarons d'avelines ; mais lorsque vous n'avez pas de ces sortes de macarons, vous torréfiez quatre onces d'amandes d'avelines. Lorsqu'elles sont bien blondes, vous les laissez refroidir ; vous les pilez, en les mouillant peu à peu avec un peu d'eau, afin qu'elles ne tournent pas à l'huile. Alors vous les mettez dans neuf verres de lait presque bouillant avec trois quarterons de macarons doux écrasés.

Soufflé français aux amandes amères.

Pilez parfaitement quatre onces d'amandes amères, que vous aurez soin de mouiller de temps en temps ; après quoi vous les jetez dans neuf verres de lait tout bouillant, avec trois quarterons de macarons doux. Couvrez l'infusion que vous passez à la serviette un quart-d'heure après. Suivez les procédés décrits au premier article de ce chapitre, pour marquer et finir le soufflé ; mais ne mettez que dix onces de sucre dans l'appareil, à cause du sucre des macarons.

Le soufflé aux avelines se prépare de la même manière.

Soufflé français aux pistaches.

Pilez une demi-livre de pistaches avec deux onces de cédrat confit et deux gros d'amandes amères. Faites infuser ce mélange dans neuf verres de lait en ébullition; et, après quinze à vingt minutes, vous passez l'infusion à la serviette. Vous l'employez selon la règle. Lorsque l'appareil est prêt à recevoir les blancs, vous y joignez assez d'essence de vert d'épinards passés au tamis de soie.(*Voyez* cet article à la fin de cette partie) pour la teindre d'un vert pistache très-tendre. On doit glacer le soufflé, au sucre en poudre seulement.

Soufflé français aux quatre fruits.

Prenez un morceau de sucre d'une livre; tâchez qu'il soit de la largeur du pain de sucre, alors vous râpez le zeste d'une belle orange bien fine dessus; et, à mesure que le sucre se colore, vous en détachez le zeste. On doit observer de ne râper exactement que la superficie de l'orange, parce que la peau blanche étant râpée, donnerait beaucoup d'amertume. Lorsque l'orange est dépouillée de son zeste, vous râpez de la même manière, et l'un après l'autre, un beau citron, un cédrat et une bigarade bien mûrs; ensuite vous versez ce sucre dans neuf verres de lait presque bouillant. Vous terminez l'appareil de la manière accoutumée.

Soufflé français au cédrat.

Râpez le zeste de deux beaux cédrats sur une livre de sucre, de même que ci-dessus. Mettez ce sucre dans les neuf verres de lait nécessaires à l'appareil, que vous marquez comme il est décrit pour le soufflé français, premier article de ce chapitre.

Les soufflés aux citrons, à l'orange, se préparent de la même manière.

Soufflés français au parfait amour.

Après avoir râpé sur une livre de sucre le zeste de deux citrons et de deux gros cédrats, mettez ce sucre dans le lait presque bouillant. Joignez douze clous de gérofle concassé. Après une petite demi-heure, vous passez l'infusion à la serviette, puis vous l'employez comme de coutume.

Soufflé français à la menthe.

Ayez de la menthe frisée et fraîchement cueillie; vous la mettez dans le lait presqu'en ébullition, avec le zeste de deux citrons coupés très-légèrement. L'infusion étant faite, vous la passez à la serviette, et vous terminez l'opération. Voyez-en les détails dans le premier article de ce chapitre.

Soufflés français au marasquin.

Vous préparez l'appareil selon la règle, mais sans odeur; au moment d'y mêler les blancs, vous ajoutez un demi-verre de vrai marasquin d'Italie.

Le soufflé au rum se prépare de même.

CHAPITRE XL.

SOUFFLÉS PARISIENS AUX POMMES DE RAINETTE.

Coupez par quartiers trente-six belles pommes de rainette; après les avoir épluchées, vous les amincissez et les faites cuire avec une demi-livre de sucre en poudre, l'écorce d'un citron et un verre d'eau. Cette marmelade étant bien desséchée, vous la remettez dans une grande casserole; ensuite vous fouettez bien fermes dix-huit blancs d'œufs, dans lesquels vous mêlez une livre de sucre en poudre, comme pour les méringues. Alors vous en mêlez le quart avec la marmelade de pommes. Vous mêlez le tout, ce qui fait une espèce de soufflé (sans beurre et sans farine), que vous versez aussitôt dans une croustade de la même grandeur, et préparée ainsi que pour les précédentes. Mettez au four chaleur modérée, et donnez une petite heure de cuisson. Servez glacé à blanc, avec du sucre en poudre.

Ce soufflé est d'un goût et d'un moelleux parfait ; mais il est bien plus susceptible à la cuisson que les autres, attendu l'extrême délicatesse de son appareil, qui ne se compose que de blancs d'œufs, de sucre et de marmelade de pommes. Le point essentiel est que la marmelade soit bien desséchée, afin qu'elle soit dégagée entièrement de son humidité, et qu'elle s'incorpore intimement avec le blanc d'œuf.

Pour assurer le triomphe des soufflés en général, il serait important de faire faire des fours de campagne qui auraient au moins quinze à dix-huit pouces de diamètre, et autant de hauteur. Ils ne serviraient que pour les transports des soufflés, depuis la bouche du four jusqu'à la salle à manger, et ce four serait d'autant plus précieux, qu'il conserverait la bonne mine et la qualité des soufflés, qui pourraient même attendre quelques minutes, par le moyen qu'ils seraient abrités de l'air, qui, à coup sûr, influe singulièrement sur leur légèreté. Cet inconvénient a toujours lieu par la grande distance qui sépare les salles à manger de nos laboratoires.

Ces fours seraient légèrement chauffés et garnis simplement de cendres chaudes.

Soufflé parisien aux abricots.

Séparez en deux quarante-six beaux abricots de plein-vent ; ayez soin qu'ils soient d'une bonne maturité, et rouges de couleur. Vous les faites cuire avec douze onces de sucre en sirop. Vous desséchez parfaitement cette marmelade et la passez par le tamis. Remettez-la dans une grande casserole ; ensuite vous fouettez dix-huit blancs d'œufs bien fermes : dans lesquels vous mêlez trois quarterons de sucre en poudre, après quoi vous mêlez une couple de cuillerée de ce blanc avec la marmelade d'abricots. Dès que celle-ci se trouve bien ramollie par le blanc que vous y avez mêlé à plusieurs reprises, vous amalgamez légèrement la marmelade avec les blancs ; vous versez cet appareil dans une grande croustade semblable à la précédente, au four chaleur modérée, et donnez une bonne heure de cuisson : servez avec promptitude. Lorsque l'on veut faire de ces sortes de soufflés pendant toute l'année, on passe à l'étamine fine deux pots d'une livre de marmelade d'abricots chacun; mais si cette marmelade se trouve être un peu mollette, vous la desséchez. Vous fouettez dix-huit blancs, dans lesquels vous mêlez seulement une livre de sucre. Terminez de la manière accoutumée.

Soufflés parisiens aux fraises.

Après avoir épluché un beau panier de belles fraises et de bon fruit, vous les écrasez. Vous les passez en purée à l'étamine fine; vous mêlez une livre et demie de sucre en poudre avec dix-huit blancs d'œufs fouettés bien fermes. Lorsque le tout est bien amalgamé, vous y mêlez la purée de fraises parfaitement incorporée. Vous versez l'appareil dans une croustade comme à l'ordinaire; vous terminez l'opération de même que ci-dessus. On procédera de la même manière pour faire des soufflés de framboises, de groseilles, de prunes de reine-claude et de mirabelle.

Comme ces sortes de soufflés sont très-susceptibles à la cuisson, on les fait encore de la manière suivante : On prépare la moitié de l'appareil des soufflés français décrits précédemment; mais on n'y met que huit jaunes d'œufs et peu de sucre. Ensuite vous mettez cet appareil avec l'une des trois recettes décrites ci-dessus; mais vous ne mêlez le tout qu'après avoir préparé entièrement le soufflé comme pour entrer au four.

CHAPITRE XLI.

SOUFFLÉS DE FÉCULES DE POMMES DE TERRE.

Après avoir préparé l'une des infusions marquées dans les détails des soufflés français, mettez dans une moyenne casserole huit onces de farine de fécule de pommes de terre, et huit de beurre d'Isigny. Remuez ce mélange pour en former une pâte, afin que l'appareil ne soit pas grumeleux. Alors vous versez dedans un peu d'infusion, pour délayer le tout. Vous ajoutez le reste de l'infusion, une livre de sucre en poudre et une pincée de sel. Vous mettez la casserole sur un feu modéré : vous remuez continuellement l'appareil avec une spatule ; aussitôt qu'il commence à épaissir, vous l'ôtez de dessus pour le lier plus aisément. Ensuite vous le remettez sur le fourneau, et le desséchez pendant quelques minutes. Lorsqu'il est retiré du feu, et lorsque vos seize blancs sont presque assez fouettés, vous faites mêler dans l'appareil les seize jaunes, ce qui doit l'amollir et le rendre de la consistance de crème-pâtissière, sinon vous y ajoutez un peu d'infusion que vous avez eu le soin de conserver à cet effet. Vous y mêlez avec légèreté les blancs qui doivent être pris bien fermes ; versez cet appareil tout bouillant encore dans une croustade de la même grandeur, et préparée de même que pour les soufflés précédens. Mettez au four chaleur modérée, et donnez ue heure à une heure et demie de cuisson. Servez glacé, ou à blanc saupoudrez de sucre.

Les soufflés de farine de crême de riz et de marrons se préparent de la même manière que ci-dessus.

Il est important de ne pas laisser attendre les appareils des soufflés. Lorsqu'ils sont terminés, ils doivent être enfournés de suite, sinon les blancs d'œufs et les jaunes relâchent singulièrement et décomposent en quelque sorte le soufflé, qui ne fait plus le même effet à la cuisson.

CHAPITRE XLII.

DES FONDUS AU FROMAGE PARMESAN.

Détail de l'appareil pour un buisson de quatre-vingt caisses pour grosse pièce ordinaire.

Mettez dans une moyenne casserole une livre de beurre d'Isigny et huit onces de fécule de pommes de terre remuées bien ensemble. Vous y versez cinq ou six verres de bonne crême, presque bouillante ; une livre de vrai fromage de Parmesan râpé, huit onces de bon fromage de

Gruyère râpé, une petite cuillerée (à bouche) de mignonnette de poivre blanc, et une cuillerée de sucre en poudre.

Faites cuire cet appareil sur un feu modéré, en le remuant toujours, afin de le lier sans grumaux. Vous le desséchez pendant quelques minutes; vous fouettez quinze blancs bien fermes. Lorsqu'ils sont presque pris, faites mêler les quinze jaunes dans l'appareil, en y joignant une forte assiette de bonne crême fouettée, bien égouttée; alors l'appareil doit se trouver de la consistance d'une crême-pâtissière mollette, sinon vous ajoutez un peu de bonne crême. Vous y amalgamez les blancs avec légèreté, et emplissez de suite les caisses que vous aurez rangées à deux pouces de distance entre elles, sur des plaques ou plafonds.

Mais on doit être plusieurs personnes pour garnir les quatre-vingts caisses (ceci est de rigueur), afin qu'elles entrent au four (chaleur modérée) promptement. Donnez quinze à vingt minutes de cuisson.

On doit s'arranger de manière que les fondus entrent au four lorsque le premier service est parti, et que déjà les maîtres sont à table. Avec ce soin, les fondus arrivent toujours au moment où l'entremets commence à être attaqué.

Cette pâtisserie légère est justement estimée des gourmands amateurs de bonnes friandises qui aiguisent encore l'appétit.

Le peu de sucre que je mets dans l'appareil est pour adoucir l'âcreté du fromage, quoiqu'il soit de première qualité; car le véritable fondu demande une extrême douceur et un moelleux parfait, qui ne laissent au palais que le goût agréable du bon Parmesan.

On sert également en caisse les appareils des soufflés parisiens aux pommes de rainette, aux abricots, aux ananas, aux fraises, aux framboises, aux groseilles, et généralement toutes les sortes de soufflés possibles.

On sert très-souvent ces petits soufflés en caisse pour assiette volante, c'est-à-dire, qu'ils ne paraissent pas sur la table; mais le maître d'hôtel a le soin de les faire tenir aux

DES GROSSES PIECES DE FONDS. 399

convives, en les faisant circuler avec promptitude sur des assiettes d'argent bien chaudes.

Lorsqu'on voudra faire des soufflés d'entremêts, on marquera seulement le tiers des appareils contenus dans la série des soufflés en général, décrits ci-dessus.

CHAPITRE XLIII.

DES OMELETTES SOUFFLÉES.

Mettez dans une petite terrine six jaunes, six onces de sucre en poudre, six macarons amers, une bonne pincée de fleur d'orange pralinée et pulvérisée, un grain de sel. Le tout étant travaillé quelques minutes, vous fouettez les six blancs d'œufs que vous amalgamez avec l'appareil; vous le versez de suite dans une poêle où vous aurez fait fondre seulement deux onces de beurre d'Isigny. Lorsque l'omelette commence à s'échauffer, vous la sautez pour la retourner sens dessus dessous; dès qu'elle commence à prendre couleur, vous la ployez en deux et la renversez sur un plat d'argent. Vous avez soin de replier les bouts par dessous, afin que l'omelette soit plus ronde, et en même temps de meilleure mine. Vous la mettez au four chaleur modérée; dès qu'elle a reçu une couleur jaunâtre, vous la saupoudrez de sucre fin passé au tamis de soie, puis vous la glacez à la flamme (comme on glace les entremets) ou avec la pelle rouge : servez promptement.

On fait ordinairement ces omelettes sous le four de campagnes; alors vous mettez le plat sur des cendres rouges, ensuite par dessus le four de campagne légèrement chaud; mais chargez comme de coutume; et sitôt que l'omelette a la couleur désirable, vous la saupoudrez de sucre, et la glacez avec la pelle rouge.

Omelette soufflée à la vanille.

Après avoir haché une demi-gousse de vanille, vous la pilez avec deux onces de sucre que vous passez au tamis de soie; vous mettez ce sucre de vanille dans une petite terrine avec six jaunes d'œufs, six macarons doux écrasés, quatre onces de sucre en poudre et un grain de sel. Terminez l'opération comme la précédente.

Omelette soufflée au cédrat.

Râpez le zeste d'un beau cédrat sur un morceau de sucre; séparez ensuite l'arome du fruit, en ratissant le sucre que vous faites sécher. Vous l'écrasez et le mêlez avec d'autre sucre en poudre pour en peser six onces; vous les travaillez avec six jaunes, six macarons doux et un grain de sel. Le reste du procédé se termine de même que ci-dessus.

Les omelettes soufflées au zeste d'orange, de citron ou de bigarade, se préparent de la même manière que la précédente.

Omelette soufflée au marasquin.

Mettez dans une petite terrine six jaunes, six onces de sucre fin, six macarons doux et un grain de sel. Travaillez ce mélange quelques minutes; joignez-y une bonne cuillerée à bouche de vrai marasquin d'Italie : vous terminez l'opération de la manière accoutumée.

Vous procédez de même pour faire une omelette soufflée au rum, avec cette différence que vous mêlez dans l'appareil une cuillerée de bon rac ou de rum en place de marasquin.

Pour faire une grosse omelette soufflée, doublez ou triplez les appareils décrits ci-dessus.

Cet entremets est très-agréable à manger; il est plus aimable sous le rapport qu'en un quart-d'heure de temps on peut servir une omelette soufflée bien rendue : cela n'empêche pas que l'on sert de préférence un soufflé d'entremets, que l'on fait cuire dans des casseroles d'argent.

OBSERVATIONS SUR LES GROSSES PIÈCES DE PATISSERIE.

Cette quatrième partie comprend une serie de grosses pièces de fonds historiées, qui assurément ont tout l'effet désirable; et sous ce rapport elles doivent plaire infiniment au maître-d'hôtel et au cuisinier qui ne peuvent pas servir

DES GROSSES PIÈCES DE FONDS.

de pièces montées devant leur maître sans être reprimandés ; mais ces reprimandes sont justement méritées ; oui, certes, et nous devons n'en accuser que le mauvais goût des cuisiniers, qui manquent de cet instinct merveilleux par lequel nous recherchons et aimons cet ensemble, cette harmonie parfaite, qui caractérisent le vrai fini ; eux seuls séduisent et font naître un sentiment secret, qui aiguise l'appétit et fait jouir d'avance des délices de la table : car une table servie sans ordre et sans précision, quoique le fumet des mets s'y fasse sentir, choque l'œil par son irrégularité, et dès-lors les sensuels éprouvent du dégoût, ou du moins l'appétit n'est plus le même. Ceci n'est pas une vaine chimère : je vais en signaler des preuves incontestables.

D'abord un service est mauvais quand les chefs servent ou laissent servir une pièce montée vis-à-vis une pièce de fonds. Ces deux grosses pièces sont trop disparates pour être servies ensemble, sous ce rapport que l'une doit être légère et élégante, tandis que l'autre ne peut être que matérielle, quoique de bonne mine ; mais c'est pis encore quand on voit servir une pièce montée en face d'un buisson d'écrevisses ou de truffes, d'une galantine ou d'un jambon glacé. Je veux bien que ces quatre articles soient assez souvent montés sur des socles ; mais cela n'empêche pas que cette manière de ne servir qu'une pièce montée soit très-choquante à la vue. Voilà assurément de ces irrégularités que le bon goût désavoue, et que les amphytrions rejettent ; cela arrive trop souvent à la honte de la cuisine moderne, parce que la manie du jour est de servir en ambigu (je reviendrai sur cet article), tandis qu'autrefois nos deux services bien chauds se succédaient rigoureusement ; mais alors les amphytrions étaient véritablement sensuels, et ne faisaient bonne chère qu'en savourant les mets tout bouillans : heureux temps qui va renaître ! Ensuite les hommes de bouche de ce temps-là étaient réguliers dans le service ; ils avaient la bonne habitude de placer sur la table, en parallèle d'un buisson de belles écrevisses, un buisson détaché de pâtisserie chaude que l'on mangeait avec plaisir, de même qu'avec les truffes on servait les galantines et les jambons ; mais puisque nous sommes plus élégans qu'eux, pourquoi n'être pas plus corrects encore? Cela est d'autant plus facile que nous avons tout ce qu'il faut pour charmer et aiguillonner l'appétit des vrais gastronomes. D'abord on devrait, comme nos anciens (1), servir un buisson de pâtisserie détachée avec l'une des grosses pièces dénommées ci dessus : on pourrait aussi servir un buisson d'écrevisses groupés sur un socle, en face d'un pâté froid ou d'une grosse brioche, ou d'une autre grosse pièce semblable. Cependant il serait désirable qu'un socle ne fût jamais servi qu'en face d'un socle; il devrait ne paraître que sur les tables de 80 à 100 couverts, et particulièrement pour les grands buffets où ils sont véritablement à leur place. Pour être parfaitement précis dans le service des grosses pièces d'entremets, voici la manière de quelques gros matadors du jour, qui suivent strictement cet ordre de choses : ils servent toujours deux pièces montées en face l'une de l'autre, de même que deux pièces de fonds sont servies ensemble. Alors, par cet heureux arrangement, leur service a plus d'harmonie, puisque l'élévation et la physionomie des deux bouts sont les mêmes; mais les hommes de goût font un choix dans l'accouplement des gros entremets, et il en existe un bien réel. En voici une idée : d'abord les pièces de fonds peuvent être servies indistinctement les unes avec les autres, pourvu cependant que celles qui sont historiées soient ensemble, et que celles plus unies soient servies de même, comme par exemple les gros pâtés, les brioches, les babas, les gâteaux de Compiègne, à la française, à la royale, à la parisienne; puis les couglauffles, les biscuits de Savoie, et généralement les flans à la portugaise, à la turque, à la française, aux nouilles, au vermicelle, aux marrons et aux pommes de terre. Voilà de grosses pièces qui cadrent véritablement bien ensemble, puisque leur bonne mine consiste à être

---

(1) Cela est observé quelquefois encore par nos artistes élevés dans l'ancien régime ; mais ce n'est pas suffisant pour l'honneur du métier : les bonnes manières doivent être généralement pratiquées.

DES GROSSES PIECES DE FONDS.

simples et naturelles, tandis que les autres pièces de fonds, susceptibles d'être historiées, doivent être servies ensemble. Par exemple, un poupelin et une sultane peuvent très-bien s'accoupler, attendu que tous deux sont d'une physionomie brillante : que l'un est garni de crême à la Chantilly, et l'autre de confitures ; de même qu'un gâteau de mille feuilles peut être servi avec un croque-en-bouche, un gros nougat avec une grosse méringue : une grosse croquante de pâte d'amandes peut être parfaitement accouplée avec un biscuit de Savoie décoré ou glacé à la royale, et fourré de confitures. Pour les pièces montées, même choix dans l'accouplement : comme, par exemple, un vase doit être servi avec une corbeille élégante, une coupe légère avec une cassolette, de même qu'une lyre doit être servie avec une harpe, un casque antique avec un casque moderne, un trophée de guerre avec un trophée de marine ; ensuite une chaumière avec une grotte rustique, un pavillon chinois avec un pavillon turc, un temple avec une rotonde, un fronton avec une colonnade, une fontaine égyptienne avec une fontaine moderne, et une cascade avec une cascade. Il en est de même d'une ruine antique, qui doit être servie avec une ruine moderne, un belvédère doit l'être avec un fort, et ainsi de suite, comme le représentent les dessins.

Voilà assurément comme devraient toujours être servies nos pièces montées, qui enjolivent notre grande cuisine moderne.

Mais encore une remarque importante. On devrait, ce me semble, assortir les pièces montées d'une manière analogue aux réunions des tables que nous servons. Par exemple, pour un repas militaire, des casques et des trophées ; pour des musiciens, la lyre et la harpe ; pour un mariage, le temple de l'hymen ; pour des philosophes, des pavillons et des chaumières ; pour les romanciers, des ruines, des cascades, des fontaines, des tours, des forts, des rochers et des torrens : voilà de quoi contenter tout le monde.

J'ai promis de revenir sur le service en ambigu, service bizarre, ridicule et funeste à notre art. Si l'on n'y prend garde, la bonne cuisine finira par s'appauvrir et devenir insipide; car à quoi bon bien faire et servir chaud, puisque les mets ne sont plus mangés que froids, ou tout au plus tièdes. Voilà des faits réels, incompatibles avec le grand art culinaire, et que les vrais gourmands désavouent; mais bien sûrement la bonne cuisine perd sa bonne mine et sa qualité par ce genre de servir, qui empêche indubitablement de savourer les mets avec ce plaisir ineffable que procure la bonne chère, vrais délices de la vie humaine, puisque les jouissances sensuelles sont les seules dont on ne se lasse jamais, et que l'on recommence avec un nouveau plaisir!

Mais heureusement pour nous qu'il est encore certaines maisons où les bons amphytrions ont conservé leur vieille manière de faire bonne chère, et qu'ils rejettent loin d'eux le service baroque de l'ambigu; car quoi de plus ridicule que de voir un amalgame confus d'entrées et d'entremets, dont les uns et les autres sont quelquefois mangés indistinctement par certains convives qui ne se piquent pas d'être fins connaisseurs: voilà de ces inconvéniens qui arriveront tant que ce service aura lieu; tandis qu'autrefois l'ambigu n'était admis que pour les soupers, et en famille seulement; car dès l'instant qu'il y avait un étranger, nos deux services avaient lieu: alors on mangeait avec délices. Mais grâce au ciel, le retour de notre bonne famille royale a déjà fait disparaître mes craintes, et mon art a retrouvé son antique splendeur!

CHAPITRE XLIV.

GROS SUCRE, PISTACHES, AVELINES, AMANDES ET SUCRE DE COULEUR.

La pistache fait de longs trajets pour arriver jusqu'à nous: elle vient de l'Arabie, de la Perse, de la Syrie et des Indes; elle est humectante, bienfaisante et restaurante.

Lorsqu'on l'achète, on doit avoir l'attention de la choisir pesante; la peau doit être d'un rouge vif, l'intérieur d'un beau vert tendre, et sur-tout d'un goût très-agréable à la bouche; au lieu que lorsque les pistaches sont vieilles, elles sont jaunâtres et d'un goût désagréable.

On en fait un grand usage dans notre pâtisserie moderne, de même que pour l'entremets de sucre.

Avant de les employer, vous les émondez, c'est-à-dire que vous en jetez (selon votre utilité) dans de l'eau bouillante, et quelques minutes après, vous en retirez une, que vous pressez entre les doigts : alors l'amande de la pistache quitte sa peau rougeâtre, et doit être d'un beau vert; si l'amande quitte difficilement, vous la laissez encore un moment dans l'eau ; vous égouttez les pistaches au fur et à mesure que vous les émondez, ensuite vous les lavez à l'eau fraîche, et les égouttez dans un tamis.

Les amandes d'avelines, les amandes douces et amères s'émondent de la même manière.

L'aveline est le fruit de l'avelinier, espèce de noisetier. L'amande est de forme presque ronde et recouverte d'une peau rougeâtre : elle est pectorale, nourrissante et d'un goût très-aimable : voilà les raisons qui m'ont décidé en sa faveur. Je l'ai employée de bien des manières, et toujours avec agrément; l'arome délicieux de ce fruit embaume tous les gâteaux où il est admis.

Les amandes douces sont les meilleures et les plus belles : on doit les choisir longues, saines, (sans taches), grasses (épaisses), pesantes et bien blanches.

Manière d'opérer pour la colorisation des amandes et du sucre en poudre.

Amandes roses. Après avoir haché très-fin plus ou moins d'amandes douces, vous les mettez sur un plafond, et versez dessus un peu de rouge végétal liquide, ou, si vous l'aimez mieux, du carmin délayé ou une infusion de graine de cochenille. Ensuite vous frottez les amandes entre les mains, afin de bien les amalgamer avec la couleur, pour qu'elles se teignent d'un beau rose tendre ou d'un rose vif, mais non pas rouge. On doit généralement remarquer que la teinte des amandes et des sucres soit de couleur tendre, attendu que ce coloris plaît toujours à la vue; tandis que les couleurs dures et tranchantes sont de mauvais goût.

Les amandes étant ainsi disposées, vous les faites sécher à l'étuve ou à la bouche du four doux; aussitôt qu'elles ne sont plus humides, vous les hachez un peu, et les mettez dans une petite caisse de papier.

Amandes violettes. Les amandes étant hachées bien fines, vous les mêlez avec un peu de rouge de cochenille (ou autre) et un peu d'indigo dissous dans l'eau; mettez une petite quantité de ce dernier à-la-fois, à cause de sa teinte dominante. Suivez le reste du procédé décrit précédemment.

Amandes lilas. Vous employez comme ci-dessus du rouge et du bleu d'indigo; mais ici la teinte doit être plus claire, et le bleu assez dominant pour détacher davantage la couleur lilas de la teinte violette qui en diffère si peu.

Amandes vert-pistaches. Lavez deux grosses poignées d'épinards fraîchement cueillis (ou de poirée); égouttez-les, pilez-les bien parfaitement. Lorsqu'ils sont broyés, vous les pressez fortement dans une serviette, afin d'en exprimer la quintessence; vous vous mettez au-dessus d'un plat à sauter pour que le jus d'épinards y dégoutte; ensuite vous placez le sautoir sur un fourneau ardent. Aussitôt que le jus commence à vouloir bouillonner, vous l'ôtez en remuant le sautoir; alors le vert caillebotte et se dégage entièrement du liquide (on doit observer que ce vert doit être cuit à grand feu et sans ébullition), et puis vous le versez sur un petit tamis de crin. Lorsqu'il est bien égoutté, vous le passez par un tamis de soie; vous devez obtenir un beau vert clair lisse et délié; vous en mêlez avec des amandes fines, mais ayez soin d'en mettre peu à-la-fois, afin de pouvoir leur donner un beau vert-pistache. Vous devez les mêler quelques minutes pour que l'amande s'imbibe parfaitement du vert; vous faites sécher à l'étuve ou à la bouche du four doux.

On fait encore des amandes vertes en mêlant aux amandes un peu d'infusion de safran et de bleu d'indigo.

Amandes bleues. Faites dissoudre un peu de bleu d'indigo

dans deux cuillerées d'eau; vous passez l'infusion dans un petit linge, et l'employez comme de coutume.

Amandes orange ou aurore. Vos amandes étant hachées très-fines, vous les mêlez avec un peu de rouge liquide et un peu d'infusion de safran. Dans les premières, le rouge doit dominer; dans les autres le jaune doit, en quelque sorte, dominer le rouge. Vous terminez l'opération comme de coutume.

Amandes citron. Mettez une pincée de safran en feuilles dans un moule à darioles à moitié plein d'eau presque bouillante. Laissez faire l'infusion quelques minutes; passez-la dans un petit linge fin, et employez-la ensuite de la même manière que ci-dessus.

Amandes au chocolat. Faites fondre une tablette de chocolat râpé dans deux cuillerées d'eau; employez-la de la manière accoutumée.

On fait également des amandes coupées en filets et en dés de couleurs rose, violette, lilas, verte, bleue, orange, citron et chocolat. On suivra les mêmes procédés indiqués précédemment.

Manière de procéder pour la colorisation du sucre en poudre.

Aussitôt que j'eus imaginé (à l'époque de mon établissement) mes sucres de couleur, ce qui réellement manquait pour le complément du fini des pièces montées, mes confrères s'aperçurent bientôt du nouvel éclat de mes colifichets, et s'en emparèrent pour quitter les amandes de couleur, et sur-tout la nompareille, qui faisait l'apanage d'un gros matador qui laissa aussi ce chétif procédé pour s'enrichir de ma découverte. (Tels sont les moyens de ces hommes industrieux)!

Je n'employai jamais ces nompareilles qui conviennent tout au plus aux diablotins, parce que ceux-ci sont en papillottes; ce qui rend absolument cette nompareille invisible : voilà le cas qu'en font les confiseurs de bon goût.

On doit aussi blâmer certains pâtissiers qui se permettent d'employer du candie, des conserves et du sucre soufflé dans la composition de leurs pièces montées ; ce qui rend ces sortes de colifichets plus tristes, car l'éclat de ces bonbons appauvrit davantage et leur pâtisserie et leur petit talent. Sans doute, la pâtisserie moderne est assez riche d'elle-même sans vouloir la faire briller aux dépens de l'office. Oui, certes, ces bonbons doivent disparaître de la pâtisserie, et il faut désormais prendre, pour orner nos pièces montées de bon goût, les jolies formes du sucre filé, des sucres au cassé de diverses couleurs, du gros sucre et des jolies confitures : voilà véritablement le bon moyen d'honorer notre état et de nous honorer nous-mêmes, puisque nous n'employons que des choses de notre fabrique.

Mais revenons à notre opération.

Gros sucre pistache. Faites du gros sucre selon la règle ; placez-le sur un grand plafond ; frottez-le légèrement avec un peu d'essence de vert d'épinards ou autre. On doit humecter assez le sucre pour en faciliter la colorisation désirée : alors vous le faites sécher à l'étuve ou à la bouche du four très-doux ; vous le passez dans un tamis de crin aussi gros que le tamis à quenelle, afin d'en séparer le fin et de l'employer à volonté.

On peut également faire du gros sucre pistache, en le mêlant avec du safran ou de la gomme-gutte dissoute et du bleu d'indigo.

Gros sucre lilas. Mettez de ce sucre sur un plafond, et frottez légèrement entre les mains, en y joignant un peu d'infusion de cochenille ou de rouge végétal, avec du bleu d'indigo dissous dans un peu d'eau ; sur-tout mêlez peu de ce dernier à-la-fois, afin d'obtenir le sucre d'une jolie teinte lilas, que vous faites sécher à la bouche du four très-doux. Vous les passez ensuite par le tamis à quenelle, pour en séparer le fin.

Gros sucre violet. Vous le préparez de même que le précédent, en remarquant que le rouge doit dominer plus que dans la couleur lilas.

Gros sucre jaune. Faites une petite infusion de safran foncé en couleur, puis vous en versez sur du gros sucre, que vous frottez doucement, afin de le maintenir autant que possible en grains.

Gros sucre rose. Vous le mêlez légèrement avec du rouge végétal ou du carmin, et le faites sécher à l'étuve.

Gros sucre orange. Vous le préparez avec du rouge végétal et du safran, ou de la gomme-gutte. N'oubliez pas que la couleur rouge doit dominer le jaune : faites sécher à l'étuve. Le gros sucre aurore se prépare de la même manière. La couleur jaune seulement doit un peu dominer sur le rouge.

Gros sucre au chocolat. Vous le mêlez doucement avec du chocolat dissous, et terminez le procédé comme de coutume.

Sucre en poudre lilas. Mettez sur un plafond du sucre cristallisé en poudre ; frottez-le dans les mains en y joignant un peu de blanc d'indigo en fusion, et un peu de rouge végétal ou autre ; mais ayez soin de mettre peu de couleur à-la-fois, afin d'être maître de l'opération. Vous finissez le procédé comme de coutume.

Le sucre étant séché, vous l'écrasez avec le rouleau, et le passez par le tamis à farine.

On suivra les mêmes procédés que ci-dessus pour faire du sucre en poudre rose, violet, bleu, vert, orange, citron aurore et chocolat.

Gros sucre cristallisé. Prenez un morceau de beau sucre cristallisé, que vous cassez par petits morceaux comme pour prendre le café, et avec le bout du rouleau, vous cassez chaque petit morceau de la grosseur de petits pois, et le plus également possible. Le tout étant ainsi égrené, vous le passez par un tamis de laiton ou de crin (comme le tamis à quenelle), ou par une passoire fine pour en séparer le sucre en poudre ; car, malgré tous les soins que l'on puisse donner à cette opération, sur un morceau de sucre d'une livre, on n'obtiendra guères que la moitié en grain, et le reste en poudre.

La première fois que j'employai le gros sucre sur ma pâtisserie, ce fut dans les grandes galeries des Relations extérieures en 1804. Avant cette époque, le gros sucre n'était employé que pour le petit four; car c'est après en avoir fait usage pour orner les masse pains à l'italienne seulement, que j'eus ensuite la bonne idée d'en enrichir notre grande pâtisserie moderne. Je ne l'employai pendant près d'une année, que pour l'ornement de mes grosses pièces montées, et ensuite pour mes entremets; depuis ce temps, mes confrères s'en sont enrichis.

Le gros sucre rend de grands services; il donne de l'éclat et de l'élégance aux plus petites choses. Tout par lui est enrichi. Aussi joue-t-il un grand rôle dans notre pâtisserie parisienne.

Pl. 14.

LE PATISSIER ROYAL PARISIEN.

CINQUIÈME PARTIE,

COMPRENANT LES GROSSES PIÈCES ET LES ENTREMETS MONTÉS,

Tels que chaumières, moulins, rochers, ruines, rotondes, pavillons, fontaines, cascades, vases, cassolettes, coupes, corbeilles, gerbes, arbustes, palmiers, trophées de guerre et de marine, casques antiques et modernes, la lyre et la harpe élégante, et un grand nombre d'autres colifichets de divers genres.

CHAPITRE PREMIER.

OBSERVATION PRÉLIMINAIRE.

Cette brillante partie ne souffre point de médiocrité, et, sous ce rapport, je compare un bon pâtissier de colifichets à une modiste distinguée, douée d'un goût parfait et d'une imagination inventive, dont les doigts industrieux font avec peu d'étoffe des choses charmantes qui séduisent et captivent la vue; de même nous devons avec des fragments de pâtisserie qui ne signifient d'abord presque rien, faire des choses aimables et gracieuses, et qui, en même temps, excitent la gourmandise.

SUJETS DE LA PLANCHE XIV.

Le n° 1 représente une harpe ornée de sucre filé.
Le n° 2, une lyre élégante ornée de sucre filé.
Le n° 3, une mappemonde en sucre filé.

CINQUIEME PARTIE.

Tels sont les secrets de cette belle partie, qui réclame beaucoup d'adresse, de patience et de goût, et une combinaison précise; car, le plus difficile du colifichet, sont les détails des pièces montées que l'on veut exécuter: c'est-là le grand talent des faiseurs. Il ne suffit pas de faire des fleurons et de petites pâtisseries de bonne mine, il faut encore savoir que tel et tel article s'accordera avec telle et telle chose, et que le tout grouppé avec goût, formera un ensemble agréable.

Voilà précisément pourquoi le pâtissier moderne doit être un peu dessinateur, afin que ses idées soient plus parfaites, et que, par cet heureux résultat, il soit pénétré de l'esprit des pièces qu'il veut faire avant de les entreprendre. Alors il concevra les détails d'une manière plus précise; c'est réellement le point essentiel de cette importante partie, attendu qu'ayant une fois commencé à monter une grosse pièce, si on a oublié quelque chose, on ne peut plus y revenir à moins de perdre du temps; ce dont nous devons être avares, puisqu'il nous manque toujours.

Je le répète encore, ce sont les détails du colifichet qui le caractérisent et en font tout le mérite. Car qui pourrait faire un pâtissier adroit et doué du goût nécessaire pour grouper une grosse pièce avec grâce et légèreté, si réellement elle a été détaillée matériellement et sans précision? Voilà encore une fois les secrets que je tâcherai de démontrer selon les règles que j'ai puisées dans de longues années de pratique et d'expérience.

Mais il est de la plus grande nécessité qu'un pâtissier dessine un peu l'architecture, afin de savoir au moins les détails des cinq ordres démontrés par Vignole. Alors, par cet ensemble de connaissances, leurs pièces montées à colonnes auront plus d'élégance et de vérité, puisqu'ils emploieront les proportions qui distinguent ces ordres entre eux; mais les colonnes qui conviennent le mieux à notre genre de décor, sont les ordres dorique, ionique et corinthien. On donne aux colonnes du premier ordre, huit diamètres de hauteur; on peut même n'en donner que six, comme faisaient les Grecs; aux colonnes du se-

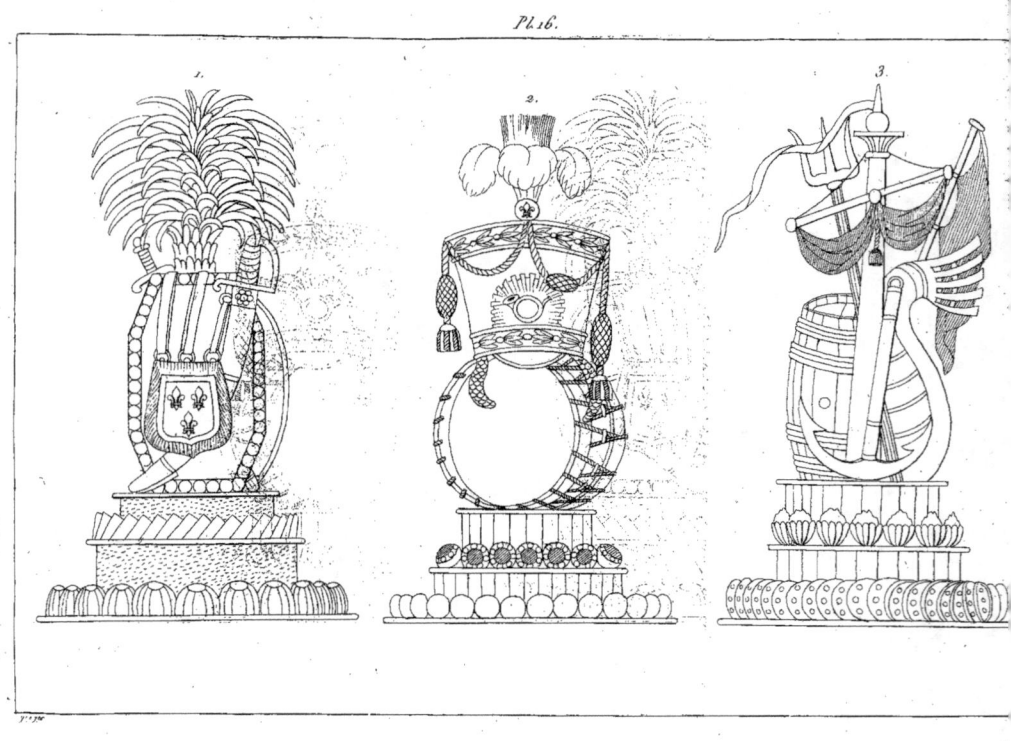

cond ordre, neuf, et à celles du troisième dix ; c'est-à-dire que, si vous donnez un pouce de largeur à la naissance de la colonne, vous lui en donnez dix de hauteur, et pour l'entre-colonnement deux pouces et demi de distance d'une colonne à une autre : on peut employer les mêmes proportions relativement à nos grosses pièces seulement. Nous avons encore l'ordre gothique qui nous convient beaucoup par la légèreté de ses formes.

Maintenant, je vais procéder successivement à donner une idée simple des pièces montées que j'ai dessinées, mais non pas les décrire dans tous leur détails, comme on pourrait se l'imaginer, et cela, parce que ces mêmes détails me jetteraient dans une répétition continuelle qui me deviendrait à charge et finirait par être réellement insipide aux hommes de l'art, seuls capables d'entreprendre l'exécution de ces objets de goût; car ce sera toujours vainement qu'on essaiera ces colifichets, si l'on n'est déjà un peu au fait de ce genre de travail, qui réclame des soins qu'on ne peut connaître sans la pratique. La cuisson seulement de ces petites pâtisseries, exige tout le savoir d'un praticien ; c'est donc pour ces mêmes praticiens que j'ai figuré quelques-unes de mes pièces montées, telles que je les ai exécutées, et mes dessins leur en diront infiniment plus que tous les détails possibles que j'aurais pu donner sur cette brillante partie, le plus bel ornement de notre grande cuisine moderne.

Avant d'entrer en matière, je dois rappeler que j'ai donné les détails de la pâte d'office au chapitre XX de la 1re partie, contenant les détrempes ; mais je n'ai point parlé des montans qui font vraiment les charpentes de nos pièces montées, puisque c'est d'eux que dépendent la solidité de ces petites constructions. Ces montans ne sont autre chose que des parties de pâte-d'office roulée de neuf lignes de grosseur sur plus ou moins de longueur, selon les proportions des grosses pièces. On a soin de les sécher parfaitement au four doux ; car de là dépend leur force. On en fait aussi de quatre et six lignes de diamètre qui servent alors pour les petites pièces montées d'entremets.

J'ai donné également les procédés pour la colorisation des amandes et du sucre de couleur, au chapitre XLIV, consigné dans la 4ᵉ partie concernant les grosses pièces de fonds; on voudra donc bien s'y reporter, car les sucres, les amandes de couleur et la pâte d'office sont, en quelque sorte, le matériel du colifichet. Cependant nous avons les détails de la petite pâtisserie blanche qui est tout l'ornement de ce genre de travail; mais le point essentiel est de donner douze tours à son feuilletage avec une bonne ligne d'épaisseur seulement pour tous les petits croissans, anneaux, petits boutons, dents-de-loups, d'enticules et fleurons servant à former la tête d'un palmier et d'une gerbe; vous les masquez de beau sucre en poudre et les mettez au four modéré; aussitôt que vous voyez leur surface très-blanche, et qu'au toucher ils sont fermes, vous les ôtez. Les soins que ces sortes de cuissons réclament, n'appartiennent qu'aux praticiens.

Enfin, nous avons encore la mousse qui est de bel effet pour orner les ruines, les rochers, les chaumières, les grottes, et généralement le genre rustique. Cette mousse n'est autre chose qu'un mélange (autant de l'une que de l'autre) de pâte d'amandes et d'office colorée vert tendre, vert plus foncé, et un peu mollette, passée par la pression d'une spatule à travers un tamis de crin un peu gros. Il en résulte une espèce de vermicel très-fin qui produit la mousse; vous la divisez par petites parcelles, que vous faites sécher à l'étuve, ou vous ne faites cette mousse que de pâte d'amandes; mais elle est trop fragile. On en fait également de couleur rouge, jaune et verte.

Maintenant nous allons commencer par décrire quelques détails substantiels sur les trois dessins de la planche 14.

Harpe ornée de sucre filé, n° 1.

Cette harpe est de pâte d'office, masquée de sucre rose, la petite coupe de même. Les cordes sont de sucre filé blanc et jaune; mais, pour rouler ces cordes convenablement, vous devez appuyer légèrement dessus, en les roulant entre les doigts et le tour, sinon elles s'aplatissent et se séparent par morceaux. Ce sont ces cordes qui font toute l'élégance de cette jolie pièce montée. Les deux socles sont en nougat; la grande garniture se compose de tartelettes (d'abricots), dont les mosaïques sont glacées au sucre au cassé, et entourées de pistaches hachées. La seconde garniture est de gros croque-en-bouche glacés au sucre rose au cassé, à la glace royale blanche ou aux pistaches.

J'ai exécuté cette harpe, pour la première fois, pour le célèbre Grétry.

Lyre élégante ornée de sucre filé, n° 2.

Cette pièce est d'un effet charmant, et dans toutes les grandes maisons où je l'ai fournie, elle a fait toujours plaisir. La dernière fois que je la fis, ce fut chez le prince Talleyrand, lors de l'arrivée de l'auguste empereur Alexandre dans nos murs. Je fis, pour parallèle de cette lyre, une grande couronne dont les feuilles étaient de biscuits aux pistaches; les grains du laurier étaient de sucre filé, ce qui produisit un grand effet. Je mis au milieu de cette couronne, un grand A entrelassé d'une L; le tout en sucre filé, qui avait au moins quinze pouces de diamètre, et monté sur deux socles, pour le mettre de niveau avec la lyre.

Cette lyre est de pâte d'office, masquée de sucre rose, lilas, orange ou citron. Les cordes sont de sucre filé; l'étoile qui la couronne est glacée au sucre au cassé; les rayons sont de sucre filé argenté (c'est-à-dire blanc). Les petits boutons de feuilletage blanc qui l'entourent, ont pour objet de cacher la soudure de la lyre. Vous mettez entre chacun d'eux une petite pointe de gelée de groseilles roses. Les petits anneaux qui bordent le pied sont garnis de grains de verjus confit et égoutté; les deux socles sont de gaufres à l'allemande; la grande garniture qui ceint le pied de la pièce est de méringues au gros sucre garnies de crême aux pistaches; la seconde garniture est de petites génoises glacées au cassé ou au caramel.

Mappemonde en sucre filé, n° 3.

Le globe est d'un sucre filé très-blanc; les cercles et le

petit méridien sont de pâte d'office masquée de sucre pistache ou rose. Le pied est à trois pans, et de la même couleur. Les anneaux qui le bordent sont garnis de belles cerises confites et égouttées. Les deux socles sont en canapés masqués d'amandes-pistaches. La grande abaisse est garnie de petits nougats moulés; la seconde garniture est de biscuits coupés en carrés et masqués de glacé rose.

La première fois que j'ai exécuté cette belle pièce, ce fut à Morfontaine.

CHAPITRE II.

CASQUE A LA FRANÇAISE, n° 1.

Lorsque ce casque est collé sur son abaisse, vous le masquez légèrement avec un pinceau trempé dans la marmelade d'abricots bien transparente, afin de le rendre brillant. La crinière est de sucre filé couleur d'or; le plumet en sucre filé blanc; les fleurs de lis doivent être de la même couleur et du même sucre filé que la crinière. Les deux socles sont de gaufres à l'allemande. La garniture du grand socle est de choux pralinés aux avelines; le second socle est entouré de choux garnis de crème-pâtissière au chocolat, et masqué ensuite d'une glace blanche sur laquelle vous semez des pistaches hachées. Ces deux garnitures sont mâles, et conviennent parfaitement à ce genre de grosses pièces. On peut cependant remplacer ces choux par des meringues au gros sucre et raisin de Corinthe; de même qu'on glace encore ces choux au caramel ou au sucre rose, sur lequel vous semez du gros sucre royal.

Casque à la romaine, n° 2.

Ce genre de casque antique est plus élégant que les nôtres;

SUJETS DE LA PLANCHE XV.

Le n° 1 représente le casque à la française.
Le n° 2, celui à la romaine.
Le n° 3, celui à la grecque.

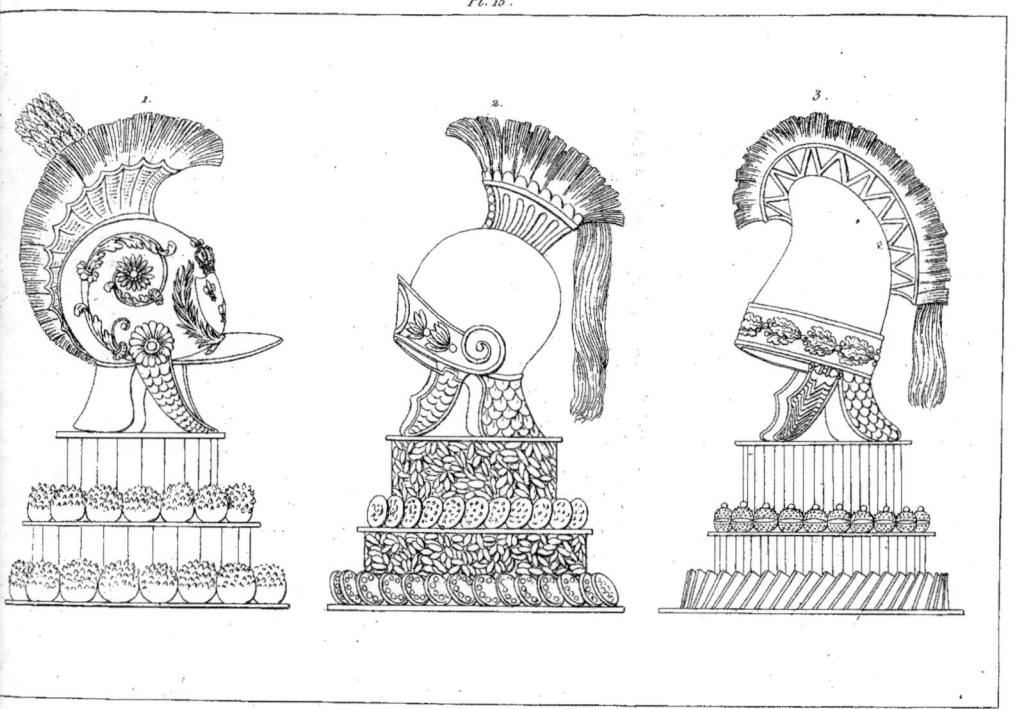

sa crinière a je ne sais quoi de mâle et de majestueux. Ces casques font d'autant plus d'effet qu'ils sont de grandeur naturelle; mais aussi ils ont été pendant long-temps ma pièce favorite. Je l'ai servie sur toutes les grandes tables de Paris. A l'époque d'un grand mariage je servis ce casque. Je l'avais renversé sur un coussin; j'avais placé sous sa visière un petit Amour dans une belle rose en pastillage.

Mais revenons à mes détails. Ce casque est, comme le précédent, masqué de marmelade d'abricots ou de sirop de coings, afin de le rendre éclatant. Sa visière est garnie d'un médaillon (au milieu duquel on met un chiffre), et de groupes de feuilles de lauriers. Elle est entourée d'une bordure de sucre filé jaune. La crinière est de sucre filé argenté, ce qui fait le plus bel effet que le sucre filé puisse jamais produire. Les deux socles sont en nougat; le petit est garni de petits pains à la Mecque; le grand est ceint de génoises en croissans perlés.

Casque à la grecque, n° 3.

Ce genre de casque est encore très-élégant tant par sa forme que par sa crinière. On le masque comme ci-dessus pour le rendre brillant; on fait sa crinière de sucre filé, blanc, jaune ou rose. On le ceint d'une couronne de lauriers que l'on découpe, soit en biscuits, pistaches, ou en pâte d'amandes vertes. Les deux socles sont en feuilletage blanc : le petit est entouré de méringues moyennes, sur lesquelles vous placez une belle cerise parfaitement égouttée; le tour du grand socle est garni de petits gâteaux d'amandes glacées à la royale.

Les six grosses pièces décrites ci-dessus, ainsi que les trois suivantes, sont assurément ce que l'on peut donner de plus élégant et de plus distingué dans ce genre de décors.

CHAPITRE III.

TROPHÉE DE GUERRE, n° 1.

Ce trophée se compose d'un palmier de feuilletage blanc. Les deux sabres sont de pâte d'office; les poignées de sucre filé jaune; les deux boucliers sont de même en pâte d'office, l'un entouré de petits boutons, l'autre de petits anneaux ou croissans. Le milieu est masqué de sucre rose ou jaune. La sabretache est de la même couleur; l'éfilé est en sucre filé jaune, ainsi que les trois fleurs-de-lis qui en font l'ornement; les deux socles sont de nougats aux amandes hachées; la garniture du petit est de petits gâteaux royaux carrés; le grand socle est entouré de madelaines glacées au cassé. Le corps du palmier est aux amandes pistaches, de même que la pointe des fleurons qui font la tête de ce joli arbre. J'ai mêlé quelquefois dans ces fleurons des gerbes de sucre filé, et j'ai fait même la tête du palmier de sucre filé argenté seulement, ce qui le rendait du plus brillant effet.

Schako français, n° 2.

Ce schako est porté sur une caisse de tambour dont les cordes sont en sucre filé; le reste est glacé comme les casques précédens. Ce schako est de pâte d'office masquée de sucre rose. Les ornemens sont de pâte d'amandes ou de biscuits aux pistaches; les glands et la plaque sont en sucre filé au caramel, pour produire l'effet de l'or. Le panache est de sucre filé argenté. Les deux socles sont en canapé aux amandes roses. La première bordure qui ceint le second socle est composée de petits choux glacés au caramel; la seconde garniture est de gâteaux renversés et méringués ou glacés au four.

SUJETS DE LA PLANCHE XVI.

Le n° 1 représente le trophée de guerre.
Le n° 2, le schako français.
Le n° 3, un trophée de marine.

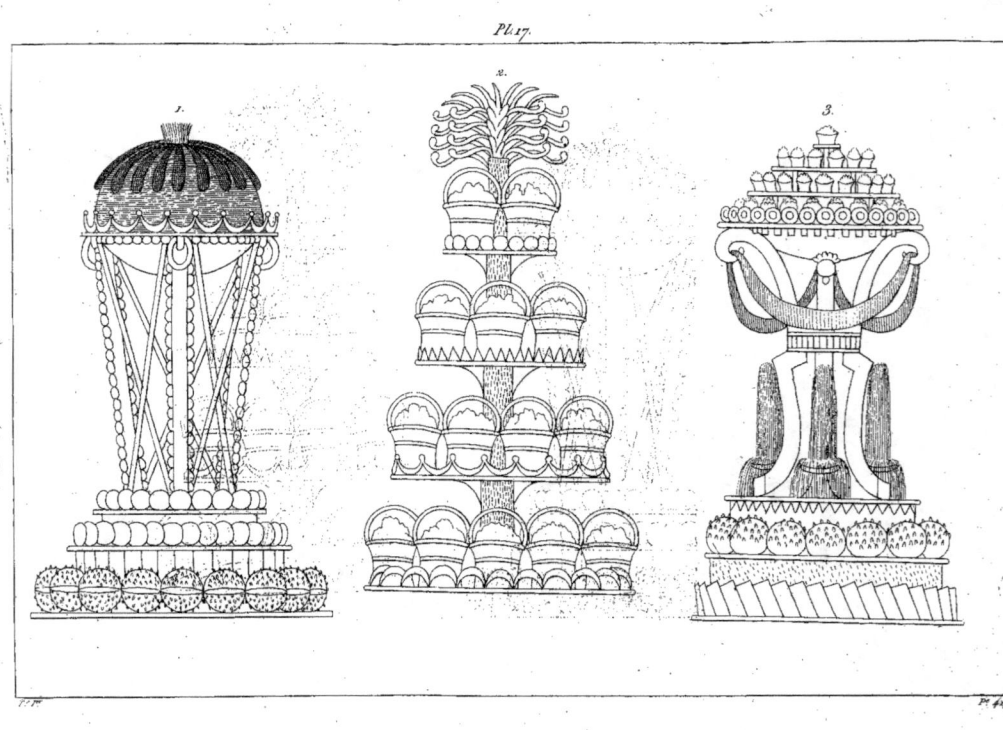

DES GROSSES PIÈCES MONTÉES. 419

Trophée de marine, n° 3.

Ce trophée se compose d'un baril, d'une poupe de navire, d'un trident, d'un mât et d'un pavillon de sucre filé. Les liens ou cerceaux du tonneau sont de sucre filé; le reste du trophée est de pâte d'office masquée de sucre de couleur. Les deux socles sont de gaufres à l'allemande; la garniture du grand est en diadèmes au gros sucre; le second est ceint de petits nougats en coquille, garnis de crème à la Chantilly. Il est facile de voir que la poupe du navire ne peut être figurée que de profil, de même que le tonneau, qui, au lieu d'être rond, doit être ovale, attendu que l'on est obligé de grouper ce trophée sur une abaisse de dix à onze pouces au plus de largeur; autrement cette pièce n'aurait pas de grâce, et nous devons nous attacher spécialement à grouper de manière à donner à ces sortes d'objets toute l'élégance dont ils sont susceptibles. Après tout, c'est de la pâtisserie que nous travaillons, et non pas du stuc.

CHAPITRE IV.

GRANDE CASSOLETTE A SULTANE, n° 1.

Le pied et la coupe de la cassolette sont de pâte d'office masquée de sucre rose, pistache ou lilas, ornée de petits boutons de feuilletage blanc. La sultane qui la couvre est blanche, ornée de sucre filé jaune. Les deux socles sont en canapés aux amandes de couleur. La bordure du pied de la cassolette est en petits choux glacés au cassé; la seconde est de petites manons glacées et coupées rondes. La garniture du grand socle est de méringues au gros sucre; elles sont garnies de crème au chocolat. Cette grosse pièce est

SUJETS DE LA PLANCHE XVII.

Le n° 1 représente la grande cassolette à sultane.
Le n° 2, une pyramide d'abaisses en pâte d'amandes.
Le n° 3, une cassolette à cascade.

d'un bel effet. On peut mettre sous la sultane des meringues.

Pyramide d'abaisse en pâte d'amandes, n° 2.

La palme qui couronne cette pièce est de feuilletage blanc; on la fait également en sucre filé. L'épaisseur des abaisses de pâte d'office est glacée au caramel, et garnie de bordure de petite pâtisserie blanche. Les abaisses de pâte d'amandes sont colorées blondes au four doux; elles sont ornées de sucre filé. Au moment du service, on les garnit de crème fouettée ou plombière, ou de fromage bavarois et même de gelée fouettée.

On fait cette pyramide ronde, carrée ou à trois pans.

Cassolette à cascade, n° 3.

Cette cassolette est de pâte d'office masquée de sucre rose; elle est garnie de petites abaisses blanches de pâte d'amandes, dans lesquelles vous mettez de la crème fouettée à la rose. Les guirlandes sont de sucre filé, ainsi que les trois jets d'eau placés dans les petites coupes qui se trouvent entre chaque pied de la cassolette. Cette disposition donne beaucoup d'élégance à cette pièce. Le petit socle est de pâte d'office aux amandes de couleur. Des choux au gros sucre en font la garniture. Le grand socle est de gaufres non ployées; sa garniture est de gâteaux d'amandes glacés au caramel.

CHAPITRE V.

VASE EN NOUGAT, n° 1.

Ce vase est de nougat blond, les amandes coupées en travers. Sa garniture se compose de pommes de pins moulées en nougat rose; les amandes hachées. Les fleurons sont de

---

SUJETS DE LA PLANCHE XVIII.

Le n° 1 représente un vase en nougat.
Le n° 2, une grande corbeille garnie de fruits.
Le n° 3, une coupe garnie d'oranges.

Pl. 18.

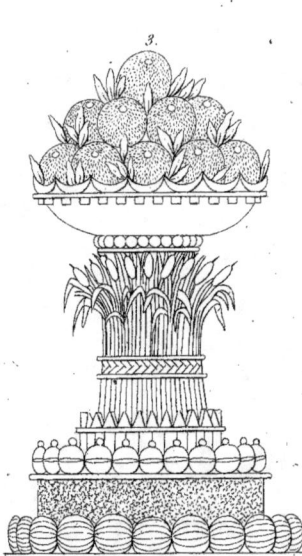

DES GROSSES PIÈCES MONTÉES.

feuilletage blanc. Les deux socles sont en pâte d'office rose. La garniture qui entoure le petit est de petits choux glacés à la royale : la glace est rose ou blanche. La garniture du grand socle se compose de pains à la duchesse glacés au cassé, et masqués ensuite de pistaches hachées ou de gros sucre rose et blanc.

Grande corbeille garnie de fruits, n° 2.

Cette corbeille est de pâte d'office ou de mosaïque de pastillage lilas. Elle est garnie de pêches en pâte d'amandes, garnie de gelée de pommes ou de coings; elles sont ornées de feuilles en pâte d'amandes vertes. Les deux socles sont en pâte d'office masquée d'amandes aux pistaches. La bordure du pied de la corbeille est de petites couronnes en feuilletage glacées au cassé; elles sont garnies de belles cerises ou grains de verjus confit. La garniture qui ceint le petit socle est de génoises perlées; celle du grand de moyens choux glacés au caramel, et garnis de crême fouettée.

On garnira également les socles de cette grosse pièce d'abaisses en pâte d'amandes colorée au four.

Coupe garnie d'oranges, n° 3.

Cette coupe est de pâte d'office masquée de sucre blanc; elle est garnie de belles oranges moulées en pâte d'amandes couleur orange. Les feuilles qui sont entr'elles sont d'un vert tendre, et en pâte d'amandes. La gerbe qui ceint le pied de la coupe est de feuillage blanc. Les roseaux sont de pâte d'amandes au chocolat. On fait également ces roseaux en sucre filé couleur d'or, et le reste de la gerbe en sucre filé argenté. Le petit socle est de gaufres, l'autre de pâte d'office aux pistaches. Sa garniture est de gâteaux renversés et glacés au cassé; celle du second socle de petites méringues à la crême, sur lesquelles vous placez de grosses cerises confites et bien égouttées.

CHAPITRE VI.

ERMITAGE PARISIEN, n° 1.

Cette pièce est carrée; elle est de pâte d'office masquée de sucre blanc. Le toit est de sucre filé; les quatre frontons qui font la croix, ainsi que les huit colonnes, sont en nougat rouge. Les frontons sont couverts de sucre filé; le rocher est de petits croque-en-bouche à la Reine, glacés au caramel. La garniture qui l'entoure est d'abaisses en pâte d'amandes roses, moulée dans de petits moules à madelaines cannelés. Ces abaisses sont garnies de crème fouettée.

On peut orner le rocher de petits groupes de mousse, ce qui produit de l'effet, et rend cette pièce plus pittoresque encore.

Rotonde rustique, n° 2.

Cette rotonde se compose de huit corps d'arbres en nougat blond, les amandes hachées; les toits sont en chaume imité en sucre filé, ce qui produit beaucoup d'éclat. La rotonde est posée sur un petit socle en canapé aux pistaches, qui se trouve presque caché dans le rocher qui forme quatre arcades composées de petits pains à la duchesse, glacés en partie au caramel. La garniture qui ceint le pied se compose de gaufres à la parisienne.

On peut orner le rocher de mousse ou de petits fleurons de feuilletage blanc.

Berceau à treillage orné de vignes, n° 3.

Ce berceau est rond et à six arcades; le treillage est de pâte d'office vert tendre, sur lequel vous placez des pieds de vignes. Les bois sont couleur chocolat; les grappes sont

---

SUJETS DE LA PLANCHE XIX.

Le n° 1 représente l'ermitage parisien.
Le n° 2, une rotonde rustique.
Le n° 3, le berceau à treillage, orné de vignes.

de raisin noir et blanc ; les feuilles vert foncé et vert pistache, le tout à la main ou levé à la planche ; mais alors, vous ajoutez un peu de gomme adragant dans la pâte d'office, afin de lui donner plus de liant. La coupe est en pâte d'amandes blanches, dans laquelle on peut mettre un jet d'eau de sucre filé. Cette pièce est portée sur un petit socle de pains à la duchesse ; sa garniture est de croissant de feuilletage blanc, dont les pointes sont glacées au cassé, et masquées ensuite de gros sucre mêlé avec des pistaches hachées. Le rocher forme quatre arcades, qui se composent de gimblettes de pâte à choux pralinés (que vous saupoudrez de sucre fin passé au tamis de soie.) Vous enfilez simplement ces gimblettes sans les coller dans les montans, ce qui produit en un rien de temps une rocaille jolie. Vous l'entourez de méringues glacées et garnies de crème à la vanille.

CHAPITRE VII.

GROTTE ORNÉE DE MOUSSE, n° 1.

L'EFFET de cette grosse pièce est des plus pittoresques. Sa forme est ronde et à quatre arcades. Elle se compose de croque-en-bouche à la Reine, qui doivent être glacés ainsi : Une partie au sucre rose ; une au sucre au caramel ; l'autre au sucre ou cassé, et le reste au sucre au cassé dans lequel vous joignez du safran ; mais, en sortant ces croque-en-bouche du poêlon, vous les formez en groupes de cinq à huit, de dix à douze, sur lesquels vous semez du gros sucre et des pistaches hachées. En groupant le rocher, vous collez dedans un petit pont en pâte d'office masqué de sucre au chocolat, le tout orné de mousse de diverses couleurs. Le petit palmier est de pâte

---

SUJETS DE LA PLANCHE XX.

Le n° 1 représente la grotte ornée de mousse.
Le n° 2, une rotonde parisienne.
Le n° 3, une cascade des palmiers.

d'office, masqué de sucre aux pistaches (vert tendre.)
La garniture qui ceint le pied est de petites génoises glacées à blanc à la royale.

Rotonde parisienne, n° 2.

Cette pièce est ronde et à huit colonnes, lesquelles sont masquées, ainsi que le dôme, de sucre rose; l'entablement et la coupe qui se trouve au milieu de la rotonde sont masquées de sucre blanc; le socle est en canapé glacé au four. Le rocher se compose de petits croissans de feuilletage blanc. La pointe de chacun d'eux est glacée au cassé et masquée ensuite d'anis roses de Verdun : la garniture est de choux glacés au cassé, et l'intérieur rempli de crême fouettée.

Cascade des palmiers, n° 3.

Cette cascade est carrée et à douze colonnes de pâte d'office masquées de sucre vert. Les petits fleurons qui les couronnent sont de feuilletage blanc. Les pointes sont masquées d'amandes-pistaches; l'entablement et le dôme masqués de sucre blanc; le socle est de petites gaufres à l'allemande. Le rocher se compose de petits pains à la duchesse, glacés au sucre rose au cassé : la garniture qui ceint le rocher est de mirlitons aux avelines.

CHAPITRE VIII.

CASCADE DEMI-CIRCULAIRE, n° 1.

Cette cascade forme absolument le demi-cercle; elle se compose de six colonnes dont le haut est orné de petits fleurons de feuilletage blanc; l'entablement et les colonnes sont de pâte d'office masquée de sucre rose ou lilas. L'épaisseur des abaisses qui font la corniche, est glacée de sucre au caramel. Le demi-dôme est de sucre filé jaune;

SUJETS DE LA PLANCHE XXI.

Le n° 1 représente la cascade demi-circulaire.
Le n° 2, une maisonnette rustique.
Le n° 3, la grande cascade à seize colonnes.

la coupe de la cascade est de pâte d'office masquée de sucre de la même couleur que les colonnes. Cette coupe est entourée de nappes de sucre filé argenté qui forme cascade, au milieu duquel vous placez le jet d'eau formé du même sucre. Cette colonnade demi-circulaire est d'un grand effet, attendu que la moitié de la cascade se trouve tout-à-fait à découvert, ce qui lui donne une physionomie toute différente ; et si on la regarde du côté des colonnes, cela produit un autre effet aussi très-distingué.

Le petit socle qui ceint le pied de cette pièce est de nougat ; le socle suivant de pâte d'office, masquée de sucre de couleur pareil à la colonnade ; sa garniture est de petit choux au gros sucre ; le grand socle de nougat (les amandes hachées.) Sa garniture se compose de gâteaux d'amandes glacées à blanc : l'ensemble de cette cascade est très-brillant.

On peut faire également l'entablement avec des archivoltes demi-circulaires, ou dans le genre de celui de la rotonde parisienne décrite précédemment.

Maisonnette rustique, n° 2.

Cette pièce est carrée et forme deux étages : elle est de nougats (les amandes hachées), ainsi que les charpentes et la rampe. Le toit est de sucre filé jaune ; la cheminée et la petite lucarne sont de feuilletage blanc ou en nougats. Le rocher est de petits pains à la duchesse, dont l'un des bouts est glacé au cassé, et masqué ensuite de gros sucre mêlé avec des petits grains de beaux Corinthe lavés et séchés au four avant que de les employer. Le socle est de gaufres à l'allemande : il est ceint d'une garniture au gros sucre ou aux pistaches. La seconde garniture se compose de petites génoises masquées de glace rose.

On peut également faire cette pièce en pâte d'office rose ou de gaufres à l'allemande ; mais les charpentes toujours en nougat.

Grande cascade à seize colonnes, n° 3.

Cette pièce est carrée ; à chaque coin est un petit socle

carré sur lequel sont placées quatre colonnes couronnées par quatre frontons formant arcade; cet entablement est de pâte d'office masquée de sucre blanc, rose ou pistache ; le dôme en mosaïque de pastillage ou pâte d'office (formant écaille de poisson) de la même couleur que l'entablement : on peut le filer en sucre jaune ou rose. Les colonnes sont de nougat blond (les amandes hachées); la coupe de la cascade, les quatre petits socles, ainsi que les socles suivans, sont de pâte d'office, masquée de sucre de couleur pareille à l'entablement; la cascade est formée de beau sucre filé. La garniture du troisième gradin ou socle se compose de petites génoises rondes entourées de petits boutons de feuilletage blanc. Les deux autres socles sont de pâte d'office masquée de sucre blanc ou d'une autre couleur que le socle précédent. La grande garniture de choux glacés au cassé ; la garniture au-dessus de marrons glacés. Ces deux garnitures sont ornées de bordures de feuilletage blanc.

Les quatre faces de cette cascade sont d'un très-bel effet.

CHAPITRE IX.

FONTAINE TURQUE, n° 1.

Cette fontaine est carrée et de pâte d'office, masquée de rayures de sucre de couleur pistache et jaune, ou blanc et jaune, ou rose et blanc; le treillage est de pâte d'office verte. Si la rayure est verte et le cadre blanc, le toit est masqué de sucre filé jaune, sur lequel vous placez des petites bandes de pâte de la même couleur que le treillage. Les deux socles carrés de la fontaine sont de pâte d'office masquée de sucre blanc, sur lesquels retombe des nappes

---

SUJETS DE LA PLANCHE XXII.

Le n° 1 représente la fontaine turque.
Le n° 2, une fontaine antique dans une île.
Le n° 3, la fontaine grecque.

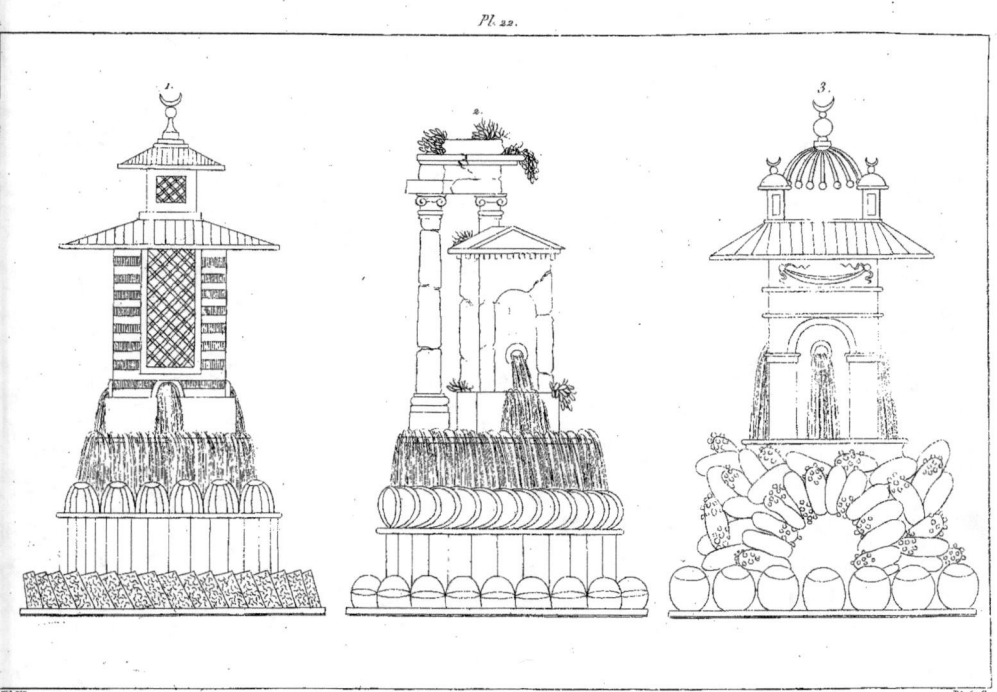

de sucre filé argenté formant cascade. Le troisième socle est rond et se compose de pains à la duchesse glacés à la marmelade d'abricots ; sa garniture est de gaufres à l'allemande ou gros sucre. La garniture qui ceint l'autre socle est de madelaines au rum.

Fontaine antique dans une île, n° 2.

Cette ruine est d'un effet charmant : le fragment de colonne forme l'équerre à trois colonnes, le tout masqué de sucre jaune très-pâle, orné de mousse. Le petit fronton qui forme fontaine, est masqué de sucre rose orné de mousse ; la niche d'où s'écoule l'eau est masquée de sucre blanc. Le second socle est pareil, et masqué ensuite de sucre filé argenté, ainsi que le dessus de l'abaisse, sur laquelle est groupée la ruine, ce qui forme une espèce d'île. Le grand socle est de gaufres à l'allemande aux pistaches : sa garniture se compose de gâteaux renversés, glacés au sucre rose cuit au cassé. La seconde garniture est de génoises en croissant, masquées d'une glace à la royale blanche, ou dans le genre des gâteaux royaux.

Fontaine grecque, n° 3.

Cette fontaine a plus d'élégance et de légèreté que la précédente ; cela vient de l'effet du rocher sur lequel elle est groupée.

Cette fontaine grecque est carrée et en pâte d'office, masquée de sucre rose. Les quatre niches (d'où jaillit l'eau) sont masquées de sucre blanc ; le toît est masqué de sucre blanc, rayé de sucre vert ; le grand dôme est rond, et aux quatre coins sont placées des petites tours carrées, masquées de sucre rose ainsi que le grand dôme, dont les ornemens sont de sucre filé : la boule et le grand croissant sont glacés au sucre au cassé ; les nappes d'eau sont de sucre filé argenté ; le bassin est rond et masqué de sucre blanc.

Le rocher se compose de moyens pains à la duchesne, garnis de gelée de groseilles ou autres, et glacés au caramel, sur lequel vous semez par place du gros sucre ou des pistaches, ou des raisins de Corinthe mêlés avec du gros sucre. La garniture se compose de boules en pâte d'amandes roses, garnie de crême fouettée à la vanille.

CHAPITRE X.

GRAND CABINET CHINOIS, n° 1.

Cette grosse pièce forme la croix : le milieu (comme le dessus l'indique) est à jour, les entrecolonnemens sont garnis de treillage rouge amarante ; les douze colonnes sont masquées de sucre jaune ou bleu de ciel ; le petit pavillon est de la même couleur. Les cinq toits sont masqués de sucre filé argenté ou rose ; le pont est bordé de sucre blanc, et le milieu masqué d'amandes pistaches. La garniture est de gâteaux renversés glacés au caramel.

On peut supprimer les treillages ; et les remplacer par des draperies élégantes de pastillage vert.

Pavillon vénitien sur un pont, n° 2.

Ce pavillon est carré et à seize colonnes, attendu que les archivoltes se reproduisent en dedans de la pièce. Le petit pavillon est à douze colonnes seulement : toutes ces colonnes sont masquées de sucre lilas ou rose ; les entablemens le sont de sucre blanc bordé d'amandes pistaches ou roses ; les toits sont masqués de sucre filé doré ou argenté, sur lesquels vous placez des petites bandes de pâte d'office rose ou lilas ; les rampes sont de nougat blond (les amandes hachées), ainsi que l'encadrement de l'arche du pont. Le reste est masqué de sucre blanc : la garniture est de madelaines glacées ou non glacées.

Cette pièce est plus élégante que les précédentes.

SUJETS DE LA PLANCHE XXIII.

Le n° 1 représente le grand cabinet chinois.
Le n° 2, un pavillon vénitien sur un pont.
Le n° 3, un belvédère égyptien.

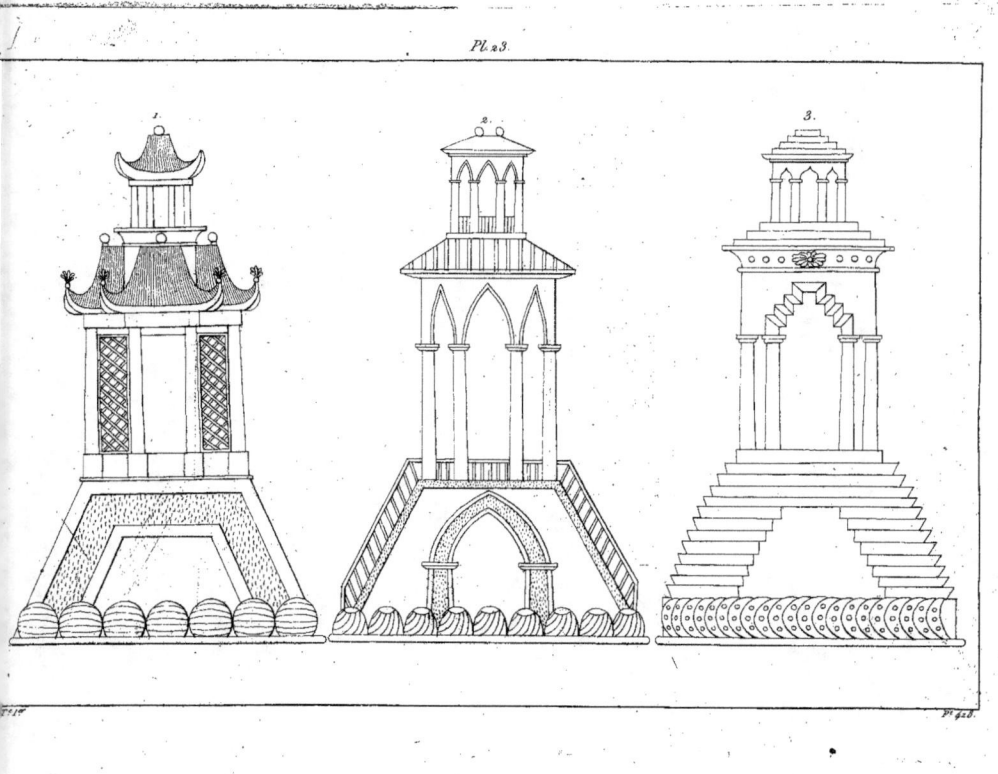

DES GROSSES PIÈCES MONTÉES.

Belvédère égyptien, n° 3.

Cette pièce est ronde et à huit colonnes, masquées de sucre rose mêlé de sucre blanc, ce qui produit l'effet d'un granit tendre de couleur (on le fait également de toutes sortes de couleurs) : le petit belvédère est masqué de même, ainsi que les corniches ; les entablemens sont masqués de sucre blanc mêlé de sucre bleu de ciel ; les dégrés qui forment les couronnemens sont pareils : les dégrés qui forment le pont sont masqués de sucre orange ou aurore ; la garniture se compose d'un diadême au gros sucre, que vous colez droit, et les uns sur les autres, comme l'indique le dessin.

Ces trois grosses pièces sont d'un effet mâle et étoffé : sur des rochers elles font encore plus d'effet, et sont plus pittoresques. On les groupe sur des socles, et on compose des cascades en ajoutant dans le milieu une coupe ornée de sucre filé, formant des nappes d'eau plus ou moins élevées.

CHAPITRE XI.

CHAUMIÈRE TURQUE, n° 1.

Cette chaumière est à six pans ; elle est de pâte d'amandes ou d'office rayée blanc et rose ou lilas ; les petits balcons sont en nougat blond : le tout est couvert de sucre filé argenté. Le rocher est à quatre arcades composées de nougat blanc et rouge, dont les amandes sont entières, ce qui donne beaucoup d'éclat à cette grosse pièce : vous l'entourez d'une garniture de mirlitons glacés à blanc.

Le rocher doit être orné de petits groupes de mousse.

SUJETS DE LA PLANCHE XXIV.

Le n° 1 représente une chaumière turque.
Le n° 2, un moulin turc.
Le n° 3, l'ermitage hollandais.

Moulin turc, n° 2.

Ce moulin est fort gai et très-pittoresque : cela tient au genre turc et à ces bariolemens qui sont réellement agréables à la vue. J'ai fait dans le même genre des colifichets fort jolis : comme, par exemple, les deux cascades décrites à la planche 21e, en masquant les colonnes de rayures blanches ou roses, ou blanches et pistaches, lilas et jaunes, jaunes et verts, en y ajoutant le croissant sur les dômes ; car c'est le croissant qui en fait le couronnement.

Revenons maintenant au n° 2. Ce moulin est rond et en pâte d'office, masqué de rayure de sucre rose et blanc ; les ailes sont garnies de sucre filé argenté, ce qui fait un bon effet : la rampe et l'escalier sont de pâte d'office découpée suivant le genre du dessin, et masqués ensuite, ainsi que les ailes, avec du sucre rose.

La rocaille qui porte le moulin, est de croque-en-bouche glacés au cassé ; la garniture qui la ceint, se compose de gâteaux turcs (ces gâteaux ne sont autre chose que des petites timbales garnies de riz, dans lequel vous mettez des raisins de Corinthe, et glacés ensuite avec de la glace blanche et rose, comme le dessin l'indique). Le socle est de canapé glacé à blanc avec du sucre en poudre : sa garniture est composée de petits nougats d'avelines hachées.

Ermitage hollandais, n° 3.

Cette pièce forme le losange presque carré : la chaumière est de feuilletage (à douze tours) blanc, dont les charpentes sont masquées de sucre au chocolat ; le toit de sucre filé argenté, le palmier de feuilletage blanc, dont les pointes sont masqués d'amandes pistachées. Le socle se compose de petits pains à la duchesse glacés de sucre en poudre ; le rocher est de nougat rouge, dont les amandes sont séparées dans leur largeur : la bordure est de gâteaux renversés glacés à blanc. Il est essentiel de remarquer que les grosses pièces figurées dans les planches 19, 20, 21, 22, 23, 24, 25 et 26 ont plus de légèreté que celles qui

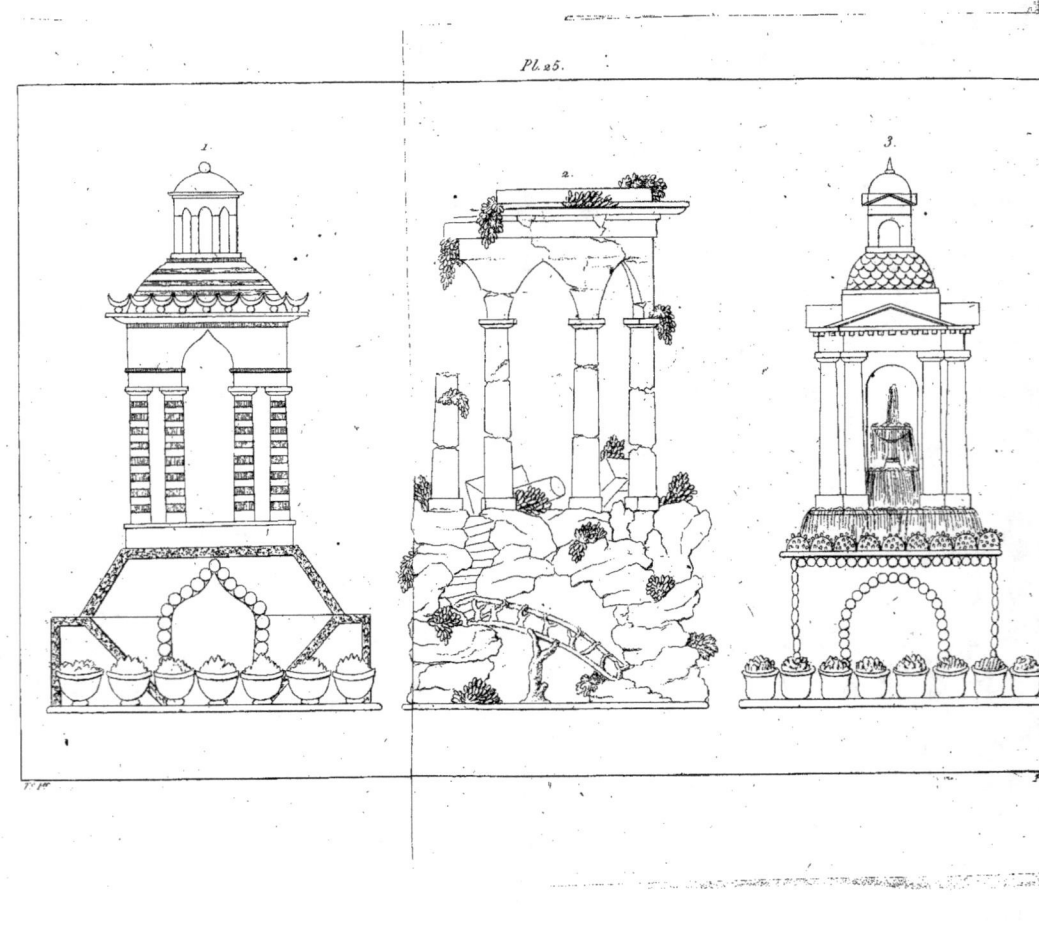

DES GROSSES PIECES MONTÉES.

ont été décrites avant : cette légèreté vient de ce qu'elles sont groupées sur des ponts, ou sur des rochers ou rocailles, lesquels forment des arcades à jour, tandis que les socles ne peuvent avoir le même avantage : il serait d'ailleurs ridicule de vouloir grouper sur un rocher des vases, des corbeilles, des coupes, des cassolettes et une infinité de grosses pièces semblables, qui ne peuvent se grouper que sur des socles plus ou moins élégans. Donc le genre de rochers et rocailles ne convient réellement qu'aux pièces à colonnes ou chaumières, moulins, grottes, berceaux et autres colifichets dans le même genre, ainsi que je les ai figurés dans cette collection de grosses pièces montées.

CHAPITRE XII.

PAVILLON TURC, n° 1.

Cette pièce est carrée et à douze colonnes, lesquelles sont masquées de rayures de sucre jaune et blond. Le grand dôme est rayé de la même manière ; l'entablement et le petit pavillon sont masqués de sucre rose ou pistache : le petit socle, ainsi que le pont, sont masqués de sucre blanc ; les traverses et les bordures du pont masquées de petites bandes de nougat haché. Le reste des ornemens est de feuilletage blanc. La garniture se compose d'abaisses en pâte d'amandes garnie de crème fouettée de la même couleur que le petit pavillon, ce qui fait un bon effet et encadre la pièce. On peut faire ce pavillon rond.

Rotonde en ruines, n° 2.

Cette jolie pièce est ronde et à huit colonnes, dont deux sont en ruines ; les six autres portent cinq archivoltes avec

---

SUJETS DE LA PLANCHE XXV.

Le n° 1 représente le pavillon turc.
Le n° 2, une rotonde en ruines.
Le n° 3, la grande fontaine moderne.

avec fragment des deux suivantes, comme le dessin l'indique. Les colonnes sont de pâte d'amandes roses, et l'entablement de pâte blanche. Dans le milieu de la rotonde vous placez avec goût des fragmens de colonnes et d'entablemens.

Le rocher se compose de parties de feuilletage (à douze tours) coupées grosses et difformes; dès qu'ils sont groupés en y plaçant un pont en nougat, vous les masquez de sucre en poudre très-fin, ce qui produit l'effet de la neige.

Vous ornez cette pièce de mousse.

Grande fontaine moderne, n° 3.

Cette fontaine est carrée et à quatre arcades; elle est ornée de quatre frontons saillans formant la croix : les huit colonnes sont masquées de sucre rose. Le reste de la fontaine est masqué de sucre blanc; les deux dômes sont rosés ainsi que la petite coupe, que vous entourez de sucre filé argenté, ainsi que le socle carré qui forme cascade : la garniture de ce socle est de petits choux au gros sucre; le grand socle est à quatre arcades, ce qui donne beaucoup de légèreté à cette pièce, que vous entourez d'une garniture d'abaisse de pâte d'amandes colorées au four, et garnie de crème à la Chantilly.

CHAPITRE XIII.

FRONTON EN RUINES.

Cette belle pièce est à six colonnes, dont trois dans sa longueur et deux dans sa largeur. Ces colonnes sont de pâte d'office de deux lignes d'épaisseur, de manière qu'après les avoir masquées de sucre blanc, vous en taillez, avec (avec soin) le couteau, la colonne à l'endroit où vous voulez imiter les ruines, ainsi que le dessin l'indique. Ensuite

---

SUJETS DE LA PLANCHE XXVI.

Le n° 1 représente un fronton en ruines.
Le n° 2, la ruine de Palmyre.
Le n° 3, la grande ruine d'Athènes.

Pl. 26.

vous faites l'entablement en feuiletage blanc, ce qui formera parfaitement le massif des grosses pièces en ruine. La corniche est de pâte d'office, ornée de petites denticules de feuilletage : le pont, qui fait le soubassement du fronton, est de pâte d'office épaisse, afin de pouvoir y tracer les indices des ruines ; cette partie est masquée de sucre jaune mêlé de rouge et de vert, ce qui forme un granit. Vous placez entre les colonnes des fragmens de l'entablement, afin de leur donner de l'effet ; puis vous ornez cette pièce de groupes de mousse verte, ce qui lui donne de l'éclat et du ton.

Cette grosse pièce se termine sans garniture, mais on peut en mettre une.

Ruine de Palmyre, n° 2.

Cette pièce est à seize colonnes : elle est carrée et forme trois arcades, dont la quatrième est en ruine. Les colonnes sont préparées comme il est dit ci-dessus, et masquées de sucre vert aux pistaches. L'entablement est de pâte d'office masquée de sucre blanc ; et pour imiter les parties en ruine, vous y collez des blocs de feuilletage blanc. La corniche est masquée de même que les colonnes : le rocher est de pâte à choux pralinée (que vous disposez plate et irrégulière). Ces quatre arches sont de même pâte, mais glacées au four ou au cassé. Vous ornez la ruine et le rocher de groupes de mousse de diverses couleurs.

Grande ruine d'Athènes, n° 3.

Cette ruine est à huit colonnes, quatre dans sa longueur, et trois dans sa largeur. Cinq sont entières, et trois sont en ruines de diverses hauteurs : elles sont préparées comme les précédentes. L'entablement est de feuilletage blanc ; la corniche de pâte d'office ornée de petits boutons de feuilletage blanc ; le soubassement de cette colonnade se compose de trois arcades transversales et en pâte d'office masquées de sucre rouge mêlé de sucre blanc.

Entre les colonnes vous placez des fragmens de chapiteaux et d'entablement, le tout orné de mousse comme le dessin l'indique.

CHAPITRE XIV.

PETIT NAVIRE CHINOIS, n° 1.

Ce navire est en pâte d'office masquée de sucre jaune. La galerie est découpée et masquée de sucre rouge, ainsi que la lanterne et les trois petits mâts. Les petits étendards sont en pastillage bleu de Roi, orné de caractères chinois. Le cabinet est masqué rose; le toit est en sucre filé jaune. La mer est imitée de sucre filé argenté; elle est entourée de madelaines au cédrat.

On garnit ce navire d'oranges en pâte d'amandes ou de citrons, comme il est dit pour la gondole vénitienne.

Gondole vénitienne, n° 2.

Cette pièce est en pâte d'office masquée de sucre bleu de ciel : elle est élevée sur un petit socle bombé de quatre pouces au milieu, et de deux pouces sur les bords : c'est sur ce socle que vous placez des nappes de sucre filé argenté, pour imiter les vagues de la mer, comme le dessin l'indique, ce qui fait bien : car cette gondole se trouve absolument entourée de vagues très-brillantes. Le pavillon se compose de huit colonnes masquées de sucre rose; les draperies sont de pâte d'office bleu de ciel (ou en sucre filé jaune) : le dôme est en sucre filé jaune, ainsi que la voile et le petit pavillon flottant. Le mât est masqué de même que la gondole; les cordages qui l'entourent sont de sucre filé blanc : la garniture se compose de moyennes méringues au gros sucre et garnies de crême.

Je servis cette gondole garnie de petits tonneaux en pâte d'amandes garnie de confitures, puis de méringues, et, une autre fois, de grosses truffes cuites au vin de Champagne.

SUJETS DE LA PLANCHE XXVII.

Le n° 1 représente la gondole vénitienne.
Le n° 2, un petit navire chinois.

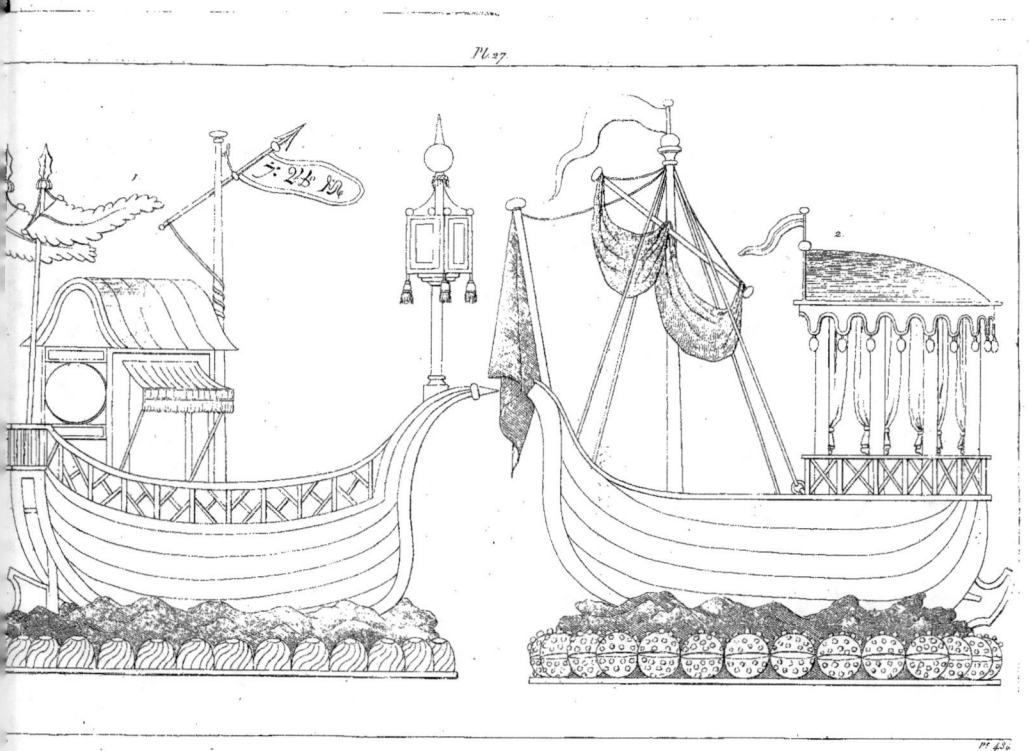

Pl. 28.

CHAPITRE XV.

PAIN BÉNI ROYAL, n° 1.

Cette grosse pièce est d'un effet admirable, et annonce réellement la magnificence d'un grand prince. Elle fut exécutée à Neuilly pour la duchesse ***, qui en fit hommage à la paroisse du pays.

Lorsque j'eus terminé ce pain bénit, et qu'il fut au milieu de l'église, jai trouvé qu'il avait quelque chose de grand et de religieux, sous le rapport de l'encens qui brûlait dans les petites cassolettes et dans la coupe, et qui parfuma en un moment la voûte du temple sacré.

Maintenant, revenons à nos détails. Le piédestal de cette colonne est carré; et aux quatre coins sont de petits piédestaux qui sont détachés du grand, par deux pouces qu'ils ont de saillant. Sur eux sont placées quatre cassolettes roses. Dans leurs cuvettes vous collez un petit dôme de fer-blanc, dans lequel vous placez douze clous d'encens. Le dôme qui couvre les cassolettes est découpé à jour, dans le genre du dessin, et s'ôte à volonté. Les trophées qui ornent les quatre faces de cette pièce sont en pastillage blanc ou doré. Toute cette grosse pièce est de pâte d'office masquée de sucre blanc et rose. La coupe qui couronne cette colonne est garnie en dedans d'un dôme de fer-blanc, dans lequel vous placez une douzaine de clous d'encens.

Les guirlandes que vous voyez orner le piédestal sont de sucre filé argenté, ce qui produit beaucoup d'effet. La garniture se compose de vingt-quatre pains bénits en forme de coussins, pesant chacun trois livres. Elle est ceinte d'une couronne de rubans blancs, où sont attachées des bouffettes de faveur blanche, ce qui termine ce pain bénit d'une manière convenable. Au moment de partir de la sacristie,

---

SUJETS DE LA PLANCHE XXVIII.

Le n° 1 représente le pain bénit royal.
Le n° 2, la grande cassolette antique.
Le n° 3, le vase brûlant l'encens, garni de grosses broches.

vous allumez l'encens, et recouvrez les cassolettes et la grande coupe.

Le pain bénit dont je viens de parler avait quatre pieds et demi de hauteur sur trois de largeur.

On pourrait en faire de moins considérables, comme, par exemple, le représentent les n°s 2 et 3 de la planche 28.

On pourrait encore composer ces sortes de grosses pièces de l'une des deux grandes cassolettes figurées sur la planche 17; de même encore, d'une lyre, d'une mappemonde, d'une gerbe de blé, d'un palmier, d'un trophée de guerre, d'un vase tel qu'il est décrit planche 18, où des deux autres pièces de la même planche. Ici finit la série des pièces montées.

OBSERVATION SUR LES GROSSES PIÈCES MONTÉES.

Ces grosses pièces ont depuis dix-huit pouces de diamètre jusqu'à vingt-quatre, et on leur donne de hauteur depuis trente à trente-six pouces jusqu'à quarante et quarante-huit. Je n'ai pas besoin de dire que, pour l'exécution de toutes ces sortes de colifichets, il faut, avant tout, en avoir les moules, sans quoi point de pièce montée. Cependant, j'en ai fait un grand nombre sans leur secours; par exemple, le trophée de guerre, planche 16; le gradin d'abaisse en pâte d'amandes, planche 17, de même que l'ermitage de la planche 19, la grotte de la planche 20; les n°s 1 et 2 de la planche 21; les n°s 1 et 2 de la planche 22; les n°s 2 et 3 de la planche 23, et les n°s 1 et 3 de la planche 24.

Voilà une idée des pièces que l'on peut faire sans moules.

On a sans doute remarqué que le sucre rose se trouve employé dans un très-grand nombre de pièces montées contenues dans cette partie. Cela est facile à concevoir, parce que cette jolie couleur a le double avantage d'être agréable à la vue, et en même temps s'allie parfaitement avec nos petites pâtisseries de colifichets; avantage qu'on ne peut réellement obtenir avec le rouge, le vert, le bleu, le lilas, et même l'orange et le jaune, parce que ces sortes de couleurs sont trop tranchantes et trop disparates de nos couleurs de pâtisserie. Cependant nous sommes forcés de les employer pour varier les pièces, sur-tout dès qu'on en doit servir quatre ou six ensemble, afin de les faire valoir l'une par l'autre. Cette différence de couleurs leur donne du ton et de l'élégance; mais nous ne donnons à ces sucres colorés que des teintes extrêmement légères; car plus les couleurs sont tendres, et plus elles sont jolies et agréables à la vue. Néanmoins, si elles sont par trop pâles, elles perdent leur éclat et finissent par devenir insipides par leur fadeur. Le juste milieu est donc bien nécessaire pour la colorisation des sucres qui produisent tant d'effet et d'éclat. Ils ont l'avantage réel d'être plus brillans que la pâte d'amandes de couleur, et même le pastillage. Ce résultat est bien important, puisqu'en moins d'une journée on peut aisément exécuter plusieurs de ces pièces montées. Elles seront trouvées charmantes; tandis que, pour les obtenir en pate d'amandes ou de pastillages, il faut au moins six et huit jours, pour ne pas dire plusieurs semaines. Ce genre est tout-à-fait pâtissier, et ne ressemble en rien au décor de l'office. Nous devons être jaloux et fiers de nous distinguer par des talens qui n'appartiennent qu'à notre état.

Le sucre filé joue aussi un bien grand rôle dans cette partie, qu'il enrichit d'une manière si éclatante. Pour mes casques, par exemple, quel brillant effet ce sucre ne produit-il pas, ainsi que pour mes autres colifichets, tels que la mappemonde, la lyre, la harpe, les cascades, les chaumières, et tant d'autres objets de goût!

Cette série de grosses pièces montées est généralement facile à l'exécution, parce que leurs détails sont courts et aisés à concevoir, ce qui les fera sans doute apprécier par mes confrères. Elles sont d'autant plus intéressantes pour mon état, qu'elles sont composées par l'artiste qui les a exécutées mille fois, et toujours avec des modifications plus ou moins simplifiées. Ce résultat est, ce me semble, d'autant plus important que j'ai levé les difficultés qu'il y avait à courir dans ce genre de décors.

Cette collection de colifichets, tant pièces montées qu'entremets (comme on va le voir), est le résultat des progrès rapides que fit notre grande pâtisserie moderne. Ce genre nous appartient particulièrement. Les dessins, cependant, ne sont pas selon les règles de l'art.

Mais il me fut de toute impossibilité d'employer les détails de l'architecture dans un genre de décor qui n'appartient qu'à mon état. Mon premier devoir fut donc de me renfermer dans les limites des lois bizarres que mon métier m'imposait; et je fus contraint, en dépit de moi-même, de produire des choses telles que mon art l'exige : car, après tout, il fallait donner des idées, ou, si l'on veut, de petits modèles qui puissent être prompts et aisés à faire en pâtisserie, et dans un court espace de temps, comme je l'ai démontré dans cette partie. Telle est la cause principale qui m'a forcé de ne produire que des objets de goût et de fantaisie, et le plus simples possible, mais élégans et corrects, selon les règles de mon état.

CHAPITRE XVI.

DES CROQUE-EN-BOUCHE D'ENTREMETS.

Croque-en-bouche de quartiers d'oranges, n° 1.

Ayez douze belles oranges rouges et de bon fruit. Après en avoir enlevé l'écorce, séparez chacune d'elles en douze quartiers d'égale grosseur; mais ayez soin d'en séparer exac-

SUJETS DE LA PLANCHE XXIX.

Le n° 1 représente le croque-en-bouche de quartiers d'oranges, glacé.

Le n° 2, le biscuit glacé à la royale.

Le n° 3, le croque-en-bouche de génoises glacées au gros sucre.

Le n° 4, le croque-en-bouche de marrons glacés au caramel.

Le n° 5, la corbeille à la française, garnie de crème et de fraises.

Le n° 6, la coupe en pâte d'amandes ornée d'une sultane.

Le n° 7, la charlotte à la parisienne.

Le n° 8, la méringue montée et au gros sucre.

Le n° 9, le croque-en-bouche de noix vertes glacées au caramel.

Pl. 29.

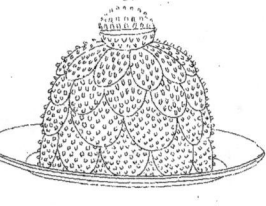

DES GROSSES PIECES MONTÉES.

tement toute la peau blanche, sans cependant endommager la pellicule qui contient le jus du fruit. Tous les quartiers étant ainsi préparés, vous les trempez séparément et entièrement dans du sucre cuit au cassé (légèrement coloré), et vous les placez au fur et à mesure dans un moule uni de six pouces de diamètre sur cinq de hauteur; mais vous les placez inclinés dans le genre du dessin n° 1. Aussitôt que le sucre devient caramel, vous en faites cuire d'autre et continuez à monter le croque-en-bouche que vous démoulez et servez de suite; il ne doit pas attendre, parce que le sucre s'amollit rapidement par l'humidité du fruit. Par ce triste résultat, au bout d'une heure d'attente, le croque-en-bouche est susceptible de tomber par fragmens; il est donc important de le mouler au moment du service.

Croque-en-bouche de génoises au gros sucre, n° 3.

Préparez l'appareil des génoises à l'orange (*Voyez* cet article 3ᵉ partie), et faites-les cuire selon la coutume. Vous les détaillez avec un petit coupe-pâte rond-uni de quatorze lignes de diamètre; ensuite vous videz le milieu avec un petit coupe-pâte de huit lignes de largeur, de manière que vos génoises forment des anneaux que vous masquez légèrement dessus avec de la glace royale colorée vert pistaches, sur laquelle vous semez du gros sucre très-égal de grosseur. Au fur et mesure que vous avez une douzaine de génoises préparées ainsi, vous les mettez à la bouche du four deux minutes seulement; et vous continuez le même procédé pour le reste des génoises. Vous les mettez ensuite dans un moule en dôme de sept pouces de diamètre sur cinq de hauteur; vous les collez avec du sucre cuit au cassé; vous renversez le moule sur son plat; et, après l'avoir ôté, vous garnissez le milieu de chaque anneau de génoises d'une belle cerise confite bien transparente, et égouttée comme le dessin ci-dessus l'indique. (*Voyez* le n° 3.)

En glaçant les génoises à la glace blanche, vous semez dessus des pistaches hachées et les garnissez au miliu d'une cerise, ou bien à blanc et au gros sucre garni aussi d'une cerise.

Mais lorsque vous voulez les garnir de beau verjus, alors mettez-les à la glace blanche et au gros sucre, ou à la glace rose et au gros sucre, ou à la glace citron et au gros sucre; garnissez-les de verjus.

Croque-en-bouche de feuilletage à blanc.

Donnez douze tours à un litron de feuilletage; détaillez-le en petits anneaux comme les précédens; et, après les avoir rangés sur le tour, saupoudrez-les de sucre fin et placez-les de suite sur un grand plafond, ou sur une plaque d'office. Mettez-les au four chaleur modérée, et cuisez-les bien blanc. Lorsqu'ils sont froids, vous les montez dans un moule en dôme uni, et les collez avec du sucre cuit au cassé. Vous garnissez le milieu des anneaux avec une belle cerise ou du verjus.

On peut masquer le dessus des anneaux avec de la glace royale rose, blanche ou verte. Sur la rose, on peut semer du gros sucre; sur la blanche, des pistaches hachées, et sur la verte, du gros sucre.

On glace encore ces anneaux au sucre au cassé blanc ou rose, ou au caramel.

Croque-en-bouche de marrons glacés au caramel, n° 4.

Ayez soixante beaux marrons (de Lyon) grillés, et après les avoir parfaitement épluchés et parés des parties colorées par le feu, vous les glacez (trempez) un à un dans du sucre cuit au caramel bien blond; et les placez à mesure dans un moule rond uni de sept pouces de diamètre sur cinq de hauteur.

On doit monter ce croque-en-bouche au moment du service, parce que l'humidité des marrons ramollit le sucre au point qu'en peu de temps il perd sa consistance et son brillant.

On peut également colorer le sucre rose ou au safran, ou simplement cuit blanc au cassé.

DES GROSSES PIECES MONTÉES.

Croque-en-bouche de noix vertes glacées au caramel, n° 9.

Epluchez soixante belles noix vertes, mais ayez soin de les conserver bien entières. Vous les mettez au four chaleur douce pour les colorer légèrement. Lorsqu'elles sont froides, vous les glacez les unes après les autres, et les placez à mesure dans le moule avec ordre, comme le dessin n° 9 l'indique, et vous servez. On peut mouler les croque-en-bouche sans faire sécher les noix. On en fait également aux amandes vertes, mais ce n'est qu'au moment du service, pour s'assurer de l'opération.

On fait aussi des croque-en-bouche d'entremets dans le genre des recettes décrites au croque-en-bouche de grosses pièces de fonds. (*Voyez* la 4ᵉ partie.)

CHAPITRE XVII.

BISCUIT GLACÉ A LA ROYALE, n° 2.

Faites un biscuit de Savoie (*Voyez* les grosses pièces de fonds.) de neuf œufs, trois quarterons de sucre et cinq onces de fécule; ajoutez un peu de poudre d'iris et de fleur d'orange pulvérisée. Le biscuit étant cuit de belle couleur (dans un moule à huit côtes) et refroidi, vous mettez dans une petite terrine un blanc d'œuf et demi, que vous remplissez avec dix onces de sucre royal passé au tamis de soie. Vous remuez parfaitement cette glace avec une cuillère de bois ou d'argent, en ajoutant de temps en temps quelques gouttes du suc d'un citron. La glace étant très-blanche, vous la séparez en deux parties égales; vous mettez dans l'une assez de carmin ou du rouge végétal pour la colorer d'un beau rose; après quoi, vous masquez une côte seulement et correctement avec la glace blanche: vous masquez la côte suivante de rose que vous lissez avec la lame du couteau: ayez soin que la glace soit mince et aussi unie que possible. Suivez le même procédé pour masquer la surface du biscuit; une côte blanche, une rose, une blanche, une rose, et ainsi de suite, comme le représente le dessin n° 2 de la planche ci-dessus.

Pour avoir la facilité de masquer ce biscuit, vous le placez sur une assiette creuse renversée; vous le mettez quinze minutes à la bouche du four chaleur molle, afin que la glace se sèche sans changer de couleur, point essentiel de l'opération; car si le rose ou le blanc se trouve altéré par la chaleur du four, alors ce joli entremets est de mauvaise mine; et, au lieu du beau fini, il n'a plus que l'indice du vulgaire qui ne produit que des choses médiocres.

Il est important de remarquer que la glace doit se trouver d'un corps lisse et coulant un peu épais, en la versant de la cuillère. La glace étant trop liée, elle n'est pas unie; trop molle, elle ne peut masquer convenablement. Je ne puis déterminer la quantité de sucre à cause de la grande variation des œufs dans leur grosseur.

Biscuit à la parisienne.

Faites un biscuit de même que le précédent; mais faites-le cuire dans un moule uni de sept pouces de diamètre. Lorsqu'il est cuit de belle couleur et refroidi, vous le cernez dans le genre d'un vol-au-vent à un petit pouce près du bord et à trois de profondeur. Otez-en le couvercle et une grande partie de la mie; ensuite préparez une glace comme il est dit ci-dessus, et colorez-la d'un beau vert pistache avec de l'essence de vert d'épinards. Vous en masquez la surface et le pourtour du biscuit, que vous mettez quelques minutes au four chaleur molle, pour sécher la glace seulement sans la changer de couleur.

Au moment du service, vous garnissez l'intérieur du biscuit avec l'appareil du fromage bavarois aux pistaches. (*Voyez* cet article, 7ᵉ partie.) Vous placez par-dessus une sultane très-blanche filée dans un dôme de six pouces de diamètre, et vous servez de suite.

On peut également garnir ce biscuit avec toutes les sortes de recettes contenues dans le chapitre des fromages bavarois, de même des crèmes plombières ou glacées. (*Voyez* la 7ᵉ partie.)

On le garnit encore de crème fouettée et de fraises : on

peut encore changer la couleur de la glace du biscuit, c'est-à-dire le faire rose, jaune, chocolat, orange, citron et blanc.

On peut semer sur ces glacés du gros sucre ou des pistaches hachées.

Biscuit aux confitures et méringué.

Faites un biscuit de la même force que les précédens ; mais formez-le dans un moule rond-uni de six pouces de largeur sur cinq ou six de hauteur. Lorsqu'il est parfaitement refroidi, vous le coupez sur son diamètre en lames de six lignes d'épaisseur. Vous le séparez au fur et à mesure ; et, lors que vous êtes à la dernière épaisseur, vous masquez légèrement le dessus de marmelade d'abricots, sur laquelle vous placez une lame de biscuit que vous masquez encore d'abricots. Placez ainsi le biscuit en le masquant à mesure de marmelade, de manière qu'il se trouve être dans sa forme première ; après quoi, vous fouettez trois blancs d'œufs bien fermes. Vous les mêlez avec quatre onces de sucre fin ; vous masquez de ce mélange la surface et le tour du biscuit, et semez par-dessus du sucre écrasé fin. Vous remettez au four chaleur douce pour le colorer d'un beau blond : lorsqu'il est refroidi, vous le servez.

On peut semer sur le méringué du gros sucre ou des pistaches coupées en dés, ou du raisin de Corinthe mêlé avec du gros sucre, ou du gros sucre mêlé avec des pistaches hachées.

On remplace la marmelade d'abricots par des marmelades de coings, de pêches ou de prunes, ou par des groseilles de Bar et de la gelée de pommes.

Biscuit fourré à la pâtissière et méringué.

Vous préparez la moitié de la recette décrite à l'article crême-pâtissière au chocolat : vous employez cette crême de même que ci-dessus, c'est-à-dire, que vous coupez le biscuit en lames que vous masquez légèrement de crême au lieu d'abricots, et vous le méringuez de même que le précédent.

On peut varier cette crème selon les recettes indiquées dans le chapitre des crêmes-pâtissières. (*Voyez* 7ᵉ partie.)

Biscuit à l'italienne.

Vous préparez le biscuit de même que les précédens ; et, après l'avoir coupé en lames, vous commencez à verser sur la dernière une cuillerée de vrai marasquin : au fur et à mesure que vous replacez les lames de biscuit les unes sur les autres, vous versez dessus une cuillerée de marasquin, de manière que la mie se trouve légèrement imbibée de cette agréable liqueur. Le biscuit ayant repris sa forme première, vous le méringuez de même que le précédent, ou bien vous le masquez avec de la marmelade d'abricots : vous semez par dessus des macarons pulvérisés.

On peut également imbiber la mie de ce biscuit de liqueurs fines des îles, et le masquer ensuite de l'appareil des méringues à l'italienne.

CHAPITRE XVIII.

CORBEILLE A LA FRANÇAISE, n° 5.

Ayez un moule à corbeille dans le genre du dessin n° 5 : montez dedans des croquignoles à la Reine, que vous glacez, au fur et à mesure, dans du sucre cuit au cassé et légèrement coloré ; mais vous les collez avec symétrie dans le genre du dessin n° 5. Après avoir ôté la corbeille du moule, vous la placez sur le plat d'entremets, et la garnissez en pyramide avec de la crème plombière asssaisonnée aux fraises (*Voyez* 7ᵉ partie.) : vous placez légèrement dessus de grosses fraises entières et de bon fruit. Servez de suite.

On peut garnir cette corbeille selon les recettes contenues dans le chapitre des crêmes plombières. (*Voyez* celle que vous préférerez, 7ᵉ partie.)

Corbeille à l'anglaise.

Vous la montez dans le même moule que la précédente ; mais vous la formez en collant, à côté l'un de l'autre, de petits macarons doux ou aux avelines. Après l'avoir démontée, vous la placez sur son plat, et la garnissez avec l'une des recettes indiquées au chapitre des crêmes fouettées. Vous semez sur la surface de la crême (que vous aurez dressée en pyramide) de gros raisins de Corinthe bien lavés et essuyés dans une serviette. Servez de suite.

Corbeille à la génoise.

Vous préparez l'appareil indiqué à l'article génoises au chocolat (*Voyez* 3e partie) : vous la détaillez avec un petit coupe-pâte rond de douze lignes de diamètre ; après quoi, vous glacez ces petits ronds dans du sucre cuit au cassé. Vous les montez à mesure dans le moule à corbeille : lorsqu'ils sont démontés, et au moment du service, vous la garnissez en rochers avec une gelée fouettée, que vous aurez fait prendre comme d'habitude. On fait, dans le même genre, des corbeilles en nougat d'avelines et d'amandes ordinaires, de petits croque-en-bouche à la Reine et au gros sucre.

Coupe en pâte d'amandes ornée d'une sultane, n° 6.

Faites une demi-livre de pâte d'amandes comme il est indiqué à la croquante de pâte d'amandes (*Voyez* la 4e partie); vous l'abaissez ronde et à une bonne ligne d'épaisseur, et la placez ensuite sur un dôme légèrement beurré, de six pouces de diamètre sur deux de hauteur. Vous la parez en lui donnant la forme du dôme, que vous placez de suite sur un plafond ; vous le mettez au four chaleur douce, afin de colorer la pâte d'amandes d'un beau blond. Avec le reste de la pâte, vous faites le pied de la coupe et le coloré blond. Quand il est refroidi, vous le collez à la coupe avec du sucre cuit au cassé, dans lequel vous glacez assez de petits boutons de feuilletage ou de pâte d'amandes, pour orner le bord de la coupe (*Voyez* le dessin n° 6) ; alors vous les collez après. Vous placez la coupe sur son plat d'entremets, et la garnissez de crême fouettée aux fraises, ou d'une crême plombière, sur laquelle vous placez çà et là de grosses fraises ou framboises. Recouvrez la crême, en plaçant sur le bord de la coupe une sultane blanche filée sur le même moule qui a servi à former la coupe. Vous placez sur le milieu de la sultane une aigrette en sucre filé. Servez de suite.

Pour monter cet entremets avec sûreté, observez les détails du dessin n° 6.

On fait, dans le même genre, des coupes en nougat et en petits croque-en-bouche à la Reine.

CHAPITRE XIX.

PREMIER TRAITÉ DES CHARLOTTES.

Charlotte à la parisienne.

AYEZ quatre onces de biscuit à la cuillère bien glacés et une petite caisse de biscuit vert aux pistaches ; vous coupez ce dernier en lames minces, et le découpez en losanges alongées de quinze lignes. Vous en formez une double étoile au fond d'un moule uni et octogone ; vous disposez de petits biscuits en pointe, et les placez sur l'étoile, afin de masquer le fond du moule. Avec le reste des biscuits, vous masquez la hauteur du moule, en les posant droits dedans et tout près les uns des autres. Ayez soin de placer le côté glacé sur le moule : alors vous emplissez la charlotte avec la préparation décrite au fromage bavarois à la vanille (*Voyez* cet article) ; mais vous la versez au moment où elle se trouve prête à servir. Le moule étant plein, vous couvrez le fromage avec des biscuits ; après quoi vous entourez le moule dans de la glace pilée ; et quarante minutes après, vous renversez la charlotte sur un plat d'entremets. Servez-la de suite.

Cette jolie charlotte ne laisse rien à désirer. Quelques personnes nomment cette charlotte *à la russe*, tandis que je l'ai dénommée *à la parisienne*, attendu que j'en eus l'idée pendant mon établissement ; car les premières qui aient paru, ce fut chez les ministres de la Police et des Relations extérieures où je les ai envoyées toutes moulées au moment du service, avec les commandes de pâtisserie qui m'étaient faites pour ces grandes maisons.

DES GROSSES PIECES MONTÉES. 447

On garnit également ce délicieux entremets avec toutes les sortes de recettes contenues dans le chapitre des fromages bavarois. (*Voyez* 7ᵉ partie.)

Charlotte à la française.

Vous foncez cette charlotte comme la précédente ; mais en place de biscuits, vous employez des croquettes (longues) à la parisienne. Vous la garnissez avec la préparation décrite à l'article blanc-mangés à la crême ; vous la versez au moment où elle se trouve prête à être démoulée ; et, après avoir couvert la surface avec des croquettes, vous placez le moule à la glace : une heure après, vous renversez la charlotte sur son plat, et la servez de suite.

Cette charlotte diffère singulièrement de la précédente, tant par sa physionomie que par sa qualité croquante et moelleuse. Quoique je n'aie pas vu l'effet de cette charlotte, je suis persuadé qu'elle sera bien accueillie par les gourmands : je suis sûr qu'en la composant de blanc-mangés à la crême, et des croquettes à la parisienne, elle ne peut qu'être savourée agréablement.

On peut ainsi garnir cet entremets, selon les recettes décrites dans les chapitres des blans-mangés, en préparant ceux-ci à la crême. (*Voyez* 7ᵉ partie.)

Charlotte à l'italienne.

Faites un petit entremets de génoises au rum. (*Voyez* cet article, 3ᵉ partie). Vous les coupez de la forme et du volume des petits biscuits à la cuillère, c'est-à-dire d'un carré très-long ; alors vous foncez avec un moule rond uni, mais vous les placez un peu inclinées, et les unes appuyées dessus les autres ; vous remplissez la charlotte avec la préparation décrite à l'article crême plombière au rum ; ajoutez dans cette crême quatre gros de colle clarifiée. Aussitôt qu'elle commence à se lier très-épaisse, vous la versez dans la charlotte, que vous couvrez avec des génoises, et la mettez à la glace pendant une petite heure ; vous la démoulez et la servez de suite.

On pourrait la garnir avec toutes les sortes de recettes

détaillées dans le chapitre des crêmes plombières, mais toujours en y ajoutant quatre gros de colle de poisson clarifiée.

Charlotte aux macarons d'avelines.

Après avoir préparé la crême à la française et aux macarons (*Voyez* cet article), vous la faites prendre comme le blanc-mangé à la crême; aussitôt qu'elle commence à se lier, à devenir bien coulante, vous y amalgamez une petite assiette de crême fouettée; vous masquez le fond d'un moule d'entremets uni ave des macarons aux avelines ou autres; vous en placez d'autres droits le long des parois du moule; mais vous remplissez les petits vides qui se trouvent entr'eux avec des fragmens de macarons. Vous commencez à verser assez de crême dans la charlotte pour contenir les macarons du tour, sur lesquels vous en placez d'autres; vous remettez encore de la crême, ensuite des macarons et de la crême. La charlotte étant ainsi garnie, vous la placez à la glace, et une heure après vous la servez.

On peut également garnir cette charlotte avec toutes les différentes recettes contenues dans le chapitre des crêmes françaises; mais en y mêlant, comme ci-dessus, un petit fromage à la Chantilly.

Charlotte aux gaufres aux pistaches.

Préparez la moitié de la recette des gaufres dites aux pistaches (*Voyez* cet article, 3e partie); aussitôt qu'elles ont cuit de belle couleur, vous les coupez de la hauteur du moule, et leur donnez deux pouces de largeur; vous les roulez tout-à-fait en petites colonnes, que vous placez droites dans le moule pour en garnir le tour. Vous masquez le fond du moule avec des gaufres coupées en carrés alongées et pliées en cornets, de manière que la charlotte se trouve foncée exactement : alors vous la garnissez avec l'une des recettes décrites dans le chapitre des gelées fouettées (d'entremets), et vous la placez à la glace pendant une petite heure; après quoi vous la renversez et la servez de suite.

DES GROSSES PIÈCES MONTÉES.

Cette charlotte est d'une physionomie tout-à-fait distinguée des précédentes, et ne leur cède en rien pour la qualité.

On peut ajouter du gros sucre aux pistaches, afin que la surface des gaufres se trouve plus brillante encore.

Il est important de remarquer que, pour faire toutes ces jolies charlottes avec succès, on ne doit les garnir des crèmes indiquées, que quand ces mêmes crèmes se trouvent fermes, comme on les sert ordinairement démoulées.

~~~~~~

CHAPITRE XX.

SECOND TRAITÉ DES CHARLOTTES.

Charlottes de pommes d'api.

Après avoir épluché quatre-vingt pommes d'api, vous les coupez par petits quartiers minces; vous les sautez dans une grande casserole avec quatre onces de beurre tiède et quatre onces de sucre en poudre, sur lequel vous aurez râpé le zeste d'une orange ou d'une bigarade bien jaune. Ensuite vous placez les pommes couvertes sur un feu modéré, et les sautez de temps en temps, afin de les cuire bien également et le plus entières possible. Vous y mêlez un pot de belles cerises égouttées de leur sirop. Pendant leur cuisson, vous coupez carrément la mie d'un pain de deux livres, que vous aurez commandé la veille, et de la même pâte que le pain mollet ordinaire. Vous coupez cette mie dans son épaisseur avec un coupe-racine de huit lignes de diamètre. Ensuite vous trempez ces colonnes de mie dans quatre onces de beurre tiède, et les placez à mesure dans le moule pour en garnir le fond et le tour. Vous versez les pommes dans la charlotte, et masquez le dessus encore de mie, trempée dans le beurre trois quarts d'heure avant le moment du service, vous la mettez au four gai, ou bien vous la placez sur des cendres rouges, et l'entourez de moyennes braises ardentes. Vous la couvrez de même après une demi-heure de cuisson : vous observez la charlotte, et si elle se trouve colorée bien blonde, vous la renversez sur son plat ; mais dans le cas contraire, vous renouvellez le feu lorsqu'elle est cuite, vous enlevez le moule, et masquez légèrement la charlotte avec un doroir imbibé de marmelade d'abricots, de gelée de pommes ou de groseilles rouges, ou avec le jus du pot de cerises, ce qui lui donne une physionomie brillante.

On aura soin de beurrer le moule avant de s'en servir. On le glace aussi avec du sucre en poudre; mais je préfère le beurrer simplement, attendu que le sucre est susceptible de colorer la charlotte de places plus foncées les unes que les autres.

Charlottes de pommes de rainette.

Epluchez trente-six belles pommes de rainette bien saines, coupées par quartiers, et chaque quartier émincé en six parties égales. Vous les sautez dans une grande casserole avec quatre onces de beurre tiède, et quatre de sucre en poudre, sur lequel vous aurez râpé le zeste d'un citron ou la moitié d'un zeste de cédrat; après quoi vous faites cuire les pommes sur un feu modéré, avec les soins donnés aux précédens. Vous y mêlez quatre cuillerées de marmelade d'abricots.

Vous foncez la charlotte, comme il est dit ci-dessus, ou bien vous coupez la mie la plus mince possible, et la parez en lames d'un pouce de largeur et de la hauteur du moule, dans lequel vous les placez droites en les croisant un peu l'une sur l'autre; mais, auparavant vous masquez le fond du moule avec des lames coupées en cœur, et toujours en les trempant dans du beurre tiède, à mesure que vous les placez. La charlotte étant ainsi foncée, vous la garnissez et vous recouvrez le dessus de pommes de lames de pain, masquées de beurre. Vous faites cuire, et servez la charlotte comme il est indiqué à l'article précédent.

Pour la charlotte de pommes au raisin de Corinthe, vous procéderez de même que ci-dessus, en supprimant deux onces de sucre, que vous remplacez par quatre onces de beau raisin de Corinthe parfaitement lavé.

On peut encore employer du raisin muscat, en place de celui de Corinthe.

DES GROSSES PIECES MONTÉES.

Charlottes d'abricots.

Ayez vingt-quatre beaux abricots de plein-vent, rouges en couleur, et pas trop mûrs. Après en avoir ôté la pelure, le plus mince possible, vous coupez chacun d'eux en huit quartiers. Vous les sautez dans une casserole avec quatre onces de sucre fin et deux onces de beurre tiède, sur un feu modéré, pendant dix minutes. Dans ce laps de temps, vous foncez la charlotte dans le même genre que celle aux pommes d'api. Vous versez dedans les abricots tout bouillans; vous recouvrez la charlotte que vous faites cuire suivant la règle; aussitôt qu'elle a atteint une belle couleur blonde, vous la renversez sur son plat. Vous la glacez légèrement de marmelade d'abricots, et la servez de suite.

Charlottes de pêches.

Coupez par moitiés vingt moyennes pêches de vignes, un peu fermes de maturité. Vous les faites blanchir dans un sirop léger. Quand elles sont parfaitement égouttées, vous coupez chaque moitié en trois quartiers d'égale grosseur. Vous les sautez dans une casserole avec quatre onces de sucre en poudre et deux de beurre tiède. Vous les versez de suite dans la charlotte que vous avez foncée de la même manière que la précédente, et vous la terminez selon les procédés décrits. Après l'avoir dressée sur son plat, vous la masquez parfaitement dessus et autour avec le sirop (dans lequel vous avez fait cuire le fruit) que vous avez fait réduire à la nappe : servez de suite.

On procédera de même que ci-dessus, pour confectionner des charlottes de prunes de mirabelle ou de reine-claude.

CHAPITRE XXI.

LA MÉRINGUE MONTÉE ET AU GROS SUCRE, n° 8.

Fouettez six blancs d'œufs bien fermes, que vous mêlez avec huit onces de sucre en poudre; le tout étant bien amolli, vous formez avec trois bonnes cuillerées d'appareil une méringue ronde et plate, du diamètre de sept pouces; vous la saupoudrez de sucre fin, et la placez sur une planche. Mettez-la au four doux, et laissez-la parfaitement sécher des deux côtés. Pendant sa cuisson avec le reste du blanc d'œuf, vous formez une méringue ronde, de la grosseur ordinaire; vous la saupoudrez de sucre, et la placez à côté de la grosse. Vous en formez huit plus petites rondes, mais vous aurez soin de les applatir, afin qu'elles n'aient que huit lignes d'épaisseur. Vous en formez encore huit plus petites, et dans le même genre; après cela huit autres plus petites, et encore huit dernières qui doivent n'avoir qu'un pouce de diamètre, tandis que les huit premières auront trois pouces de largeur. Enfin vous les masquez de beau sucre écrasé seulement, pour que les méringues puissent gréler. Sitôt que ce sucre est fondu, vous placez les méringues sur une planche, et les mettez au four. Lorsqu'elles se trouvent colorées blondes, vous les détachez du papier pour les placer au fur et à mesure dans l'ordre suivant : Vous posez droites les huit plus grandes à l'entour d'un dôme (de six pouces de diamètre sur trois de hauteur) de pâte d'amandes, qui sera cuite bien blonde. Vous masquez ensuite légèrement avec le reste de l'appareil des méringues (conservez-en deux cuillerées), ce qui fait que les méringues s'attachent au dôme. Vous placez, en formant l'écaille de poisson, comme le dessin du n° 8 l'indique, le reste des petites méringues; vous remettez le dôme au four pendant un bon quart-d'heure, pour que les méringues s'attachent, et par ce résultat ne forment plus qu'une seule et même méringue, que vous laissez refroidir sur le moule.

Etant prêt à servir, vous placez la grande méringue plate sur son plat d'entremets; vous la garnissez en dôme avec de la crême fouettée, au café ou autre odeur, ou bien avec de la crême plombière. Vous placez la méringue moulée par dessus. Vous l'enlevez du moule avec précaution, de peur de la casser; et sur le milieu vous placez la méringue ordinaire, que vous avez garnie de même que la grande. Servez de suite.

On pourrait encore garnir cette méringue avec la moitié de l'une des recettes contenues dans le chapitre des fromages bavarois, ou dans le chapitre des gelées fouettées, ou du blanc-mangé à la crême; mais vous feriez prendre ces sortes de préparations à la glace, comme pour les servir moulées; et sans les remuer, vous les prenez cuillerée par cuillerée pour en garnir la méringue.

CHAPITRE XXII.

VASE GARNI DE NOIX EN PATE D'AMANDES, n° 1.

Après avoir fait deux livres de pâte d'amandes (*Voyez* cet article), vous en colorez la moitié d'un beau rose, et dans les trois quarts de l'autre moitié, vous mettez une demi-gousse de vanille pilée et passée au tamis de soie, et assez de chocolat râpé et légèrement mouillé, pour le dissoudre seulement, afin de lui donner la couleur canelle et d'imiter le coloris des noix naturelles. Vous teignez le reste de la pâte d'un beau vert pistache avec de l'essence d'épinards, avec laquelle vous détaillez de petites feuilles dans la même forme que celles du noisetier; ensuite vous abaissez la pâte au chocolat, et la coupez en petites abaisses ovales. Vous les appuyez tour-à-tour dans des petits moules formant la coquille de noix. Vous en faites quatre-vingts, afin d'obtenir quarante noix entières. Vous abaissez la pâte rose, et la placez sur un moule de cuivre ou de fer-blanc (se séparant en deux parties), formant un vase d'entremets dans le genre du dessin; et après l'avoir légèrement appuyée pour

---

SUJETS DE LA PLANCHE XXX.

Le n° 1 représente un vase garni de noix en pâte d'amandes.
Le n° 2, la coupe garnie d'un ananas en pâte d'amandes.
Le n° 3, une corbeille garnie de pommes d'api en pâte d'amandes.
Le n° 4, le ballon en sucre filé.
Le n° 5, une corbeille en sucre filé, garnie de méringues.
Le n° 6, l'entremets monté à trois gradins.

qu'elle prenne parfaitement la forme, vous la parez en coupant la pâte qui excède le moule.

Vous placez le tout à l'étuve ou sur le four, pendant vingt-quatre heures, afin que les feuilles, les noix et le vase se sèchent sans perdre leur belle couleur. Vous garnissez les coquilles de noix avec de la gelée de pommes, de coings, d'ananas, d'oranges ou de groseilles de Bar. Vous formez vos noix en collant deux coquilles ensemble avec un peu de repère de la même couleur. Vous démoulez le vase, et réunissez et collez les deux parties avec du repère rose. Vous le collez de même sur le milieu d'une abaisse ronde de pâte d'office, du diamètre de sept pouces. Vous collez droits dans le vase trois montans (d'un pouce moins haut que le vase), sur lesquels vous placez et collez une abaisse de pâte d'office de la même largeur que l'intérieur du vase; vous y collez un petit dôme (formant la moitié de l'œuf) de quatre pouces de diamètre sur quatre de hauteur; et à l'entour de ce dôme, vous collez les noix en les groupant en buisson, comme le dessin l'indique. Entre chacune d'elles, vous placez les feuilles, et vous garnissez le tour de l'abaisse avec des génoises à l'orange.

On observera les détails du dessin n° 1, afin de grouper ce joli entremets avec élégance.

On peut le conserver un mois ou deux, et le servir pendant ces laps de temps plusieurs fois, en changeant seulement la garniture de génoises avec d'autres petites pâtisseries fraîches du jour.

On fait également ce vase en nougat, en pâte d'office de couleur et en sucre filé; alors on le garnit avec de moyens croque-en-bouche ou de petits choux glacés au sucre rose, ornés de feuilles avec du biscuit aux pistaches. On le garnit aussi tout simplement de petites méringues moelleuses, dans lesquelles on met de la crème ou des confitures.

Coupe garnie d'un ananas en pâte d'amandes, n° 2.

Préparez une livre et demie de pâte d'amandes, selon la règle; séparez-en un cinquième, que vous colorez d'un

beau vert tendre ; coupez le reste en deux parties égales ; colorez l'une avec une petite infusion de safran pour lui donner la couleur ananas, et l'autre moitié vous la colorez lilas avec du bleu de Prusse et du carmin (le tout dissous). Après l'avoir abaissée, vous la montez sur un dôme de six pouces de diamètre et de deux de profondeur. Avec les parures de la pâte, vous foncez le pied de la coupe ; vous abaissez la pâte jaune et la séparez en deux pour la monter dans un moule d'ananas (en plâtre ou en cuivre), du diamètre de trois pouces et demi : ensuite vous faites une abaisse de la pâte verte, et la découpez en feuilles longues pour imiter celles de l'ananas. Vous faites sécher toute votre pâte d'amandes, comme il est dit ci-dessus ; vous collez la coupe sur son pied ; vous fixez dans l'intérieur l'ananas, que vous aurez collé et garni de marmelade d'ananas : ensuite vous couronnez le fruit de feuilles dans le genre du dessin ; et vous placez le reste des feuilles à l'entour de l'ananas ; vous garnissez l'abaisse de pâte d'office (sur laquelle vous aurez collé la coupe) avec de petites méringues garnies de confitures.

On fait encore la coupe en pâte d'office rose, l'ananas de nougat blond et les feuilles en sucre filé, ce qui compose un entremets fort distingué.

Pour le grouper avec sûreté, observez les détails du dessin n° 2.

Corbeille garnie de pommes d'api en pâte d'amandes, n°. 3.

Après avoir préparé une livre de pâte d'amandes, vous mettez dans les trois-quarts une petite infusion de safran pour la colorer d'un jaune pâle ; vous colorez le reste d'un beau vert, et, après l'avoir abaissé, vous en découpez des feuilles de pommier ; ensuite vous faites une abaisse de pâte jaune, que vous détaillez avec un petit coupe-pâte rond de deux pouces et demi de diamètre, et vous la formez dans des moules de petites pommes d'api. Faites sécher le tout comme de coutume.

Vous colorez d'un beau jaune serin un demi-litron de

pâte d'office, dans laquelle vous joignez un peu de gomme adragant; vous roulez cette pâte en petites boules aussi fines que possible, et vous les placez, au fur et à mesure, sur un moule à corbeille (dans le genre du dessin); vous les faites sécher également à l'étude. Le tout étant parfaitement sec, vous garnissez les fruits de gelée de pommes; et, après avoir réuni ces petites pommes entières, vous les colorez légèrement d'un côté, en les frottant avec le bout du doigt, que vous aurez posé sur du carmin.

Ballon en sucre filé, n° 4.

Ayez un dôme de six pouces de diamètre et à côte, comme le dessin l'indique; puis filez dedans au-dessus deux sultanes bien blanches; vous les réunissez, afin d'en former le ballon de sucre filé, que vous collez sur un petit socle d'un pouce de haut : ce socle sera placé sur un autre de deux pouces de hauteur sur cinq de diamètre; le tout collé sur une abaisse de sept pouces de diamètre, sur laquelle vous placez une bordure de petits nougats, comme le représente le dessin; ensuite vous filez un peu de beau sucre bien blanc, avec quoi vous formez le panache sur le ballon que vous aurez ceint du même sucre filé. On fait également ce ballon en nougat ou en petits croque-en-bouche à la Reine et au sucre rose; alors on garnit le tour de l'abaisse de diverses petites pâtisseries, tel que génoises, madelaines, choux pralinés ou glacés au caramel.

Corbeille en sucre filé, garnie de méringues, n° 5.

Ayez un moule à corbeille de sept pouces d'évasement sur six de hauteur, et de cinq de largeur à son fonds, alors vous la frottez intérieurement avec bien peu d'huile; puis vous filez dedans une sultane bien blanche ou bien jaune; mais vous la filez à la fourchette et un peu épaisse en sucre. Au moment du service, vous la sortez du moule et la collez légèrement sur une abaisse de pâte d'office de sept pouces de diamètre; puis vous collez droit dans la corbeille trois montans de cinq pouces de hauteur, sur lesquels vous collez une abaisse de pâte d'office du diamètre de la largeur de l'intérieur de la corbeille, dans laquelle vous groupez un biscuit de méringues rondes, garni de crême plombière ou glacée, ou de fromage bavarois, ou de gelée fouettée; ensuite vous collez à la corbeille quatre guirlandes de sucre filé, et garnissez l'abaisse de petites madelaines au citron.

Vous les placez (faisant voir le côté rose) dans la corbeille que vous aurez mise sur une abaisse de pâte d'office, dans laquelle vous aurez collé une autre abaisse portée par trois montans. C'est sur cette abaisse que vous groupez le buisson de pommes; vous placez entre chacune d'elles des feuilles préparées à cet effet. Garnissez le tour de l'abaisse avec de petites gaufres au gros sucre.

Cet entremets a encore l'avantage de se conserver et de servir plusieurs fois. On peut garnir cette corbeille avec de moyens choux glacés au sucre rose cuit au cassé, et les orner ensuite de feuilles de biscuits aux pistaches.

On fait également cette corbeille en mosaïque de pastillage rose, lilas, orange, amarante, ou bleu de ciel.

Entremets monté à trois gradins, n° 6.

Faites quatre abaisses rondes de pâte d'office, la première de sept pouces et demi de diamètre, la seconde de six, la troisième de quatre et demi, et la quatrième de trois pouces. Vous faites neuf montans en forme de C un peu courbés, et de trois pouces de hauteur. Le tout étant cuit de belle couleur, vous parez vos abaisses parfaitement rondes, et les masquez sur l'épaisseur d'amandes pistaches ou roses; ensuite, sur le bord de la grande abaisse, vous collez une bordure de petits anneaux; sur la seconde, une bordure de petites dents de loup, et sur la troisième, une bordure de croissant. Après avoir masqué les montans d'amandes de couleur ou de sucre rose ou vert, vous en collez trois sur la grande abaisse et à deux pouces de distance entr'eux : vous posez dessus la seconde abaisse, afin d'éprouver si réellement elle se trouve d'aplomb; après quoi vous mettez du caramel bien chaud sur les montans, et vous replacez l'abaisse, en observant si elle est bien au milieu de la première. Vous collez sur la seconde abaisse trois montans avec les mêmes soins que précédemment, et collez dessus la troisième abaisse, sur laquelle vous adaptez les trois derniers montans pour y placer la petite abaisse. Collez sur cette dernière une petite coupe en pâte d'office, masquée de sucre de couleur ; placez sur la grande abaisse une couronne de vingt-quatre génoises en croissant perlé ; sur la seconde, une couronne de petits gâteaux glacés et fourrés de crême aux pistaches ; sur la troisième, de petits gâteaux royaux.

Cette manière de dresser les entremets fait valoir infiniment les gâteaux détachés ; et ces petites pâtisseries ainsi montées sont très-élégantes. J'en ai servi jusqu'à vingt-quatre montées de la même manière, mais garnies séparément de trois sortes de petits gâteaux.

CHAPITRE XXIII.

COUPE MONTÉE SUR UNE CASSOLETTE, n° 1.

Cette coupe, ainsi que le pied de la cassolette, sont en pâte d'office masquée de sucre rose. Le petit socle sur lequel elle est montée, est en canapé aux amandes pistaches. La grande abaisse est entourée de petits nougats unis ; la coupe a cinq pouces de diamètre sur trois de hauteur ; le pied de la cassolette en a six ; le socle a trois pouces de hauteur sur cinq de diamètre ; la grande abaisse a huit pouces de diamètre.

Vase garni d'une palme, n° 2.

Ce vase a neuf pouces de hauteur sur quatre de diamètre.

SUJETS DE LA PLANCHE XXXI.

Le n° 1 représente la coupe montée en cassolette.
Le n° 2, le vase garni d'une palme.
Le n° 3, une sultane montée sur une cassolette.
Le n° 4, la gerbe de blé ornée de sucre filé.
Le n° 5, un vase formant cascade.
Le n° 6, l'arbuste en nougat, portant de petits paniers.

à son évasement; son pied formé un socle de trois pouces de diamètre sur trois de hauteur; on le fait en nougat ou en pâte d'office masquée de sucre bleu de ciel; vous le garnissez d'une tête de palmier, de fleurons de feuilletage blanc ou de sucre filé : ensuite vous garnissez l'abaisse de petits choux glacés au cassé, et masquée de pistaches hachées.

Sultane montée sur une cassolette, n° 3.

Cette cassolette est plus légère que la précédente, sa coupe est presque plate, elle est masquée de sucre lilas; dessus est une sultane filée dans un dôme de cinq pouces de diamètre sur trois de profondeur; elle est ornée de sucre filé. Le socle est de gaufres à l'allemande; il a cinq pouces de diamètre sur trois et demi de hauteur. L'abaisse du fond de l'entremets a huit pouces de largeur; elle est garnie d'abaisses en pâte d'amandes de couleur lilas, dans lesquelles vous mettez de la crême plombière, du fromage bavarois ou de la crême à la Chantilly.

On peut mettre sous la sultane quelques méringues.

Gerbe de blé ornée de sucre filé, n° 4.

Cette gerbe a sept pouces de hauteur sur trois de diamètre à son lien : on la fait en feuilletage blanc; on forme les épis en sucre filé; elle est montée sur deux socles de quatre pouces de hauteur (de canapé vert), l'un de quatre pouces de diamètre, et l'autre de six. La grande abaisse de l'entremets est garnie de gâteaux royaux.

Vase formant cascade, n° 5.

Ce vase a sept pouces de hauteur sur cinq d'évasement; on le fait en nougat ou en pâte d'office masquée de sucre vert aux pistaches ou roses. Le socle sur lequel il est monté a sept pouces de diamètre sur deux et demi de hauteur. Vous garnissez le tour de l'abaisse de l'entremets avec de petits gâteaux d'amandes coupés carré-long; vous garnissez le vase de sucre filé de manière à former la cascade, comme le dessin l'indique.

CINQUIEME PARTIE.

Arbuste portant de petits paniers, n° 6.

Vous montez cet arbuste en nougat, comme l'indique le n° 6; mais vous écartez les branches de manière que vous puissiez y suspendre de petits paniers par l'anse, comme le dessin l'indique. Vous formez dix de ces paniers sur de petits dômes de vingt lignes de diamètre, avec des mosaïques de pâte d'office, dans laquelle vous joignez un peu de gomme adragant, afin de lui donner plus de corps. Vous les colorez au four, et ornez les branches de losanges de biscuits aux pistaches. Les socles qui portent l'arbuste sont en petites gaufres d'office de deux pouces et demi de longueur. La grande abaisse est garnie de gâteaux renversés glacés de sucre rose cuit au cassé.

Au moment du service, vous garnissez les petits paniers de crème fouettée, sur laquelle vous joignez une belle fraise. Servez de suite.

CHAPITRE XXIV.

ROTONDE A PALMIER, n° 1.

Cette rotonde est à six colonnes, dont le haut est orné de petits fleurons de feuilletage blanc; on la fait en pâte d'office masquée de sucre rose vif, ou bien en pâte d'amandes blanches, et alors les petits palmiers doivent être de pâte verte; on masque le toît de sucre filé blanc, ce qui produit un riche effet. Vous ornez le dessous de la corniche de petites denticules de feuilletage blanc. Le socle est de pâte d'office masquée de sucre vert; il a sept pouces de diamètre et deux et demi de hauteur. La bordure qui

---

SUJETS DE LA PLANCHE XXXII.

Le n° 1 représente la rotonde à palmier.
Le n° 2, le petit temple en pâte d'amandes.
Le n° 3, un petit pavillon turc, orné de sucre filé.
Le n° 4, la petite ruine dans une île.
Le n° 5, le petit cabinet chinois.
Le n° 6, la petite rotonde en ruines.

ceint le pied de la rotonde est de nougat ou de feuilletage blanc. La grande abaisse est garnie de petites madelaines au cédrat.

Petit temple en pâte d'amandes, n° 2.

Ce temple est rond et à six colonnes ; elles sont bleu de ciel clair, le dôme de même couleur. L'entablement est blanc ; le premier socle a six pouces et demi de diamètre sur un et demi de hauteur ; le second a quatre lignes de plus large et la même hauteur : tout deux sont de pâte d'amandes blanches. La garniture de la grande abaisse se compose d'abaisses de pâte d'amandes de la même couleur que les colonnes : elles sont garnies de fromage bavarois.

Cet entremets est fort joli ; on peut le faire également en pâte d'office ou en nougat.

Petit pavillon turc orné de sucre filé, n° 3.

Ce pavillon est carré et à quatre colonnes rayées de sucre vert et blanc ; le dôme est de sucre vert ou blanc. Les draperies sont en sucre filé ou en pastillage jaune. Vous collez ce pavillon sur un socle en nougat de cinq pouces carrés et de deux et demi de hauteur ; vous l'entourez d'une garniture de biscuit coupée carrée longue et glacée à la royale au citron.

On peut faire également cet entremets en pâte d'amandes.

Petite ruine dans une île, n° 4.

Cette ruine a six colonnes, dont deux de largeur et trois de longueur : deux sont cassées comme l'indique le dessin ; les fragmens de colonne et de l'entablement sont tombés dans l'intérieur ; les colonnes sont en pâte d'office masquée de sucre blanc ; l'entablement est en feuilletage, afin d'avoir les épaisseurs pleines. Vous ornez la ruine de petites parties de mousse : le premier socle doit avoir un pouce de hauteur sur six et demi de longueur et trois et demi de largeur. Vous le masquez entièrement de sucre filé, ce qui entoure la ruine de nappes d'eau formant cascade. Le second socle est dans le même genre, de deux pouces de hauteur : ce sont des gaufres qui le composent, et la garniture de la grande abaisse est de choux pralinés et garnis de crème à l'orange.

On peut faire cet entremets en pâte d'amandes.

Petit cabinet chinois, n° 5.

Ce pavillon est à six colonnes rayées jaune et blanc ; sa forme est polygone. L'entre-colonnement est garni d'un chassis avec treillage ; le toît est couvert de sucre filé ; les petits œufs sont en pastillage blanc, et suspendus avec de petits bouts de soie. Le socle est rond et à six pouces et demi de diamètre sur deux et demi de hauteur ; le tout en pâte d'office ou d'amandes.

La garniture de cet entremets est de choux garnis de marmelade d'abricots, et glacés ensuite au sucre rose au cassé.

Petite rotonde en ruines, n° 6.

Cette rotonde est dans le genre gothique par la légèreté de ses colonnes, qui sont accouplées deux par deux ; elles sont au nombre de douze, dont quatre sont cassées, comme le dessin l'indique. Vous les collez sur un socle d'un pouce de hauteur sur six et demi de diamètre. Le deuxième socle doit avoir sept pouces de largeur. Pour la garniture de la grande abaisse, ce sont des nougats d'avelines coupés en filet : vous pouvez placer, entre chaque colonne, du sucre filé pour former cascade.

Observation. Il est facile de voir que ces sortes d'entremets montés, ne sont autre chose que de grosses pièces montées et arrangées pour faire de petites pièces de onze à douze pouces de hauteur, sur huit de diamètre ; car, si on ajoutait à ces entremets un grand socle ou deux, on obtiendrait bientôt de grosses pièces montées, tout aussi élégantes que celles des planches 18, 19, 20, 21, 22, 23 et 24e. Ainsi, avec les couronnemens de ces sortes de grosses pièces, on pourrait faire des entremets dans le même genre

DES GROSSES PIÈCES MONTÉES.

que ceux-ci. Il est bon de remarquer que les quatre dernières planches où j'ai figuré mes entremets montés, offrent quatre genres bien distincts. Les premiers sont mâles et brillans, et peuvent être servis tous les jours sur nos tables opulentes ; les seconds sont d'une physionomie plus pittoresque, et font plus d'effet. Ceux-là sont pour être servis sur des tables à cérémonies ; les troisièmes sont d'un genre plus élégant, et conviennent plus parfaitement pour les buffets et les grands diners de quarante à soixante couverts. Les derniers sont plus agréables encore ; car, toutes ces petites pièces à colonnes sont d'un effet plus riche.

Je finis enfin ici la série des entremets montés, quoique j'eusse pu aisément en grossir encore le nombre, en dessinant d'autres objets que j'ai composés et exécutés, comme, par exemple, le petit char chinois couvert de son parasol ; la petite barque turque ; le canon sur son affût, monté sur un petit rempart ; le mortier aussi monté ; un petit tonneau de porteur-d'eau avec ses deux seaux ; un petit puits avec sa poulie, sa corde et ses seaux ; de petites charettes ; des moulins à vent et à eaux ; le gradin d'abaisses en pâte d'amandes ; l'arbuste de nougats portant des nids d'oiseaux ; la gerbe de roseaux ornée de sucre filé, etc., etc., et tant d'autres fantaisies que j'ai exécutées sur l'heure.

Remarque importante. Après avoir moulé les colonnes en pâte d'office, vous avez soin de les piquer, afin qu'elles se conservent bien lisses à la cuisson ; mais ces soins sont insuffisans, puisque la chaleur les fait toujours clocher çà et là. Voici un procédé que la pratique seule m'a donné.

Les colonnes étant placées sur une plaque et à deux pouces de distance entr'elles, vous les mettez au four chaleur modérée ; et dès l'instant qu'elles sont prises et seulement blanchies par la cuisson, vous les retirez à la bouche du four ; vous les roulez l'une après l'autre sur le tour, en les appuyant à peine, afin de faire disparaître les globules d'air, ce qui s'opère aisément. Après cela, vous les laissez sécher doucement, et, en les sortant du four, vous avez

CINQUIEME PARTIE.

l'attention de les détacher des moules, sinon, étant froids vous les retireriez par morceaux. Il est aussi essentiel d'observer que la pâte à choux, qui sert pour les rochers, les rocailles et les socles (n'importe les formes qu'on lui aurait données), doit être parfaitement ressuyée au four.

FIN DU PREMIER VOLUME.

TABLE

DES CHAPITRES ET DES SOMMAIRES

CONTENUS DANS CE VOLUME.

Sujets *de la planche I* (frontispice).
Préface.   Page j
Discours préliminaire.   v

PREMIÈRE PARTIE.

Chapitre Ier. Observations sur les détrempes.	1
Chap. II. Détrempe du feuilletage.	2
Détail de la détrempe.	3
Seconde détrempe du feuilletage.	7
Troisième détrempe du feuilletage.	9
Chap. III. Feuilletage à la graisse de bœuf, de veau, au saindoux et à l'huile.	11
Chap. IV. Détrempe de la pâte à dresser des pâtés chauds et froids.	13
Détail de cette détrempe.	14
Pâte à dresser pour les pâtés chauds.	16
Pâte fine pour les timbales.	id.
Chap. V. De la pâte fine et de la pâte brisée.	id.
Chap. VI. Détrempes des gâteaux de plomb.	id.
Gâteau de plomb à la parisienne (nouille).	id.
à la fleur d'orange.	18
au cédrat confit.	19
au zeste de citron.	id.
au raisin de Corinthe.	id.
au raisin muscat.	id.
au fromage de Parmesan.	20
au fromage de Gruyères.	id.
au fromage de Brie.	id.
anglo-français.	id.
de châtaignes.	21
de riz au lait d'amandes.	id.
de pommes de terre.	22
de nouilles.	id.

Gâteau de plomb aux amandes amères. Page 23
             aux avelines grillées. *id.*
             aux pistaches. *id.*
             au chocolat. 24
CHAP. VII. Pâte à nouille. *id.*
CHAP. VIII. De la détrempe et de l'effet de la pâte à brioche à la cuisson. 26
Pâte à brioche. 28
CHAP. IX. Gâteau de Compiègne. 31
CHAP. X. Baba polonais. 34
CHAP. XI. Couglauffle à l'allemande. 36
CHAP. XII. Gâteau à la parisienne. 39
CHAP. XIII. Gâteau à la française. 41
CHAP. XIV. Le gâteau royal. 43
CHAP. XV. Gâteau de Compiègne aux anis et au raisin de Corinthe. 44
             à l'angélique et aux cerises. *id.*
CHAP. XVI. Gâteau au beurre, ou solilemne. 45
CHAP. XVII. Kouques au beurre. 46
CHAP. XVIII. Biscottes de Bruxelles. 47
CHAP. XIX. Petits couglauffles. 48
CHAP. XX. Pâte d'office. 49
CHAP. XXI. Détrempe des échaudés. 51
CHAP. XXII. Observations sur les connaissances du four. 53

DEUXIÈME PARTIE.

CHAPITRE Ier. Des pâtés chauds de bécassines, de mauviettes, de cailles, à la financière et à la Monglas. 59
Observation préliminaire. *id.*

Sujets de la planche II. *id.*

Pâté chaud de bécassines aux truffes. 61
        de faisans aux truffes. 62
        de cailles aux champignons. 63
        de mauviettes aux fines herbes. 64
        à la Monglas. 65
        de palais de bœuf aux truffes. *id.*
        de ris d'agneau. 66
        à la financière. 67
        à la ciboulette. *id.*
        de godiveau de volaille aux truffes. 68
        de godiveau de gibier aux champignons. *id.*

ET DES SOMMAIRES.

Chap. II. Des pâtés chauds de poissons.	Page 69
Pâté à la marinière.	id.
Pâté chaud de filets de merlans farcis.	70
Chap. III. Pâté chaud de légumes à la moderne.	71
Chap. IV. Pâté chaud anglais-français.	75
Chap. V. Pâté chaud russe.	76
Chap. VI. Des tourtes d'entrée.	77
Tourte d'entrée à l'ancienne.	78
de godiveau de volaille.	79
de godiveau de gibier.	id.
de godiveau de poisson.	80
de quenelles de volaille aux truffes.	id.
au chasseur.	id.
Chap. VII. Des petits pâtés pour hors-d'œuvre et au naturel.	81
Petits pâtés au verjus.	82
aux rognons de coq.	id.
à l'écarlate.	id.
aux truffes.	83
de gibier.	id.
maigres de laitance de carpe.	id.
de queues d'écrevisses.	id.
aux huîtres.	id.
d'anchois.	84
Chap. VIII. Des vol-au-vent et des rissoles.	id.
Vol-au-vent à la Nesle.	85
Traité des rissoles.	86
Rissoles à la parisienne.	id.
à la russe.	87
Croquettes de riz à la manière ancienne.	88
Chap. IX. Timbale de macaroni à la milanaise.	89
Sujets de la planche III.	id.
Timbale de macaroni au chasseur.	91
à la financière.	id.
à la marinière.	92
de nouilles avec blanquette de volaille.	id.
de lazannes au fumet de gibier.	93
Chap. X. Timbale à la financière.	id.
de pigeons innocens aux truffes.	94
Chap. XI. Timbale à la parisienne.	96
à l'indienne.	97
blanche à la marinière.	98

TABLE DES CHAPITRES

Chap. XII. *Sujets de la planche IV.* 99

Casserole au riz à la moderne. 100
— à la Reine. 103
— à la polonaise. id.
— garnie d'une blanquette de volaille aux truffes. 104
— au chasseur. id.
— à la Périgord. id.
— à la Toulouse. 105
— à l'indienne. id.
— garni de palais de bœuf. id.

Chap. XIII. Casserole au riz de bonne morue. 106
— garnie de filets de soles. id.

Chap. XIV. Croustades de pain garnies d'une escalope de levreaux au sang. 107

Sujets de la planche V. id.

Croustade de cailles au gratin. 109
Chap. XV. Chartreuses printanières. 111

Sujets de la planche VI. id.

Chap. XVI. Chartreuse à la parisienne en surprise. 117
— en cylindre. id.
Chap. XVII. Des petites croustades à la Béchamel. 120

Sujets de la planche VII. id.

Chap. XVIII. Des truffes croustades en surprise. 121
Chap. XIX. Des petites croustades de nouilles au chasseur. 122
Chap. XX. Des petites chartreuses à la française. 123
Chap. XXI. Des petites casserolettes de riz. 124
Chap. XXII. Des petites bouchées à la Reine. id.
Chap. XXIII. Des petites croustades à la Monglas. 125
Chap. XXIV. Des petites croustades de pain garnies de cailles au gratin. id.
Chap. XXV. Des sauces espagnoles. 126
Petite espagnole. 127
Sauce demi-espagnole à glace. 129
Chap. XXVI. Du velouté, de l'allemande et de la béchamelle. 131

Sauces allemandes. 132

ET DES SOMMAIRES. 469

Béchamelles. Page 133
Béchamelle maigre. id.
Chap. XXVII. Des farces à quenelles en gras et en maigre. 134
Farce à quenelles de volaille. id.
                 de poissons. 137
Farce maigre au beurre d'écrevisses. 138
                 aux truffes. id.
                 aux champignons. 139
Chap. XXVIII. Des farces fines, grasses et maigres. id.
Farce fine de lapereaux. id.
          de laitance de carpe. 140
          d'écrevisses. 141
          d'anchois. id.
          aux truffes. id.
Chap. XXIX. Godiveau à la ciboulette. 142
              de volaille aux truffes. 143
              de gibier aux champignons. id.
              de carpe. id.

TROISIÈME PARTIE.

Des entremets de pâtisserie détachés et non détachés. 145
Chapitre Ier. Des entremets de pâtés chauds en général. id.
Ramequins à la crême. id.
Choux pralinés aux avelines. 146
Choux grillés aux amandes. 147
Gimblettes grillées aux amandes. id.
Choux au gros sucre. 148
      à la Mecque. id.
      aux anis blancs. 149
Petits choux à la Saint-Cloud. id.
Choux à la Vincennes. id.
      soufflés aux zestes d'orange et de citron. id.
      en caisse au cédrat. 150
Petits choux pour les petits pains à la duchesse et les choux glacés. id.
Petits pains à la duchesse. id.
Choux glacés. id.
Pains aux avelines. id.
Choux aux avelines. 152
Petits pains au chocolat. id.
      à la Reine. 153

TABLE DES CHAPITRES

Petits pains à la rose. Page 153
    à la paysanne. 154
    au raisin de Corinthe. id.
    glacés au caramel. 155
    glacés aux pistaches. id.
    glacés aux anis roses. id.
    glacés au raisin de Corinthe. id.
    panachés. 156
Profiteroles au chocolat. id.
CHAP. II. Madelaines au cédrat. 157
    au raisin de Corinthe. 158
    aux pistaches. 159
    aux cédrats confits. id.
    aux anis blancs. id.
    en surprise. id.
CHAP. III. Des génoises en général. 160
Génoises à l'orange. id.
    à la rose. 161
    à la vanille. id.
    au chocolat. 162
    au raisin de Corinthe. id.
    au cédrat confit. id.
    aux anis roses. id.
    au marasquin. id.
    aux pistaches. 163
    aux avelines. id.
    aux amandes amères. 164
    en couronnes perlées. id.
    perlées aux pistaches. 165
    perlées au raisin de Corinthe. id.
    à la Reine. 167
CHAP. IV. Des gâteaux aux amandes amères. id.
Gâteaux d'amandes amères. id.
    aux avelines. 171
    au cédrat. id.
CHAP. V. Des gaufres en général. 172
Gaufres aux pistaches. id.
    au raisin de Corinthe et au gros sucre. 174
    à la parisienne. 175
    à la française. id.
    mignonnes aux avelines. 176
    d'office à la vanille. id.

Gaufres à la flamande.	Page 177
Chap. VI. Des petits nougats détachés.	179
Nougats à la française.	id.
au sucre rose et à la vanille.	180
au raisin de Corinthe et au gros sucre.	181
aux avelines, garnies de crême fouettée.	id.
Chap. VII. Des méringues en général.	182
Méringues à la bigarrade.	id.
aux pistaches.	id.
Chap. VIII. Des petits pains de châtaignes, de pommes de terre et d'amandes.	184
Petits pains de châtaignes.	id.
de pommes de terre.	185
aux avelines.	id.
aux amandes amères.	186
aux anis de Verdun.	id.
des quatre fruits.	187
d'oranges.	id.
Chap. IX. Darioles, entremets chauds.	id.
Darioles au café Moka.	188
soufflées.	id.
Chap. X. Des talmouses au sucre.	189
Talmouses au sucre et au fromage de Viry.	id.
ordinaires.	190
Chap. XI. Des petits soufflés de riz et de fécule.	id.
Petits soufflés au zeste de citron.	id.
de riz au lait d'amandes.	191
Chap. XII. Des mirlitons en général.	192
Mirlitons à la fleur d'orange.	id.
aux avelines.	id.
aux pistaches.	193
aux amandes.	id.
au zeste de citron.	194
Chap. XIII. Des fanchonnettes en général.	id.
Fanchonnettes à la vanille.	id.
au lait d'amandes.	195
au café Moka.	196
au chocolat.	id.
au raisin de Corinthe.	id.
aux pistaches.	id.
aux avelines.	197
d'abricots.	id.

TABLE DES CHAPITRES

Chap. XIV. Des tartelettes de fruits en général. Page 197
Tartelettes d'abricots. id.
        de pêches. 198
        de prunes de reine-claude. id.
        de prunes de mirabelles. 199
        de cerises. id.
        de groseilles vertes ou rouges. id.
        de groseilles rouges. id.
        de fraises. 200
        de pommes de rainettes. id.

Chap. XV. Des timbales et gâteaux au riz de nouilles, de vermicelle, de semouille, de sagou de pommes de terre. 201
Timbale de riz au lait d'amandes. id.
       au lait d'avelines. 202
       à la moelle. id.
       au café Moka. 203
       au cédrat confit. id.
       au raisin de Corinthe. id.
       au raisin muscat. 204
       aux pistaches. id.
       aux marrons. id.
       de nouilles à l'orange. 205
       de vermicelle aux citrons. id.
       de pommes de terre et au zeste de bigarrade. 206
Gâteaux de riz aux rognons. id.

Chap. XVI. Des gâteaux fourrés de crême-pâtissière et de fruits. 207
Gâteau de Pithiviers aux avelines. id.
       aux amandes amères. 208
       au cédrat. 209
       à la fleur d'orange pralinée. id.
       au raisin de Corinthe. id.
       au raisin mucat. id.
       aux quatre fruits. id.
       aux rognons. 210
       à la moelle et à la vanille. id.
       anglo-français. id.
       anglo-français aux pistaches. 211
Gâteau fourré de crême au café Moka. id.
       de marmelade de pêches. id.

ET DES SOMMAIRES. 473

Gâteau fourré à la d'Artois. Page 212
Chap. XVII. Des gâteaux fourrés à la parisienne. id.
Gâteau à la parisienne aux pommes et au raisin. 213
— aux pommes et pistaches. 214
— aux abricots. id.
— aux pêches. 215
— aux brugnons. id.
— aux prunes de mirabelles. id.
— aux prunes de reine-claude. id.
— aux prunes de Sainte-Catherine. id.
— aux cerises douces. id.
— aux fraises. 216
— aux groseilles rouges. id.
— aux groseilles vertes. id.
Chap. XVIII. Des flaus de fruits de toute espèce. 217
Flan de pommes au beurre et au cédrat. id.
— de pommes à la portugaise. 218
— aux cerises de Montmorency. 219
— de prunes de reine-claude. id.
— de prunes de mirabelles. 220
— d'abricots glacés. id.
Chap. XIX. Des flans de crême-pâtissière. id.
Flan de crême-pâtissière glacée. id.
Chap. XX. Des tourtes d'entremets de fruits. 221
Tourte d'abricots glacés. id.
Chap. XXI. Des vol-au-vent de fruits. 223
Vol-au-vent garni de pêches. id.
Chap. XXII. Des tourtes d'entremets de fruits confits. 224
Tourte de marmelade d'abricots pralinés. id.
Chap. XXIII. Des tourtes d'entremets de crême. 225
Tourte à la moelle pralinée. id.
— aux rognons de veau et aux pistaches. id.
— de crême aux épinards pralinés. 226
— de crême à la manière anglaise. id.
Chap. XXIV. Des entremets détachés, fourrés de crême et de confiture, masqués de gros sucre, pralinés et glacés. 227
Petits gâteaux aux pistaches glacés. id.
Petits gâteaux fourrés de riz, au raisin de Corinthe. 229
— à la manière anglaise. id.
— à la crême aux pistaches. id.
— de marmelade d'abricots. id.

TABLE DES CHAPITRES

Petits gâteaux fourrés de groseilles rouges.	Page 230
de fraises.	id.
d'abricots glacés.	id.
de marmelade de pommes.	id.
de pommes aux pistaches.	231
de pommes baudées.	id.
de pommes aux amandes pralinées.	id.
de Pithiviers pralinés.	id.
de Pithiviers aux avelines.	232
Chap. XXV. Des gimblettes en feuilletage pralinées.	id.
Gimblettes d'abricots.	id.
de prunes aux amandes.	id.
de pêches aux pistaches.	233
Chap. XXVI Des entremets de feuilletage en général, glacés au sucre, au cassé, pralinés, meringués au gros sucre, aux pistaches et panachés.	id.
Petits vol-au-vent à la Chantilly et à la violette.	id.
glacés au gros sucre, garnis de fraises.	234
printaniers.	235
à la crême-plombière.	id.
au fromage bavarois.	id.
à la crême fouettée.	236
Petits puits d'amour aux pistaches.	237
au gros sucre.	id.
Petits gâteaux en mosaïque.	id.
Mosaïques glacées au sucre rose.	239
aux pistaches.	id.
aux avelines et au gros sucre.	id.
Tartelettes mosaïques à la marmelade de pêches.	id.
de cerises confites.	240
aux pistaches glacés.	id.
aux amandes amères glacées.	id.
glacées au raisin de Corinthe.	241
de pommes pralinées.	id.
Petits gâteaux renversés à la gelée de groseilles.	242
Petits gâteaux renversés, glacés aux pistaches.	id.
Canapés garnis d'abricots.	id.
Canapés aux pistaches, garnis de gelée de pommes.	243
Petits gâteaux d'abricots.	id.
Petits livrets d'abricots.	244
Petits cannelons glacés, garnis de gelée de pommes.	id.
pralinés aux avelines.	245

ET DES SOMMAIRES.

Petits cannelons au gros sucre. Page 245
    méringués aux pistaches. 246
    méringués au raisin de Corinthe. id.
    méringués. id.
Petites bouchées glacées à la pâtissière. id.
    méringuées aux pistaches. 247
    perlées. 248
    perlées au raisin de Corinthe. 249
    perlées aux pistaches. id.
    au gros sucre. 250
    au raisin de Corinthe. id.
    aux pistaches. id.
    aux anis roses de Verdun. 251
    aux anis blancs. id.
    glacés (à la Royale) au chocolat. id.
Petites fantaisies aux pistaches. id.
Petites fantaisies au gros sucre. 252
Petits quadrilles aux quatre fruits. id.
Quadrilles pralinés aux avelines. 254
Petites rosaces au gros sucre. id.
Petits trèfles aux pistaches. 255
    perlés au gros sucre. 256
    pralinés aux avelines. 257
Petites étoiles au gros sucre. id.
    aux pistaches. id.
Petites couronnes aux pistaches. 258
Petites feuilles de chêne perlées. 259
Petits paniers au gros sucre. 260
    pralinés aux avelines. id.
    aux pistaches. id.
Panachés en diadême au gros sucre. 261
    perlés au raisin de Corinthe. 262
    aux pistaches et au gros sucre. id.
    ronds aux pistaches. 263
    ronds au raisin de Corinthe. 264
Petits gâteaux royaux à la vanille. id.
    à la fleur d'orange. 266
    au cédrat. id.
    aux avelines. id.
    aux amandes amères. id.
    au chocolat. id.
    aux abricots. 267

TABLE DES CHAPITRES

Petites bouchées royales à la gelée de pommes. Page 267
Petits gâteaux pralinés aux avelines. 268
        pralinés à l'abricot. *id.*
Petites couronnes de feuilletage aux pistaches et au gros sucre.
id.
        pralinées aux avelines. 269
Petites bouchées pralinées au sucre de couleur. *id.*
Chap. XXVII. Des sucres odorifés. 270
Sucre au zeste d'orange. 271
    de vanille. *id.*
    de café Moka. *id.*

QUATRIÈME PARTIE.

Chapitre Ier. Observations préliminaires. 273

Sujets de la planche VIII. *id.*

De l'assaisonnement. 274
Chap. II. Pâtés froids de jambon. 275
Chap. III. Timbale garnie d'une dinde en galantine truffée. 280
Chap. IV. Petits pâtés à la gelée garnis de cailles. 284
        à la gelée garnis de mauviettes. 288
        à la gelée garnis de bécassines. *id.*
        à la gelée garnis de filets de lapereaux.
289
        à la gelée garnis de filets de volaille. *id.*
        à la gelée garnis de foies gras aux truffes.
id.
Chap. V. Gros pâté chaud-froid de perdreaux rouges et aux truffes. 290
Chap. VI. Gros pâté froid de poularde aux truffes. 292
Gros pâté froid de cannetons de Rouen. *id.*
Pâté froid de levreaux aux truffes. 297
Chap. VII. Pâté froid garni d'une noix de bœuf au vin de Madère. *id.*
Chap. VIII. Pâté froid de filets de bœuf aux truffes. 299
Chap. IX. Gros pâté de faisan garni à la manière ancienne. 300
Chap. X. Gros pâté de foies gras aux truffes. 303
Chap. XI. Gros pâté d'esturgeon aux truffes. 304
Chap. XII. Gros pâté de laitances de carpes et de filets de turbots. 305
Chap. XIII. Gros pâté garni d'anguille en galantine et aux truffes. 307

ET DES SOMMAIRES.

CHAP. XIV. Des gros biscuits de fécule de pommes de terre et autres. Page 308

Sujets de la planche IX. id.

Gros biscuit de Savoie au zeste d'orange. 310
Biscuits de Savoie aux amandes. 314
aux avelines. id.
CHAP. XV. Grosses méringues à la parisienne. 316

Sujets de la planche X. id.

CHAP. XVI. Croquantes en pâte d'amandes à l'ancienne. 321
de pâte d'amandes d'avelines. 322
CHAP. XVII. Gâteaux de mille feuilles pour grosse pièce ordinaire. 325
Gâteaux de mille feuilles à la moderne. 328
CHAP. XVIII. Des grosses brioches en caisses ou fromages au raisin de Corinthe et à la crême de vanille. 329
Grosses brioches au fromage. 330
au raisin de Corinthe. 331
à la crême de vanille. id.
CHAP. XIX. Gros gâteaux de mille feuilles à la parisienne. 332
CHAP. XX. Gros gâteaux de mille feuilles à la française. 334
CHAP. XXI. Gros gâteau de mille feuilles à la Royale. 335
CHAP. XXII. Poupelins historiés de feuilles de biscuits aux pistaches. 336

Sujets de la planche XI. id.

CHAP. XXIII. Croque-en-bouche ordinaire. 339
CHAP. XXIV. Croque-en-bouche à la parisienne. 341
CHAP. XXV. Croque-en-bouche à la Reine. 343
CHAP. XXVI. Gros nougat à la turque. 346

Sujets de la planche XII. id.

CHAP. XXVII. Gros nougat à la française. 349
CHAP. XXVIII. Gros nougat à la parisienne. 353
CHAP. XXIX. Gros nougat à la Chantilly. 356
CHAP. XXX. Sultanes à colonnes, couronnées d'un dôme formant archivoltes. 358

Sujets de la planche XIII. id.

CHAP. XXXI. Sultane en surprise. 372
CHAP. XXXII. Sultane formant le turban. 374

TABLE DES CHAPITRES

Chap. XXXIII.	Sultane en cascade.	Page 375
Chap. XXXIV.	Flan à la portugaise.	376
Chap. XXXV.	Flan à la suisse.	378
Chap. XXXVI.	Flan à la milanaise.	379
Chap. XXXVII.	Flan à la parisienne.	380
	aux abricots.	381
	à la turque.	382
	de pommes de terre.	id.
	de marrons.	383
	de nouilles à la vanille.	id.
	de vermicelle au citron.	384
	de crême-pâtissière au chocolat.	id.
	anglo-français.	385
Chap. XXXVIII.	Observations préliminaires sur les soufflés en général.	id.
Chap. XXXIX.	Des soufflés français.	388
Soufflé français à la vanille.		id.
	au café Moka.	390
	au cacao.	id.
	au chocolat.	id.
	au thé heysven-skine.	id.
	au punch.	391
	à la fleur d'orange nouvelle.	id.
	à la fleur d'orange pralinée.	id.
	à la fleur d'orange grillée.	id.
	au caramel anisé.	392
	aux macarons amères.	id.
	aux macarons d'avelines.	id.
	aux amandes amères.	id.
	aux pistaches.	393
	aux quatre fruits.	id.
	au cédrat.	id.
	au parfait amour.	394
	à la menthe.	id.
	au marasquin.	id.
Chap. XL.	Des Soufflés parisiens aux pommes de rainettes.	id.
Soufflé parisien aux abricots.		395
	aux fraises.	396
Chap. XLI.	Soufflés de fécule de pommes de terre.	id.
Chap. XLII.	Des fondus au fromage parmesan.	397
Chap. XLIII.	Des omelettes soufflées.	399
Omelettes soufflées à la vanille.		id.

ET DES SOMMAIRES.

Omelettes soufflées au cédrat. Page 400
     au marasquin. id.
Observations sur les grosses pièces de pâtisserie. id.
Chap. XLIV. Gros sucre, pistaches, avelines, amandes et sucre de couleur. 404
Manière d'opérer pour la colorisation des amandes et du sucre en poudre. 405
Amandes violettes. 406
  lilas. id.
  vert-pistache. id.
  bleues. id.
  oranges ou aurore. 407
  citron. id.
  au chocolat. id.
Manière de procéder pour la colorisation du sucre en poudre. id.
Gros sucre pistache. 408
  lilas. id.
  violet. id.
  jaune. id.
  rose. 409
  orange. id.
  au chocolat. id.
  en poudre lilas. id.
  cristallisé. id.

CINQUIÈME PARTIE.

Chap. Ier. Observation préliminaire. 411
Sujets de la planche XIV. id.

Harpe ornée de sucre filé. 414
Lyre élégante ornée de sucre. 415
Mappemonde en sucre filé. id.

Chap. II. *Sujets de la planche XV.* 416

Casque à la française. id.
  à la romaine. id.
  à la grecque. 417

Chap. III. *Sujets de la planche XVI.* 418

Trophée de guerre. id.
Schako français. id.
Trophée de marine. 419

Chap. IV. *Sujets de la planche XVII.*   Page 419

Grande cassolette à sultane.   id.
Pyramide d'abaisse en pâte d'amandes.   420
Cassolette à cascade.   id.

Chap. V. *Sujets de la planche XVIII.*   id.

Vase en nougat.   id.
Grande corbeille garnie de fruits.   421
Coupe garnie d'oranges.   id.

Chap. VI. *Sujets de la planche XIX.*   422

Hermitage parisien.   id.
Rotonde rustique.   id.
Berceau à treillage orné de vignes.   id.

Chap. VII. *Sujets de la planche XX.*   423

Grotte ornée de mousse.   id.
Rotonde parisienne.   424
Cascade de palmiers.   id.

Chap. VIII. *Sujets de la planche XXI.*   id.

Cascade demi-circulaire.   id.
Maisonnette rustique.   425
Grande cascade à seize colonnes.   id.

Chap. IX. *Sujets de la planche XXII.*   426

Fontaine turque.   id.
        antique dans une île.   427
        grecque.   id.

Chap. X. *Sujets de la planche XXIII.*   428

Grand cabinet chinois.   id.
Pavillon vénitien sur un pont.   id.
Belvédère égyptien.   429

Chap. XI. *Sujets de la planche XXIV.*   id.

Chaumière turque.   id.
Moulin turc.   430
Hermitage hollandais.   id.

Chap. XII. *Sujets de la planche XXV.*   431

ET DES SOMMAIRES.

Pavillon turc. — Page 431
Rotonde en ruines. — id.
Grande fontaine moderne. — 432

Chap. XIII. *Sujets de la planche XXVI.* — id.

Fronton en ruines. — id.
Ruines de Palmyre. — 433
Grandes ruines d'Athènes. — id.

Chap. XIV. *Sujets de la planche XXVII.* — 434

Petit navire chinois. — id.
Gondole vénitienne. — id.

Chap. XV. *Sujets de la planche XXVIII.* — 435

Pain béni royal. — id.
Observations sur les grosses pièces montées. — 436

Chap. XVI. Des croque-en-bouche d'entremets. — 438

Sujets de la planche XXIX. — id.

Croque-en-bouche de quartiers d'oranges. — id.
          de génoises au gros sucre. — 439
          de feuilletage à blanc. — 440
          de marrons glacés au caramel. — id.
          de noix vertes glacées au caramel. — 441

Chap. XVII. Biscuit glacé à la Royale. — id.
        à la parisienne. — 442
        aux confitures et méringué. — 443
        fourré à la pâtissière et méringué. — id.
        à l'italienne. — 444

Chap. XVIII. Corbeille à la française. — id.
        à l'anglaise. — id.
        à la génoise. — 445

Coupe en pâte d'amandes ornée d'une sultane. — id.

Chap. XIX. Premier traité des Charlottes. — 446
Charlotte à la parisienne. — id.
      à la française. — 447
      à l'italienne. — id.
      aux macarons d'avelines. — 448
      aux gaufres aux pistaches. — id.

Chap. XX. Second traité des charlottes. — 449

TABLE DES CHAPITRES, etc.

Charlotte de pommes d'api.	Page 449
de pommes de rainette.	450
d'abricots.	451
de pêches.	id.
CHAP. XXI. La méringue montée et au gros sucre.	id.

CHAP. XXII. *Sujets de la planche XXX.* 453

Vase garni de noix en pâte d'amandes.	id.
Coupe garnie d'un ananas en pâte d'amandes.	454
Corbeille garnie de pommes d'api en pâte d'amandes.	455
Ballon en sucre filé.	456
Corbeille en sucre filé, garnie de méringues.	id.
Entremets montés à trois gradins.	457

CHAP. XXIII. *Sujets de la planche XXXI.* 458

Coupe montée sur une cassolette.	id.
Vase garni d'une palme.	id.
Sultane montée sur une cassolette.	459
Gerbe de blé ornée de sucre filé.	id.
Vase formant cascade.	id.
Arbuste portant des petits paniers.	460

CHAP. XXIV. *Sujets de la planche XXXII.* id.

Rotonde à palmiers.	id.
Petit temple en pâte d'amandes.	461
Petit pavillon turc orné de sucre filé.	id.
Petite ruine dans une île.	id.
Petit cabinet chinois.	462
Petite rotonde en ruines.	id.

FIN DE LA TABLE DU PREMIER VOLUME.

www.ingramcontent.com/pod-product-compliance
Lightning Source LLC
Chambersburg PA
CBHW060503230426
43665CB00013B/1365